그리스도를 깨달아

그리스도를 깨달아

발행일 2022년 5월 13일

지은이 가천노
펴낸이 손형국
펴낸곳 (주)북랩
편집인 선일영   편집 정두철, 배진용, 김현아, 박준, 장하영
디자인 이현수, 김민하, 안유경, 김영주, 신혜림   제작 박기성, 황동현, 구성우, 권태련
마케팅 김회란, 박진관
출판등록 2004. 12. 1(제2012-000051호)
주소 서울특별시 금천구 가산디지털 1로 168, 우림라이온스밸리 B동 B113~114호, C동 B101호
홈페이지 www.book.co.kr
전화번호 (02)2026-5777   팩스 (02)2026-5747

ISBN 979-11-6836-301-4 03230 (종이책)   979-11-6836-302-1 05230 (전자책)

(주)북랩 성공출판의 파트너
북랩 홈페이지와 패밀리 사이트에서 다양한 출판 솔루션을 만나 보세요!
홈페이지 book.co.kr • **블로그** blog.naver.com/essaybook • **출판문의** book@book.co.kr

작가 연락처 문의 ▶ ask.book.co.kr
작가 연락처는 개인정보이므로 북랩에서 알려드릴 수 없습니다.

그리스도를 깨달아
Sentire Christum

移例 가천노

북랩

Tantum videmus quantum scimus

예수의 깨달음을 깨닫다

2020년 이후 세계는 코로나-19 전염병과 싸우고 있다. 나라마다 정도는 다르지만 건강한 사람들은 자신들의 집에 갇히고, 감염된 사람들은 입원하여 치료받고, 아니면 속절없이 죽어간다. 어느 곳에서는 코로나로 인해 쏟아진 주검들을 감당하지 못해 냉동 트럭에 그대로 실어 놓거나 아예 장례조차 치르지 못하기도 한다.

모두는 코로나로부터 벗어나기 위해 분투한다. 마스크를 쓰고, 수시로 손을 씻고, 사람들과 접촉을 피하고, 감염이 의심되면 지체 없이 검사받는다. 여러 나라는 백신이나 치료제를 속속 개발하여 사람들에게 접종하거나 투약한다. 또 코로나로 인해 어려워진 경제를 살리기 위해 잇따라 확장 재정을 펼치기도 한다.

과연 코로나 전염병에서 벗어나려면 어떻게 해야 할까? 오랫동안 그래왔듯이 모든 것을 할 수 있다는 전능한 신에게 빌어야 할까? 그런 존재에게 빌기 위해 의식을 정성껏 치르거나, 마음으로 확실히 믿어야 할까? 아니면 코로나가 무엇이고, 왜 생겨났으며, 어떻게 퇴치할 수 있는지를 알아야 할까? 스스로가 알아차려서 그렇게 해야 할까?

지금까지 인류는 코로나와 같은 고통과 죽음을 수없이 겪어왔다. 그때마다 인류는 그것에서 벗어나기 위한 방법을 찾으려고 무척이나 애를 썼다. 그 와중에 그런 고통과 죽음에서 구해질 수 있는 근본적인 방법을 발견하여 제시한 사람들이 있었다. 여기서는 모든 고통과 죽음에서 근본적으로 벗어날 수 있는 방법을 깨닫고 가르쳐준 한 분에 대해서 다룬다.

그분은 고통과 죽음에서 벗어나려면 진리를 알아야 한다고 했다. 참 이치를 알아차려야 그 고통과 죽음에서 자유하게 되는 것을 깨달았다. 그분은 자신이 깨달은 바를 알리고자 했으나 사람들은 그것을 받아들이지 않은 채 오히려 그분을 죽이고 말았다. 심지어 그분을 믿고 따른다는 사람들조차 그분의 가르침을 제대로 깨닫지 못하고 지금까지도 그분을 믿으려고만 한다. 이것이야말로 어리석을 뿐 아니라 안타까운 일이다.

코로나 사태를 지나면서 한국 땅에서 자각신앙이 태동하였다. 참된 구원에 관한 진리를 성찰하고 찾기 시작한 것은 그보다 훨씬 이전부터였다. 그러나 그것이 구체적으로 태동하기는 공교롭게도 그즈음이었다. 여기서 다루는 것들은 바로 그분이 깨닫고 가르친 자각신앙에 관한 내용이다. 이제나마 그분의 깨달음을 깨닫게 되어 참으로 기쁘다.

이 글을 쓰면서 『새번역』 성경을 기본으로 사용하였고, 경어는 가능한 한 사용하지 않았다. 신앙의 대상이나 그 내용을 전한 존재나 그것을 적어놓은 기록을 높이는 언어는 되도록 쓰지 않았다. 아울러 인용한 전거나 출처 역시 최소한으로 줄여서 표시했다. 이

그리스도를 깨달아

글은 지적 논의가 아닌 깨달음을 목적으로 한다. 모두가 눈을 뜨고 깨어나기를 바라서 이것을 썼다.

그리고 그동안 많은 빚을 졌다. 성령 하나님이 아니었다면 이런 깨달음은 불가능했다. 앞서 깨어난 별과 같은 사람들과 보이게 혹은 보이지 않게 인용된 통찰을 빌려준 앞선 이들의 도움도 잊을 수 없다. 앞에 펼쳐진 자연과 만난 모든 사물과 생각을 보탠 이들과 이곳 출판사가 없었다면 아마 이 책은 없었을 것이다.

북한산 기슭에서
移例 가천노

차례

II. 깨달음   127

잃어버린 예수를 찾아서

만물은 진동한다

　만물은 진동한다. 만물은 한 가지 공통된 요소 위에 기초한다. 주기적인 변화인 진동이 그것이다. 진동이란 두 정지점 사이를 오가는 운동을 말한다. 모든 물질의 기본 단위인 원자는 평균 온도에서 1초에 10^{15}헤르츠(Hz)의 속도로 진동한다. 원자핵은 대략 10^{22}헤르츠로 진동한다. 이때 한 원자가 1초에 1,000조번(10^{15}헤르츠) 진동한다면, 이것은 활동과 정지의 두 상태를 그렇게 많이 오간다는 뜻이다. 이처럼 우리의 현상계는 모두가 진동하는 실체이며, 서로 다른 파동으로 가득 차 있다.

　두 점 사이를 오가는 것은 진리의 세계도 마찬가지다. 이 세상에 존재하는 진리 역시 진실과 거짓 사이를 끊임없이 움직인다. 그 진리라는 것도 언제는 맞지만, 어느 때는 틀리고, 어디에서 맞던 것이 어느 곳에서는 틀린다. 어떤 이는 팩트(fact)라고 확신하는 것을 다른 이는 한낱 주장에 불과하다고 여긴다. 이처럼 진리라는 것도 때와 장소와 사람에 따라 진실과 거짓 사이를 반복해서 오고 간다.

　기독교 복음 역시 예외가 아니다. 기독교 복음도 처음과 나중

사이를 번갈아 움직인다. 처음 예수의 복음을 들은 제자들은 그들이 이해한 가르침대로 그것을 따라서 살았다. 그 제자들은 자신들이 들은 복음을 주변의 사람들에게 전했고, 그들의 증언이나 그것을 기록한 문서들을 전해 받은 사람들 역시 그것을 중심으로 신앙생활을 했다. 시간이 흐르며 복음이 전해진 지역이나 공동체의 범위가 넓어지면서 복음의 내용도 점점 다양해졌다. 그들이 전해 받은 증언이나 문서들은 서로 달랐고, 서로 다르게 해석되어 그들 나름의 공동체 안에서 점점 굳어져 갔다.

어느 시점이 되자 이른바 정통신앙이 등장했다. 그것은 그때까지의 복음과 신앙 중에서 가장 옳은 것은 무엇이냐는 질문에 대한 나름의 대답이었다. 후에 가톨릭교회가 되는 그들은 당시까지 알려진 다양한 복음 중에서 다분히 잘못된 내용들이 포함되어 있다고 보았다. 그들은 그들이 가진 복음의 내용과 해석을 옳은 것으로 여기고 그것이 신앙의 정통이라고 믿었다. 그들은 자신들이 옳다고 여기는 것들을 고백이나 신조로 만들고, 자신들의 해석과 관점에 맞는 경전들을 정경으로 정하고, 그것들을 판단하고 결정할 수 있는 주체가 그들 교회라고 주장했다.

자신들이 정통이라 여긴 그들에게도 구원을 어떻게 얻느냐는 핵심적인 문제였다. 그들이 믿기에 인간은 모두가 죄인이다. 그들이 해석한 구약 창세기에 의하면, 에덴에서 하나님을 거역하는 범죄를 저지른 아담과 이브의 후손인 인간은 날 때부터 죄를 갖고 태어나서 죄인으로 산다. 그 죄로 말미암아 인간에게 죽음이 들어

그리스도를 깨달아

왔고 인간은 고통스러운 삶을 살아야 한다. 그 때문에 그런 고통과 죽음으로부터 벗어나서 고통도 없고 죽음도 없는 천국에 들어가는 것이 구원이고 영생이다. 그들이 믿는 기독교는 그렇게 구원과 영생을 얻는 종교이자 신앙의 체계였다.

그들 역시 성경이 구원의 방법이라고 말하는 것을 찾아 행하고 그것을 예식으로 만들었다. 그들은 성경이 말하듯이 구원을 얻으려면 또는 영생을 얻으려면 예수의 살과 피를 먹고 마셔야 한다고 보았다. "내 살을 먹고 내 피를 마시는 사람은 영원한 생명을 가지고 있고, 마지막 날에 내가 그를 살릴 것이다(요 6:54)." 그런 말씀에 근거하여 그들은 사제의 기도와 함께 예수의 실제 살로 변한 빵을 받아먹고 예수의 실제 피로 변한 포도주를 받아 마셨다. 그것이 구원을 이루는 유일하고 옳은 방법이었기 때문에 구원을 얻고자 하는 사람은 반드시 그렇게 해야만 했다. 그것이 그때까지 그들에게는 진리였고 옳은 것이었다.

시간이 흘러 그런 구원의 방법에 대한 회의가 일어났다. 그때까지는 그렇게 하는 것이 구원의 옳은 방법이라 여겨 교회가 가르친 종교의식들을 끊임없이 행했다. 하지만 그렇게 종교의식을 행하는 것으로는 고통과 죽음에서 건져질 수 없다는 회의가 생겨났다. 대표적으로 종교개혁자 마르틴 루터(Martin Luther, 1483~1546)는 아무리 무릎으로 라테라노(Laterano) 대성당의 계단을 올라도 지은 죄를 사함 받고 고통과 죽음에서 건져진다는 평안을 얻을 수 없다고 했다. 그렇게 행위로 의식을 행한다고 하더라도 인간이 고통과 죽음에서 구원을 이룰 수 없다는 성찰이 생긴 것이다.

인간이 고통과 죽음에서 구원을 얻으려면 제의(祭儀, ritual)가 아닌 하나님의 은혜가 필요하다. 인간의 행위로 하는 종교의식으로는 죄의 결과인 고통과 죽음에서 결코 벗어날 수 없다. 오직 하나님의 값없이 주시는 은혜가 필요하고, 그 은혜의 상징인 예수의 죽음과 부활을 믿음으로써만 그 구원이 가능하다. "하느님께서는 그리스도 예수를 통해서 모든 사람을 죄에서 풀어주시고 당신과 올바른 관계를 가질 수 있는 은총을 거저 베풀어주셨습니다. … 사람은 율법을 지키는 것과는 관계없이 믿음을 통해서 하느님과 올바른 관계를 맺는다(롬 3:24~28, 공동)."

그때 이후 기독교는 구원의 방법으로 믿음을 강조하였다. 그것은 그 이전의 가톨릭교회가 제의와 함께 믿음을 말해왔지만, 오직 믿음으로만 구원을 얻는다는 점에서 큰 차이가 있었다. 즉 종교개혁 전통에 서 있는 사람들은 오직 믿음으로 구원을 얻는다고 한다. 고통과 죽음에서 벗어나는 구원을 이룬 분이 예수 그리스도이기 때문에 예수를 구원자로 받아들이는 것이 바로 믿음이다. 예수를 구주로 믿고, 그것을 확증하는 세례를 받고, 예배에 참석하여 말씀을 듣는 것이 신앙생활이다. 말하자면 예수가 구원자라는 말씀을 듣고 믿는 것이 '내 살을 먹고 내 피를 마시는' 것인 셈이다. 그야말로 이제 진리의 축가 한 지점에서 다른 지점으로 옮겨진 것이다.

분명히 종교개혁 이후의 기독교 복음에 의하면 오직 믿음으로 구원을 얻는다. 그러면 개신교 전통이 말하는 구원을 얻는다는 것

그리스도를 깨달아

은 과연 무엇인가? 그것은 역시 불순종의 죄를 지은 결과인 고통과 죽음에서 건져지는 것이고, 고통과 죽음이 없는 영원한 생명을 얻는 것이다. 그렇게 고통도 죽음도 없는 곳이 천국이라면 구원은 고통도 죽음도 없는 천국에 들어가는 것이다.

그렇다면 천국에는 언제 들어가는가? 영생은 최종적으로 언제 받는가? 구원이 이뤄지는 때는 언제인가? 믿음으로 구원을 얻는다는 기독교 복음에 의하면 사람은 죽은 후에야 천국에 들어간다. 사람이 죽으면 몸과 함께 영혼도 죽거나 또는 영혼은 낙원이나 음부 같은 곳에 가 있다가 예수의 재림과 함께 부활하여 심판받고 천국이나 지옥으로 간다(눅 23:43, 살전 4:16~17, 마 25:31~46). 곧 예수는 육체로 재림하여 산 자와 죽은 자를 심판할 것이고, 심판을 받기 위해 죽은 자들이 육체로 부활하여 그때까지 살아있는 자들과 함께 심판받게 된다.

물론 신약성경은 심판하기 위해 재림하는 예수의 모습을 분명하게 묘사한다. "번개가 동쪽에서 나서 서쪽에까지 번쩍이듯이, 인자가 오는 것도 그러할 것이다(마 24:27, 눅 17:24)." 즉 인자 예수가 육신을 입고 재림하는 모습을 지상의 모든 곳에서, 모든 사람이 일시에 볼 수 있도록 다시 온다는 말이다. 그러므로 모두는 부활의 몸으로 다시 살아나거나 공중으로 들어 올려져 다시 오는 예수를 맞이해야 한다. 그렇게 죽은 자와 산 자 모두는 부활하거나 그것에 합당한 모습으로 변화되어야 하므로 그 사건은 모든 이들에게 분명하게 알려질 수밖에 없다.

그런데 그런 일은 지금까지 한 번도 일어나지 않았다. 그렇다면 예수를 통해서 그런 방식으로 이루어지는 구원은 없는 것인가? 예수를 믿으면 얻는다는 그런 구원은 없는 것인가? 아니면 구원의 때를 기독교가 잘못 알고 있는 것인가? 그것에 관해 예수는 분명하게 말했다. "나는 분명히 말한다. 여기에 서 있는 사람 중에는 죽기 전에 하나님의 나라를 볼 사람들도 있다(눅 9:27, 공동번역. cf. 마 16:28, 막 9:1)." 이처럼 하나님 나라, 천국을 당시 사람 중에 살아서 볼 사람도 있다고 했는데 그들 모두가 죽은 지 수많은 세월이 흘렀음에도 아직도 그것을 기다려야 하는가?

여기서 문제의 핵심은 이것이다. 예수를 믿는다고 구원을 얻는 것이 아니라는 것이다. 지금의 기독교가 말하는 예수를 믿으면 구원을 얻는다는 혹은 죽은 후에서야 천국에 간다는 복음이 진실이 아닐 수 있다. 진실이 아닌 것을 진실이라고 잘못 알고 있거나 또는 그가 말한 진의를 제대로 알지 못하고 있을 수 있다. 그렇지 않고서야 어떻게 예수의 가르침이 그렇게 틀릴 수가 있겠는가!

그리스도를 깨달아

잃어버린 열쇠

그러면 어쩌다 이런 일이 일어났을까? 분명 예수는 구원을 얻는 시점을 사람이 살아서라고 했음에도 그를 따르던 사람들은 왜 죽은 후라고 미루게 되었을까? 또 왜 어떤 때는 제의를 행함으로 구원을 얻는다고 하고 어떤 때는 믿음으로 구원을 얻는다고 이해했을까? 게다가 왜 영생을 얻기 위해 살과 피를 먹고 마셔야 한다는 예수의 말씀을 언제는 영성체로 혹은 언제는 그를 믿는 것으로 여겼을까? 과연 예수의 가르침에 대한 이런 오해들은 어디에서 비롯된 것인가?

그것은 예수의 의식 수준에 이르지 못한 사람들이 나름대로 그의 가르침을 이해했기 때문이다. 모든 사람은 자신의 의식 수준만큼만 무엇을 인식할 수 있다. 누구도 자신의 의식 수준을 넘어선 것을 제대로 알 수는 없다. 자신의 의식 수준만큼만 대상을 이해할 수 있을 뿐이다. 사람은 아는 만큼 본다(Tantum videmus quantum scimus). 그런 이유에서 누구나 자신의 의식 수준을 넘어선 것에 대해서는 이해가 아닌 오해를 할 수밖에 없다.

의식(consciousness)은 무엇을 알아차리는 작용이다. 알아차림인 의식은 기본적으로 자극에 대한 반응이기 때문에 대상과 함께 일어난다. 대상을 만나면 그것에 대한 느낌이 일어나고 그 느낌은 좋거나 나쁘거나 좋지도 나쁘지도 않은 것이다. 이때 대상이 좋거나 나쁘거나 좋지도 나쁘지도 않다고 느끼는 것은 과거의 기억과 관련된다. 곧 그것에 대한 느낌이 좋으면 받아들이고, 나쁘면 거부하고, 좋지도 나쁘지도 않으면 무시한다. 이렇게 느낌에 따라 행동하면 그것은 그 사람에게 의식이 되어서 저장된다. 한마디로 의식은 대상을 알아차리는 것이다.

그런데 보통 사람은 물질을 매개로 알아차린다. 사람이 대상을 보고 느끼는 것은 몸의 감각기관을 통해 이루어지기 때문이다. 물질은 본질과 형체가 있고 감각된다. 물질은 보이고, 들리고, 냄새나고, 맛도 있고, 만지면 느껴진다. 우리는 이런 감각들을 통해 사물이 있음을 알고 그것의 모양이나 성질을 안다. 이렇게 사람은 물질적 감각을 통해 사물이나 환경을 알아차리기 때문에 그 알아차림의 특성은 다분히 물질적일 수밖에 없다. 그러다 보니 물질이 아닌 대상을 알아차릴 때도 물질을 알아차리는 방식으로 알아차리기 마련이다.

물질을 알아차리듯이 무엇을 알아차리는 것을 문자적으로 이해한다고 한다. 그것은 겉으로 드러난 의미만을 이해하는 것으로 그 속에 들어있는 속뜻을 파악하는 것이 아니다. 그것의 속뜻이 아니라 겉으로 드러난 의미만을 파악하는 방식이다. 그렇게 겉으로 드러난 의미만을 파악하는 문자적인 인식은 가장 일반적인 알아차림으로, 의식의 수준이 아직 일차원에 머무는 것이다. 이러한 알아차림은 대부분의 사람에게 일상적으로 일어나는 가장 흔하고 보편적인 인식이다.

공생애 동안 예수가 무엇을 가르칠 때도 제자들의 이해는 각기 달랐다. 그들 나름의 의식 수준으로 그의 가르침을 이해하고 받아들였기 때문이다. 그러다 보니 예수의 가르침을 그대로 이해하지 못하는 경우들이 생겼고, 그것은 예수의 말을 문자적으로 이해한 것에서 크게 기인했다. 그런 정황을 성경은 "아직도 알지 못하며 깨닫지 못하느냐 너희 마음이 둔하냐(막 8:17, 개역)" 또는 "우리는 그가 무엇을 말씀하시는지 모르겠다(요 16:18)"는 식으로 적고 있다.

영생을 얻기 위해 '내 살을 먹고 내 피를 마신다'라는 것을 영성체로 이해한 것도 그 대표적인 예다. 당시의 교회는 구원을 얻기 위한 방법인 내 살을 먹고 내 피를 마시는 것을 예수의 실제 살과 실제 피를 먹고 마시는 것으로 이해해서 받아들였다. 내 살을 먹고 내 피를 마셔야 한다는 예수의 말을 문자적으로 받아들여 그 실제 살과 피를 나타내는 성체를 받는 영성체를 행하였다.

한편 그 후에 살았던 사람들은 그 살과 피를 먹고 마시는 것을 그들과는 달리 이해하였다. 후대 사람들이 그렇게 달리 이해한 것은 그 살과 피를 문자적이 아닌 상징적으로 해석한 것이다. 그들은 그 살과 피를 눈에 보이는 실제 물질로 생각한 이전의 사람들과는 달리 그것이 나타내는 한 차원 다른 의미로 생각하였다. 즉 그 살과 피가 단순히 눈에 보이는 물질 대상이 아니라 그것이 나타내는 상징적인 의미로 해석하였다. 그것은 살과 피가 일차원적 물질이 아닌 보이는 사물이 가리키는 한 차원 너머의 의미로 생각한 측면에서 이차원적 의식이라고 할 수 있다.

다시 말해 종교개혁기의 기독교인들은 그 살과 피가 그의 실제 살과 피가 아닌 그 살과 피가 나타내는 몸의 예수라고 보았다. 그 살과 피는 죽을 수밖에 없는 죄인들을 살리기 위해 찢긴 그의 몸이고 그의 몸이 흘린 피다. 그러므로 그 살과 피를 먹고 마시는 것은 사람들을 구원하기 위해 자신의 살을 찢고 자신의 피를 흘린 예수를 받아들이는 것으로 이해했다. 곧 사람들을 살리려고 자신의 살을 찢고 피를 흘린 그의 죽음과 그것을 통해 얻게 되는 구원을 받아들이는 것이 믿는 것이고, 그렇기 때문에 구원을 얻으려면 반드시 그를 믿어야 한다. 이것이 바로 종교개혁 전통이 굳게 서 있는 오직 예수를 믿음으로 구원을 얻는다는 주장의 논리적인 근거다.

그렇다면 예수가 말한 내 살을 먹고 내 피를 마신다는 원래 의미는 무엇인가? 예수의 제자들이나 후대의 사람들이 나름대로 이해하고 받아들인 의미가 아니라 예수가 처음부터 의도한 진짜 의미는 무엇인가? 때와 장소에 따라 사람들이 나름대로 이해한 뜻이어서 서로 다르고 실효성이 없어 결국 구원을 이룰 수 없는 것이 아닌 진짜 예수가 말한 그것의 속뜻은 과연 무엇인가?

예수가 내 살을 먹고 내 피를 마셔야 영생한다고 한 것은 내 몸이 죽고 영이 살아야 영원히 산다는 의미다. 내 살을 먹고 내 피를 마신다는 것은 내 몸을 구성하고 있는 요소들이 없어진다는 뜻이다. 그렇게 구성 요소들이 없어진다면 그것들로 구성된 몸이 없어진다는 말인데, 그럼 내 몸이 없어진다는 의미는 또 무엇인가? 그것과 관련하여 보통 사람은 몸이 자기라고 안다. 부모가 낳아준 몸이 나이고, 그 몸이 태어난 날이 내 생년월일이다. 그 몸을 움직여 살다가 결혼하여 나와 닮은 몸을 가진 자식도 낳는다. 거울을 보면 거기에 몸이 보이고, 그 몸이 아프다가 수명을 다하면 몸이 땅

그리스도를 깨달아

에 묻혀 생이 끝난다. 그러니 몸이 나라는 것을 의심할 수가 없다.

하지만 여기서 한번 생각해보자. 어떤 사람이 타인의 뇌를 이식받았다고 가정하자. 이때 뇌 이식을 받은 그 사람은 더 이상 그의 친구들이 알았던 사람이 아닐 것이다. 만약 친구들이 그들만의 추억을 뇌 이식을 받은 이에게 묻는다면 뇌를 이식받은 그 사람은 그것을 전혀 알 수 없을 것이다. 따라서 뇌 이식은 할 수 없다. 뇌 이식의 기술적 문제 때문이 아니라 무엇이 그 사람인가 하는 문제 때문이다. 이런 경우 과연 무엇이 그 사람인가? 그것은 생각하고 느끼고 행동하게 하는 의식인가? 아니면 그것이 없어도 그 사람인 것과는 전혀 상관없는 몸인가? 그야말로 그것이 있어야 그 사람일 수 있는 의식이 진짜 그 사람이 아닌가! 이렇게 어느 순간 실상을 알아차리면 진짜 나는 물질인 몸이 아니라 의식인 영이라는 것을 깨닫는다. 만일 우리가 이렇게 깨달을 수만 있다면 우리의 본성이 의식 즉 영이라는 것을 결코 모르거나 의심할 수는 없다.

우리가 영인 것을 깨달으면 우리는 영원히 살 수 있다. 죽어서 땅에 묻히는 것은 몸이지 우리의 영이 아니다. 우리의 몸은 물질 원소들이 모여서 생겨난 것이기 때문에 반드시 흩어지고 사라진다. 물질은 모이고 흩어지는 운동을 하기 때문이다. 이렇게 몸은 생겨났다가 사라지지만, 영은 태어나지도 죽지도 않는다. 영은 죽지 않고 영원히 살기 때문에 만일 우리가 영이 되기만 하면 우리는 영원히 살게 된다. 그런데 우리는 처음부터 영이기 때문에 영이 되려면 우리가 영이라는 것을 깨닫기만 하면 된다. 우리가 영임을 깨닫기만 하면 우리는 영원히 살 수 있다.

달리 말해, 내 살을 먹고 내 피를 마시는 것은 참된 내가 살과 피로 이루어진 몸이 아님을 깨닫는 것이다. 참된 내가 몸이 아님을 깨달으려면 몸이라고 생각하는 것을 모두 없애면 된다. 이렇게 진짜 나가 아닌 살과 피를 모두 먹고 마셔서 없애버리면 비로소 나의 참모습만 남는다. 진짜 내가 아닌 몸을 없애고 나면 진짜 나인 의식, 영만이 드러난다. 그렇게 드러난 영이 진짜 나임을 깨닫게 되면 나는 나지 않고 죽지 않는 영원한 존재가 되어 영생을 얻게 된다.

그 유명한 죽은 나사로를 살린 기사에서 예수는 말했다. "나는 부활이요 생명이니, 나를 믿는 사람은 죽어도 살고, 살아서 나를 믿는 사람은 영원히 죽지 아니할 것이다(요 11:25~26)." 여기서 말하는 '나'는 몸인 예수를 말하는 것이 아니다. 예수는 진정한 자신이 영이고, 영이 나라는 것을 알았다. 그래서 그가 나라고 한 것은 그가 깨달은 의식 즉 영으로서 참나를 말한다. 따라서 '나는 부활이요 생명'이라는 것은 깨달아서 물질에서 영으로 다시 살아난 것이 '나'이고, 그것이 생명이라는 뜻이다. 그것이 생명인 것은 물질이 아니기 때문에 죽지 않기 때문이고, 또 그것은 영이기 때문에 영인 의식이 없으면 모든 것이 죽기 때문이다. 곧 그 영의 나를 깨달아 믿는 사람은 몸은 죽겠지만 영원히 살고, 살아서 그것을 깨닫는 사람은 영원히 죽지 않는다.

다른 곳에서 예수는 이렇게 말하기도 했다. "누구든지 자기 목숨을 구하고자 하는 사람은 잃을 것이요, 나 때문에 자기 목숨을

그리스도를 깨달아

잃는 사람은 찾을 것이다(마 16:25)." 그가 말한 자기 목숨이란 몸의 목숨을 말한다. 몸의 목숨을 부인하지 못하고 그 목숨에 집착하는 사람은 참나(I AM)인 영의 목숨을 발견하지 못해 영생을 잃을 것이다. 반면 참 자신인 영을 깨닫는 사람은 거짓 목숨인 몸의 목숨은 잃게 되겠지만 참 목숨인 영의 나를 찾아 영원히 살게 될 것이다.

예수가 내 살을 먹고 내 피를 마시라고 한 것은 영성체도 아니고 그를 믿는 것도 아니다. 거짓 자기를 죽여서 참 자기를 깨달으라는 뜻이다. 따라서 거짓 자기를 죽여서 참 자기를 깨달으려면 제의나 믿음을 통해서는 되지 않고 깨달아야 한다. 그런데도 지금까지 진짜 구원의 방법인 그 깨달음에 대해서는 까맣게 잊고 있었다. 이제 그 잃었던 구원의 열쇠를 되찾아야 한다.

그 구원의 열쇠인 깨달음은 문자적인 일차원적 의식도 아니고, 상징적인 이차원적 의식도 아니다. 그것은 이차원적 의식인 상징을 넘어서는 삼차원적 의식인 비유적인 의식이다. 그것은 마치 예수가 무엇을 비유해서 말할 때 그 빗댄 본래 의미가 무엇인지를 알아차리는 것과 같다. 어원이 말하듯이 비유(parable)는 빗대서(para, beside) 던진다는(ballein, to throw) 뜻으로 다른 것에 견주고 빗대서 말하는 것이다. 곧 비유적인 의식은 어떤 것을 문자적으로 알아차리는 것을 넘어, 상징한 것을 알아차리는 것을 넘어, 견주고 빗댄 것의 속뜻을 알아차리는 방식이다.

깨달은 예수

생각해 보면 그동안 기독교의 참된 구원 방법이 줄곧 잊혀 있었다. 예수가 처음 구원의 방법을 전한 이후 지금까지 기독교는 그 방법에 대해 나름대로 이해하고 그 방식을 취해 왔다. 구원을 위해 제의를 행하거나 구원받기 위해 믿음을 행해왔다. 그러나 예수가 전한 말씀의 진의를 파악하고 나면 그것들이 진정한 구원의 방법이 될 수 없음을 분명하게 알 수 있다. 예수는 깨달음을 통해 우리가 영생을 얻을 수 있음을 분명하게 말했다. 그런데도 이제까지 그것을 발견하지 못한 근본적인 이유는 우리가 진짜 예수를 잊어버렸기 때문이다.

어쩌면 기독교는 그동안 참된 예수를 잘 모르고 있었다. 처음 예수를 따랐던 사람들도 십자가에서 죽은 그가 과연 누구였는지를 심각하게 질문했다. 어떻게 죄 없는 사람이 그렇게 처참하게 죽을 수 있는가? 만일 그에게 죄가 있다면 자신들을 포함하여 모든 사람을 구원하려고 힘썼다는 것뿐이다. 그런데 어떻게 보통 사람들보다 더욱 처참하게 죽을 수 있다는 말인가? 그들은 그렇게 묻고 또 묻다가 문득 사람들의 죄를 위해 대신 죽어간 제물을 떠올렸다. 그야말로 제물은 아무 죄도 없지만 대신 피를 흘리고 죽어가서 그 대가로 인간들이 죄를 사함 받지 않는가!

그것을 확인하기 위해 그들은 구약성경을 뒤졌고, 그 안에서 그들의 생각의 근거를 나름대로 찾아냈다. 그들은 대표적으로 이사야 53장이나 시편 22편 같은 곳에서 자신은 죄가 없으나 다른 사람을 위해 고통당하는 메시아의 모습을 발견했다. "그는 실로 우리가 받아야 할 고통을 대신 받고, 우리가 겪어야 할 슬픔을 대신 겪었다. 그러나 우리는 그가 징벌을 받아서 하나님에게 맞으며, 고난을 받는다고 생각하였다. … 주님께서 우리 모두의 죄악을 그에게 지우셨다(사 53:4~6)." 이와 같은 구절들은 그들의 생각이 틀리지 않았음을 확인시켜 주었을 것이다.

더군다나 예수 사후 제자들은 그들 나름 부활한 예수를 경험하는 일이 일어났다. 그것은 죽었다고 믿었던 예수가 다시 살아난 것이었고, 죽은 예수가 다시 살아난 것은 그들에게 특별한 의미를 가졌다. 그가 다시 살아난 것은 나무(십자가)에 달려 저주받은 것이 아니라(신 21:23), 죄의 삯인 죽음에서 살아났으므로 그는 죄가 없음을 인정받은 것이었다. 그렇게 죄가 없는 사람이 비참하게 죽은 것은 바로 모든 사람의 죄를 대속하기 위해서였다. 그런 발견은 스승의 죽음에 망연자실하던 그들에게 예수에 대한 그들의 믿음을 확신하는 계기가 되었다. 그러한 그들의 이해는 예수의 원래 가르침과 뒤섞여 전해졌고, 그것들은 오늘날까지 기독교 복음으로 믿어지고 있다.

하지만 그것들은 다분히 예수가 아닌 그들의 해석일 뿐이다. 그것은 예수의 죽음과 부활을 직접 경험했거나 전해 들은 사람들의 의식 수준으로 나름 해석해낸 것이다. 그들은 그것들을 자신들의 의식 수준에 맞추어 문자적으로 혹은 상징적으로 해석했다. 그것은 예수의 의식 수준에서 예수가 말하거나 보여준 행위의 속뜻을 파악하고 이해한 것이 아니었다. 그것에 대한 분명한 반증이 복음서에 나오는 예수가 다양하게 해석되는 현상이다. 처음 기록되었다는 복음서인 마가복음이나 심지어 마태복음과 누가복음에서도 예수는 하나님의 아들, 메시아일 뿐 하나님은 아니다. 다만 가장 나중에 기록된 요한복음에서만 예수는 하나님이라고 말해진다(요 20:28).

복음서의 예수는 실제 예수에 대한 역사적 설명이 아니라 예수가 누구인지에 대한 훗날의 해석이다. 그것은 예수가 누구인지에 대한 복음서 저자 혹은 그 공동체가 그를 이해한 인식이다. 그래서 같은 예수에 대해서 다양한 해석을 하고 있으며, 그가 한 말이나 행동에 대해서도 각기 다른 견해를 나타내 보인다. 물론 각기 다른 해석을 하기는 정경 복음서를 통해 예수에 대한 이해를 갖게 된 사람들 역시 마찬가지다. 같은 예수의 말씀을 가지고도 초대교회나 중세교회나 종교개혁기의 그리스도인들이 그것을 달리 해석하고 받아들인 것이 그 결정적인 증거다.

신약성경에는 깨달음을 얻은 예수의 모습이 잘 보이지 않는다. 그것은 아마 처음 예수를 따랐던 제자들의 의식이 예수의 그것에 미치지 못해서 예수의 참모습을 보지 못한 결과이리라. 뿐만 아니라 애초에 예수의 모습을 전하고자 한 복음서 기록자들도 그들이 묘사한 예수의 의식에 미치지 못했다. 그들의 의식이 훨씬 뒤떨어졌기에 예수의 모습이 왜곡되어 그려졌고, 그들이 한 줄을 쓸 때마다 본래의 숭고한 의미를 그르쳤다. 결국 그들은 예수의 뜻을 반밖에 이해하지 못하고 남은 반은 자신들의 뜻으로 대신하고 말았다.

그리스도를 깨달아

게다가 예수를 깨달음의 관점으로 이해한 복음서 혹은 경전들이 정경에 포함되지 않았다. 지금의 경전과는 전혀 다른 관점에서 쓰인 복음서나 관련 문서들이 후일 많이 발견되었다. 그 대표적인 예가 1945년 나그함마디에서 발견된 기독교 복음서와 문서다. 거기에서 발견된 문서들은 정경에서 말하는 예수의 모습이나 가르침의 내용과는 전혀 다른 관점을 제시한다.

사실 예수는 의식의 변화와 새로운 깨달음의 산물이다. 그리고 그는 다른 사람들도 그렇게 깨달아서 변화되기를 원했다. 예수가 제시한 길에는 많은 것이 있었지만 많은 사람이 그것 전체를 다 보지 못하고 놓치고 말았다. 그 까닭은 예수의 가르침을 그와 같은 더 높은 의식의 상태, 그 빛에 비추어보지 않았기 때문이다. 이를테면 그가 말한 천국에 들어간다는 것은 죽어서 하나님을 영접하는 것이 아니다. 그것은 현재 각자의 내면에서 일어나는 사건이며, 인간의 본성이 더 지고한 상태로 변화해가는 것을 말한다. 예수 가르침의 보고인 산상수훈이 요구하는 바는 바로 그렇게 의식이 변화된 개개인이 그 깨달은 바를 따라 살아가는 그런 변화된 삶의 방식이다.

유감스럽게도 지난 2천 년 동안 깨달은 예수를 경배해 왔음에도 대부분의 그리스도인은 이 세상의 빛이 되는 데 실패했다. 그것은 예수를 빛의 사람 즉 깨달음을 얻은 존재로 알지 못했기 때문이다. 예수는 깨달은 존재, 그리스도였음에도 불구하고 그런 그의 모습에 대해 무지했다. 그렇게 깨닫지 못하고 믿고 행한 결과는 어리석음이었고, 그래서 자신들이 빛이 되지 못했을 뿐만 아니라 세상의 빛이 되지도 못했다. 분명한 것은 예수 역시 그를 따르는 사람들이 깨달음의 빛을 얻기를 간절히 소망했다는 사실이다. 오직 깨달음만이 구원을 가져오기 때문이다!

지금까지 진정한 그의 모습이 잊힌 예수는 깨달은 사람이다. 그의 탄생은 개체 영 즉 하나의 의식이 출현한 것이고, 그의 삶은 자신이 무엇인지, 왜 사는지, 어떻게 살아야 하는지를 깨닫고 가르친 과정이고, 그의 죽음은 그 깨우침의 결과 그가 발견한 자신의 본성인 영, 의식의 세계로 돌아간 것이다. 마찬가지로 우리 역시 우리가 몸이 아닌 영이라는 것을 깨닫는 순간 고통과 죽음의 굴레에서 순식간에 벗어난다. 우리 죄를 대신 짊어진 예수를 '믿기'보다 우리가 육(body)이 아닌 영(spirit)이라는 것을 '깨달아야' 육에서 영으로 옮겨져서 영원히 구원받는다.

따라서 예수는 깨달음의 지도다. 그의 일생을 보면 깨달음에 이르는 길들이 표시된 하나의 지도를 그릴 수 있다. 그 지도를 통해 인류 모두가 하나님과 분리되면서 생겨난 고통과 죽음에서 벗어나 하나님과 하나 되는 천국에 이르는 길을 발견할 수 있다. 그것을 위해 예수의 태어남과 깨달음, 가르침과 돌아감을 살펴봄으로써 천국에 이르는 길을 찾아 떠나려고 한다. 그 길은 아직 잘 알려지지 않은 길이고 그래서 생소한 길이다. 그러나 목적지에 도달하려면 반드시 찾고 가야 할 길이다. 그 길을 찾아갈 수만 있다면 고통과 죽음이 없는 목적지에 도달할 수 있다. 그뿐만 아니라 지금까지의 제의기독교나 믿음기독교를 넘어서 새로운 '자각기독교'와도 만나게 될 것이다.

그리스도를 깨달아

I
태어남

1. 태초의 존재

말씀이 있었다?

　모든 사람은 태어나서 살다가 죽는다. 그래서 어떤 사람이 누군지를 알려면 그 사람의 탄생과 삶과 죽음을 보면 된다. 그 사람이 어디에서 와서 무엇을 하다가 어떻게 죽었는지를 알면 그 사람이 누군지를 분명하게 알 수 있다. 이제 여기서 예수의 탄생을 알아보려는 것은 우선 그가 어디에서 온 누구인지를 알고, 동시에 그와 같은 인간 일반의 기원과 정체를 알고자 함이다.

　과연 예수는 어디에서 왔을까? 예수 생명의 처음 시작은 대체 어디였을까? 물론 예수의 생명은 그의 부모로부터 시작된 것이 틀림없다. 그는 요셉과 마리아로부터 왔고, 그들은 그들의 조상 아브라함으로부터 왔고, 아브라함은 또한 아담으로부터 왔을 것이다. 그렇다면 그 아담은 또 어디에서 왔을까? 이처럼 예수 생명의 기원을 알려면 무엇보다 모든 것의 처음 시작부터 알아야 한다. 도대체 모든 것의 처음 시작인 그 태초에는 무엇이 있었을까? 시간도 공간도 차원도 물질도 생겨나기 이전에는 과연 무엇이 있었을까?

　신약성경 창세기라고 할 수 있는 요한복음 첫머리는 다음과 같이 시작한다. "태초에 말씀이 계셨다. 그 말씀은 하나님과 함께 계셨다. 그 말씀은 하나님이셨다. 그는 태초에 하나님과 함께 계셨다. 모든 것이 그로 말미암아 창조되었으니 그가 없이 창조된 것은 하나도 없다(요 1:1~3)." 아마 요한복음 기자는 아무것도 없던 태초에 모든 것이 말씀으로 창조되었다는 구약 창세기를 의식하고 이 서론을 썼을 것이다. 이 때문에 그가 태초에 무엇이 있었는지를 먼저 말한 것은 어쩌면 지극히 자연스러웠다. 그래야 그 사람 혹은 그들이 말하려고 하는 예수의 근원적 시작을 말할 수 있었을 것이기 때문이다.

요한복음 첫 구절 원어에 의하면, '태초에 로고스가 있었다(Ἐν ἀρχῇ ἦν ὁ λόγος).' 즉 태초에 있던 것이 다른 것이 아닌 바로 로고스였다는 뜻이다. 이처럼 태초에 로고스가 있었다면, 과연 태초부터 있었고, 하나님이었고, 모든 것이 비롯된 로고스란 도대체 무엇인가? 이런 의문 때문에 기독교가 시작된 이래 지금까지 그 로고스가 무엇인가에 대한 설명이 계속해서 있었다. 그것의 결과로 많은 설명이 시간과 장소와 사람에 따라 매우 다양하게 제시되었다.

우선 '로고스(λόγος)'가 그리스어 단어이기 때문에 그것으로부터 그 의미를 찾는 것은 자연스러웠다. 기원전 6세기, 고대 그리스의 철학자 헤라클레이토스(Heraclitus, B.C. 540?~B.C. 480?)가 처음으로 로고스를 그리스 철학에 소개한 곳은 공교롭게도 요한복음이 기록된 장소로 알려진 에베소였다. 우주 안에 보이는 모든 흐름의 연속성을 설명하고자 노력했던 헤라클레이토스는 우주에 있는 질서의 불변 원리를 로고스라고 했다. 그 후 스토아 철학에서 로고스는 만물에 스며있는 하나님 정신으로 만물을 인도하고 통제하고 감독하는 것이었다.

이 로고스의 의미를 구약성경 혹은 유대 사상에서 찾기도 하였다. 우리는 요한복음 서론이 창세기 1장과 유사하다는 사실을 발견한다. 요한복음 서론에서 그러하듯 구약성경 창세기에서 '말씀(דָבָר)'은 모든 것을 창조하는 기능을 한다. 즉 구약성경에서 하나님의 말씀은 거의 인격화되어 독자적인 기능을 행사한다. 가령 하나님의 말씀은 그분의 뜻을 이루고 그분에게 되돌아간다(사 55:11, 시 147:15). 하나님의 말씀은 힘이 있고(호 1:1~2), 사람들을 치료하고(시 107:20), 생명을 주고(신 32:46~47) 창조한다(창 1:3, 시 33:8). 더욱이 하나님의 말씀은 사람들을 위한 빛으로 묘사된다(시 119:105, 130. 시 19:8). 그러므로 하나님의 말씀이야말로 태초에 있었던 로고스로 볼 수 있는 충분한 이유와 근거가 있다.

또 후기 랍비 문헌에서는 율법(토라)이 그 말씀으로 그려진다. 율법(토라)이 만물 이전에 창조되었고, 그 율법이 세상을 창조한 하나님처럼 일한 것으로 그려져 있다. 그런 맥락에서 창세기 1장 1절의 '태초에'는 '토라에'를 의미한 것으로 해석된다. 또한 많은 예에서 토라와 말씀이 서로 교차되서 사용된다. "율법이 시온에서 나오며, 주님의 말씀이 예루살렘에서 나온다(사 2:3)"라는 구절이 대표적이다. 특히 요한복음 서론과 병행되는 구절도 있는데, 잠언 6장 23절은 '토라는 빛'이라고 말하기도 한다. 이런 설명은 충분히 토

그리스도를 깨달아

라 즉 율법을 말씀으로 볼 수 있게 한다.

명시적으로 말씀이라고 불리지는 않으나 지혜 역시 그 말씀과 거의 유사하다. 구약 외경 중 하나로 초대 교인들이 애독한 집회서는 '지혜가 여호와로부터 나왔으며, 그와 함께 영원히 거한다(1:1)'라고 말한다. 잠언에는 "주님께서 일을 시작하시던 그 태초에, 주님께서 모든 것을 지으시기 전에, 이미 주님께서는 나(지혜)를 데리고 계셨다(잠 8:22~23)." 또는 "주님께서 하늘을 제자리에 두시며 깊은 바다 둘레에 경계선을 그으실 때에도 내(지혜)가 거기에 있었다(잠 8:27)"고 한다. 곧 지혜가 세상의 창조 이전의 태초에 있었던 말씀이라고 읽히기에 충분하다.

한편, 요한복음의 서론을 쓴 저자는 '예수' 안에서 그 말씀을 보았다. 기본적으로 말은 사람의 생각이나 느낌, 의지 따위를 나타내는 소리를 가리킨다. 만일 그것의 주체가 하나님이라면 그 말씀은 하나님의 생각이나 느낌, 의지 따위를 나타내는 매개이고 수단이다. 그러므로 말씀은 하나님이 자신의 계획과 목적을 인간에게 알리고 그것을 성취하는 데 쓴 수단이라고 할 수 있다. 그 말씀은 말하는 주체의 뜻을 나타내고 그 안에 담긴 뜻을 실현하는 도구 또는 수단인 것이다.

그렇게 말씀이 하나님의 뜻을 나타내고 실현하는 수단이기 때문에 요한복음의 저자는 하나님의 뜻을 구체적으로 실현한 예수 안에서 그 말씀이 인격화된 것을 보았다. 다시 말해 요한복음 서론을 쓴 저자에 의하면 예수가 바로 말씀(아람어, memra)이며, 사람들 가운데 임재하신 하나님이다. 이렇게 로고스 즉 말씀이 예수라고 본 것은 그 이전의 그리스 사상이나 유대 배경의 모든 설명을 넘어서는 기독교만의 독특한 공헌이라고 할 수 있다.

어쨌든 이런 다양한 설명은 모두 태초에 있었던 것을 로고스라고 했기 때문에 생겨난 일이다. 태초에 있었던 그 로고스를 말씀으로 옮겼고, 그러다 보니 말씀의 본성이나 특성에 따른 의미들을 다양하게 찾아 그것을 해석한 것이다. 그 '말씀'이 모든 것이 생겨나기 전에 있었던 것이니만큼 그것과 관련된 의미를 다양한 경우와 문맥에서 찾을 수밖에 없었다. 이러한 모든 설명과 해석들은 태초에 있었던 것을 로고스로, 그 로고스를 말씀으로 옮겼기 때문에 필연적으로 일어난 의문과 그것에 대해 대답하는 과정에서 생겨난 결과다.

그러나 태초에 있었던 이 로고스(λόγος)는 말씀이 아닌 '영(πνεύμα)'으로 바뀌어야 한다. 태초에 있었고, 하나님이었고, 모든 것이 비롯된 것은 말씀이기보다 영이기 때문이다. 그 말씀이 하나님의 뜻을 나타내고 실현하는 소리라면 그 소리를 내는 주체가 소리보다 먼저인 것이 옳다. 소리가 있기 전에 있었던 것은 그것의 주체인 하나님 즉 영이지 그 영의 표현 수단인 소리, 말씀이 아니다. 분명 영이 내는 소리인 말씀보다 그 소리를 내는 주체인 영의 존재가 우선한다. 그러므로 '태초에 영이 있었고, 하나님은 영(성령)으로 계시니, 성령이 하나님이시다'라고 하면 논리가 분명하게 선다.

그런 의미에서 '그 말씀은 하나님과 함께 계셨다(ὁ λόγος ἦν πρὸ

그리스도를 깨달아

ς τὸν θεόν)'라고 한 2절의 '함께(πρὸς, with)'도 '으로'라고 옮겨야 옳다. 함께는 따로따로 둘이 있는 것을 전제로 한 말인데, 하나님 따로 있고 성령(말씀) 따로 있는 것이 아니다. 하나님은 영(성령)으로 계시기 때문에 하나님과 성령은 둘이 아니라 하나다. 그래서 함께 (with)가 아닌 '~을 가진', '~이 가득한'이라는 뜻의 '으로'라고 바꿔야 한다. 분명히 요한복음 1장 2절에 "그가 태초에 하나님과 함께 계셨고"는 잘못된 표현이다. 하나님은 성령'으로' 있는 것이지 성령과 '함께' 있는 것이 결코 아니다.

또한 "모든 것은 말씀을 통하여 생겨났고 이 말씀 없이 생겨난 것은 하나도 없다(요 1:3)"라는 것 역시 모든 것이 성령을 통하여 생겨났고, 성령 없이 생겨난 것은 하나도 없다고 이해하면 쉽다. 따라서 요한복음 1장 1절에서 3절은 "태초에 영이 있었다. 하나님은 영으로 있었다. 그 영은 하나님이었다. 그 영은 태초에 하나님으로 있었다. 모든 것이 그 영으로부터 왔으니 그 영이 없이 생겨난 것은 하나도 없다"로 바꾸면 그 의미가 정확하고 분명해진다. 이처럼 말씀을 영으로 바꿔야 그 뜻도 맞고 그것의 의미를 이해하기도 쉽다.

영이 있었다

과연 태초에 영(靈)이 있었다면, 그것을 어떻게 알 수 있으며, 또 그 영은 대체 무엇인가? 우선 태초에 있던 것이 영이었는지를 알려면 어떤 것도 생겨나기 이전으로 거슬러 올라가 보아야 한다. 가령 원자 크기 정도를 쉽게 관찰할 수 있는 초현미경으로 인체 조직 하나를 관찰해본다고 하자. 처음에는 근육 조직이 보이고 확대하면 근육 섬유가 보이고 더 확대하면 나선형으로 길게 꼬여 있는 분자의 배열이 나타난다. 좀 더 확대하면 나선형의 분자들 속에서 작은 원자들이 집단으로 진동하는 모습을 볼 수 있다. 점점 확대할수록 외곽을 돌고 있는 전자 궤도가 사라지고 텅 빈 진공 상태가 나타나고, 원자핵마저 사라지면 단지 에너지를 가진 파동만을 감지할 수 있을 뿐이다. 즉 모든 존재하는 물체의 실제 모습(實體)은 파동들의 간섭무늬라 할 수 있는 빠른 속도로 진동하는 에너지 장이다.

이렇듯 우주의 모든 실체는 한 가지 공통된 요소 위에 기초하고 있다. 그것은 바로 주기적인 변화인 진동이다. 진동(vibration)이란 두 정지점 혹은 양 끝점 사이를 오가는 운동을 말한다. 이때 각 정지점은 주기적인 운동을 통해서 도달된다. 이렇게 우리의 현상계는 모두가 진동하는 실체이며, 서로 다른 파동으로 가득 차 있다. 우리는 초현미경을 통해 우리의 객관적 실체가 텅 비고 진공 상태이며, 두 개의 정지점 사이를 움직이면서 진동하는 전자기장

그리스도를 깨달아

으로 채워져 있다는 사실을 발견한다. 그야말로 태초에는 허공에 진동만 있었다.

태초의 허공에 있던 그 진동은 본질이 자극에 대한 반응이다. 그것은 자극에 대한 반응이 연속적으로 발생하여 두 점 사이를 왕복하는 운동이다. 예를 들어 전자에 힘을 가하면 튕겨 나가고, 연못에 돌을 던지면 파문이 일어나고, 기타의 줄을 튕기면 떨리는 것들은 모두 자극에 대한 반응 현상이다. 이런 진동을 모두 파동으로 나타낼 수 있는데, 그 파동은 마루와 골(peaks and valleys)로 표시되고, 마루는 일어남을 골은 사라짐을 표시한다. 이렇게 자극에 대한 반응은 일어남과 사라짐이고, 그 일어남과 사라짐이 반복해서 발생하는 것이 진동이고 파동이다.

그런데 이런 자극에 대한 반응이 다름 아닌 살아있음, 생명이다. 우리가 어떤 사람이 살았는지 죽었는지를 확인할 때 보통 무엇을 어떻게 하는가? 맥박 또는 호흡을 확인하거나 그 사람의 동공에 빛을 비춰서 반응을 살핀다. 특히 동공에 빛을 비춰서 살피는 이유는 그 사람의 빛에 대한 반응 여부를 알기 위해서다. 그것은 그 빛이라는 자극에 대해 반응하면 의식이 있는 것이고 반응하지 않으면 의식이 없는 것이기 때문이다. 이렇듯이 생명이 있느냐 혹은 없느냐의 여부는 자극에 대한 반응인 의식이 있느냐 혹은 없느냐에 달려 있다. 자극에 대한 반응이 의식이기 때문에 자극에 대한 반응 여부는 생명의 유무를 판가름하는 기준이다.

다시 말해 살아있으려면 꼭 필요한 의식 역시 근본은 자극에 대한 반응이다. 우리가 어떤 대상을 보면 눈은 자극을 받아 그것이 무엇이라는 앎이 일어난다. 반대로 대상이 사라지면 자극도 없어져서 반응으로서의 앎도 사라진다. 예컨대 사과를 보면 눈이 그것을 감각하고 감각에 대한 반응으로 그것이 사과라는 앎이 일어난다. 이처럼 사과를 볼 때 사과라고 알 수 있는 것은 자극에 대한 반응이 일어나고 사라지는 작용 때문이다. 곧 대상을 만나면 대상과 함께 자극이 일어나고 그 자극에 대한 반응으로 알아차림이 생기는데 그것이 바로 의식이다. 우리의 의식은 자극에 대한 반응으로 그것이 일어나고 사라지는 과정에서 생겨나는 알아차림이다.

한편 성경은 그 알아차림, 의식이 영(靈, spirit)이라고 말한다. 영은 구약이 쓰인 히브리어로 루아흐(רוּחַ)이고, 신약이 쓰인 그리스어로는 프뉴마(πνευμα)다. 히브리어 루아흐는 '숨 쉬다', '불다'에서 유래했으며, '숨, 바람, 영'을 의미한다. 숨, 바람, 영은 기본적으로 일어나고 사라지는 움직임이다. 가령 숨 혹은 호흡은 일어나고 사라지는 운동이다. 바람도 일어나고 사라지는 공기의 움직임이다. 영역시 일어나고 사라지는 알아차림으로 그것이 바로 의식(意識)이다. 이렇게 일어나고 사라지는 숨, 바람, 영을 통틀어서 루아흐 또는 프뉴마라고 한다.

곧 허공에 진동만이 있었던 태초에는 영, 의식만 있었다. 그 진동하는 허공이 바로 일어나고 사라지는 의식이고 영이기 때문이다. 이처럼 영, 의식은 자극에 대한 반응으로 일어나고 사라지는 알아차림이다. 그리고 아무것도 없던 태초에 있던 알아차림이라는

그리스도를 깨달아

의미에서 그것은 순수의식이고, 태초의 영이라는 의미에서 다른 영과 구별하여 성령이라고 부른다. 바로 그 순수의식, 성령이 태초부터 있었던 모든 것의 근원인 하나님이다. 즉 태초의 허공에는 물질은 아직 없었고 오직 그 안에 진동만이 있었기 때문에 태초의 허공은 물질로는 없으나 영, 의식으로는 있었다. 태초의 허공은 물질로는 텅 비어 있었으나 영으로는 꽉 채워져 있었다.

그렇다면 그 태초의 진동은 어떻게 생겨났을까? 그것을 알기 위해 이번에는 방음 시설이 잘된 방을 상상해 보자. 우리는 이 방 안의 완전한 고요 속에 앉아 있다. 이제 손바닥을 펴들고 공기 속에서 휘둘러보면, 손바닥 전방의 공기는 압축되고 손바닥 후방의 공기는 희박해진다. 이 행위는 가만히 있던 공기 속에 압축된 공기와 희박해진 공기 즉 상대적인 이원성을 만들어낸다. 이렇게 압축된 공기와 희박해진 공기는 동심원 파동의 형태로 퍼져나가 고막에 부딪히면 소리가 들린다. 이때 손을 휘두르는 행위를 멈추면 소리도 멎고 공기는 압축 혹은 희박해지기 이전의 상태로 돌아가서 그저 거기에 '있다'. 이것이 이원성이 사라진 다음의 하나인 상태다.

마찬가지로 태초의 허공에도 똑같은 일이 일어났다. 아무것도 없던 허공에 진동이 일어나자 파동이 생겨나서 하나인 일원성이 깨어졌다. 절대적인 허공에 움직임이 일어나자 거기에 상대적인 이원성이 만들어졌다. 태초의 영이 허공을 흔들어 놓자 그 허공은 물결쳤고, 이 물결은 허공을 가로질러 퍼져나가 전자기장을 형성했다. 만일 이 물결치는 파동이 우리 눈의 망막에 부딪히면 그것은 빛의 입자, 광자일 것이다. 광자는 이 진동하는 허공 즉 전자기장의 작은 조각에 지나지 않는다. 이렇게 태초에 있던 진동이 파동을 만들고 그 파동이 각기 다른 파장의 입자, 물질을 만들어냈다. 말하자면 "태초에 하나님이 천지를 창조하셨다(창 1:1)."

이제 태초를 말하는 성경으로 다시 돌아가 보자. 태초에 말씀이 있었다는 요한복음의 서론처럼 태초의 상태를 말하는 구약성경 창세기 1장 2절은 이렇다. "땅이 혼돈하고 공허하며, 어둠이 깊음 위에 있고, 하나님의 영은 물 위에 움직이고 계셨다." 여기서 땅이 '혼돈하고 공허하다'라는 표현은 히브리어 토후 와보후(תֹהוּ וָבֹהוּ)를 번역한 것이다. 토후(תֹהוּ)는 공허 또는 허공으로 '빈(empty)', '없는(unproductive)'을 뜻한다. 같은 단어가 욥기 26장 7절에도 나오는데, 토후가 '빈 공간(empty space)', '무(nothing at all)'의 의미로 쓰였다. 또 그 허공에 하나님의 영이 움직였다고 할 때, '움직임'을 나타내는 히브리어 므라헤페트(מְרַחֶפֶת)는 라하프(רָחַף, 너풀거리다)의 분사형으로 '진동함', '전율함', '움직임'이라는 의미다(신 32:11, 렘 23:9, 단 7:2). 그러므로 이것은 태초의 상태가 허공이고 그 허공에서 하나님의 영이 진동하였다는 뜻이다.

말하자면 하나님의 영이 진동할 때 비로소 허공과 어둠의 상태에 변화가 일어난다. 이를테면 그 영 즉 진동이 계속해서 허공을 빨리 흔들면 빛보다 더 강력한 방사선인 X선을 얻게 된다. 그리고 허공이 그보다 더욱 빠르게 흔들리면 감마선이 나오고, 그것은 물질의 기본 원소인 원자의 구성 입자, 전자와 양성자로 쪼개진다.

그리스도를 깨달아

그렇게 생겨난 원자들이 원소들을 이루어 물질을 만든다. 이 물결치며 진동하는 영, 의식이 물질을 만들어내는 것이다. 곧 영, 의식을 더욱 빠르게 진동시킬수록 더 다양한 종류의 물질 혹은 입자들을 얻어낼 수가 있다. 바로 그 진동하는 영, 의식이 우리에게 낯익은 물질로 나타나 주변의 온갖 형체들을 빚어내는 재료가 된다. 산과 바다, 꽃향기와 테이블, 우리의 신체 등은 모두 그렇게 진동하는 영, 의식으로부터 만들어졌다.

따라서 구약 창세기 1장 2절은 태초에 있었던 것이 바로 영이라는 성경적 표현이다. 바꿔 말해 태초에 영이 있었다는 비유적 묘사다. 태초에 영이 있었고, 그 영이 의식이라면 영이 움직이기 전에는 당연히 아무것도 없는 무의 상태이고, 어둠일 수밖에 없다. 진동이 파동을 만들고 파동이 입자가 되듯이 진동인 의식이 일어나기 전에는 아무것도 만들어진 것이 없다. 또 의식, 알아차림이 일어나지 않으면 그것은 역시 어둠, 무지 상태일 수밖에 없다. 그러므로 어둠은 물질적으로 빛이 없어 보이지 않는 상태이거나, 정신적으로 알지 못하는 무지의 상태.

그뿐만 아니라, 창세기에는 에덴동산의 중앙에 생명나무와 선악을 알게 하는 나무가 있었다고 한다(창 2:9). 그 말씀 역시 태초의 허공에 영(靈)이 있었다는 비유적 선언이다. 그 '생명과 앎'의 나무는 어떤 것도 있기 이전의 것이니만큼 태초의 영인 성령을 말한다. 그리고 그 영이 의식이라면 성령은 순수의식, 순수한 알아차림일 수밖에 없다. 그런 뜻에서 에덴동산 중앙에 선악을 알게 하는 나무와 모든 것이 생겨나는 생명나무가 있었다는 것은 아무것도 없던 태초에 알아차림으로써 모든 것을 생겨나게 하는 영, 의식이 있었다는 말이다. 따라서 태초에 영을 나타내는 지식나무와 생명나무가 있었다는 것만큼 태초에 영이 있었다고 선언하는 더 적절한 표현은 없다.

태초의 영으로부터

1945년 12월, 이집트 나일강 상류 룩소르 북쪽으로 40마일 떨어진 나그함마디에서 놀라운 고고학적 발견이 있었다. 무하마드 알리와 그의 형제들이 비료로 쓸 인사바크라는 흙을 파다가 우연히 역청으로 밀봉된 약 2피트 높이의 항아리를 발견하였다. 거기에는 고대 이집트어인 콥트어로 적힌 13권의 양피지 책들이 들어 있었고, 그것들은 1,600여 년 동안 묻혀있던 52개의 초기 기독교 문서들이었다. 이것들은 367년 당시 알렉산드리아의 감독 아타나시우스(Athanasius, 295~373)가 나름으로 정한 신약 정경 27권으로 채택되지 못한 문서들을 불사르라고 했을 때, 그것들을 보존하고자 했던 파코미우스 수도사들에 의해 땅에 묻혔다가 발견된 것으로 추정된다.

그중에서도 세상 사람들의 관심을 가장 많이 끈 것은 단연 도

그리스도를 깨달아

마복음이다. 도마복음은 다른 복음서들처럼 예수의 일대기가 나오지 않는 순수한 어록 복음서다. 도마복음에는 공관복음서에 나오는 기적, 종말, 부활, 재림, 최후의 심판, 대속 등에 대한 언급이 거의 보이지 않는다. 대신 우리 안에 빛으로 계신 하나님에 대한 깨달음을 통해 새로운 사람으로 거듭나면, 고통에서 벗어나 평화 속에서 살고 죽음을 맛보지 않을 수 있다는 점을 거듭 강조한다.

이 도마복음의 사본 연대와 관련해서는 논란이 거의 없다. 이것을 기록한 콥트어 글자체와 가죽 장정에 사용된 양피지로 미루어 볼 때, 서기 350~400년경에 제작되었을 것으로 추정한다. 그리고 원본의 연대에 대해서 도마복음을 최초로 출간한 학자들은 서기 140년경이라고 추정하였다. 그러나 하버드대학교의 헬무트 쾨스터 (Helmut Koester) 교수는 최근 그 시기가 그보다 훨씬 더 빠르다고 발표하였다. 그는 도마복음에 실린 예수의 가르침이 신약성경의 복음서에 담긴 내용보다 훨씬 이전 시대로 거슬러 올라가는 전통을 포함하고 있다고 지적했다. 즉 그것이 쓰인 연대는 1세기 후반 (50~100) 마가, 마태, 누가, 요한복음이 쓰인 시기와 비슷하거나 혹은 그보다 더 이전이라는 것이다.

바로 그 도마복음 50장에는 다음과 같은 말씀이 나온다.

예수께서 말씀하셨다. 만약 그들이 너희에게 너희는 어디서 왔느냐고 물으면 그들에게 대답하라. 우리는 빛으로부터 왔으며, 그 빛은 그 자신에게서 나왔다고. 그것은 형상 속에서 스스로를 나타낸다고. 만일 그들이 너희에게 너희가 누구냐고 물으면 그들에게 말하라. 우리는 그 빛의 아들들이며 살아계신 아버지의 선택 받은 자들이라고. 만약 그들이 너희에게 너희 안의 아버지의 표시가 무엇이냐고 물으면 그들에게 말하라. 그것은 움직임과 쉼이라고.

혹시 어쩌다 이것을 읽거나 듣는 사람들은 틀림없이 소름이 돋을 것이다. 아마 이 구절들은 도마복음 중에서도 가장 중요한 말씀 중의 하나일 것이다. 그 이유는 이 말씀이 예수 자신은 물론이고 모든 인간의 본성과 기원을 밝히기 때문이다. 여기서 예수는 너무도 분명하게 제자들에게 말한다. 만일 사람들이 너희에게 너희가 어디에서 왔느냐고 묻는다면 우리는 빛에서 왔으며, 그 빛은 스스로에게서 나왔고, 그것은 형상들 속에서 스스로를 나타낸다고 말하라고.

물론 여기서 '빛'은 어디까지나 물질 빛이 아닌 스스로 알아차리는 순수의식을 가리키는 비유적인 표현이다. 물질적인 빛은 스스로는 드러나지 않으면서 모든 것을 밝게 비추어 드러낸다. 마찬가지로 순수의식도 스스로의 알아차림 자체는 드러나지 않으나 모든 대상을 알아차리게 한다. 마치 우리가 사과를 보고 '이것은 사과다'라고 할 때, 알아차리는 것은 사과이지 그 대상을 알아차리는 우리의 의식 자체가 아닌 것과 같다. 그러므로 태초부터 있었던 순수의식은 다른 어떤 것으로부터 말미암지 않고 스스로 일어

그리스도를 깨달아

나고 사라지며, 알아차리는 순간 모든 것을 존재하게 한다. 따라서 만일 사람들이 너희들이 누구냐고, 너희들의 정체가 무엇이냐고 물으면 우리는 순수의식에서 비롯된 의식의 나타남이라고 대답해야 한다.

만일 다시 사람들이 너희 속에 있는 아버지 즉 너희 근원의 표시가 무엇이냐고 물으면 그것은 움직임(motion)과 쉼(rest)이라고 말해야 한다. 우리는 태초부터 있었던 영, 성령, 순수의식으로부터 왔기 때문에 우리 안에는 그 영, 의식의 표식이 있고, 그것은 다름 아닌 움직임과 쉼이다. 태초에 있었던 영, 의식은 기본적으로 일어나고 사라진다. 모든 의식은 대상에 따라 일어나고 사라지기를 반복한다. 대상이 있으면 알아차림이 일어나고 대상이 없으면 알아차림도 사라진다. 그러다 다른 대상이 생기면 이전의 알아차림은 사라지고 새로운 알아차림이 일어난다. 이렇게 의식의 일어나고 사라짐은 바로 움직임과 쉼이다. 이런 움직임과 쉼, 의식을 하나님의 소생인 우리는 모두 예외 없이 갖고 있다. 우리는 본래부터 존재하던 순수의식에서 나온 개체의식이기 때문에 순수의식이 가진 움직임과 쉼의 표식을 각자가 모두 갖고 있다.

곧 모든 것이 있기 전 존재한 것은 태초 영이다. 그 태초 영은 태초 의식이고 그 태초 의식은 순수의식이다. 그 순수의식이 바로 태초에 있던 성령이다. 그 성령은 본래의 알아차림으로 만유를 잠재된 상태로 담고 있거나 진동하여 물질로 나타나게도 한다. 즉 허공은 '순수한 의식'이며, 동시에 그 속에는 만유가 들어 있다. 그것은 잠재된 형태의 진동 없는 휴식 상태의 무한한 창조력이다. 물질이 출현하고 이어서 여러 형체가 출현하려면 허공 속에 진동하는 움직임이 일어나야만 한다.

한편, 이 땅에 사는 동안 예수는 여러 번 죽을 고비를 넘겼다. 그중에 하나가 '아브라함이 있기 전부터 내가 있었다(Before Abraham was, I am, 요 8:58)'라고 말한 때다. 그때 유대인들은 돌을 들어 예수를 죽이려고 했다. 그의 이 말은 상식적으로 도저히 이해할 수 없다. 아브라함은 예수보다 적어도 1,800여 년 전에 살았던 유대인의 민족적 조상이다. 그런데 예수가 아브라함이 나기 전부터 내가 있었다고 하였으니 그 말을 듣는 유대인들은 도저히 그것을 알아듣거나 믿을 수 없었을 것이다.

어떤 이는 예수가 아브라함보다 먼저 있었다고 하면 예수는 하나님이기 때문에 그럴 수 있다고 말하기도 한다. 그러나 전체인 하나님이 개체인 예수가 될 수는 없다. 또 태어나서 먹고 자고 살다가 죽는 그런 하나님은 있을 수 없다. 예수는 선한 선생님이라고만 불러도 '왜 나를 선하다고 하느냐? 선한 분은 오직 하나님뿐이시다(막 10:18)'라고 했다. 그런 예수를 하나님이라고 하는 것은 하나님을 모독하는 것임은 물론 예수에 대한 모독이기도 하다.

여기서 '나는 아브라함보다 먼저 있었다'라고 한 것은 나는 나를 낳아준 부모보다 먼저 있었다고 말한 것과 전혀 다르지 않다. 하지만 이 세상의 누구도 자기 부모로부터 나올 뿐 부모보다 먼저 태어난 자식은 없다. 모든 사람은 부모에게서 태어날 뿐 그 부모가 나기 전에 있을 수는 없다. 그러므로 예수의 이 말은 그의 육신을 두고 한 말이 아닌 것을 분명하게 알 수 있다. 만일 예수의 이 말이 자신의 육신을 두고 한 말이 아니라면 도대체 무엇을 두고 한 말인가?

예수 역시 태초의 영, 하나님으로부터 왔다. 그 하나님으로부터 왔기 때문에 그는 '나는 위에서 왔다'라고 했다(요 8:23). 그 하나님, 성령으로부터 왔기 때문에 그도 역시 하나님과 같은 영을 가지고 있다. 그 성령은 원래 하나님이기 때문에 태초부터 있었다. 예수도 그 영을 갖고 있었기 때문에 그 영으로는 태초 즉 아브라함이 나기 전부터 있었다. 그러므로 아브라함보다 먼저 있었다고 한 '나'는 육신의 예수를 말한 것이 아니라 영으로서 예수 '나'를 말한 것이다. 즉 예수는 영으로서 '나'가 유대인 혈육의 조상인 아브라함보다 먼저 있었다고 말한 것이다. 영으로서의 예수는 아브라함보다 먼저일 뿐 아니라 태초부터 있었다. 그래서 예수는 태초부터 있었던 태초의 존재다.

요약하면 태초에 영이 있었다. 그 태초의 영이 하나님이기 때문에 태초에 하나님이 있었다. 즉 모든 것이 생겨나기 전에는 태초의 영, 하나님만 있었다. 그러므로 만약 허공 안에 어떤 것이 생겨났다면 그것은 허공이고 영인 하나님으로부터 말미암은 것이다. 그것은 성령의 일부가 절대성을 버리고 상대적인 영의 존재가 된 것이다. 그 결과 존재하는 만물에는 영이 깃들어 있고 그 영의 본질인 의식이 그들 속에 있다.

그런 맥락에서 태초의 영으로부터 온 예수는 태초부터 있었던 태초의 존재일 수밖에 없다. 예수는 태초부터 있던 영으로부터 온 영적 존재이고, 같은 영을 소유했다는 면에서 영인 하나님과 같은 존재다. 만일 그를 하나님이라고 해야 한다면 그것은 그의 본질이 영이라는 뜻이며, 하나님과 같은 영적 본질을 가진 존재라는 의미 다. 원래 하나님의 영과 하나였다가 개체의식이 되어 물질을 입고 상대화한 존재가 바로 예수다.

그리스도를 깨달아

2. 성육신의 의미

에덴에서 추방?

신약성경은 예수의 탄생을 말씀이 육신이 되었다고 기록한다. "그 말씀은 육신이 되어 우리 가운데 사셨다(요 1:14)." 흔히 이렇게 말씀이 육신이 되었다는 성육신(成肉身)은 하나님이 인간을 구원하기 위해서 사람이 된 것이라고 말해진다. 다시 말해 하나님이 인간의 몸을 입고 예수 그리스도의 모습으로 인간이 되었다는 것이다. 그렇다면 이 '말씀'이 육신이 되었다는 성육신의 진정한 의미는 무엇인가? 앞에서 말한 대로 '말씀'을 '영'으로 바꾼다면 영이 육신이 되었다는 것인데, 영이 육신 즉 몸이 되었다는 것은 과연 무엇을 말하는가? 그것을 알아보기 위해 그 실마리를 요한복음 서론과 같이 모든 것의 시작을 말하는 구약성경 창세기에서 찾아보자.

창세기 1~3장에는 인간이 죄를 짓고 에덴동산에서 추방되는 이야기가 있다. 그 대략적인 내용은 이렇다. 하나님과 아담과 이브가 함께 살고 있던 에덴에는 온갖 과일을 맺는 나무들이 있었고, 중앙에는 생명나무와 선악을 알게 하는 나무도 있었다. 하나님은 인간들에게 모든 나무의 열매는 마음대로 먹을 수 있으나 선악을 알게 하는 나무의 열매는 먹지 말라고 했다. 그런데 들짐승 중에 가장 영리한 뱀이 나타나 선악을 알게 하는 나무의 열매를 따 먹으라고 이브를 유혹했고, 이브가 그 꾐에 넘어가 그것을 먹고 남편 아담에게도 먹게 했다. 먹지 말라고 한 선악과를 인간들이 따먹은 것을 알게 된 하나님은 몹시 진노하여 그들을 에덴에서 추방하였다

많은 사람은 이 이야기를 알고 있고, 그것의 의미는 그들 의식의 심연에 자리 잡고 있다. 그것에서 사람들은 자신들의 시원과 함께 그들에게 고통과 죽음이 들어온 기원은 물론 삶을 살아갈 때 어떻게 살아야 하는지에 대한 기준을 얻기도 한다. 최초의 인간이 하나님의 말씀을 불순종하여 죄를 짓고 에덴에서 추방되었다는 그 이야기를 통해 인간은 신의 말을 거역하는 죄를 범하지 말아야 한다는 교훈을 얻는다. 오늘날 이 이야기는 대부분의 서구인과 기독교적 세계관을 가진 많은 사람에게 여전히 생명력을 갖고 바람직한 행동 기준의 근거가 되고 있다.

구약학자 폰 라트(Gerhard von Rad, 1901~1971)에 의하면, 이 창세기 1~3장에 나오는 창조 이야기는 오랜 세월 동안 전해지다가 기원전 3천 년쯤 나름의 형태로 정형화되었다고 한다. 이 이야기를 담고 있는 구약성경의 창조 이야기가 두 개라는 것은 이미 잘 알려진 사실이다. 첫 번째 이야기는 창세기 1장 1절에서 시작하여 창세기 2장 4절 전반 절에서 끝난다. 하나님이 6일 만에 세상을 창조하고 자신의 형상을 따라 아담 즉 인간을 창조하여 뜻을 이룬다

는 내용이다. 창세기 2장 4절 후반 절에서 시작하는 두 번째 이야기에 따르면, 하나님이 흙으로 한 남자를 만들고 온갖 동물을 만들었으나 그 어떤 것도 남자의 배필이 될 수 없었다. 그래서 잠든 남자의 옆구리에서 갈비뼈 하나를 꺼내 여자를 만들었고, 그 여자는 나중에 남편을 꾀어 하나님의 명령을 거역하게 한다. 결국 그들이 낙원에서 추방되는 직접적인 원인이 된다.

창세기 1장 1절에서 2장 4절 전반까지와 2장 4절 후반부터 3장 24절까지로 나누어지는 창조 이야기는 그것을 말하는 용어나 내용이나 관점이 서로 다르다. 그것은 각기 다른 두 개의 창조 이야기가 아주 오래전부터 달리 전해졌고, 그것을 간직하고 있던 사람들의 배경도 서로 달랐기 때문이다. 지금까지의 연구에 의하면, 민간전승으로 전해져 내려온 2장 4절 이후의 아담과 이브 이야기가 더 오래된 것이고, 2장 4절 이전의 이야기는 그것보다 이후의 것으로 알려졌다. 즉 두 개의 각기 다른 창조 이야기는 서로 다른 사람들에 의해 간직되고 서로 다른 관점으로 해석되고 전해지는 과정을 밟았다. 그러다가 어느 시점에 와서 두 이야기가 하나로 합쳐지면서 그들의 삶의 정황과 경험을 바탕으로 그것들이 재해석되어 창세기에 실렸다.

그렇다면 인간의 에덴 추방 이야기는 왜 그런 의미, 그런 해석이 되었을까? 고대 세계에서 드물게 유일신을 믿은 유대민족은 조상 아브라함을 통해 하나님의 백성이 되었고, 출애굽 경험을 통해서 그들 나름의 하나님에 대한 관념을 형성했다. 이웃 종족들과 힘든

투쟁 끝에 통일 왕국을 이루었으나 100여 년이 지나 왕국은 다시 둘로 갈라졌다. 그 후 북이스라엘은 아시리아에 망하고, 남왕국 유다도 바벨론에 망하여 그들의 포로가 되어 바벨론 땅으로 끌려 갔다.

바벨론을 정복한 페르시아 제국, 고레스(키루스) 왕의 칙령에 따라 포로 생활에서 돌아온 그들은 국가를 재건하고, 성전을 수축하고, 자신들의 역사와 정체성을 확립하는 일들을 하였다. 그들은 그들의 과거 역사를 반추하고 그 경험을 돌아보며 그들이 경험한 고난의 이유와 원인을 캐물었다. 그때 얻은 것이 바로 그들이 당한 고통의 원인은 하나님께 불순종한 그들의 죄악 때문이라는 깨달음이었다. 그들은 자신들이 그런 고난을 되풀이하지 않으려면 하나님의 뜻에 절대복종해야 한다는 의식이 생겨났다. 그런 깨달음은 기원전 400년경 에스라 등에 의해 자신들의 역사를 보편화하여 기록한 인류의 창세기에도 그대로 반영되었다.

인간이 에덴에서 쫓겨난 창세기의 이야기도 그런 맥락에서 해석되고 인용되었다. 에덴에서 인간이 추방되는 원인이 되었던 선악과를 따먹는 것도 하나님에게 인간이 불순종하는 관점에서 말해진다. 뱀도 들짐승 중에 가장 영리하다고 하면서도 사람들을 죄짓도록 유혹하는 악마의 모습으로 비친다. 선악을 알게 하는 나무의 열매를 먹으라고 아담에게 권유한 이브의 행위도 불순종의 죄를 짓도록 꾀는 것이 된다. 하나님도 자신의 명령을 순종하면 복을 주고 불순종하면 벌을 내리는 성격을 가진 신의 모습을 하고 있다. 이것들은 그 이야기가 만들어진 처음의 의미와는 달리 유대 민족의 경험과 기억을 거친 해석일 수 있다는 가능성을 배제하지 않는다.

바꿔 말해, 창조 이야기를 담고 있는 창세기는 교훈을 지닌 역사가 아니라 의미를 지닌 신화다. 창세기는 그것에서 교훈을 얻어야 하는 역사이기보다 어떤 의미를 담고 있는 이야기라는 사실을 간과해서는 안 된다. 그런 이유에서 창세기 1~3장에 나오는 인류의 에덴 추방 이야기에서도 어떤 교훈을 얻기에 앞서 그것이 무엇을 의미하는지를 먼저 주목해야 한다. 물론 그것이 실제로 있었던 역사라면 그것을 통해 그것이 전해주는 교훈을 찾아내는 것이 무엇보다 중요하다. 역사를 통해 배우지 못하는 것은 어리석기 때문이다. 그러나 만일 그것이 어떤 의미를 말하기 위한 이야기라면 그 속에 담긴 뜻이 무엇인지 살피는 것이 우선이다.

따라서 인간의 에덴 추방 이야기에서도 당연히 교훈을 얻어야 하지만 그것보다 우선하여 그것이 무엇을 말하는지를 찾아야 한다. 인류가 신에게 불순종의 죄를 짓고 에덴에서 쫓겨났으니 이제 다시는 그런 죄를 짓지 말아야 한다는 교훈보다는 도대체 그 에덴 추방이 정말 말하는 바가 무엇인지를 찾아내야 한다. 그러려면 그것이 실제로 일어났느냐의 문제보다 그것이 무엇을 의미하는지를 파악하는 것이 급선무다. 특히 오랜 세월을 거쳐 전해진 이야기라면 그것이 원래 만들어질 때 혹은 그것이 처음 생겨날 때는 무엇을 의미했는가를 먼저 질문해야 한다.

어떤 이야기든 처음 그것이 만들어질 때나 기록될 때, 그것이 가진 원래 의도와 의미가 있다. 그 원래 의미를 말하기 위해 실제 있었던 사건을 가지고 이야기할 수도 있고, 아니면 그것을 잘 살려낼 수 있는 상징이나 비유를 사용할 수도 있다. 기본적으로 상징은 다른 무엇을 가리키는 표시(sign)이고, 비유는 어떤 것을 빗대서 달리 말하는 것이다. 그럴 경우에는 더욱 그 상징이나 비유가 무엇을 말하는 지를 주의 깊게 살펴야 하는 것은 물론이다. 그것이 실제 일어난 역사든, 무엇을 상징하는 것이든, 만들어진 비유든 그것들이 본래 가리키는 것이 무엇인지를 먼저 따져보는 것이 선행되어야 한다. 그러므로 창세기 1~3장의 에덴 추방 이야기에서 단지 인간의 불순종이 그들의 추방을 가져왔다는 교훈만을 얻어서는 안 된다. 오히려 그것 이전에 인간의 에덴 추방이 근본적으로 무엇을 말하는지를 먼저 찾아내야 한다.

의식 여행

그렇다면 인간의 에덴 추방이 말하는 바는 과연 무엇인가? 그것의 진의를 알려면 무엇보다 그 이야기를 문자적으로 읽어서는 안 된다. 그것이 만일 어떤 속뜻을 말하기 위한 이야기라면 당연히 그것을 문자적이 아닌 상징적으로 또는 비유적으로 읽어야 한

그리스도를 깨달아

다. 그런데도 그것을 문자적으로 읽는다면 그 이야기는 자연히 실제로 일어난 사건으로 읽힐 수밖에 없다. 그러면 인간의 에덴 추방이 지금까지 읽히고 해석되어온 기존의 이야기가 되어버리고 만다. 그러나 사실 에덴에서 인간이 추방된 이야기는 실제로 일어난 사건이 아니라 의식 여행에 관한 비유다.

에덴에서 '아담과 이브'의 추방은 모두가 하나였던 태초의 전체의식에서 개체의식이 분리되어 나온 것을 말한다. 어떤 것도 개체화되기 이전 하나님과 하늘과 땅, 인간, 동식물 등이 모두 하나의 의식으로만 존재하던 태초의 상태가 있었다. 그렇게 모든 것이 하나로 있던 전체의식 상태가 온전(pleroma)이라면 개체의식으로 떨어져 나오면 그것은 더 이상 온전이 아니다. 마치 피자 한 판이 그대로 있어야 온전하지, 조각으로 떨어져 나오면 온전하지 못한 것과 같다. 그런 전체의식의 상태가 기쁨이고 그런 온전함이 이루어진 상태가 바로 '환희'라는 뜻의 에덴이다.

곧 에덴에서 아담과 이브가 나온 것은 전체의식으로부터 개체의식이 떨어져 나온 것이다. 하나인 전체의식으로부터 분리가 일어났다는 뜻은 개별적으로 의식이 일어났다는 말이다. 전체가 하나였던 의식의 상태에서 각각 알아차리는 의식이 일어난 것이다. 기본적으로 의식의 속성은 알아차림이다. 대상이 있으면 의식은 즉각적으로 일어난다. 의식 즉 알아차림은 대상을 만나면 저절로 일어난다. 이렇게 전체의식 상태로 있다가 개별적으로 일어나는 의식이 개체의식이고, 아담과 이브가 에덴에서 나왔다는 것은 그렇게 전체의식의 개체화가 일어난 것을 말한다.

아는 대로 에덴에서 인간의 추방을 가져온 직접적 원인은 선악을 '알게 하는' 나무의 열매를 먹어서다. 여기서 선악을 안다고 할 때, '안다'에 해당하는 히브리어 동사는 야다(יָדַע)이다. 야다는 단순히 개념적으로 아는 것이 아니라 경험적으로 아는 것을 말한다. 그것은 '알다'보다는 '깨닫다'라는 뜻에 훨씬 더 가깝다. 사과에 관한 논문 100편을 써서 아는 것이 아니라 사과를 한 입 베어 먹음으로써 체험적으로 아는 것이다. 그런 의미에서 선악을 알게 하는 나무의 열매를 먹었다는 것은 인류가 처음 스스로 알아차리는 체험적 앎을 가진 것을 말한다.

달리 말해 선악을 알게 하는 나무의 열매를 먹었다는 것은 순수의식이 경험의식이 되었다는 뜻이다. 이를테면 태초부터 있던 영 즉 순수의식이 스스로 어떤 알아차림을 갖게 되었다면 그것은 순수의식이 경험의식이 된 것이다. 그리고 처음 사람이 만들어질 때 부여받은 영이 새로운 상황에서 대상을 만나서 알아차림이 새롭게 일어났다면 그것은 원래의 순수의식이 경험의식이 된 것이다. 그러므로 순수의식이 경험의식이 되는 것은 매 순간 의식작용을 통해 삶을 사는 것이고(행 17:28), 그것은 살아있는 모든 존재에게 반드시 일어나는 필연적인 과정이다.

아울러 아담과 이브가 '선악'을 알게 하는 나무의 열매를 먹어서 에덴에서 추방된 것은 절대의식의 상대화를 말한다. 선악과를 먹는 것은 선과 악을 아는 상대적인 의식이 생겼다는 뜻이다. 절대

그리스도를 깨달아

는 대상이 없는 것이기 때문에 절대라고 부른다. 대상이 끊어진(絶), 없는(絶), 다한(絶) 것이 절대(絶對)다. 절대는 대상도 없고, 반응하는 움직임도 없고, 아직 일어나지 않은 의식상태다. 거기서 대상이 생겨나면 의식이 일어나고 그것은 대상 즉 상대가 생긴 것이다. 그런 의미에서 절대의식은 일어남과 사라짐이 생기기 전의 의식이고 나누고 분별하기 이전의 의식이다.

곧 아담과 이브가 에덴에서 나왔으면 그것은 절대의식에서 상대의식이 되었다는 뜻이다. 상대의식이 되었다면 그것은 절대의식에서 분리된 것이다. 절대의식에서 분리되어 나왔으면 상대의식이 되었기 때문에 이제 그것은 더 이상 절대의식이 아니다. 이미 절대의식이 아니기 때문에 절대의식은 사라지고 없어진 것이다. 그래서 선과 악을 알면 이미 절대의식은 사라지고 없어져서 죽은 것이 된다. '죽다'라는 의미는 의식이 없어지거나 끊어져서 더 이상 그것이 없다는 뜻이다. 생명이 없는 것은 의식이 끊어져서 없어진 것인데, 절대의식에서 분리되어 끊어졌으니 그것은 이미 죽은 것이다. "선악을 알게 하는 나무의 열매는 먹지 말라. 네가 먹는 날에는 반드시 죽으리라(창 2:17)"는 말씀은 바로 그런 뜻이다. 선과 악을 알았으면 그것은 이미 절대의식으로는 죽고 상대의식이 된 것이기 때문이다. 그러므로 이 말씀은 어떤 불순종을 말하지 않고 하나의 사실을 묘사한 것이다.

따라서 아담과 이브의 에덴에서의 추방은 흔히 생각하듯이 죄를 지은 인간들이 낙원에서 쫓겨난 이야기가 아니다. 그것은 인간이 처음 무엇이었고, 어디에서 와서, 지금과 같은 존재가 되었는가 하는 시원에 관한 이야기다. 처음에 모두가 하나인 영의 상태에서 개체의 영이 되어 다른 세계로의 여행을 감행한 것을 말한다. 하나의 영인 하나님을 떠나서 각자의 영이 되어 물질세계로 여행을 온 것이다. 그것은 하나님과 같은 영이 물질이 된 여정이었고 의식이 물질이 된 여행이었다. 여행을 떠나기 전의 상태는 전체가 하나였고, 아직은 어떤 것도 일어나지 않은 순수였고, 대상으로 분리되지 않은 절대의 상태였다. 그야말로 그것은 전체의식에서 개체의식으로, 순수의식에서 경험의식으로, 절대의식에서 상대의식으로 의식의 여행이었다.

그렇다면 그런 의식의 여행을 감행하게 된 동기는 무엇이었나? 그것은 한 마디로 참된 자기를 알기 위해서였다. 만일 무엇인가가 자신이 무엇인지 알려면 어떻게 하면 될까? 그것은 무엇보다 자신과 다른 것이 되어보면 된다. 이를테면 자신이 빛인 존재가 자신이 빛이라는 것을 어떻게 하면 알 수 있을까? 그것은 바로 자기와 다른 상태를 체험하면 된다. 즉 자신이 빛인 것을 알려면 자신이 빛이 아닌 어둠의 상태가 되어 그것을 체험하면 된다. 그렇게 자신이 아닌 다른 것을 경험하면 그것과 자신을 비교하여 그것과 다른 것이 자신일 것이기 때문이다.

다시 말해 자신이 영인 것을 알려면 자신을 물질화시키면 된다. 영인 자신의 본질과 다른 물질이 되어 보면 물질과 다른 자신의 본질을 비교로 알게 된다. 물질을 체험하면 자신이 그 물질이 아

그리스도를 깨달아

닌 다른 것임을 알 수 있고, 그 물질이 아닌 것이 자신인 것을 역으로 깨닫는다. 그래서 영이 물질이 된 것은 영인 자신이 무엇인지 체험적으로 알려는 동기로 인해 일어났다. 영, 의식의 여행은 참된 자신이 무엇인지 체험적으로 알기 위한 여정이었고 모험이었다. 그러므로 영이 물질이 되는 것은 자신이 무엇인지 알려면 반드시 요구되는 피치 못할 과정이다.

한편 자신이 무엇인지 알 수 있는 방법에는 또 다른 방식도 있다. 그것은 자신이 무엇인지 알기 위해 자신을 모르는 것이다. 이것이 무슨 말인가 하면 자신이 무엇인지를 알려면 먼저 자기가 무엇인지를 완전히 잊어버려야 한다. 자기를 먼저 잊어버리고, 자기를 먼저 부인하고, 자기를 먼저 죽이면 비로소 진짜 자기를 찾을 수 있다. 먼저 자신을 잊어버리고, 부인하고, 없애면 자신과 다른 것을 체험하는 과정에서 그것과 다른 자신을 다시 기억해내게 될 것이다.

좀 더 구체적으로 자신이 영인 것을 알려면 자신이 영임을 모르면 된다. 자신이 영, 알아차림인 것을 알려면 무지 가운데 자신을 놓으면 된다. 가령 우리는 이 세상에 어버이로부터 태어나는 순간 우리가 무엇이었는지를 완전히 잊어버린다. 우리가 무엇이었는지 잊어버릴 뿐만 아니라 우리가 어디에 있었고 어디에서 왔는지도 까맣게 잊는다. 그렇게 까맣게 잊는 것은 진짜 자신을 다시 알기 위함이다. 역설적이게도 자신의 본질이 영인 것을 잊어야 자신이 정말 영인 것을 깨닫게 된다. 그야말로 영은 알아차림이 본질이다. 자신이 영, 알아차림인 것을 알려면 먼저 자신이 알아차림인 것을 망각해야 한다. 그렇게 철저하게 자신이 알아차림인 것을 망각해야 망각의 무지 속에서 더듬거리다가 깨달음을 얻어 결국 자신이 알아차림, 의식, 영인 것을 알게 된다. 그런 이유에서 우리의 삶의 여정이 그렇게 무지 속에서 헤매는 것이고, 그 무지 속에서 삶의 체험을 통해 깨달음을 얻을 때야 비로소 우리 자신의 실체를 알게 되는 것이다.

인간 모두는 그런 여정의 결과 오늘과 같은 우리의 모습을 하고 있다. 그리고 그것에 관한 어렴풋한 기억이 인류의 무의식 속에 깊숙이 깃들어있다. 그런 인류의 집단 무의식을 표현해낸 것이 바로 구약성경의 창조 이야기다. 특히 아담과 이브가 에덴에서 추방된 이야기다. 비단 히브리 민족뿐 아니라 마고(magho kutta)나 환웅신화를 가진 우리 한민족을 비롯한 모든 민족은 그것에 관한 이야기를 나름대로 간직하고 있다. 그러므로 최초의 인간인 아담과 이브가 에덴에서 쫓겨난 이야기는 원래의 영의 상태에서 나와 물질을 입은 개체가 되었다는 것을 빗댄 것이다. 그것이 바로 우리가 구약 창세기의 에덴 추방 이야기에서 발견해야 할 통찰이고, 그 이야기 속에서 얻어야 할 깨달음이다.

게다가 영으로부터 물질이 되었음을 말하는 창세기 이야기는 에덴에서의 추방 이야기 말고도 또 있다. 아담과 이브가 떠나온 에덴의 중앙에는 생명나무와 함께 선악을 알게 하는 나무가 있었다. 그런데 생명나무와 선악을 알게 하는 나무가 있던 에덴에서

그리스도를 깨달아

강이 흘러나와 사방으로 갈라졌다. "강 하나가 에덴에서 흘러나와서 동산을 적시고, 에덴을 지나서는 네 줄기로 갈라져서 네 강을 이루었다(창 2:10)." 다시 말해 중앙에 생명나무와 선악을 알게 하는 나무가 있는 동산에서 강이 흘러나와 사방으로 퍼졌고, 금이나 향료나 보석이 나는 땅으로 흘러갔다.

그렇다면 에덴에서 강이 흘러나와 온갖 것들이 있는 땅으로 흘렀다는 것은 무엇을 말하는가? 이미 살핀 대로 태초의 중앙에 있었던 것이라면 허공 상태의 영(靈)이다. 영은 의식이고, 본래의 순수한 영은 성령이다. 그 태초의 영으로부터 모든 것은 생겨났고 그 영은 의식, 알아차림이다. 그러므로 '알아차림으로' 모든 것을 '생겨나게 하는' 의식인 영이 바로 동산 중앙에 있던 두 나무이다(잠 3:18). 곧 생명은 의식이 있는 것이고 의식은 알아차림이기 때문에 사실 선악을 알게 하는 나무는 생명나무의 다른 이름이다. 알아차림이 의식이고 의식이 생명이기 때문이다.

달리 말해 동산 중앙에 있던 생명나무는 태초의 생명인 영이고, 그 태초의 영이 흘러나와 만물을 만들었다. 그 생명나무는 모든 것의 근원인 성령이고, 거기서 흘러나온 강 혹은 강물은 만물을 살리는 영이었다(요 7:38). 그 물로 상징된 영의 움직임을 통해 모든 것이 생성되고 만들어졌다. 그야말로 성령이 움직임으로 만물이 생겨났다. 그 태초의 영, 의식이 진동함으로써 빅뱅 같은 것이 일어나고 시간, 공간, 차원, 물질 등의 귀중한 것들이 거기서 만들어져 나왔다.

물질을 입고

요한복음은 예수의 탄생을 말하면서 말씀이 육신이 되었다고 하였다. 그 말씀을 영으로 바꾸면 영이 육신, 몸이 되었다는 뜻인데 그것은 영이 물질이 되었다는, 보이지 않는 의식이 눈에 보이는 물질이 되었다는 의미다. 그것은 하나님의 영으로부터 분리되어 예수라는 의식이 생겨난 것이고, 그 하나님의 의식이 예수의 몸으로 나타난 것이다. 따라서 이것은 단순히 하나님이 예수가 되었다는 뜻이 아니고, 하나님 영의 한 부분이 예수라는 개체인 몸으로 나타났다는 말이다.

이와 같은 예수의 성육신을 달리 비유하자면 아마 이런 식일 것이다. 옛날에 자신이 영이라는 것을 아는 한 영혼이 있었다. 이 영혼이 생겨난 영역에는 영 말고는 아무것도 없었다. 이 영혼은 온통 영뿐인 곳에서 자신을, 자신의 참된 본성을 체험할 수가 없었다. 그 영혼은 자신의 본성을 너무나 알고 싶어 원래 있던 영(아버지)에게 어떻게 해야 하느냐고 물었다. 그러자 원래 영은 너 자신을 떼어낸 다음 자신을 어둠이라 불러야 한다고 했다. 그러나 작은 영혼은 온통 밝음 가운데서 자신이 아닌 어둠이 무엇인지 알수가 없었다. 그래서 작은 영혼은 전체에서 자신을 떼어냈고, 게다가 또 다른 영역으로 옮겨가는 일까지 감행했다. 그 영혼은 그 옮겨간 영역에서 온갖 종류의 어둠을 불러들여 그것들을 체험하며 자신이 영, 밝음인 것을 깨달을 수 있었다.

그리스도를 깨달아

앞서 말했듯이 자신을 알 수 있는 가장 좋은 방법은 자신과 다른 것을 경험하는 것이다. 빛이 무엇인지 모르면 어둠에 들어가 어둠을 경험하면 그것과 다른 것이 빛임을 알게 된다. 자신의 본성이 무엇인지 알려면 자신의 본성과 다른 것이 되어 그것을 경험하면 자신의 본성이 무엇인지 분명하게 알 수 있다. 곧 자신이 영인 것을 알려면 영과 다른 물질이 되어 그것을 경험하거나 알아차림이 아닌 모름을 경험할 때 영, 알아차림이 자기 본성임을 깨닫게 된다.

따라서 예수가 이 세상에 온 성육신은 바로 한 영혼이 자신의 본성을 알기 위해 물질이 된 것을 말한다. 그것은 자신이 영이라고 알고 있는 한 영혼이 물질을 경험함으로써 자기가 영인 것을 체험적으로 알기 위해 물질의 옷을 입은 것이다. 이렇게 영이 물질의 영역으로 옮겨오려면 분명 그곳에서 살 수 있는 옷을 입어야 한다. 마치 우주인이 우주에 가려면 우주복을 입어야 하듯이 영이 물질세계에 나오려면 물질의 옷을 반드시 입어야 한다. 만일 우주인이 우주에 나가고 싶은 의욕만으로 우주복을 입지 않고 우주 공간에 나가면 과연 어떤 일이 벌어질까?

보통 인간의 몸은 1기압을 유지하고 있다. 그것은 지구의 대기압이 사람의 몸을 1기압으로 누르고 있기 때문에 몸 안에서 같은 힘으로 밀어내고 있는 것이다. 실제로 1기압은 $1m^2$를 약 1톤의 무게로 누르는 힘에 해당한다. 그래서 기압이 달라지는 고도 3㎞ 정도만 올라가도 두통과 피로감, 호흡 곤란, 구토, 식욕 부진과 같은 증상이 나타난다. 대략 80%의 질소와 20%의 산소로 구성된 지구 대기는 약 5.5㎞의 해발 고도에서 공기 밀도가 지상의 절반 정도가 되고, 고도 9㎞만 올라가도 생명의 위협을 받는다. 만일 20㎞ 정도의 고도가 되면 대기압이 낮아서 세포에 기포가 생기며 혈액이 끓어오르는 현상을 보인다.

대기압은 고도가 높아질수록 낮아져서 우주에서는 거의 진공 상태가 되어 대기압은 0이 된다. 우리가 사용하는 진공청소기는 내부의 압력을 낮추어 주변 공기와의 압력 차이를 이용하여 먼지를 빨아들인다. 이때 진공청소기의 내부 압력은 $1m^2$를 약 1톤의 무게로 누르는 지구 대기압 정도다. 마찬가지로 우주 공간은 대기압이 0인 상태이므로 우주 공간으로 갑자기 나가면 초강력 진공청소기로 온몸을 빨아들이는 것이 된다.

또 우주복은 압력의 변화를 막아낼 뿐 아니라 다른 기능도 한다. 그것은 우주 공간의 극단적인 온도 변화로부터 우주인을 보호하는 것이다. 우주 공간에서는 태양 빛이 닿는 곳과 닿지 않는 곳의 온도 차이가 지구에서의 낮과 밤보다 훨씬 크기 때문에 우주복이 없다면 사람의 몸은 그것을 견딜 수가 없다. 또한 우주복은 유해한 자외선과 방사선으로부터 인체를 보호하는 역할을 한다. 만약 우주 공간에 맨몸으로 나간다면 강력한 자외선에 의해서 금방 죽을 수밖에 없다. 그러므로 우주에 나가려는 우주인은 반드시 우주복을 입어야 한다.

이와 마찬가지로 영이 물질 세상에 오려면 물질의 옷을 입어야 한다. 물질로 이루어진 세상은 영의 환경과는 모든 점에서 다르다. 정신의 영역과 물질의 영역은 그 성격에 있어 전혀 다르다. 그렇게 다른 영역에서 살려면 그곳에서 적응할 수 있는 옷을 입어야 한다. 영이 물질 세상을 살기 위한 옷이 바로 육신이다. 육신이라는 물질의 옷을 입어야 물질 세상에서 보호받고 살아갈 수 있다. 물질 세상에 적응하고 물질과 소통하려면 몸이라는 물질 옷을 입어야 한다. 그것이 여러 가지로 불편할 수 있으나 다른 세계를 살아가려면 그렇게 하는 것은 선택이 아니라 필수다. 본질이 영인 경우 물질의 옷을 입지 않으면 물질세계에서의 체험이나 삶은 불가능하다. 즉 하나님과 같은 영이 세상에 오기 위해서는 몸의 모습을 한 물질의 옷을 입어야 했다.

그렇게 되자 그 영은 필연적으로 자신의 생명을 육체의 생명을 통해 표현해야만 했다. 다시 말해 자신의 본질인 영을 물질을 통해 드러내고, 꼭 필요한 외부와의 소통을 육체를 통해 해야 했고, 자기 생각과 감정과 의지 역시 물질인 육체를 통로로 하여 실현할 수밖에 없었다. 결국 그 영의 생명을 육체의 방식을 통해 표현하게 되었고, 그 과정에서 영 본래의 생각이나 느낌이나 의지는 육체의 그것들에 의해 제한되고 굴절되는 장애를 겪게 되었다.

곧 영인 존재가 물질의 옷을 입게 되자 인간은 물질성(corpore-ality)을 갖게 되었다. 이제 영성의 존재가 몸을 가진 물성의 존재가 된 것이다. 그 물질성, 물성은 영성과 달라서 물질적인 특성을 가진다. 그렇게 물성을 가진 인간은 물성의 한계에 갇혀 물성을 드러내게 되어 있다. 영성과 다른 물성은 물질 특유의 성질을 드러내는데, 그 특성을 구약의 창세기 3장 6절이 잘 말해준다. "여자가 그 나무의 열매를 보니, 먹음직도 하고, 보암직도 하였다. 그뿐만 아니라 사람을 슬기롭게 할(make one wise) 만큼 탐스럽기도 한 나무였다. 여자가 그 열매를 따서 먹고, 함께 있는 남편에게도 주니 그도 그것을 먹었다." 즉 원래 사람에게 주어진 영 자체는 '대상을', '알려고', '한다'.

반면 이렇게 대상을 알려고 하는 영성과는 달리 몸에서 비롯되는 물성은 '나의', '몸밖에', '모른다'. 다시 말해 몸을 입은 인간은 물질로 이루어진 자기 몸만을 알고, 자기 몸 밖의 대상을 모르는 특성을 갖게 되었다. 이것은 흔히 우리 인간이 물질을 탐하고, 자기를 드러내고, 어리석은 행동을 하는 밑바탕에 깔린 성질이다. 이러한 물성은 본래 영적 존재이나 물질을 입은 인간을 몸이 살아있는 동안 계속 따라다니는 인간의 태생적 성질이다. 그것은 몸을 가진 인간이라면 그럴 수밖에 없고 달리 어찌할 수도 없는 인간의 결정적 특성이 되고 말았다.

결론적으로 하나님이 이 땅에 와서 인간 예수가 되었다는 성육신의 의미는 재고되어야 한다. 무엇보다 허공이고 하나의 영인 하나님이 한 개체인 예수가 될 수는 없다. 그것은 전체인 하나님을 한 개체로 생각한 잘못된 신관(神觀)에서 비롯된 이해이고 해석이다. 하나님은 만유를 포함한 전체다. 전체가 한 개체가 되어버리면 다른 수많은 개체는 어떻게 되겠는가? 따라서 그것은 전체의식인

그리스도를 깨달아

하나님의 한 영이 개체의식인 예수의 몸을 입은 것이다. 하나님의 영, 성령은 전체로서 우주 안팎에 충만한데 개체의 영인 예수에게 다 들어가 버릴 수는 없기 때문이다.

3. 동정녀 탄생

처녀가 임신?

마가복음과 요한복음에서는 예수의 탄생 기사가 전혀 다뤄지지 않는다. 예컨대 두 복음서에는 예수가 동정녀의 몸에서 탄생했다거나 베들레헴에서 태어났다는 등의 탄생 이야기가 전혀 나오지 않는다. 마가복음과 요한복음에서 예수는 성인이 된 후에야 역사의 무대에 등장한다. 바울을 비롯한 그 밖의 신약성경 저자들도 역시 예수의 탄생에 대해서 자세히 쓰지 않는다.

신약성경 중에서 예수의 탄생 과정을 자세히 언급하는 곳은 마태복음과 누가복음이다. 그래서 사람들이 크리스마스 이야기로 알고 있는 그의 탄생 이야기는 모두 마태복음과 누가복음을 근거로 한 것이다. 매년 12월에 사람들이 재현해 내는 예수의 탄생 스토리는 두 복음서에 실린 이야기를 앞뒤가 맞도록 적절히 결합해 하나의 이야기로 만든 것에 불과하다.

그런데 그 두 복음서에서조차 탄생 이야기가 서로 일치하지 않으며 완전히 다른 이야기를 하고 있다. 단지 누가복음에서만 요셉과 마리아의 고향이 나올 뿐 마태복음에는 언급이 전혀 없다.

마태복음에 따르면 예수의 가족이 베들레헴에서 이집트로 피난을 갔다 돌아오지만, 누가복음에 의하면 베들레헴에서 나사렛으로 곧장 돌아간다. 그리고 예수가 헤롯왕의 시대에 태어났다는 마태복음이 맞는다면, 구레뇨가 시리아의 총독일 때 예수가 탄생했다는 누가복음의 이야기는 맞지 않는다. 로마의 역사가 타키투스(Publius Cornelius Tacitus, 55?~117?)와 유대인 역사가 요세푸스(Flavius Josephus, 37?~100?)의 많은 역사적 자료와 몇몇 고대 비문에 의하면, 구레뇨(Quirinius)는 서기 6년경에야 시리아 총독이 되었다. 헤롯이 죽고 10년이 지났을 때였다.

하지만 두 가지 점에서 마태와 누가는 의견을 같이한다. 하나는 예수의 어머니가 동정녀라는 것과 다른 하나는 예수가 베들레헴에서 태어났다는 것이다. 사실 여부와는 관계없이 예수의 동정녀 탄생과 베들레헴에서의 탄생은 그들 두 저자에게 분명히 중요했던 것 같다. 그리고 예수의 탄생과 관련하여 그 두 가지만은 그들에게 서로 양보할 수 없는 전제였던 것처럼 보인다.

예수가 동정녀의 몸에서 태어났다는 것은 마태복음과 누가복음에서만 찾을 수 있다. 복음서 중에서 최초로 쓰인 마가복음이나 맨 나중에 쓰인 요한복음은 동정녀 탄생을 전혀 언급하지 않는다. 마가복음은 예수가 성년이 된 때부터 이야기를 시작하며 예수의 탄생 배경에 대해서는 어떤 언급도 하지 않는다. 당시 초대교회 시대에 마가복음이 유일한 복음서였던 때가 있었듯이, 만일 지금도 마가복음과 요한복음만 있다면 예수가 동정녀에게서 탄생한 것을 몰랐을 것이다. 곧 예수의 어머니가 그를 낳을 때 처녀였고, 예수가 이 땅에 오기 전부터 존재한 신이었다는 사실을 전혀 몰랐을 것이다.

마태복음은 분명하게 예수의 어머니가 처녀였다고 말하지만, 거기에 어떤 의미가 있는지 추측하는 것을 극도로 조심한다. 마태복음은 예수의 탄생과 삶과 죽음에 관한 모든 것이 구약에 나온 예언의 성취라는 것을 보여주고 싶어 한다. 가령 예수는 왜 동정녀의 몸에서 태어났는가? 그것은 히브리 예언자 이사야가 '동정녀가 잉태하여 아들을 낳을 것이니 그의 이름을 임마누엘이라 할 것이다'라고 예언했기 때문이다(마 1:23, 행 7:14). 그러나 사실은 이사야가 정확히 그렇게 말한 것은 아니었다. 정확하게는 '젊은 여자'가 잉태하여 아들을 낳을 것이라고 말했을 뿐이다. 그뿐만 아니라 그것은 미래에 올 메시아에 대한 예언이 아니라 바로 이사야가 살던 시대에 일어날 사건에 대한 예언이었다.

예수 탄생과 관련해서 인용된 예언은 이사야 7장 14절이다. 이 예언은 기원전 734년이나 733년에 북 왕국 이스라엘과 시리아 연합국이 남 왕국 유다를 공격하는 상황에서 주어졌다. 그때 남 왕국 유다의 왕 아하스는 아시리아의 황제에게 도움을 청하려고 했을 뿐 하나님을 신뢰하려고 하지 않았다. 아하스가 하나님의 도움을 신뢰하려 하지 않는 상황에서 이사야는 이사야 7장 14절에서 25절 사이에 나오는 예언을 받게 되었다. 어떤(any) '처녀(young woman)가 잉태하여 아들을 낳고' 그 아이가 '잘못된 것을 거절하

그리스도를 깨달아

고 옳은 것을 선택할 나이가 되기' 전에, 다시 말해 다 자라기 전에 침략해 오는 두 나라와 아하스의 나라가 다 황폐하게 될 것이다. 진정 하나님은 '임마누엘' 즉 '그와 함께하실' 것이지만 그것은 구원이 아니라 심판을 통해서다.

이처럼 이사야서에 나오는 이 예언은 처녀 임신에 대해서 어떤 식으로든 말한 바가 없다. 이 예언은 히브리어 '알마(עלמה)' 곧 방금 결혼했으나 아직 첫 아이를 임신하지 않은 젊은 여자, 처녀에 대해서 말하고 있다. 그러나 구약성경이 당시 널리 쓰이던 그리스어로 번역될 때, '젊은 여자' 알마가 그리스어에서 '처녀'를 뜻하는 파르테노스(παρθένος)로 번역되었다. 아니 정확히는 번역되고 말았다! 물론 히브리어에서 처녀(בתולה)를 가리키는 단어는 엄연히 따로 있다.

그런데도 마태복음 저자는 당시 그리스어로 번역된 구약성경을 읽었으므로 이사야가 자신의 시대에 대해 예언한 것이 아니라 장래에 올 메시아에 대해 예언한 것으로, 또 젊은 여자가 아니라 처녀가 잉태한 것으로 생각했다. 물론 이사야의 예언을 담고 있는 이사야 7장에서 메시아란 단어는 전혀 쓰이지 않았다. 그런데도 예수의 탄생을 구약에서 찾았던 마태복음 저자는 예수의 동정녀 탄생이 구약에 예언된 것이라 생각하며 예수가 처녀의 몸에서 태어났다고 썼다.

한편 누가복음은 다른 관점에서 예수의 탄생에 접근했다. 누가복음 저자도 예수가 처녀의 몸에서 탄생했다고 생각하지만, 그것을 설명하기 위해 구약의 예언을 인용하여 설명하지는 않는다. 누가의 설명은 단도직입적이다. 예수가 하나님의 아들이기 때문에 처녀의 몸에서 태어났다고 설명하는 것이다. 그를 잉태시킨 아버지 하나님은 못 할 것이 없는 전능한 분이다. 그 하나님이 마리아를 잉태시켰기 때문에 마리아의 아들은 하나님의 아들이기도 했다. 가브리엘 천사는 마리아에게 "성령이 네게 임하시고 가장 높으신 분의 능력이 너를 감싸줄 것이다. 그러므로 태어날 아기는 거룩한 분이요 하나님의 아들이라고 불릴 것이다(눅 1:35)"라고 말한다. 약혼자 인간 요셉이 아니라 하나님에 의해 임신했으므로 마리아는 신적인 존재를 낳은 것이다.

이렇듯 마태복음과 누가복음은 예수가 동정녀의 몸에서 태어난 이유를 각각 다른 식으로 해석한다. 마태는 이사야 7장 14절에 대한 해석으로부터 처녀 임신을 분명하게 끌어냈고, 누가는 그것을 전능한 하나님의 능력에서 암묵적으로 끌어냈다. 그들은 동정녀 탄생을 말하기 위해 분명히 누군가가 처녀 임신을 예언한 것으로 해석될 수 있는 본문을 구약성경에서 찾았을 것이고, 그 본문의 원래의 뜻은 결코 그런 것이 아니었음에도 불구하고 그 본문을 인용했을 것이다. 또 그들은 복음서를 쓸 당시 이미 사람들 중에 누군가는 예수가 초월적인 신적 의미를 갖는다고 믿었으며, 그 의미를 거꾸로 그의 임신과 출생에다가 덮어씌우고자 했을 것이다.

그러나 만일 예수가 처녀에게서 잉태되고 출산하였다면 예수의 가계도는 전혀 필요하지 않다. 그런데도 마태복음과 누가복음은 모두 요셉부터 시작해서 유대인 선조까지 예수의 혈통을 추적한

그리스도를 깨달아

다. 그리고 그 가계도는 역시 곤혹스러운 문제를 담고 있다. 그것은 두 복음서 모두 예수의 어머니가 동정녀였다는 것을 강조한다는 점이다. 그러면 마리아는 요셉과 육체관계를 해서 임신한 것이 아니라 성령으로 예수를 잉태했기에 요셉은 예수의 육신적 아버지가 아니다. 그렇게 예수가 요셉과 아무런 혈연관계도 없다면 두 복음서가 요셉의 혈통을 추적할 이유는 없는 것이다.

그런데도 두 복음서 저자는 그 이유를 밝히지 않은 채 가계도를 길게 나열한다. 하지만 엄격하게 말해 그들 두 가계도는 예수의 가계도가 될 수 없다. 그것은 예수의 혈통이 요셉이 아닌 마리아로부터 시작해야 하기 때문이다. 그러나 두 복음서 저자는 공히 요셉으로부터 출발하는 가계도를 적고 있을 뿐 당연히 언급되어야 하는 마리아의 가계도를 전혀 제시하지 않는다.

성령으로 잉태

두 복음서 저자들이 동정녀 탄생을 말하는 이유는 예수가 성령을 통해 잉태되었다는 것에 근거한다. 그렇다면 예수가 성령을 통해 잉태되었다는 것은 과연 무엇을 말하는가? 예수가 요셉의 씨가 아니라 성령으로 잉태되었다면 그것이 의미하는 바는 무엇인가? 흔히 생각하듯이 예수가 인간의 씨가 아닌 하나님의 씨로 잉태되고 태어났다는 말인가? 그는 신적 존재이기 때문에 탄생부터 다른 이들과는 다른 방법으로 잉태되고 탄생하였다는 뜻인가? 인류를 죄로부터 구원할 사명을 띠고 태어나는 예수 같은 특별한 사람만이 하나님의 영으로 잉태되고 탄생한다는 것인가?

우선 예수가 성령으로 잉태되었다는 것은 그가 인간이 아닌 하나님의 씨를 통해 태어났다는 뜻이 아니다. 또 그의 출생이 다른 사람들과 비교하여 특별하다고 말하는 것도 아니다. 그리고 특별한 사명을 지니고 태어나는 사람만이 하나님의 영으로 잉태된다고 말하는 것 역시 아니다. 무엇보다 하나님의 영으로 잉태되었다는 것은 생명 탄생의 원리를 말하는 것이다. 물론 여기서 예수의 성령 잉태는 예수 개인의 탄생 근거와 과정을 말하려는 것이다. 하지만 그가 성령으로 잉태되었다는 것은 그가 대표하고 있는 인간이 어떻게 생명을 갖게 되었느냐를 말하는 것이기도 하다. 즉 사람이 생명을 얻으려면 반드시 하나님의 영을 받아야 한다는 것을 말한다.

보통 생명을 여러 가지 방식으로 규정할 수 있으나 그 생명은 의식이 있는 것을 말한다. 어떤 사람에게 의식이 있으면 그 사람은 살아있는 것이고, 의식이 없으면 그 사람은 죽은 것이다. 어떤 사람이 살았느냐 또는 죽었느냐의 여부는 그에게 의식이 있느냐 또는 없느냐로 판가름한다. 의식은 기본적으로 자극에 대한 반응이다. 자극에 대한 반응이 일어나고 사라지면 의식이 있는 것이고, 그 의식이 있는 사람은 분명 살아 있는 것이다. 그래서 사람이 살

그리스도를 깨달아

아 있으려면 반드시 의식이 있어야 하고 의식이 있어야만 생명이 있고 생명 현상 역시 일어날 수 있다.

처음 인간 생명의 탄생을 말하는 대표적인 성경 구절은 창세기 2장 7절이다. "주 하나님이 땅의 흙으로 사람을 지으시고, 그의 코에 생명의 기운을 불어넣으시니, 사람이 생명체가 되었다." 이 구절에 의하면 인간의 몸이 땅의 흙으로 만들어졌고, 흙을 뜻하는 히브리어 아다마(אדמה)로 만들어졌기 때문에 인간은 아담(אדם)이라고 불린다. 그리고 하나님이 그 코에 불어 넣은 생명의 기운, 생기에 해당하는 히브리어가 '숨'을 나타내는 네샤마(נשמה)다. 즉 흙으로 빚어진 몸에 하나님의 숨이 불어넣어짐으로써 비로소 인간은 생명체(נפש)가 되었다. 물질인 몸에 신적 생명력이 들어감으로써 비로소 사람이 살아있는 존재가 된 것이다. 물질인 몸에 하나님의 숨이 들어가자 비로소 인간이 살아있는 존재가 되었다.

그런데 이 생명의 숨을 나타내는 다른 히브리어가 바로 루아흐(רוח)다. 루아흐는 숨, 바람, 영 등의 뜻을 가지고 있다. 다시 말해 물질적인 몸에 숨 즉 하나님의 영이 결합하여 인간이 생명체가 되었다는 뜻이다. 하나님으로부터 유래하는 생명의 숨, 영이 들어와야 인간은 육체적인 측면뿐 아니라 정신적인 면에서도 살아있는 존재가 된다. 인간에게 영, 의식이 들어와야 몸이 살아 움직일 뿐 아니라 인식 기능도 살아날 수 있다. 그러므로 영적 존재인 인간이 살았는지 죽었는지 여부는 어떤 자극에 반응하는 알아차림인 영, 의식이 있느냐에 달려 있다.

틀림없이 생명이 살아있으려면 물질인 몸에 영, 의식이 있어야 한다. 물질인 몸에 영, 의식이 반드시 있어야만 생명이 살아있을 수 있다. 과연 그런지를 영, 의식의 문제를 현실적 언어로 탁월하게 풀어낸 이차크 벤토프(Itzhak Bentov, 1923~1979)의 설명을 빌려 구체적으로 살펴보자(A Brief Tour of Higher Consciousness, Part 2). 가령 당신이 밤중에 시내의 으슥한 곳을 혼자서 걷고 있다가 갑자기 머리에 강한 충격을 받으면 의식을 잃는다. 머리를 때린 사람은 당신의 호주머니를 뒤져 현금이 든 지갑과 신용카드를 비롯한 쓸모 있는 것들을 싹 쓸어 간다. 그 사람은 당신을 그곳에 그대로 내버려 둔 채 순식간에 사라진다. 그러면 정신을 잃은 당신의 호흡은 느려지게 된다. 당신 몸의 맥박은 약하지만 그래도 심장은 여전히 뛰고 있다. 지금 당신에게 무슨 일이 일어난 것인가? 당신은 의식을 잃은 것이다. 그렇지만 당신의 몸은 아직 의식을 완전히 잃지 않았다. 당신의 몸은 아직 기능을 꽤 잘 유지하고 있고, 심장이나 폐 같은 신체 기관들의 활동을 명령하는 의식은 여전히 남아 있다. 여기서 이러한 의식을 '기초 의식'이라고 불러보자.

얼마간의 시간이 흐른 후 당신은 정신이 든다. 우리가 일반적으로 알고 있는 의식이 돌아온 것이다. 머리에 혹이 생기고 아프지만, 당신은 귀중품이 없어진 것을 알고 경찰을 부른다. 의식을 잃었을 때 작동하던 기초의식은 지갑이나 신용카드 같은 것을 걱정하지 않았다. 그러나 그것에 대해 걱정하는 뭔가 다른 의식이 있는 것이다. 그것을 달리 '고차 의식'이라고 해보자.

그리스도를 깨달아

그런 의식을 고차 의식이라고 한다면 우리에게는 두 가지 의식이 있는 셈이다. 하나는 고차 의식으로 머리에 비교적 약한 충격을 받아도, 아니면 그보다 훨씬 덜한 방식인 마취 같은 것에 의해서도 그것은 우리 몸을 쉽게 떠나 버린다. 반면 이보다 더 기초적인 또 다른 의식인 기초 의식은 고차 의식이 없을 때조차도 우리 몸을 떠나지 않고 여전히 신체 기능을 유지한다.

여기서 만약 당신이 앞의 경우보다 훨씬 더 심하게 머리를 맞았다면 어떻게 될까? 물론 그때도 기초 의식은 당신의 신체가 살아남도록 최선을 다할 것이다. 하지만 더 이상 어떻게 손을 써 볼 수 없는 상황이라는 것을 알게 되면 그 기초 의식 또한 몸을 빠져나갈 것이다. 그렇게 기초 의식이 몸에서 서서히 빠져나가는 사이에 당신은 그야말로 사망의 과정을 겪는다. 그러면 당신의 두 가지 의식이 모두 떠나버리고, 조만간에 당신의 몸은 정말 시체가 되고 만다.

이처럼 의식을 완전히 잃으면 사람은 반드시 죽는다. 그것은 사람이 하나님의 숨인 영, 의식이 물질인 몸에 들어와서 생명체가 되었기 때문이다. 그런 맥락에서 하나님의 영으로 잉태되었다는 것은 사람의 몸이 하나님의 영을 받아서 하나의 생명체가 되었다는 말과 같다. 모든 인간의 몸은 빅뱅 이후 만들어진 원소들이 생성, 소멸하는 과정에서 물질 원소들이 결합하여 이루어진다. 거기에 하나님으로부터 온 영, 의식을 받음으로써 비로소 하나의 생명체가 된다. 그런 의미에서 예수가 성령으로 잉태되었다는 것은 하나님의 영을 받아 생명을 이루었다는 매우 정확한 비유적인 표현이다. 한 생명이 탄생하려면 그것 이외의 다른 방법이 달리 없기 때문이다.

여기서 이것과 관련하여 한 가지 주의할 점이 있다. 예수는 살아 있을 때 '나는 위에서 왔다(요 8:23)'라고 말했다. 예수가 '나는 위에서 왔다'라고 말했다고 해서 그것의 속뜻을 오해하면 안 된다. 예수가 성령으로 잉태되었다는 말은 물질인 어떤 것이 아니라 하나님으로부터 온 영을 받아서 그가 생겨났다는 뜻이다. 그런 맥락에서 위로부터 온 것은 그의 영이지 몸이 아니다. 자신의 몸까지 위에서 온 것이 아니라 하나님이 보내준 영만 위에서 온 것이라고 말한 것이다.

그런데 '나는 위에서 왔다'라는 예수의 말을 들은 당시 사람들은 이 말을 그들의 의식 수준에서 이해할 수밖에 없었다. 예수의 그런 말을 듣고 전한 사람들이나 전한 것들을 근거로 복음서를 쓴 저자들 역시 나름대로 최선을 다했으나 예수의 말을 제대로 알아듣지는 못했다. 예수가 위에서 왔다고 하니까 예수의 몸까지 위에서 온 줄로 잘못 알고 동정녀 탄생을 생각해 내었다. 더 나아가 하늘로부터 왔다고 한 예수를 급기야 하나님이나 신으로 생각하게도 되었다.

사실 하나님의 영을 받아 태어난 것은 비단 예수만이 아니다. 모든 인간은 하나님으로부터 영을 받아 태어난다. 예수만이 하나님의 영으로 잉태된 것이 아니라 모든 사람은 하나님으로부터 영을 받아 이 세상에 태어난다. 모든 사람이 하나님의 영을 받아 태어나지만, 그것을 깨닫는 사람은 극히 적을 뿐이다. 살아 있는 모든 사람이 영을, 의식을 사용하지만, 그것이 하나님의 본질인 영인지 하나님으로부터 온 의식인지 모를 뿐이다. 모르고 살아갈 뿐, 생명 있는 모든 사람은 하나님으로부터 온 영을 가지고 있고, 그것으로 인해서 생명을 살아가고 있다. 그러므로 오직 예수만이 하나님의 영으로 잉태한 것이 아니고 모든 이는 그 영으로 잉태되었다. 아울러 단지 예수만이 영을 가진 것이 아니라 모든 인간은 예외 없이 영을 가지고 있다.

하나님의 아들

이처럼 복음서 저자들은 성령을 통해 잉태되었다는 것을 근거로 예수의 동정녀 탄생을 말하였다. 예수 역시 요셉과 마리아로부터 몸을 받았고 하나님으로부터 영을 받아 하나의 온전한 생명체가 되었다. 이렇게 예수가 하나님의 영을 받아 태어났다면 그는 확실히 하나님의 아들이 맞다. 그의 성령 잉태를 기록한 누가식으로 말하면, 예수가 하나님의 아들이라고 불릴 수 있는 이유는 마리아가 하나님의 씨에 해당하는 영을 받아 그의 생명을 잉태했기 때문이다. 예수가 하나님의 씨로 빗댈 수 있는 영으로 잉태되어 태어났으니 그는 태초의 영인 하나님의 아들이 틀림없다.

곧 하나님의 아들은 하나님의 씨인 영을 가진 사람이다. 하나님의 씨는 영이고 그 영을 받아 잉태된 사람이라면 그는 하나님의 씨를 받아 태어난 하나님의 아들이 틀림없다. 성령인 하나님으로부터 그 영을 받아서 잉태되어 태어났으니 하나님의 아들이 아니고 무엇이겠는가? 만일 누군가가 하나님의 아들이라면 그는 분명히 하나님의 씨인 영을 받아 태어난 사람이고, 하나님의 씨인 영을 받아 태어난 사람이라면 그 사람은 틀림없이 하나님의 아들이라고 해야 한다.

그의 죽음을 판결한 가야바의 법정에서 예수에 대한 죄목은 그가 자신을 하나님의 아들이라고 한 것 때문이었다. "그대가 하나님의 아들 그리스도요?(마 26:63)" 대제사장 가야바의 질문에 예수는 그렇다고 대답했고, 그것이 결국 하나님을 모독한 것이 되어 사형선고를 받았다. 예수는 분명 하나님의 영을 받아 잉태되고 태어났으니 하나님의 아들이었고, 그래서 그는 자신이 하나님의 아들이라고 말했을 뿐이다. 그야말로 예수는 하나님의 영을 받아 태어난 사람이면 하나님의 아들인 것을 분명히 알았고, 오히려 다른 이들은 그것을 까맣게 몰랐을 뿐이다.

그러므로 누군가 자신이 하나님의 아들인 것을 알려면 그것을 깨닫기만 하면 된다. 도대체 사람이 그것을 깨달으려면 어떻게 하면 될까? 그것은 바로 성령을 받으면 된다. 성령은 알아차림 자체이고 순수의식이다(요 14:17). 성령을 받으면 생명이 살아나듯이 성령이 임하면 누구나 의식이 깨어나 깨달음을 얻는다. 성령이 임한

그리스도를 깨달아

사람에게는 반드시 깨달음이 일어나 진리를 알게 된다. 오순절 날 예루살렘의 한 다락방에 임한 성령을 받은 제자들은 돌연 깨달음을 얻었다. 베드로와 같이 배우지 못한 사람도 진리를 깨달아 그것을 담대하게 사람들에게 전할 수 있었다(행 2:14~41). 바로 그 깨달음을 얻었는지 얻지 못했는지 여부는 성령이 임했는지 임하지 않았는지를 알아볼 수 있는 리트머스 시험지다. 분명 성령을 받아 깨달은 사람만이 하나님의 아들이다.

따라서 예수가 성령으로 잉태되었다는 말에는 놀라운 의미가 숨겨져 있다. 그것은 아마 그를 높이고자 하는 의도에서 비롯되었겠지만, 그 속에는 예수 생명의 근원이 무엇인가에 대한 깊은 통찰이 감추어져 있다. 예수가 성령으로 잉태되었다면 그것은 그가 성령, 하나님으로부터 잉태되어 태어났다는 말이다. 이처럼 그가 하나님으로부터 잉태되고 태어났으니 예수의 근원은 하나님이고 그는 하나님의 아들임을 나타낸다. 또한 이것은 예수가 하나님으로부터 잉태되었듯이 예수와 같은 모든 인간 역시 하나님으로부터 왔다는 의미가 숨겨져 있다. 인간의 근원은 하나님이고 인간은 하나님의 영을 받은 하나님의 자녀다. 그야말로 모든 인간은 하나님의 씨, 하나님의 영을 받은 신적 존재다. 여기서 신적 존재란 영, 의식, 알아차림의 존재라는 뜻이다.

그뿐만 아니라 예수가 성령으로 잉태되었다는 것은 모든 존재가 영을 통해 태어났음을 암시한다. 요한복음 1장 3절은 "모든 것이 그로 말미암아 창조되었으니, 그가 없이 창조된 것은 하나도 없다'라고 한다. 우리는 앞에서 '말씀'을 말씀보다는 영으로 바꾸어야 한다고 했다. 여기서 말씀에 해당하는 '그'를 영으로 바꾸면, '모든 것이 영으로 말미암아 창조되었으니 영이 없이 창조된 것은 하나도 없다'가 된다. 즉 모든 것은 태초의 영으로부터 왔고 존재하는 모든 것은 태초의 영을 통해서 왔다. 그렇게 모든 것이 그 영으로부터 왔기 때문에 만물은 그 영의 소산이고, 만물은 그 안에 그 근원의 본질인 영, 의식을 갖고 있다.

분명히 이 세상에 존재하는 모든 것은 나름의 영, 의식을 갖고 있다. 그 양과 질의 차이는 있지만 모든 것들은 나름대로 알아차리는 의식을 갖고 있다. 다만 자극에 대해 반응하는 정도와 반응하는 강도가 서로 각기 다를 뿐이다. 저마다 자극에 대해 반응하는 정도나 강도에서 차이를 가질 뿐 가장 작은 원자에서부터 우주에 이르기까지 모든 존재는 자극에 대해 반응하는 알아차림을 갖고 있다.

20세기 양자역학의 발전으로 물질의 최소 단위인 원자나 전자 같은 소립자에도 의식이 있다는 사실이 밝혀졌다. 말하자면 흔히 말하는 생물뿐만 아니라 무생물에도 의식이 존재하며, 이 우주에서 의식을 갖지 않은 존재는 없다는 사실이다. 물론 대상에게 반응하는 의식의 뚜렷한 특성은 생물에서 잘 드러나고 그것에서 분명하게 찾아볼 수 있다. 그러나 모든 구름과 강물과 바닷물의 공통분모가 물이듯이 이 세상에 존재하는 모든 것들의 공통분모는 의식이다. 다시 말해 모든 존재를 살아 움직이게 하는 가장 본질

그리스도를 깨달아

적인 특징은 무엇보다 그들의 의식인 것이다.

예를 들어, 가장 기본적인 물질인 원자가 자극받으면 원자 속의 전자 한두 개 혹은 여러 개가 원자핵에서 멀리 떨어진 궤도로 뛰쳐나가는 반응을 보인다. 여기서 자극을 멈추면 뛰쳐나갔던 전자들은 원래의 궤도로 되돌아오며, 그러한 과정 중에 일정한 양의 에너지 또는 일정한 진동수를 가진 광자를 방출한다. 그렇게 원자는 자극에 대한 반응을 나타내고, 그 자극에 대해 나타나는 반응의 총량이 바로 의식이다.

최초로 식물이 인간의 의도에 반응한다는 사실을 제안한 클리브 백스터(Cleve Backster, 1924~2013)는 2차 세계대전 중 거짓말탐지기 전문가로 독보적인 명성을 얻었다. 그런 그가 1966년 2월 어느 날 아침, 그의 사무실에 있는 드라세나 화분에 물을 주려고 하다가 문득 자기가 준 물이 뿌리에서 줄기를 타고 올라가 잎에 도달하기까지의 시간을 재보고 싶었다. 그것을 위해서 그는 거짓말탐지기 전극을 드라세나 잎에 연결하면 실험이 가능하겠다고 생각했다. 물이 드라세나 잎에 연결된 두 개의 전극 사이 지점에 도달하면 수분이 회로에 감지되어 저항이 감소하는 것으로 기록될 것이었기 때문이다.

백스터는 드라세나의 잎사귀 가운데 하나를 거짓말탐지기에 달린 두 개의 센서 전극 사이에 끼우고 고무줄로 고정했다. 그리고 나서 그 식물에 물을 주었다. 수분 함량이 늘어남에 따라 잎사귀의 전기 저항이 줄어들어 당연히 거짓말탐지기 기록 용지에는 위쪽으로 향하는 선이 그려질 것이라고 예상했다. 그런데 물을 붓는 동안 예상과는 정반대로 선의 흔적이 아래쪽을 향하더니 잠깐 움찔하는 반응을 보였다. 그것은 보통 거짓말 탐지기 조사를 받는 인간 피검사자가 뭔가 감지될까 봐 순간적으로 두려움을 느낄 때 나타내는 반응과 매우 흡사했다.

순간 백스터는 혹시 식물이 어떤 감정 반응을 나타내는 것이 아닌가 싶어 식물의 안전을 직접적으로 위협해 봐야겠다고 생각했다. 그는 성냥불로 전극 판을 끼운 잎사귀를 태워 볼까 생각했다. 바로 그 생각을 한순간 기록용 펜이 차트 맨 꼭대기까지 치솟다 못해 거의 바깥으로 튕겨 나갈 정도가 되고 말았다. 물론 지금까지 그는 그 식물을 진짜로 불태우지는 않았다. 그는 옆 사무실의 비서 책상에서 성냥을 가져와 불을 켜고 잎사귀 가운데 하나를 골라 그 밑에 성냥불을 갖다 대 보았다. 기록 용지에는 계속해서 요란한 지그재그 선이 그려졌다. 백스터가 성냥을 다시 비서의 책상에 갖다 놓고 돌아오자 선은 잠잠해졌고 거의 일직선이 되었다.

이후 30년이 지나도록 클리브 백스터는 여러 비판을 받으며 연구를 계속했다. 그의 거짓말탐지기에 연결된 다양한 식물들은 인간의 의도에 반응한다는 분명한 증거를 보여주었다. 식물뿐만 아니라 짚신벌레, 배양된 곰팡이, 계란, 심지어 요구르트, 혈액까지도 마찬가지였다. 이것들은 분명 그들 모두가 자극에 대해 반응하는 알아차림을 가지고 있다는 방증이었다.

한편 가족의 귀가를 예측한다는 개들을 상대로 한 실험도 있다. 대표적인 것이 영국의 맨체스터 인근에 사는 팸 스마트라는 여성의 반려견, 테리어 종 제이티를 상대로 한 실험이었다. 실험은 주인이 개가 있는 집에서 적어도 5마일(8㎞) 이상 떨어져 있는 경우에만 실시하였다. 집에 있는 개를 시간이 표시되는 비디오테이프로 촬영했고, 주인이 집으로 돌아갈 시간은 무작위로 무선호출기로 알렸다. 개에게 익숙한 자동차 소리를 피하기 위해 매번 다른 택시를 이용했고, 사전에 조사된 개가 혼자 있을 때 현관문 앞에 머무는 빈도는 평소 4%였다.

실험에서 개는 주인이 집으로 출발하기 직전부터 문가에서 주인을 기다리기 시작했다. 그 순간은 그녀가 집으로 돌아간다는 생각을 가진 바로 그때였다. 그 개는 100번의 실험 중 85번을 문 앞에서 주인을 기다렸고, 그 외에 몇 번의 아플 때와 배란기에 옆집 암캐의 냄새에 주의가 산만해진 때에만 그렇지 않았다. 그것과 유사한 실험에서 개나 고양이 외에 스무 종 이상의 동물들도 같은 예측 행동을 보였다. 특히 앵무새와 말 등에서 실험 결과는 더욱 잘 나타났고 흰 담비와 양, 애완용 거위들도 역시 같은 실험 결과를 나타냈다.

이러한 예들은 무생물과 생물 모두에게 의식, 영이 있음을 확인해 준다. 그 영은 하나님의 본질로서 태초부터 있었다. 모든 것들이 의식, 영을 갖고 있다는 것은 근원인 하나님으로부터 왔다는 뜻이다. 하나님으로부터 왔기 때문에 모든 것들은 예외 없이 하나님의 본질인 영을 갖고 있다. 그런 의미에서 이 세상에 존재하는 모든 것들은 하나님의 소산이다. 알고 보면 예수만이 성령으로 잉태된 것이 아니라 인간 모두는 근본적으로 성령으로 잉태되어 태어난 존재들이다. 아니 이 세상에 존재하는 모든 것들이 그러하지만 다만 그것을 알아차리지 못할 뿐이다.

그리스도를 깨달아

4. 독생자 예수

하나님의 외아들?

지금의 기독교는 예수가 베들레헴의 마구간에서 신성한 존재로 태어났고, 일생을 신성한 하나님의 외아들로 살았다고 가르친다. 그런 가르침에 의하면 하나님의 하나밖에 없는 아들인 예수와 우리 인간들 사이에는 도저히 건널 수 없는 심연이 존재한다. 역설적이게도 그것이 바로 예수가 우리 인간 모두를 구원할 수 있는 근거를 제공한다고 믿어진다. 우리와 다르게 그가 죄가 없는 하나님의 외아들이기 때문에 우리 인간을 죄로부터 구원할 수 있는 자격이 있다는 이유에서다.

그런데 예수가 하나님의 외아들이라는 독생자 예수에 대한 가르침은 과연 신약성경 모두가 일관되게 말하고 증거하고 있는 것일까? 아니면 예수는 누구인가라는 물음에 대해 대답하는 과정에서 나름대로 형성된 결론으로서 제기된 것인가? 만일 그것의 진실을 알게 된다면 지금처럼 하나님의 외아들로 알고 있는 독생자의 진정한 의미가 무엇인지 바로 알 수 있을 것이다.

정경 복음서 중 가장 먼저 쓰인 마가복음의 중심 질문은 예수가 누구인가다. 마가복음은 제자들이 예수가 누구인가에 관해 논의 했고 그것을 발견했다고 적고 있다. 예수와 제자들이 가이사랴 빌립보에 갔을 때, 예수는 사람들에게 "나를 누구라고 하느냐?" 하고 질문했다. 질문을 받은 제자들이 세례 요한, 엘리야 또는 선지자 중의 하나라고 한다고 대답했고, 제자들을 대표하여 베드로가 주는 그리스도라고 결정적으로 답했다(막 8:27~29). 이렇게 마가는 베드로가 예수를 신이 보낸 메시아, 문자 그대로 '기름 부음 받은 이'로서 장차 이스라엘의 왕이 될 사람이라고 말했다고 전한다. 그런 예수가 자신은 많은 고난을 받고 죽임을 당한 후에 사흘 만에 다시 살아날 것이라고 말하자 베드로는 그럴 수 없다고 항변하였다. '기름부음을 받은 이'가 예루살렘에서 왕관을 쓰고 왕좌에 앉아야지 그렇게 죽을 것이라고는 도저히 생각되지 않았기 때문이다.

마가복음의 저자는 예수가 십자가에 못 박히는 장면에서 하나님을 향해 "왜 나를 버리셨습니까?"라고 외치고 마지막으로 알아들을 수 없는 소리를 지른 뒤 숨을 거두었다고 전한다. 그의 죽음을 지켜본 로마군 백부장은 "이 사람은 진실로 하나님의 아들이었다(막 15:39)"고 단언하였다. 여기서 백부장 같은 비유대인에게야 '하나님의 아들'이 신적 존재이겠지만, 마가 같은 유대인 추종자들에게 하나님의 아들은 메시아 즉 이스라엘을 실제로 다스릴 인간 왕이었다. 고대 이스라엘의 즉위식에서 왕은 합창대가 성가를 부르며 왕관을 쓰는 순간 신의 대리인, '하나님의 아들'이 된다고 선언하는 가운데 기름부음을 받았다. 그런 이유에서 마가복음의 첫머리는 "하나님의 아들 예수 그리스도"라고 함으로써 하나님이 예수를 이스라엘을 다스릴 왕으로 선택했음을 선언한다. 이렇듯이 그리스어를 사용한 마가는 히브리어 '메시아'를 그리스어 '그리스도'로 옮겼고, 그것이 훗날 정형화되면서 '예수 그리스도(Jesus Christ)'가 되었다.

한편 마가복음에서 예수는 자신을 인자(人子), 사람의 아들이라고 말한다. 이 인자라는 말의 의미는 분명하지 않다. 신약 이전 유대교 경전인 구약성경에서 '사람의 아들'은 대개 단순히 사람을 의미한다. 그리고 여호와 하나님은 선지자 에스겔을 거듭 인자라고 부르는데, 이는 종종 죽을 수밖에 없는 사람이라는 뜻으로 해석된다. 그러므로 마가복음의 예수가 자신을 인자라고 할 때, 그도 역시 단순히 인간이라는 뜻으로 그 말을 썼을 수도 있다.

그러나 구약성경을 잘 알고 있던 당시 사람들은 또한 '인자'를 선지자 다니엘이 본 환상에서 하나님의 보좌 앞에 나타나 나라와 권세와 영광을 받는 존재를 가리키는 말로 인식했을 수 있다. "내가 밤에 이러한 환상을 보고 있을 때 인자 같은 이가 오는데, 하늘 구름을 타고 와서 옛적부터 계신 분에게로 나아가 그 앞에 섰다. 옛적부터 계신 분이 그에게 권세와 영광과 나라를 주셔서, 민족과 언어가 다른 뭇 백성이 그를 경배하게 하셨다(단 7:13~14)." 또한 대제사장 가야바가 "그대는 찬양을 받으실 분의 아들 그리스도요?"라고 묻자 예수는 "내가 바로 그이요. 당신들은 인자가 전능하신 분의 오른쪽에 앉아 있는 것과 하늘의 구름을 타고 오는 것을 보게 될 것이오(막 14:61~62)."라고 대답한다. 이로써 마가에게 있어 예수는 이스라엘의 왕임을 주장할 뿐 아니라, 다니엘의 비전을 인용해서 자신이 다니엘이 환상에서 본 '인자'임을 암시한다.

마태와 누가 역시 마가를 좇아 예수를 미래의 왕(메시아, 하나님의 아들)임과 동시에 거룩한 권능을 받은 사람 '인자'라고 묘사한다. 특히 누가복음은 예수가 죽은 뒤에 비로소 하나님이 특별한 은총을 베풀어 그를 부활시켰고, 그럼으로써 그를 승격시켜 메시아일 뿐 아니라 '주(主)'가 되게 하였다고 언급한다. '주'는 본래 유대교 전통에서 철저하게 여호와 하나님에게만 사용되는 이름이다. 또 누가가 기록했다는 사도행전에 따르면, 베드로는 예루살렘 사람들에게 대담하게 선언하였다. 모든 인간 중에 오직 예수만이 죽었다가 다시 살아났으며 그럼으로써 "여러분이 십자가에 못 박은 이 예수를 하나님께서 주와 그리스도가 되게 하셨다(행 2:36)."

반면 누가복음보다 뒤에 쓰인 요한복음은 예수가 인간이 아니라 인간의 모습으로 나타난 하나님의 말씀임을 시사한다. 누가가 예수를 신적 존재로 승격된 사람으로 그렸다면, 요한은 예수를 사람의 모습으로 이 땅에 일시적으로 내려온 신적 존재로 그린다. 요한복음 1장 14절에는 '말씀이 육신이 되어' 나사렛 예수의 모습으로 '우리 가운데 사셨다. 우리가 그의 영광(kabod)을 보니 아버지의 독생자의 영광'이라고 선언한다. 이렇게 요한에 의하면 예수는 오직 하나뿐인 특별한 존재인 독생자이고 유일무이한(monogenes) 존재다. 그것은 하나님의 아들이 오직 한 사람뿐이고, 예수는 다른 사람들과 전혀 다른 존재이기 때문이다. 즉 요한은 다른 세 복

그리스도를 깨달아

음서 기자들보다 더 나아가 예수가 고귀한 지위(메시아, 하나님의 아들, 인자)로 승격한 사람일 뿐 아니라 인간의 모습으로 나타난 하나님 자신이라고 분명하게 주장한다.

요한복음에서 예수는 위에서 온 유일한 사람으로서 모든 사람에게 우선하는 정당한 권위를 갖는다. "너희는 아래에서 났고 나는 위에서 났으며…(요 8:23)" 다시 말해 예수만이 하나님에게서 났고, 오직 예수를 통해서만 하나님에게 접근할 수 있다. 요한은 거듭해서 예수를 믿고 따르고 복종하며 오직 그만을 하나님의 독생자로 믿어야 한다고 주장한다. "하나님이 세상을 이처럼 사랑하사 독생자를 주셨으니 이는 그를 믿는 자마다 멸망하지 않고 영생을 얻게 하려 하심이라(요 3:16, 개역개정)." 따라서 우리는 그와 동등한 존재가 될 수 없으며, 그를 믿고 따르고 사람의 모습으로 나타난 하나님으로서 경배해야 한다. 그리하여 요한복음의 예수는 "너희가 만일 내가 그인 줄 믿지 아니하면 너희 죄 가운데서 죽으리라(요 8:24)."라고 선언한다.

결국 우리가 예수를 통해 구원을 얻을 수 있는 것은 그가 우리와 다르기 때문이다. 만일 예수가 우리와 같은 존재라면 그는 죄 가운데서 죽을 수밖에 없는 인류를 구원할 수 없을 것이다. 요한복음의 희망은 그런 예수가 우리를 죄와 영원한 형벌로부터 구원하기 위해 속죄의 제물로 이 세상에 내려와 육체로서 부활했다는 확신에서 비롯된다. 그래서 요한복음에서 그의 공적 삶의 시작을 뜻하는 예수의 세례는 마가복음에서처럼 예수가 하나님의 나라가

올 것을 선언하는 장면이 아닌 세례 요한이 "보라 세상 죄를 지고 가는 하나님의 어린 양이로다(요 1:29, 개역개정)."라고 선언하는 장면에서 절정에 이른다.

이런 것들은 모두 예수가 하나님의 외아들이라는 전제에서 말하는 것이다. 오직 그만이 하늘에서 내려온 유일한 하나님의 아들이고, 오직 그만이 죄가 없는 존재이기 때문에 죄로부터 모든 사람을 구원하는 유일한 구원자일 수 있다는 뜻이다. 즉 유일한 구원자인 그만을 믿는 것이 유일한 구원의 길이기 때문에 구원을 얻으려면 반드시 그만을 믿어야 한다. 그런 의미에서 인류의 구원은 오직 독생자 예수를 믿을 때만 가능할 뿐 아니라 구원의 길도 독생자 예수를 믿는 방법을 통해서만 오로지 가능하다. 그렇다면 과연 '독생자'는 이처럼 하나님의 외아들이라는 뜻일까?

하나가 낳은 아들

결론부터 말하면 독생자란 하나님의 외아들이라는 뜻이 아니다. 만일 예수가 하나님의 외아들이라면 당장 같은 요한복음 1장 12절의 내용과 정면으로 충돌한다. "그러나 그를 맞아들인 사람들 곧 그 이름을 믿는 사람들에게는 하나님의 자녀가 되는 특권을 주셨다." 이렇게 예수를 믿는 이들에게 하나님의 자녀, 아들

그리스도를 깨달아

이 되는 특권을 준다고 하였는데 하나님의 외아들을 인정하면 예수 이외의 다른 사람은 하나님의 아들이 될 수 없다. 예수를 하나님의 외아들이라고 해버리면 다른 사람은 하나님의 아들이 될 수 없기 때문이다. 그러나 예수 자신은 산상수훈에서 분명하게 말했다. '이같이 한즉 하늘에 계신 너희 아버지의 아들이 되리니 (마 5:45, 개역개정).'

또한 문제가 되는 것이 요한복음 1장 18절의 "본래 하나님을 본 사람이 없으되 아버지 품속에 독생하신 하나님이 나타내셨다(개역개정)."는 기이한 표현이다. 여기서 아버지의 품속이라고 할 때, 아버지는 분명 하나님 아버지다. 또 '독생'을 나타내는 그리스어 모노게네스(μονογενής)에서 모노(μονο)는 '유일한'이라는 말로 동종으로는 하나밖에 없는 것을 의미한다. 동종으로 하나밖에 없는 것이라면 그것이 무엇이든 하나밖에 있을 수 없다. 따라서 '유일한 하나님'이라는 말은 아버지이신 하나님을 가리켜야 한다. 그런데 그 품속에 또 하나님이 있다는 것은 말이 안 된다. 그렇다면 하나님이 둘이란 말인가? 하나님은 전체(all, whole)이기 때문에 둘이 있을 수 없다. 만일 하나님이 둘이 있다면 이미 그 둘 다 하나님이 아닌 것이다. 게다가 '아버지 품속에 하나님'이라 하였다고 예수를 하나님이라고 말하는 것은 그야말로 어불성설이다.

이것은 아마 성경 필사자들의 예수에 대한 과잉 충성에서 빚어진 결과일 것이다. 성경 사본학의 대가인 바트 어만(Bart D. Ehrman)은 그의 책 『성경왜곡의 역사』에서 말한다.

요한복음 서문의 마지막 절에 대한 필사 전승에는 두 가지 독법이 전해진다. ... '아버지 품속에 독생하신 하나님'과 '아버지 품속에 있는 독생하신 아들'이 그것이다. ... 아마 알렉산드리아 근처에 살고 있던 필사자들 가운데 그리스도를 유일하신 아들이라고 한 표현에 만족하지 못하는 이들이 있었던 것 같다. 그리스도를 더 높이기 위해 이들은 본문을 변경시킨 것이다(297~299쪽).

요한복음 1장 14절에 '독생자(獨生子)'로 번역된, 그리고 1장 18절에 '독생한(獨生한)'으로 번역된 그리스어는 모노게네스(μονογενής)다. 이 모노게네스는 우리말 성경이나 사도신경에서 외아들로 옮겨진 말이다. 그러나 독생자와 외아들은 의미상 큰 차이가 있다. 이 모노게네스의 어원에 대해서는 지금까지 논의가 진행될 정도로 모호한 편이다. 모노(μονο)와 게네스(γενής)로 이루어진 합성어 모노게네스에서 게네스의 어원을 무엇으로 보느냐에 따라 그 의미가 전혀 달라진다. 이 용어에 대한 논의는 크게 보아 두 가지 쟁점으로 나뉘어서 맞서고 있다. 지금까지는 종족(race)이나 혈족(family)을 뜻하는 명사 게노스(γένος)에서 파생된 것으로 보아, 모노게네스를 모노(μόνος, only)와 게노스(γένος, a child)의 의미인 외아들로 보았다. 이렇게 모노게네스가 아이에게 적용되어 외아들이나 외동딸을 가리키는 경우, 유일한 출생의 뜻뿐만이 아니라 그 아이가 무엇과도 바꿀 수 없는 귀중한 존재라는 뜻도 함께 포함한다.

반면에 이 게네스(γενής)의 어원을 '출산하다', '낳다'라는 뜻을

그리스도를 깨달아

지닌 겐나오(γενναω)에서 파생된 것으로 볼 경우 그 의미는 달라진다. 이 경우에는 모노게네스가 모노(μονος)와 겐나오(γενναω)의 합성어가 되어 '하나(only)'와 '낳다(beget)'를 뜻하는 '단 하나로부터 태어난 자' 또는 '하나가 낳은 이'가 된다. 따라서 어원이 모호했던 이 모노게네스를 외아들로 번역하기보다는 '하나가 낳은 아들'로 옮기는 것이 옳다. 즉 외아들 대신에 '하나(獨, 唯一)가 낳은(生) 아들(子)'이라고 해야 독생자의 의미에 꼭 맞는다. 물론 여기서 하나가 낳은 아들은 한 분 하나님이 낳은 아들이라는 말이다. 다시 말해 모노게네스는 하나님이 낳은 아들이란 의미이지 외아들이라는 뜻이 아닌 것이다. 그야말로 외아들이라면 독자(獨子)라고 해야지, 왜 날 생(生)을 가운데 넣어서 굳이 독생자(獨生子)라고 해야 한단 말인가? 그러므로 예수가 하나님의 '외아들(υιον τον μονογενη)'이라는 의미의 '독생자'는 잘못된 해석이다.

지금까지 이 '독생' 혹은 '독생자'를 외아들로 본 것은 다분히 요한복음의 맥락과 관련이 깊다. 요한복음은 정경 복음서 네 개 중에서 유일하게 예수를 하나님으로 고백하고, 또 인간을 모든 죄에서 구원할 유일한 구세주로 예수를 강하게 천명한다. 그러려면 무엇보다 '하나님의 유일한 아들'이라고 해야 구원자로서 예수의 가치와 특성과 자질을 나타내는 데 적합하다. 따라서 모노게네스가 외아들(υιον τον μονογενη)로 쓰인 것은 다분히 요한복음의 맥락과 신학과 그리스도론의 관점을 짙게 반영한다. 그러나 이 독생자의 뜻은 외아들보다 '하나가 낳은 아들'이 오히려 성경의 본래 의미에 더 가깝고 더 원천적인 전승에 해당한다.

성경에는 '내가 너를 낳았다'라는 구절이 여러 군데 등장한다(시 2:7, 눅 3:22, 행 13:33, 히 1:5, 5:5). 그중에서 대표적으로 누가복음 3 장 22절은 이렇다. "성령이 비둘기 같은 형체로 예수 위에 내려오셨 다. 그리고 하늘에서 이런 소리가 울려 왔다. 너는 내 사랑하는 아 들이다. 나는 너를 좋아한다." 이 본문의 다른 고대 사본들에는 이 끝부분이 '너는 내 아들이다. 오늘 내가 너를 낳았다' 라고 되어 있 다. 그 두 번째 구절의 뜻은 하나님이 예수를 낳았다는 것이다.

그럼 하나님이 예수를 낳았다고 할 때 하나님이 낳은 것은 과연 무엇일까? 이때 하나님이 낳은 것은 구체적으로 예수의 몸인가 아 니면 영인가? 지금까지 기독교에서는 하나님이 낳은 것을 예수의 몸이라고 보았지만, 사실은 예수의 영이다. 흙으로 만들어진 몸에 하나님의 영이 들어옴으로써 사람은 생명체가 되었다. 예수의 몸 은 요셉과 마리아를 통해 이미 태어났으니, 성령이 임함으로써 다 시 태어난 것은 그의 몸이 아닌 예수의 영임이 틀림없다. 그가 세 례를 받고 물 위로 올라올 때 비둘기 같이 내려온 것은 성령이었 고(막 1:10, 마 3:16), 그것에 의해 새롭게 태어난 것은 예수의 영이지 그의 몸이 아니었다. 바로 이렇게 성령이 임함으로 새롭게 태어난 예수의 영이 하나님이 낳은 아들 독생자다. 즉 독생자는 하나님이 낳은 예수의 영인 것이다.

달리 말해 독생자는 성령의 깨닫게 함을 통해 새롭게 태어난 '영의 나'이다. 만일 본래 알아차림인 성령이 깨닫게 하지 않으면 진정한 내가 무엇인지 도무지 모른다. 대신 성령이 오면 진짜 자기가 하나님과 같은 영임을 깨닫게 된다. 지금까지 참된 나가 무엇인지 모르고 살다가 알아차림 자체인 성령의 깨우침으로 참된 자신은 영이라는 것을 안다. 그렇게 알지 못하던 '나'가 깨달아져서 새롭게 생겨났으니 새로운 '나'가 태어난 것이다. 그렇게 새롭게 생겨난 것은 분명 '몸의 나'가 아니라 '영의 나'이다. 하나님이 낳은 아들, 독생자는 성령을 통해 깨달아서 새롭게 태어난 생명이며, 성령을 통해 깨달아서 새롭게 생겨난 '나'이다. 성령 하나님의 깨우침을 통해 영인 존재로 태어났으니 분명히 그 영의 나는 하나님이 낳은 하나님의 아들이다. 다른 형제자매가 없어서 독생자가 아니라 오직 '하나'인 존재가 깨닫게 하여 낳았기 때문에 독생자다.

그렇다면 과연 예수만이 하나님이 낳은 아들 독생자인가? 물론 그렇지 않다. 모든 사람은 누구나 하나님의 영을 받아 영의 사람으로 태어나면 하나님의 아들이다. 하나님의 영을 받아 자신의 본질이 몸이 아니라 영이라는 것을 깨달으면 모두 독생자가 된다. 그렇게 깨달아진 '영의 나'가 하나님 아버지가 낳은 생명이기 때문에 깨달은 '영의 나(I AM)'가 하나님이 낳은 아들이다. 하나님의 생명인 영이 마음속에 와서 깨우쳐진 나가 바로 하나님이 낳은 아들 독생자다.

곧 예수는 자신이 하나님이 낳은 아들 독생자임을 알았다. 예수는 그 자신 하나님이 보내준 성령으로 자신이 '하나님이 낳은 아들' 독생자임을 깨우쳐 영원한 생명을 얻은 존재였다. 그래서 예수는 그렇게 자신의 영원한 생명인 '영의 나'를 깨달은 체험을 다른 사람들에게도 알려주었다. 물론 그때 하나님이 깨닫게 한다고 할 때는 독생(獨生)이고, 스스로 깨닫는다고 할 때는 자각(自覺)이다. 깨닫게 하는 하나님의 입장에서는 독생이고 깨닫는 인간 자신의 입장에서는 자각이다.

이제 이런 이해를 바탕으로 독생자 예수를 믿으면 구원을 얻는 다는 의미로 잘 알려진 성경 구절을 살펴보자. 분명 그런 뜻으로 읽히는 익숙한 요한복음 3장 16절을 지금까지의 이해를 살려 풀어 보면 다음과 같다. '하나님께서 이 세상 사람들을 너무 사랑하셔서 하나님이 낳으신 아들(독생자)을 보내주셨으니 그 하나님 아들을 깨달으면 누구든지 영원한 생명을 얻도록 해주셨다.' 물론 여기서 하나님의 아들을 보내준 즉 깨닫게 한 주체는 하나님의 생명인 성령이다. 성령은 깨우치는 영이므로 성령을 받으면 누구나 자신의 본질이 죽을 수밖에 없는 몸이 아니라 영원히 사는 영임을 깨닫게 된다. 자신이 영원히 사는 영임을 깨달아 알면 누구든지 자신은 죽지 않는 영원한 생명임을 알게 된다. 그러면 결국 그 사람은 영원한 생명을 얻게 되는 것이다.

간단하게 말해, 성령 하나님이 깨닫게 하여 낳은 영의 나가 바로 독생자(獨生子)다. 알아차림 이전의 순수한 영은 하나님 아버지이고, 알아차리는 경험을 함으로써 깨닫게 된 영은 하나님의 아들이다. 하나님의 생명인 영을 받아 영이 참된 '나'임을 깨달아 아는 사람은 누구나 독생자를 낳았다. 자신의 마음속에서 영의 나

그리스도를 깨달아

를 깨우친 사람은 모두가 독생자이고 하나님이 낳은 아들이다. 이 땅에 하나님의 아들들이 많이 있어도 영으로는 모두 하나일 뿐이다.

빛의 사람

이처럼 예수는 누구보다 독생자다. 예수는 성령을 통해 자신의 참된 본성이 영인 것을 깨달아 하나님의 아들로 태어난 사람이다. 그렇게 하나님이 낳은 영의 나를 인류 가운데 뚜렷이 깨달아 하나님의 아들이 된 본보기가 바로 예수다. 그래서 예수는 '하나님이 낳은 아들' 독생자이고, 독생자이기 때문에 육의 사람이 아니라 영의 사람이다. 영의 사람이기 때문에 깨닫게 하는 성령의 역사로 스스로를 깨닫고 또한 다른 사람들을 깨닫게 한 존재다.

마태복음 저자는 예수가 세상에 태어난 것을 '빛이 비추었다'라는 말로 표현한다. "어둠에 앉아 있는 백성이 큰 빛을 보았고, 그늘진 죽음의 땅에 앉은 사람들에게 빛이 비치었다(마 4:16)." 이 구절에 의하면, 예수는 빛이고 예수가 탄생한 것은 빛이 비친 것이다. 물론 예수가 빛이라는 것은 광원에서 흘러나오는 빛의 입자라는 뜻이 아니다. 태양 빛처럼 사물을 비추는 광자, 빛을 뜻하는 것이 결코 아니다. 마치 예수를 그린 성화같은 것에 나타나는 후광처럼 예수 자체가 물질 빛이기 때문에 그런 빛이 발산되는 후광을 그려 놓은 것이 아니다.

여기서 예수가 빛이라는 것은 그가 알아차린 존재임을 빗댄 말이다. 빛은 밝게 비추고 환하게 한다. 빛은 밝게 비추어서 만물을 드러나게 하고 그것이 무엇인지 환히 알게 한다. 빛이 비침과 같이 알아차림이 밝아지면 무엇이든 환하게 깨닫게 된다. 그래서 예수가 빛이라면 그것은 그 자신이 환하게 알아차린 존재라는 말이다. 예수가 빛이라는 말은 그가 밝히 환하게 아는 존재라는 뜻이고, 그가 환하게 아는 알아차림의 존재라는 의미에서 그는 빛이다. 참된 이치를 환하게 알아차린 것을 깨달음이라고 할 때 그는 크게 깨달은 존재, 큰 빛인 것이 틀림없다.

알아차림이 빛이라면 알아차리지 못함은 어둠이다. 어둠은 빛이 없는 것으로 알아차림이 없는 것이다. 알아차림이 없는 것은 대상을 만났을 때 알아차림이 일어나고 사라지는 것이 없음이다. 알아차림이 일어나고 사라지는 것이 의식이라면 그 일어나고 사라지는 의식이 없는 것을 죽었다고 한다. 따라서 만약 그 의식, 알아차림이 깨어나지 않은 사람들이 사는 세상이라면 그곳은 죽음의 땅이 맞다. 알아차림은 없고 무지가 지배하는 땅은 죽음의 땅일 수밖에 없다. 그런 죽음이 온통 내리 덮인 땅에 빛의 사람 예수가 태어났다. 바야흐로 빛의 오심을 통해 어둠의 땅이 환하게 밝아지게 되었고 밝은 빛이 비치게 되었다. 그러니 그의 탄생이 어둠에 앉아 있는 백성들이 큰 빛을 보고 죽음의 땅에 앉은 사람들에게 빛이

그리스도를 깨달아

비친 것이 아니고 무엇인가?

한편 요한복음은 그가 빛이라는 것과 관련하여 "그 안에 생명이 있었으니 이 생명은 사람들의 빛이라(요 1:4, 개역개정)"라고 말한다. 이 요한복음의 문맥처럼 예수 안에 생명이 있었다면 그 의미는 그의 안에 의식이 있었다는 말이다. 의식은 대상의 자극에 반응하여 앎이 일어나고 사라짐이다. 그런 자극에 대한 반응을 의식이라고 하고 그런 의미에서 의식이 있어야 생명이 있다. 즉 그 안에 생명이 있었다는 것은 예수 안에 자극에 대한 반응인 앎이 있었다는 말이고, 그 말은 그의 안에 의식이 있었다는 것이기 때문에 그 안에 알아차림이 빛나고 있었다는 뜻이다. 그의 안에 항상 일어나고 사라지는 알아차림이 있었기 때문에 그 안에 항상 알아차림인 생명이 있었다.

곧 이 알아차림이야말로 사람들의 생명이다. 이 알아차림인 생명이야말로 사람들에게 빛이다. 그 일어나고 사라지는 움직임이 바로 알아차림이고, 그 알아차림이 무엇을 밝히 알게 한다는 의미에서 그것은 빛이다. 이때 그 의식의 일어남과 사라짐을 근본적으로 가능하게 하는 것이 바로 태초의 영인 성령이다. 본래부터 있던 영인 성령은 모든 알아차림을 일어나고 사라지게 하는 근원적인 능력이다. 그러므로 태초의 알아차림 자체인 성령은 본래의 빛이고, 그 성령인 하나님도 빛이다. 따라서 그 성령으로부터 알아차린 예수는 빛의 아들이고 빛의 사람이다.

분명 빛의 사람 예수는 알아차린 사람이다. 이를테면 그는 무엇보다 자신의 근원인 아버지를 알았다. 아버지는 자신을 낳은 존재이니 자신의 근원이다. 그 근원은 태초부터 있던 존재로 본래의 알아차림인 성령, 하나님이다. 그는 자신이 그런 근원으로부터 왔기 때문에 자신도 그런 속성을 가진 존재임을 알았다. 그렇게 예수는 하나님이 낳았고, 근원인 아버지의 속성인 알아차림을 갖고 태어났기 때문에 예수는 자연히 하나님의 아들이다. 또한 예수는 아버지로부터 받은 그 의식을 사용하여 자신의 근원을 알았을 뿐만 아니라 자신이 어떤 존재인지도 알았다. 예수 자신은 성령 하나님이 낳아준 영임을 깨우침으로써 자신이 먼저 독생자가 되었다.

이처럼 자신의 근원과 자신을 깨달아 빛이 된 사람이 예수다. 예수의 탄생은 그래서 빛의 옴이다. 그런데 만일 빛이 어둠에 오면 어떻게 될까? 그 어둠의 세계는 알아차림이 없는 세상이니 빛이 없는 무지의 세계다. 만일 그 무지의 세계에 깨달은 빛의 사람이 오면 과연 어떻게 될까? 빛이 어둠 속에 오면 어둠은 빛을 알아보지 못하듯이, 알아차리지 못한 세상은 알아차린 사람을 결코 알아볼 수가 없다. 만일 알아차리지 못한 세상이 알아차린 사람을 알아보려면 알아차리지 못한 세상이 알아차려야 한다. 세상이 알아차림을 얻어야 알아차린 사람을 알아볼 수 있고, 세상이 알아차림을 얻지 못하면 알아차린 사람을 알아볼 수가 없다. 그렇게 세상이 알아차리지 못하면 알아차리지 못하는 세상은 어둠 속에 계속 머물 수밖에 없다. 그래서 예수라는 참 빛이 이 세상에 와서 계속 비추었으나 어둠의 이 세상은 그를 알아보지 못했다.

그리스도를 깨달아

그렇게 세상이 그를 알아보지 못하는 이유는 무엇보다 세상 사람들의 눈이 멀었기 때문이다. 그것을 예수는 산상수훈에서 이렇게 말했다. "네 눈이 성하지 못하면 네 온몸이 어두울 것이다. 그러므로 네 속에 있는 빛이 어두우면, 그 어둠이 얼마나 심하겠느냐?(마 6:23)" 여기서 눈이 성하지 못하다는 것은 눈이 잘 보이지 않는다는 말이다. 눈이 잘 보이지 않으면 무엇을 제대로 보지 못할 뿐 아니라 무엇을 바르게 볼 수도 없다. 그렇게 잘 볼 수 없으면 무엇을 제대로 알 수 없는데, 그것이 바로 눈이 성하지 않으면 온몸이 어두울 것이라는 말이다.

여기에서의 눈도 역시 단순히 보는 감각적인 눈이 아니라 무엇을 알아차리는 기능을 빗댄 말이다. 알아차림은 마음 즉 생각, 감정, 의지를 작동하게 한다. 육체적 눈이 물질을 볼 수 있는 기능을 한다면, 마음의 눈은 정신적인 것을 알 수 있는 기능을 한다. 그 정신적인 알아차림이 의식이고, 그 알아차림이 멀어버리면 그야말로 인식 전체가 멀어버리게 된다. 그렇게 의식이 잘 작동하지 못하면 의식 기능 전체가 잘 작동하지 않는 어둠에 빠진다. 그러면 우리 안에 있는 빛인 알아차림 자체에 문제가 생겨 빛이 아닌 어둠 상태가 되고 알지 못하는 무지 상태가 삶을 온통 지배하게 된다.

반면 하나님이 낳은 아들은 하나님의 영을 받아 '영의 나'로 태어났기 때문에 항상 알아차린다. 독생자는 하나님이 깨닫게 하여 태어난 생명이기 때문에 자신을 낳은 아버지처럼 환하게 알아차린다. 아버지 하나님의 본질이 영이고 영은 알아차림이기 때문에 하나님이 낳은 아들인 예수 역시 아버지 하나님의 본질인 알아차림을 환하게 드러냈다. 그야말로 독생자는 하나님이 낳은 아들이기 때문에 근원인 하나님을 닮아 하나님의 본성을 환하게 드러낼 수 있다. 즉 하나님에게서 낳은 아들인 예수는 근원인 하나님의 본성인 알아차림을 환하게 드러내는 빛이었다. 그는 그 근원으로부터 태어난 자신이 무엇인지를 환하게 알아차린, 자신을 낳은 근원의 본성인 알아차림을 환하게 드러내 비춰주는 빛의 사람이었다.

바꿔 말해 빛의 사람 예수가 오기 전까지 하나님을 바로 아는 사람이 없었다. 독생자 예수가 하나님을 환하게 드러내기 이전의 사람들은 하나님의 본성을 환하게 알 수 없었다. 가령 당시 유대인들도 하나님을 믿었으나 진정한 하나님을 알지 못했다. 그들이 알고 있는 하나님은 그들이 듣고 전해 받아 아는 하나님이었을 뿐 그들 스스로가 깨달아서 아는 하나님이 아니었다. 물론 유대인들도 그들이 하나님의 자손이라고 여겼지만, 그것은 하나님을 믿는 조상의 육신적 후손이라는 것에 근거했을 뿐, 자신들이 직접 깨달아서 하나님이 낳은 자손이 된 것은 아니었다.

따라서 하나님이 낳은 아들이라는 독생자의 뜻은 사람의 육신을 통해 하나의 몸이 태어나는 것을 말하지 않는다. 또 그것은 하나님이 동정녀 마리아를 통해서 예수의 몸을 낳았다는 식의 의미가 아니다. 하나님이 낳았다는 것은 하나님의 본질인 영을 통해 스스로 자신의 본성이 영임을 깨우쳤다는 뜻이다. 하나님인 성령의 깨우침을 따라 자신이 하나님과 같은 영이라는 것을 깨달아 참

그리스도를 깨달아

된 자기로 태어난 것이다. 그렇게 태어난 참된 '나'가 하나님이 낳은 아들 독생자이고, 그렇게 하나님이 낳은 아들 독생자만이 참된 아버지와 자신을 알고 그것을 드러낼 수 있다.

5. 구주가 나셨으니

베들레헴 탄생?

마태와 누가는 모두 예수가 유대 땅 베들레헴에서 태어났다고 적고 있다. 그리고 구약성경은 "다윗은 유다 땅 베들레헴에 있는 에브랏 사람 이새의 아들이다(삼상 17:12)."라고 말한다. 여기서 말하는 베들레헴 출신의 다윗은 과거에 살았던 한 사람 군주 이상의 존재였다. 그야말로 그는 한 때의 왕이었고 또 미래의 왕이었다. 예수가 살았던 시대에는 불의와 외세의 억압과 식민지 착취의 고통이 유대인의 전 영토를 휩쓸었다. 그래서 예수 탄생 이전부터 사람들은 다윗과 같은 지도자가 나타나 지난 시대의 영광과 평화를 회복시켜 줄 수 있기를 고대하였다.

구약 시대의 예언자 미가는 기원전 8세기 후반 이사야와 함께 활동하던 사람으로서 이사야보다 젊고 그와는 달리 하층계급 출신이었다. 이 미가의 예언 중에 다음과 같은 희망이 들어있다. "너 베들레헴 에브라다야, 너는 유다의 여러 족속 가운데서 작은 족속이지만 이스라엘을 다스릴 자가 네게서 내게로 나올 것이다(미 5:2)." 이 예언은 고대하던 메시아가 왜 베들레헴에서 태어나야 했

　　　　　　　　　　　그리스도를 깨달아

는지를 설명하는 마태복음의 본문에서 인용되고 있다. 이것을 자신의 복음서에 인용한 마태는 요셉과 마리아가 베들레헴에 계속 살아왔으며, 예수가 그곳에서 태어났고, 이집트로 피난하고 돌아와서야 나사렛으로 이주했음을 당연시하는 듯하다.

마태와 마찬가지로 누가에게도 예수는 다윗 계통의 메시아로 기대되던 인물이었다. 예수를 잉태한 마리아에게 천사가 와서 말한다. "그는 위대하게 되고 더없이 높으신 분의 아들이라고 불릴 것이다. 주 하나님께서 그에게 그의 조상 다윗의 왕위를 주실 것이다(눅 1:32)." 이것을 기록한 누가는 마태와는 달리 그의 이야기를 나사렛에 사는 요셉과 마리아로부터 시작한다. 누가는 예수의 출생 전부터 그 부모가 나사렛에서 살고 있던 것으로 생각했음이 틀림없다. 그들이 베들레헴에 가게 된 이유에 대해 누가복음은 아우구스투스 황제의 호적 명령 때문이라고 말한다. "요셉은 다윗 가문의 자손이므로, 갈릴리의 나사렛 동네에서 유대에 있는 베들레헴이라는 다윗의 동네로 자기의 약혼자인 마리아와 함께 등록하러 올라갔다(눅 2:4~5)."

그러나 역사적 예수 연구의 권위자 도미니크 크로산(John Dominic Crossan)은 이 언급에 적어도 다음 세 가지 문제가 있다고 말한다. 첫째, 옥타비아누스 아우구스투스 치하에서는 그와 같은 범로마적인 인구조사 자체가 없었다. 둘째, 헤롯 대왕의 아들 아켈라오(Archelaus, 재위 BC 4년~AD 6년)가 지배하던 영토인 유대와 사마리아, 이두매에 대한 인구조사가 실제로 있었다. 그런데 그것은 로마제국이 베들레헴과 예루살렘 지역의 분봉왕 아켈라오를 골(Gaul) 지역으로 추방하고 그의 땅을 합병한 기원후 6년에 가서야 이루어졌다. 기원후 6~7년에 시리아를 통치했던 로마 총독 구레뇨(Quirinius)가 이 인구조사의 책임자였던 것 같다. 따라서 누가복음이 예수의 탄생 시기를 "유대 왕 헤롯 때에(1:5)"라고 말하지만, 이 인구조사는 헤롯 대왕이 죽은 지 십년이 지나서야 이루어졌다.

셋째, 같은 로마령 이집트에서 이루어진 인구조사와 납세 포고령은 그것들이 실제로 어떻게 이루어졌는지 말해준다. 당시 인구조사와 납세 포고령은 개인들이 통상적으로 살고 일하는 현주소에서 이루어졌다. 만일 그들이 집을 떠나 다른 곳에 있었다면 그들은 그것을 위해 자신들의 현주소로 돌아와야만 했다. 즉 누가복음이 말하는 대로 인구 조사를 위해 모든 사람이 조상의 고향인 본적지로 가야 하는 일은 없었다. 오늘날과 마찬가지로 그때에도 중요한 것은 사람들이 세금을 낼 수 있는 곳에서 등록하도록 하는 것이었다. 그러므로 호적 등록을 위해 갈릴리 나사렛에서 유대 땅 베들레헴으로 여행했다는 이야기는 지금까지 매우 그럴 듯했으나 그 역사적 진실은 그렇지 않았다.

곧 요셉과 마리아가 인구조사와 납세 등록을 위해 나사렛을 출발하여 베들레헴에 갔다가 나사렛으로 다시 돌아오는 이 여행은 사실과는 달리 그럴듯하게 꾸며진 이야기다. 그것은 예수의 부모가 예수 출산을 위해 베들레헴에 있게 만드는 방법을 마련하려고 복음서 저자 누가 자신이 만들어낸 것이다. 마태의 경우 처녀 임신

그리스도를 깨달아

과 마찬가지로 베들레헴 출생이 명확하게 구약성경의 예언과 연결되어 있으나, 누가의 경우는 이렇게 암묵적으로만 연결되어 있다.

이제 사람들이 예수가 다윗 계열의 메시아 즉 그리스도냐 아니냐를 놓고 논쟁하는 요한복음을 살펴보자. 장막절을 맞아 예수가 예루살렘 성전에서 가르칠 때 그에 대해 무리는 서로 논쟁하였다. "이 사람은 그리스도이다 하고 말하는 사람들도 있었다. 그러나 더러는 이렇게 말하였다. 갈릴리에서 그리스도가 날 수 있을까? 성경은 그리스도가 다윗의 후손 가운데서 날 것이요, 또 다윗이 살던 마을 베들레헴에서 날 것이라고 말하지 않았는가?(요 7:41~42)" 이러한 이들의 논쟁 중에서도 역시 예수가 베들레헴에서 출생했다는 어떤 암시를 발견할 수 없다. 또 이 문제와 관련된 신약성경의 다른 어디에서도 예수가 베들레헴에서 출생했다고 주장하는 본문을 찾을 수가 없다. 따라서 예수가 베들레헴에서 출생했다는 이야기는 단지 마태와 누가가 사용했던 공통의 전승에만 들어있었던 것으로 보인다.

그럼 예수는 왜 베들레헴에서 태어나야만 했을까? 바로 그것이 예언되어 있었기 때문이다. 복음서는 사건이 있은 지 수십 년 후에 구전으로 전해지는 이야기에 근거해서 쓴 책이다. 예수에 대해 이야기하던 당시 사람들도 유대 성경을 모르지 않았다. 아니 몇몇은 유대 성경, 구약을 누구보다 잘 알았다. 그들은 유대 성경에 담긴 예언들에 비추어 예수를 이야기했다. 예수의 탄생도 그 성경의 예언을 염두에 둔 채 이야기했고, 그들은 모든 예언이 예수 안에서 이루어졌다고 믿었다.

그런데도 예수가 나사렛에서 왔다는 사실은 누구나 알고 있었다. 마태복음과 누가복음도 예수가 나사렛에서 자랐다고 분명히 말한다. 그렇게 예수가 나사렛 출신이라고 널리 알려진 상황에서 마태복음과 누가복음의 각 저자는 예수가 예언된 메시아라는 문제를 처리해야 했다. 그들은 예수가 아무도 들어본 적 없는 조그만 마을인 갈릴리의 나사렛에서 오기는 했지만, 실제로는 다윗 왕의 고향인 베들레헴에서 태어났다고 이야기를 꾸며냈다. 예수가 베들레헴에서 태어났지만, 나사렛에서 자랐다는 이야기를 꾸며내기 위해서 마태와 누가는 각자 그럴듯한 해결책을 생각해 낸 것이다. 태어난 곳이 베들레헴이므로 예수가 메시아라는 예언이 완성됐다는 식이다.

문제는 두 복음서의 설명이 서로 모순된다는 점인데 이런 모순은 무엇을 의미하는 것일까? 그것은 예수가 성경의 예언을 성취했다는 것을 확실히 해두기 위해 메시아라는 시각에서 각자 예수를 이야기했다는 뜻이다. 그들이 말하려고 하는 것은 매우 분명하다. 예수가 다윗 왕의 도시인 베들레헴에서 태어났다고 말함으로써 그가 대망의 다윗 가문에서 태어난 메시아라는 것을 공표하고자 한 것이다. 마태와 누가에 의하면 예수는 그들이 기다려온 유대인의 땅을 구원할 메시아다. 그것을 그들은 이렇게 썼다. "유대인의 왕으로 나신 이가 어디에 계십니까?(마 2:2)", "오늘 다윗의 동네에서 너희에게 구주가 나셨으니, 그는 곧 그리스도(메시아) 주님이시다(눅 2:11)."

그리스도를 깨달아

이렇듯이 복음서 저자들이나 복음서에 등장하는 그를 따르던 사람들은 예수를 당시 세상을 구할 구세주로 생각했다. 유대인들이 그랬듯이 그들은 예수가 자신들을 불의와 외세의 압제와 식민지의 고통에서 해방시켜 줄 것이라고 생각했다. 그야말로 자신들의 현실적 삶에 평화와 영광을 갖다 줄 메시아로 기대했다. 그것을 잘 보여주는 장면이 예수 일행이 예루살렘을 향해 가고 있을 때 일어난 사건이다. 예수는 예루살렘에 올라가면 자신이 대제사장과 율법 학자들에 의해 사형 선고받고, 이방인들에게 넘겨져 죽을 것이고, 사흘 뒤에 살아날 것이라고 말한다. 그때 제자 중 세베대의 아들들인 야고보와 요한이 다가와 말한다. 주께서 영광을 받으실 때 하나는 오른쪽에, 하나는 왼쪽에 앉게 해달라고 요청한다. 그러자 나머지 제자들 모두가 그들의 말을 듣고 분개하였다(막 10:32~41, 마 20:17~24). 야고보와 요한의 요구는 향후 일어날 일들에 대한 무지에서 비롯되었지만, 당시 예수를 따르던 사람들이 예수를 어떻게 보고 무엇을 기대했는지를 잘 보여준다.

내가 온 것은

당시 예수가 그런 메시아일 거라는 추종자들의 기대는 얼마 후에 완전히 깨어졌다. 이를테면 예수는 그들의 기대를 가능케 할 군대를 일으키지 않았다. 또 압제자인 로마군을 약속의 땅에서 몰아내지도 않았다. 그리고 이스라엘을 강한 독립국으로 세우지도 않았다. 오히려 십자가에 못 박혀 무력하고 비참하게 죽었다. 즉 예수를 향한 추종자들의 믿음이 헛된 것이라는 사실이 확실하게 밝혀졌다.

하지만 분명한 것은 예수가 자신이 그런 메시아라고 말한 적이 없다는 사실이다(막 8:27~33). 다만 그는 스스로 무엇을 위해 이 땅에 왔는지를 분명하게 나타냈을 뿐이다. 누가복음에 의하면, 그것은 예수가 광야에서 시험을 마치고 성령이 충만하여 돌아와서 나사렛 회당에서 읽었다는 말씀에 잘 드러난다. 이사야 61장 첫 부분에 근거한 그 말씀은 다음과 같다. "주의 영이 내게 내리셨다. 이는 하나님께서 내게 기름을 부으셔서 가난한 사람들에게 복음을 전파하도록 하기 위해서다. 하나님께서는 포로 된 사람들에게 자유를, 못 보는 사람들에게 다시 볼 수 있음을, 억눌린 사람들에게 해방을 선포하기 위해 나를 보내셨다(눅 4:18, 우리말)."

여기에는 예수가 왜 왔으며 무엇을 위해서 왔는지가 분명하게 드러난다. 하나님의 영이 예수에게 내렸다. 성령은 살리는 영이다. 여기서 살린다는 것은 의식을 살린다는 뜻이다. 성령이 오면 의식이 살아나서 자신이 누구인지, 자신이 무엇을 해야 하는지를 알게 된다. 예수는 성령을 받아 자신을 알게 된 하나님의 아들, 독생자다. 예수가 하나님의 기름 부음을 받았다는 것은 성령을 받았다는 뜻인 동시에 부름을 받았다는 말이다. 그 부름은 가난한 사람들에게 복음을 전파하라는 것이다. 가난한 사람이라고 해서 단순히 물질적으로 가난한 사람을 말하지 않는다. 그것은 산상수훈에서 드러나듯이 영적으로 가난한 사람(마 5:3), 그것도 심히 궁핍하여 갈급한 사람, 프토코스(πτωχος)를 말한다. 예수는 결코 물질이 가난한 사람들에게만 기쁜 소식을 전하기 위해 오지 않았다. 분명 영적으로 가난한 모든 사람에게 기쁜 소식을 전하려고 왔다.

과연 영적으로 가난한 사람들에게 기쁜 소식은 무엇일까? 물론 물질적으로 가난한 사람은 당연히 돈이 없어서 먹지 못하고 입지 못하고 편안히 누울 수 없다. 그러면 빚을 지고 몸이 아프고 근심에 억눌릴 것이다. 빚으로 인해 감옥에 갇히고, 영양이 나빠 눈이 잘 안 보이고, 부자들의 억압을 당할 것이다. 그런 사람들에게 기쁜 소식은 역시 감옥에서 풀려나고, 눈이 잘 보이고, 살아갈 걱정에서 해방되는 것이리라. 그러나 돈이 없어 가난한 사람들 모두가 감옥에 갇히고, 모두가 눈이 안 보이고, 모두가 억압에 시달리는 것은 아니다. 그렇다면 감옥에서 풀려나고 눈이 다시 보이고 억압에서 해방되는 것이 모든 사람의 기쁜 소식이 될 수는 없다.

예수가 그것들을 위해 왔다는 의미는 그런 뜻이 아니다. 갇힌 자들이 자유하고, 못 보는 자들이 보고, 억눌린 자들이 해방되는 것은 물질적인 것을 두고 한 말이 아니다. 그것은 어디까지나 모든 인간에게 해당하는 영적인 것을 두고 한 말이다. 영적이란 의식에 관한 것으로 영적 가난이라면 알아차림의 궁핍이나 알아차림에 갈급함을 말한다. 알아차림에 대한 갈급함은 물질적인 것처럼 일부에게 한정되는 것이 아니라 모두에게 해당한다. 그것은 물질의 몸을 가진 인간이면 누구이든 남녀, 노소, 빈부, 인종에 상관없이 모두와 관계된다. 갇히거나 보지 못하거나 억눌리는 것은 물질인 몸을 가진 인간이라면 누구에게나 해당하는 근본적인 문제다.

그렇다면 모든 사람은 갇혀 있나? 분명히 그렇다. 모든 사람은 하나같이 물성(物性)에 갇혀 있다. 분명 모두는 몸으로 살면서 형성한 의식인 물성에 갇혀 있다. 인간은 몸을 가진 영적 존재다. 영이 물질인 몸에 들어와 생명체가 되었고, 그 영이 물질 세상을 살기 위해 물질의 옷을 입었다. 그렇게 영이 물질에 담기다 보니 물질의 한계에 갇히고 물질인 몸의 성향에 갇혀 버렸다. 모든 물질은 반드시 생겨나면 없어진다. 그렇게 생겨나고 없어지는 특성으로 인해 물질은 자기를 보존하려고 무엇인가를 자꾸 탐한다. 이처럼 물성의 기본은 탐욕이며, 그 탐욕은 물질인 몸이 사라지기 전까지 살아 있는 인간을 계속 지배한다. 이렇게 모든 인간은 어쩔 수 없이 물성의 포로이고, 모두는 예외 없이 물질의 욕구라는 감옥에 속절없이 갇혀 있다. 다만 그것에 대한 의식이 없을 뿐 우리는 모두 그 물성의 감옥에 꼼짝없이 갇혀 있다.

그러면 모든 사람은 눈이 멀었나? 물론 그렇다. 모든 사람은 눈이 멀었는데 몸의 눈이 아닌 의식의 눈, 알아차림의 눈이 멀었다. 예수는 육(물질)적인 것을 빗대서 영(정신)적인 것을 말하였다. 기본적으로 영 또는 의식은 대상과 함께 일어난다. 영어로 의식을 뜻하는 consciousness는 라틴어 com(함께)과 scire(알다)에서 온 합

그리스도를 깨달아

성어다. 의식은 대상과 함께 일어나고 대상을 접촉할 때 알아차린다. 예컨대 사과를 보는 순간 사과라는 것을 안다. 자동차 소리를 듣는 순간 차임을 안다. 휴대폰을 만지는 순간 휴대폰을 인식한다. 이처럼 우리의 의식은 대상을 만나면 일어난다. 그것은 감각할 수 있는 것만 의식하고 감각할 수 없는 것은 의식하지 못한다. 보이지 않는 것, 들리지 않는 것, 감촉되지 않는 것은 의식하지 못한다. 곧 모든 사람은 눈이 멀었는데 육체의 눈이 아닌 영적인 눈, 알아차림이 멀었다. 이처럼 알아차림이 멀어버린, 의식의 눈이 멀어버린 모든 사람은 잘 알아차리지 못하는 무지한 상태로 계속 살아갈 수밖에 없다.

그럼 모든 사람은 억눌려 있나? 틀림없이 그렇다. 모든 사람은 자기의식에 짓눌려 있다. 자기의식에 짓눌려 있다는 것은 자아(ego)에 짓눌려 있다는 뜻이다. 아는 대로 우리의 본질인 의식이 작동하는 구조는 이렇다. 대상을 감각하면 생각이 일어나고 그 생각에 따라 느낌이 일어난다. 그 느낌은 좋거나, 나쁘거나, 좋지도 나쁘지도 않은 것이다. 이때 대상이 좋다고, 나쁘다고, 좋지도 나쁘지도 않다고 느끼는 것은 과거의 기억과 관련된다. 그것에 대한 기억이 좋았으면 좋은 느낌이, 기억이 나빴으면 나쁜 느낌(감정)이, 좋지도 나쁘지도 않았으면 그와 같은 느낌이 일어난다. 그때 좋은 느낌이면 받아들이고, 나쁜 느낌이면 거부하고, 좋지도 나쁘지도 않은 느낌이면 무시한다. 이렇게 느낌에 따른 행동을 하면 그것은 그 사람에게 의식으로 저장된다. 그렇게 자신도 모른 채 형성된 의식이 자아이고, 결국 그 자아는 항상 우리의 생각과 말과 행동을 지배하고 통제하고 억압한다. 이렇게 모든 인간은 자기의식, 자아에 항상 억눌려 산다.

그런 의미에서 예수는 이 세상의 불의와 억압과 착취로부터 사람들을 직접 구원하기 위해 오지 않았다. 그는 오랫동안 고대하던 다윗과 같은 세속적 힘을 가진 전사(warrior)적 구세주가 아니었다. 당시 예수를 따르던 사람들이나 복음서 저자들이 떠올린 메시아상은 예수의 참모습이 아니다. 스스로가 선포한 대로 예수는 포로된 사람들에게 자유를, 못 보는 사람들에게 다시 보게 함을, 억눌린 사람들에게 해방을 선포하여 그들을 구하려고 온 그런 구원자였다.

물론 그렇게 포로가 되었고, 눈이 멀었고, 억눌려 있는 것은 예수 당시의 사람들 뿐만이 아니다. 오늘날을 포함한 어느 시대 누구라도 사람이라면 모두가 탐욕에 갇혀 있고, 눈멀어 무지하고, 이기적 자아에 짓눌려 있다. 이처럼 모든 이가 가진 물성은 사람을 탐하게 하고, 무지하게 하고, 자기만 알게 한다. 이렇게 탐욕과 무지와 이기(탐무이)의 존재인 인간은 근본적으로 탐하고 어리석으며 이기적이다. 이것은 모든 인류가 태어날 때부터 갖게 된 성질이고, 그 후에도 결코 벗어난 적이 없는 성향이기도 하다. 그야말로 어느 누가 이런 것들에서 단 한 번이라도 벗어난 적이 있었나? 어느 누가 이것들로부터 단 한 순간이라도 자유로운 적이 있었나?

따라서 어쩔 수 없는 그것들로부터 모든 사람을 건져내려고 예

그리스도를 깨달아

수는 이 땅에 왔다. 사람들이 가진 탐욕과 무지와 이기로부터 그들을 구출하려고 그는 몸을 입고 태어났다. 그는 지금까지 모든 인류가 갇혀 있는 탐욕과 무지와 이기로부터 그들을 해방시키려고 출생했다. 바로 그 탐욕과 무지와 이기야말로 인간을 고통스럽게 하고 결국 죽음을 가져온다. 한마디로 예수는 고통과 죽음을 가져오는 탐욕과 무지와 이기에서 모든 인간을 건지기 위해 이 세상에 태어났다.

영혼 구원자

분명히 지금 우리 또한 갇혀 있고 보지 못하고 억눌려 있다. 의식이 갇혀 있고 의식이 제대로 작동하지 않으며 의식이 짓눌려 있기는 우리 역시 마찬가지다. 그렇게 의식이 물성에 갇혀 있는 우리도 예외 없이 탐욕을 추구한다. 탐욕을 추구하는 우리는 그 탐욕 때문에 우리뿐만 아니라 다른 사람에게도 고통을 안겨준다. 우리 자신만 그것으로 고통받지 않고 탐욕에 갇힌 수많은 사람도 역시 그 탐욕으로 인해 많은 고통을 당한다. 물론 그것은 물질을 많이 가졌거나 못 가져서 발생하는 문제가 아니다. 인생을 길게 살았거나 아직 짧게 살아서 혹은 많이 알거나 조금 알아서 생기는 문제도 또한 아니다. 특별히 고통의 시대를 살기 때문이거나 특정한 지역에 살기 때문에 경험하는 문제도 역시 아니다. 언제 어디서나 사람이면 누구나 어쩔 수 없이 빠져드는 공통의 문제이기 때문에 그것은 더욱 힘들고 결코 피할 수 없는 운명 같은 현실이다.

우리가 추구하는 탐욕은 자기중심성과 결합하여 이기성을 강화한다. 우리를 비롯한 모든 사람은 대상을 감각하고 과거의 기억에 따라 느낌을 받고 느낌에 따라 무의식적으로 행동한다. 그러한 의식 과정은 모든 사람에게 그렇듯이 우리에게도 언제나 개별적이고 구체적인 경험이다. 그렇게 직접 경험에 의해 형성되고 그렇게 굳어진 우리의 자아는 우리의 생각과 말과 행동을 지배한다. 그래서 우리의 자아는 항상 자기중심적이고 이기적이다. 우리 물성인 탐욕은 자기를 위해서, 자기를 중심으로 작용하여 자신과 타인에 대한 고통을 끊임없이 부른다. 이것은 모든 인간에게 어쩔 수 없는 것이라서 우리들 역시 그것에서 결코 예외일 수 없다.

그러한 상황에 깊이 빠져 있으면서도 그것이 왜 그런지 모른다는 점이 우리의 더 큰 문제다. 우리가 그렇게 무지한 이유는 우리가 모두 눈이 멀었기 때문이다. 그야말로 눈이 멀어서 보이지 않으면 그것이 무엇이고 왜 그렇고 어떻게 해야 할지를 모른다. 몸을 가진 우리는 기본적으로 우리가 현재 물질적으로 감각하는 것이나 겨우 알 뿐이다. 이전 또는 이후의 것을 감각하거나 그것에 대해 잘 알 수 없다. 너무 작은 것이나 너무 큰 것을 감각하지도 알 수도 없다. 우리의 내면에 있는 것이나 감각 너머에 있는 것들은 도대체 감각할 수도 없고 알지도 못한다. 그렇게 제대로 감각하지

그리스도를 깨달아

못하니 그것들을 제대로 알 수가 없어 어리석을 수밖에 없다. 이처럼 우리가 늘 어리석은 것은 우리의 감각 너머는 잘 감각하지 못해 그것을 알지 못하는 무지에서 기인한다. 이렇게 알지 못하는 무지로 인해 우리는 항상 어찌할 바를 모른 채 살아가고 있다.

이런 우리의 어쩔 수 없는 영혼을 구원한 사람이 바로 예수다. 우리 영혼을 구원한다고 할 때 그 의미는 우리의 영, 의식, 알아차림을 구원한다는 의미다. 예수는 우리의 갇힌 의식을 구출하고, 죽은 의식을 살려내고, 억눌린 의식을 해방시키려고 이 땅에 왔다. 깨어서 실상을 알고 나면 인간이 처한 궁극적인 문제는 영, 의식, 알아차림의 문제임을 분명하게 알게 된다. 우리는 원래 영이었는데 육체를 차용한 것이다. 보기에는 몸이 우리 같지만, 영이 우리이고, 그 영에 의해 우리의 모든 삶이 이루어진다. 그러므로 우리의 문제는 영, 의식, 알아차림의 문제이고 그것을 고치고 살리는 것이 바로 진정한 구원이다. 곧 예수는 우리의 병든 영혼을 고친 치료자 소테르(σωτήρ)이고, 우리의 죽은 영혼을 살린 구원자 크리스토스(χριστὸς)다.

어찌 보면 우리가 사는 이 세상은 하나의 거대한 병동이다. 아마 우리와 같은 세상을 살았던 예수도 당시 그렇게 생각했을 것이다. 물론 예수가 그것을 그렇게 말한 명시적인 언급은 복음서에 구체적으로 나오지 않는다. 그러나 예수는 '건강한 사람에게는 의사가 필요하지 않으나 병든 사람에게는 필요하다'고 말했다(마 9:12, 막 2:17, 눅 5:31). 이처럼 만일 예수가 스스로 병든 사람들을 고치는 의사라고 여겼다면, 그것은 이 세상 사람들이 병자라는 것을 전제한 것이라고 봐야 한다. 예수는 이 땅에 와서 세상과 사람들을 관찰하면서 이 세상 사람들이 병든 사람들임을 알았다. 복음서에 의하면 예수는 이 세상에 와서 실제로 수많은 병자를 고쳤고, 복음서에 나오는 예수 행적의 많은 부분이 병자를 고친 기사들로 채워져 있다.

분명 예수는 육체의 병만 고친 것이 아니라 정신의 병도 고쳤다. 아니 그가 육체의 병을 고친 것은 정신의 병을 고치기 위한 선결 행위였을 것이다. 복음서에는 귀신(악령)을 쫓아내는 예수의 행적이 많이 나온다. 고대 사람들은 정신 이상이 귀신 활동에서 기인한다고 믿었고, 그래서 귀신을 쫓아낸 것은 정신의 병을 고친 것이다. 어쩌면 이 세상 사람들이 여러 가지 병을 앓고 있지만 그들 모두가 앓고 있는 병이 있다면 그것은 정신의 병일 것이다. 그런 면에서 정신적인 병을 가진 많은 사람이 함께 사는 이 세상은 거대한 정신병동이라고 할 수 있다.

우리가 흔히 알고 있는 정신병이란 정신 기능에 이상이 생겨 삶에 지장을 초래하는 병적 상태를 말한다. 그 정신 이상의 대표적인 증상은 착각과 망상과 기행이다. 착각은 실제와 다르게 감각하는 것이고, 망상은 이치에 맞지 않게 생각하는 것이다. 실제와 다르게 감각하고, 사실과 다르게 생각하고 느끼고, 보통과 다르게 행동하는 것이 바로 정신적인 병리 현상이다. 이렇게 정신적인 문제가 생기면 다르게 감각하고 다르게 해석하기 때문에 대상을 잘

그리스도를 깨달아

못 생각하는 것은 물론 그것에서 비롯되는 감정의 왜곡과 그에 따른 이상한 행동을 할 수밖에 없다.

이러한 정신적인 기능 장애는 대상을 인식하는 것은 물론 자기 자신에 대한 인식도 어렵게 하여 정상적인 행동을 할 수 없게 한다. 그러한 이상 행동은 자신뿐 아니라 남에게도 영향을 미쳐 자신과 타인 모두는 그것들로 인해 서로의 삶이 힘들고 고통스럽다. 사회를 이루어 함께 사는 우리는 모두 그런 사람을 서로 상대하며 살아가야 하므로 그런 미친 상태를 당연시하거나, 자신도 미치지 않기 위해 무시하거나, 같이 살 수 없어 격리하기도 한다.

문제는 이런 증상이 모든 사람에게 있다는 점이다. 정도의 차이가 있어서 어떤 사람은 정신병으로 진단받고 치료받거나 격리되고 수용된다. 하지만 그렇게 진단받지 않고 살아가는 사람들조차도 인식에 문제가 있기는 마찬가지다. 이렇게 정도를 달리하는 정신적인 문제가 있어 사물을 있는 그대로 보지 못하고 자신의 관점에서만 보는 것은 모든 사람에게 나타나는 일반적인 증상이다. 기본적으로 사물에 대한 인식은 그 사람의 과거 경험에서 형성한 표상에 근거하여 이루어지는데 그 표상을 형성한 경험들이 서로 각각 다르다. 각자는 자신의 경험이 자기가 한 확실한 것이기 때문에 그것에 확신을 갖고 있고 그래서 그 사람에게 그것은 항상 옳다. 사물을 볼 때도 자신의 경험과 거기에서 형성한 표상과 비교하여 인식하다 보니 있는 그대로의 실상을 보기보다는 자기가 감각하고 해석한 것으로 사물을 인식하는 것이 보통이다. 이런 것들이야말로 모든 사람에게 항상 일어나는 인식 틀이고 매 순간 나타나는 행동 방식이다.

사람은 눈을 뜨면 이런 의식으로 삶을 살아간다. 생각하고 느끼고 행동하는 것이 모두 이러한 인식의 틀로 이루어진다. 자신이 왜 그렇게 생각하고, 자신이 왜 그렇게 느끼고, 자신이 왜 그렇게 행동하는지 의식하지 못한 채 삶을 살아간다. 그것이 너무도 익숙하고 당연해서 자신의 삶이 그렇게 이루어진다는 사실조차 인식하지 못한다. 그런 의식으로 인해 당연히 나타나는 삶의 결과를 고통스럽게 경험하면서도 그것이 왜 그렇게 되는지도 알지 못한다. 그렇게 무지한 상태로 동일한 삶의 방식을 날마다 반복하는 것이 우리 인간의 일반적인 삶이다. 자신의 의식에 문제가 있다는 것을 알지 못하고 날마다 반복되는 고통의 삶 가운데서 모두는 허우적거린다.

따라서 그런 의식의 문제를 알아차리고 그것을 고쳐야 그런 고통에서 벗어날 수 있다. 일찍이 예수는 인간의 의식과 그 작용에 문제가 있다는 것을 분명히 알았다. 그 문제가 바로 인간을 고통과 죽음으로 빠뜨린다는 것을 깊이 인식했다. 그는 그것에서 벗어나는 방법을 확실히 깨닫고, 그 방법을 통해 고통과 죽음에서 모두를 근본적으로 나오게 했다. 그야말로 그는 고장 난 사람의 의식을 고친 치료자이고, 잠자고 죽어있는 인간의 의식을 살려낸 구원자다.

곧 예수는 인간의 의식과 그 작용을 고치고 살려야 인간의 고

그리스도를 깨달아

통과 죽음의 문제를 해결할 수 있다고 보았다. 모든 인간의 문제는 고통과 죽음의 문제이고, 그 고통과 죽음의 문제는 인간의 의식과 그 작용에서 비롯됨을 알았다. 다시 말해 인간의 영혼을 고치고 살려야 인간이 고통과 죽음에서 근본적으로 건져질 수 있음을 깨달았다. 그러므로 만일 우리가 그를 세상을 구한 구원자라고 한다면 그것은 그가 세상을 직접 구원했다는 의미가 아니다. 오히려 그 의미는 바로 세상을 구성하는 인간의 영혼을 고치고 살려내서 인간을 고통과 죽음에서 근본적으로 구원했다는 뜻이다.

이것과 관련하여 여기서 반드시 짚어야 할 것이 있다. 바로 그가 구원한 것은 인간의 영혼이지 몸(물질)이 아니라는 생각이 완전히 틀렸다는 점이다. 기본적으로 물질은 의식이 만들어낸 결과다. 예수는 의식의 세계인 천국이 겨자씨와 같다고 했다(마 13:31). 그야말로 작은 씨에는 다 자란 나무의 모양과 성장 순서와 그것의 시간 정보가 들어 있다. 씨앗은 다른 시간과 공간 속으로 이동한 하나의 나무라고 할 수 있다. 만일 누군가 씨앗의 의식에 들어간다면, 그 사람은 그 씨앗이 작은 껍질 속에 갇혀 있어도 스스로를 완전히 자란 나무로 여기고 있음을 발견할 것이다. 이렇게 씨앗으로 빗댄 의식은 모든 것의 시작이고 무엇을 만들어내는 근원이다.

다시 말해 의식은 아무리 작은 것이라도 반드시 무엇을 만들어낸다. 물질을 만들거나 생각이나 말이나 행동을 만들거나 현실 자체를 만든다. 그러므로 의식을 구원하면 물질, 몸을 구원하고 물질, 몸을 구원하면 인간의 삶도 구원한다. 그래서 의식을 구원하면 개인도 구원하고 개인을 구원하면 사회도 구원하고 사회를 구원하면 역사도 구원한다. 분명히 예수는 그런 것들의 근원인 의식과 그 작용, 영혼을 구원하러 이 땅에 온 구원자임이 틀림없다.

그리스도를 깨달아

II
깨달음

1. 그리스도

메시아?

기독교가 시작된 이래 지금까지 예수는 그리스도라고 불린다. 흔히 '예수 그리스도'라고 불리다 보니 예수는 이름이고 그리스도는 성(姓)인 것 같다. 이름을 먼저 쓰는 서양식으로 그리스도 가문의 예수인 것 같은 착각이 들기도 한다. 그러나 그리스어로 '그리스도'라는 말은 히브리어 '메시아'를 옮긴 것이다. 그리스어 '크리스토스(χριστός)'는 '기름 붓다', '기름을 바르다'를 뜻하는 크리오(χριω)에서 나온 말로, 원래 히브리어 '기름 붓다'의 뜻인 마샤흐(משח)에 뿌리를 둔 마쉬아흐(משיח)로부터 번역된 말이다. 그 의미는 '기름 부음 받은 이'라는 뜻으로 그것을 뜻하는 그리스도가 한자로 기독(基督)이라 음차 되어 우리에게 전해졌다. 따라서 예수 그리스도는 '예수는 메시아다'라는 뜻으로 기독교 신앙에서 무엇보다 중요한 의미를 갖는다.

'메시아'는 문자 그대로 해석하면 '기름부음을 받은 자'라는 뜻이다. 기름부음 받은 자라는 말은 구약성경에서 왕과 제사장과 예언자에게 사용되었다. 기름부음을 받는 것은 하나님이 그를 특별히

그리스도를 깨달아

사랑하고 선택해서 하나님의 일을 맡겼다는 상징적인 의미이다(삼상 10:1, 레 4:3, 5). 그것에 대한 표시로 하나님의 선택을 받은 예언자, 제사장, 왕의 머리에 올리브유를 부었다.

메시아에 대한 전통적인 생각은 고대 이스라엘의 왕으로부터 생겨났다. 고대 이스라엘의 전승에 따르면, 하나님은 다윗 왕에게 그의 후손이 계속 이스라엘의 왕좌에 앉을 거라고 약속했다(삼하 7:14~16). 그러나 다윗의 후손이 400여 년 동안 통치하던 유다 왕국은 기원전 587(6)년 바벨론에 의해 멸망하였고, 그 후로 다윗의 후손은 왕위에 앉지 못했다. 그렇다면 다윗의 후손이 언제까지나 왕위를 이을 거라는 하나님의 약속은 어떻게 현실로 이루어질 수 있을까?

유대인들은 하나님이 불순종한 이스라엘 민족에게 내린 징벌을 끝내고 기름부음 받은 왕을 다시 세워 이스라엘을 통치하게 할 것이라고 기대했다. 그렇게 되면 새롭게 기름부음을 받는 왕은 세상을 구원하는 메시아일 것이고, 그 왕은 다윗처럼 용맹하여 적들을 물리치고 다시 이스라엘을 독립국가로 세울 것이다. 시간이 지나며 그런 희망은 나타났다가 사라지기를 반복했다. 역사적으로 그들을 지배하던 바벨론이 물러나자 페르시아가 다시 이스라엘을 이백여 년 지배했다. 그 후로는 헬라 제국인 프톨레미 왕조와 셀류커스 왕조가 번갈아서, 또다시 로마가 차례로 이스라엘 땅을 다스렸다. 결국 다윗의 후손은 그렇게 예수의 시대에까지 오랫동안 약속된 왕위에 앉지 못했다.

예수 당시에도 그런 메시아를 애타게 기다리는 유대인이 많지는 않았지만, 여전히 있었다. 예수의 시대에도 다시 올 다윗 같은 메시아를 향한 기대감이 살아 있었다는 증거는 많다. 예수가 태어나기 수십 년 전에 쓰인 『솔로몬의 시편』에는 그런 메시아에 대한 언급이 분명하게 나온다. "주님, 그들을 위해 그들의 왕, 다윗의 아들을 세워 당신의 종, 이스라엘을 당신에게 알려진 시대에 다스리게 하옵소서. 하나님. 그에게 불의한 지배자들을 멸망시키고 예루살렘을 짓밟아 파괴하려는 이방인들을 예루살렘에서 몰아낼 힘을 주시옵소서(17편 21~22)." 이처럼 예수의 시대에까지 유대인이 기대하던 메시아는 현실적으로 이 땅을 다스리는 전사처럼 강력한 왕의 모습이었다.

한편 이스라엘을 구해낼 메시아를 다른 모습으로 생각한 유대인도 있었다. 특히 예수와 그를 따르던 사람들은 구세주가 단순히 이 땅의 왕만은 아닐 거라는 생각을 했다. 그들이 기대한 미래의 구세주는 이 땅에서 악의 세력을 완전히 몰아내기 위해 하나님이 보낸 우주의 심판자일 것이라고 믿었다. 그 신적인 존재는 구약성경과 각기 다른 여러 문헌에서 '인자(단 7:13~14)'를 비롯해 다양하게 불렸다. 그러나 그것들의 공통점은 전사처럼 강하고 위대한 왕, 또는 그보다 훨씬 강한 우주의 심판자 같은 모습이었다. 즉 다시 올 구세주 메시아는 강력한 힘을 가진 인물로서 하나님의 적들을 섬멸하고 이 땅의 모든 민족을 다스릴 그런 존재였다.

따라서 대다수의 유대인은 예수를 메시아로 받아들이지 않았다.

그리스도를 깨달아

그들의 기대와는 달리 예수는 벽촌 출신에 이름도 거의 알려지지 않은 인물이었다. 게다가 율법을 못마땅하게 여겼고, 정치적 폭도란 죄목으로 십자가에 못 박혀 죽은 사람이다. 예수는 로마를 쫓아내기는커녕 오히려 그 로마군에 의해 비참하게 죽었다. 그런 예수를 메세아라고 부르는 것은 하나님을 모독하는 일이고 어불성설이다. 대다수의 유대인이 그를 메시아로 믿지 않는 것은 너무도 당연했다.

그런데 기독교인들은 왜 예수를 메시아로 믿었을까? 그것은 예수가 죽기 전부터 그를 메시아로 믿는 추종자들이 있었다. 그러나 그가 십자가에 못 박혀 죽은 후 그들의 믿음이 헛된 것이라는 사실이 확인되었다. 그런데도 그들 중 일부는 그의 부활을 경험한 후 하나님이 예수를 죽음에서 되살려냈다고 믿었다. 그가 다시 살아난 것은 예수가 하나님의 사랑하는 아들이고, 하나님이 특별히 선택하여 기름을 부었다는 뜻이었다. 이렇게 그의 부활을 통해 그들은 결정적으로 예수가 하나님의 선택받은 메시아라는 것을 재확인한 것이다. 그런 식으로 초기 기독교인들은 메시아를 새롭게 이해했고, 그 하나님의 아들이고 메시아인 예수는 십자가에 달려 고통받으며 죽어갔다고 믿었다.

문제는 메시아가 그렇게 고통받고 죽을 거라는 예언이 없다는 것이었다. 그래서 초기 기독교인들은 새로운 믿음을 뒷받침할 근거를 찾아내기 위해 구약성경을 뒤졌다. 그리고 의로운 사람이 고통을 받는다는 구절에서 그 근거를 찾아냈다. 그들에게 이사야 53장 3절에서 6절은 분명히 그런 메시아를 예언하는 구절이었다. "그는 사람들에게 멸시를 받고, 버림을 받고, 고통을 많이 겪었다. …
그는 실로 우리가 받아야 할 고통을 대신 받고, 우리가 겪어야 할
슬픔을 대신 겪었다. …" 게다가 최초의 기독교인들은 메시아가 십
자가에 못 박혀 죽는 것까지 예언된 구절이 있다고 생각했다. 그것
은 바로 시편 22편 1절에서 18절까지였다. "나의 하나님, 나의 하나
님, 어찌하여 나를 버리십니까? … 나는 쏟아진 물처럼 기운이 빠
져 버렸고 뼈마디가 모두 어그러졌습니다. … 개들이 나를 둘러싸
고, 악한 일을 저지르는 무리가 나를 에워싸고 내 손과 발을 묶었
습니다. …"

　원래 이 구절들은 다시 올 메시아와는 아무런 관계가 없었다.
유대인은 위 구절들을 메시아와 관련지어 해석하지 않았다. 이사
야 53장과 시편 22편을 읽어보면 거기에는 실제로 메시아라는 단
어가 사용되지 않는다. 유대인의 전통에서 그 구절들은 메시아가
아니라 당시의 다른 누군가를 가리킬 뿐이었다. 기독교가 탄생하
기 전까지 다른 사람을 대신해서 고통받고 죽었다가 다시 살아나
는 메시아를 기대한 유대인은 아무도 없었다. 그러나 예수를 따르
던 사람들은 예수를 메시아라고 믿은 순간부터 이 구절들에서 메
시아가 겪어야 할 고난을 찾아냈다. 그런 뜻에서 예수가 고난받는
메시아라는 생각은 초기 기독교인들 나름의 발견이었다. 그래서
그것은 기독교인에게는 믿음의 토대이지만 유대인에게는 터무니없
는 주장이다. 이에 대해 바울은 터무니없기 때문에 도리어 옳다는
논리를 폈다(고전 1:18~25). 십자가에서 죽은 메시아야말로 바울에

게는 구원의 핵심이었고, 하나님이 세상에 안겨준 구원의 열쇠였다(고전 15:3~5, 롬 1~3장).

물론 메시아가 십자가에서 죽어야 한다는 생각은 바울이 처음 만들어낸 것은 아니다. 그런 생각은 훨씬 오래전부터 존재했다. 예수를 따르는 사람들이 하나님이 그를 죽음에서 되살려냈다고 믿기 시작한 때부터였다. 이후 바울은 예수를 믿기로 했을 때부터 그 생각을 고스란히 물려받았다. 결국 그것이 핵심 교리가 되어 향후 유대교와는 전혀 다른 기독교를 탄생시킨 것이다.

깨달은 자

이처럼 초기 그리스도인들은 예수가 고난받는 메시아라는 것을 새롭게 발견하였다. 그 후 '그리스도'는 다른 이를 대신해서 고난받는 메시아라는 의미로 굳어져 기독교 교리로 이어졌다. 바꿔 말해 예수는 기름부음을 받은 자, 그리스도이고 그리스도는 고난받는 메시아라는 믿음이 굳건히 자리 잡았다. 그런데 여기서 이처럼 그리스도는 메시아라는 뜻이고 예수는 고난받는 메시아라는 생각은 재고되어야 한다. 그것이 처음 예수를 따르던 그리스도인들이 새롭게 발견한 것이었다면 이제 우리는 그 그리스도의 의미를 다시 새롭게 발견해야 한다.

이미 살핀 대로 그리스도는 기름부음을 받은 자라는 뜻이다. 그 기름이 실제로 왕, 제사장, 예언자에게 부어질 때는 올리브유이 지만 그것이 상징하는 것은 성령이다. 하나님의 선택을 받은 사람 이 그 뜻대로 일을 잘 감당하려면 하나님의 영이 임해야 한다. 그 래야 하나님의 뜻을 따라 하나님의 능력으로 하나님의 일을 잘 감 당할 수 있다. 그렇게 하나님의 영을 받는 것을 형상화한 것이 기 름을 붓는 행위였다. 곧 기름부음을 받았다면 성령을 받은 것이고 그렇게 성령을 받았다면 깨달았다는 뜻이다. 그런 의미에서 기름 부음을 받은 자 그리스도는 성령을 받은 자이고 성령을 받아서 깨 달은 사람이다. 기름부음을 받은 자는 겉의 의미로 보면 메시아이 고, 그 속뜻으로 보면 깨달은 자다. 그것을 문자적으로 보면 메시 아이고, 비유적으로 보면 깨달은 자다.

성령은 진리의 영, 참을 알아차리는 영이다. 성령은 순수의식이 고 순수의식은 본래의 의식으로 알아차림 자체다. 모든 것에는 의 식이 있는데 그 의식은 자극에 대한 반응이다. 이렇게 자극에 대 해 반응하여 일어나는 것이 알아차림이고 그 알아차림이 바로 의 식, 영이다. 의식, 영은 대상을 만나면 알아차림이 일어나는 것인 데 이렇게 일어나는 의식의 본래 형태가 성령이다. 따라서 성령이 어떤 사람에게 임하면 알아차림이 일어나 참을 알게 되기 때문에 깨달음이 생겨난다. 누구든지 성령이 임하면 보지 못하던 것을 보 고 알지 못하던 것을 알게 된다. 가령 사울 왕은 성령이 임하자 소 리치며 예언을 하였고(삼상 10:10, cf. 욜 2:28), 요한일서 저자도 '여러

　　　　　　　　　　　　　　그리스도를 깨달아

분은 거룩하신 분에게서 기름 부으심을 받아 모든 것을 알고 있다'
고 했다(요일 2:20).

여기서 정말 영이 임하면 깨어나게 되는지를 알기 위해 모든 것
의 시작을 말하는 창세기로 다시 가보자. 창세기 중에서 여자의
창조를 말하는 기사는 두 가지다. 하나는 하나님이 자신의 형상
을 따라 남자와 여자를 창조했다고 말하는 기사다(창 1:26~27). 다
른 하나는 이브가 잠든 아담의 갈비뼈를 취해 만들어졌다고 말하
는 것이다(창 2:21). 여기 자신의 형상을 따라 남녀 한 쌍을 창조했
다는 기사는 하나님이 남녀의 성품을 모두 갖춘 양성적 성질을 갖
고 있음을 시사한다. 이 하나님의 형상을 따라 남녀를 만들었다
는 기사에 의하면 남자와 여자는 서로 동등하지만, 이브가 아담의
갈비뼈로 만들어졌다는 기사에 따르면 여자는 남자에게 종속되는
것 같다.

전통적 견해로는 아담의 갈비뼈로 만들어진 이브는 후에 사악
한 뱀에게 속아 선악과를 따먹는다. 그리고 그녀가 아담을 꾀어
그 선악과를 먹게 함으로써 두 사람은 하나님의 진노를 받아 에덴
에서 쫓겨나는 신세가 된다. 그 최초 여성은 뱀의 유혹을 받고 선
악과를 먹음으로써 인류에게 죄를 들여온 존재다. 그야말로 이브
는 사악한 뱀에게 쉽게 속아 넘어간 여자이고, 여성적인 매력을 이
용해 아담을 꾀어 하나님께 불순종하게 한 자다. 그렇게 되면 이
브의 후예인 여성은 낙원에서 불순종한 이브의 공모자로 간주된
다. 하지만 과연 이브는 뱀의 유혹에 넘어간 죄의 통로이고, 인류

의 타락을 불러온 죄인인가?

그것을 제대로 알아보려면 아담과 이브의 이야기를 글자에 얽매여 문자적으로 이해하는 것은 무의미하다. 원래 그것을 기록한 의도 자체가 그렇듯이 그것은 상징적으로 혹은 비유적으로 읽어야 한다. 아담과 이브의 이야기는 실제로 일어난 사건이기보다 의미를 전하고자 하는 상징을 사용한 비유다. 그것은 어떤 의미를 전하려고 상징을 사용하여 실제처럼 고쳐 쓴 이야기다.

바꿔 말해 아담과 이브의 이야기에는 인간의 본성에 관한 심오한 진리가 내포되어 있다. 인간이 하나님의 형상을 따라 남자와 여자로 만들어졌다면 그것은 인간이 남성(+)과 여성(-)의 요소가 결합하여 만들어졌다는 뜻이다. 분명 인간은 그 두 요소가 결합하여야만 온전한 생명을 가진 인간이 될 수 있다. 그러므로 여기서 아담과 이브는 남성과 여성이라는 성이 다른 역사적 인물이 아니라 하나님의 형상인 모든 인간 안에 내재한 두 가지 내적 본성의 전형을 말한다. 말하자면 아담은 생각과 느낌과 의지의 작용인 프시케(Ψυχή), 혼(soul)의 극적 표현이다. 마찬가지로 이브는 그보다 상위의 의식을 상징하는 프뉴마(πνεύμα), 영(spirit)을 나타낸다.

아담의 갈비뼈에서 이브가 나오는 이야기도 단순히 여자가 창조되는 이야기가 아니다. 아담의 옆구리에서 이브가 나오는 것은 바로 잠자던 혼이 영을 통해 깨어나는 영적 능력의 각성을 말한다. 그것은 사실 영혼(아담) 속에 잠재된 진정한 영적 자아(이브)를 발견하는 이야기다. 곧 아담을 잠들게 한 후 하나님은 아담의 갈

그리스도를 깨달아

비뼈 하나를 꺼내서 이브를 만든다. 아담 안에서 그것의 정수인 뼈를 끄집어내었다는 것은 아담의 내면 깊숙이에서 그것의 본성인 영을 끄집어내었다는 말이다. 그것이 바로 아담이 이브를 보고 '내 뼈 중의 뼈, 살 중의 살(창 2:23)'이라고 말한 이유다. 다시 말해, 아담의 갈비뼈를 꺼내 이브를 만든 것은 혼인 아담에게서 본성인 영을 끄집어낸 것이다. 혼(soul) 속에 깊이 잠자고 있는 영(spirit)을 깨워서 각성시킨 것이다.

초대교회 시대 여러 믿음의 공동체들에 의해 다양하게 읽히고 통용되던 경전 중에는 『요한의 비밀서(Apocryphon of John)』가 있었다. 이 요한의 비밀서 혹은 요한외경이라고도 불린 책의 끝부분에는 이것을 말하는 구체적인 내용이 실려 있다. 거기서 이브는 이렇게 말한다.

나는 육체의 감옥 한 가운데로 들어갔다. 그리고 말했다. '듣고 있는 자는 깊은 잠에서 깨어나라.' 그러자 그(아담)는 흐느끼며 눈물을 흘렸다. 눈물을 훔치고 그가 말했다. '이 감옥의 쇠사슬에 묶여 있을 때, 나의 이름을 부른 이가 누구이며, 이 희망은 어디로부터 나에게 왔는가?' 나는 말했다. '나는 순수한 빛의 예지(forethought)요, 나는 순수한 영의 생각(thought of the Virgin Spirit)이며, 너를 영광스런 곳으로 이끌어 올린 자이다. ... 일어나라 그리고 들은 자가 너라는 것을 기억하고, 너의 근원인 나를 따르라. ... 깊은 잠을 경계하라. ...'

모든 것의 근원인 하나님은 아담을 불쌍히 여겨서 그에게 돕는 배필, 짝을 만들어 주었다(창 2:18). 혼을 가진 인간은 영의 도움을 받지 않으면 결코 살 수 없다. 감각하고 사고하고 느끼고 하고자 하는 혼은 알아차리는 영의 도움이 없이는 온전한 존재가 될 수 없다. 그래서 영인 그녀는 혼인 그가 창조하는 것을 '도와' 그와 함께 일하고, 그를 완전한 존재로 회복시키며, 그에게 그가 내려온 길인 올라갈 길을 보여준다. 따라서 남자는 부모를 떠나 아내와 결합하여서 한 몸을 이루어야 한다(창 2:24). 육적 생명을 얻기 위해서는 여자가 부모를 떠나지만 온전한 영적 생명을 얻으려면 남자가 부모를 떠나 여자에게 가야 한다. 진정한 영적 본성을 찾으려면 혼인 아담이 이브에게 가서 영인 이브와 결합해야 한다. 반드시 그렇게 해야 하는 이유는 이브 즉 영과 분리되는 순간이 죽음이고, 여자 즉 영과 결합하는 순간이 생명이기 때문이다.

그런 이유에서 이브는 하와(חַוָּה), '생명'이라 불린다. 아담은 자기 아내의 이름을 하와라고 하였는데, 그녀가 생명 있는 모든 것의 어머니이기 때문이다(창 3:20). 생명의 근원은 의식이고 그 의식, 영을 나타내는 것이 바로 이브이기 때문이다. 잠자던 혼인 아담은 영인 이브 곧 알아차림을 만나야 그 혼이 살아나고 깨어난다. 무엇을 감각하여 생각하고 느끼고 하고자 하는 혼은 근본의 알아차리는 영에 의해서 비로소 그것이 일어나고 작동된다. 알아차림인 영은 알아차리게 함으로써 모든 것의 존재와 의미를 살려낸다. 이처럼 물질에 담긴 혼이었던 아담을 깨워 살려냈기 때문에 영인 이브

그리스도를 깨달아

는 아담을 살려낸 생명, 하와이다. 이렇게 이브를 통해 첫 사람 아담은 잠자던 혼에서 산 영(a living soul)이 되었다. 이브야말로 잠자는 아담을 깨운 존재인 것이다.

따라서 하나님의 영을 받아 깨어난 예수 역시 첫 사람 아담과 같다. 몸과 혼과 영을 갖고 태어난 예수에게 어느 순간 하나님의 영이 임했다. 성령이 비둘기 같이 내리자 예수는 비로소 깨어났다. 잠자던 혼이었던 첫 사람 아담이 이브 곧 영을 통해 깨어났듯이 예수는 성령을 통해 깨어난 둘째 혹은 마지막 아담이다. 아담이 이브를 만나 깨어났듯이 예수는 하나님의 영을 받아 깨어나서 '깨어난 자' 그리스도가 되었다. 그리스도 예수는 스스로 깨어났을 뿐 아니라 그 깨달음을 통해 다른 사람들을 깨어나게 했다. 첫 사람 아담은 깨어난 산 영이었지만 마지막 아담인 예수 그리스도는 다른 사람을 '살려주는 영(a life-giving spirit)'이 되었다(고전 15:45).

앞에서 다뤘듯이 자신의 온 이유를 밝히면서 예수가 나사렛 회당에서 읽은 성경이 이사야 61장 첫 부분이다. "주님께서 나에게 기름을 부으시니, 주 하나님의 영이 나에게 임하셨다." 즉 이 말씀처럼 기름을 부은 것이 바로 하나님의 영이 임한 것이다. 하나님의 영이 임하니 자신이 누군지를 깨닫게 되고 무엇을 해야 할지를 깨달았다. 그야말로 누구든지 하나님의 영이 임해야 깨우침이 온다. 예수도 분명 하나님이 보내신 하나님의 생명인 영(πνεύμα)을 깨우친 이다. 하나님이 낳은 독생자의 이름이 그리스도다. 그래서 예수는 말했다. "…우리는 우리가 아는 것을 말하고, 우리가 본 것을 증언하는데, 너희는 우리의 증언을 받아들이지 않는다(요 3:11)."

하나님의 생명이 영이라면 그 영을 받은 사람은 자신의 영이 살아난, 깨어난 사람이다. 의식의 근원이 하나님이라면 하나님의 의식을 받아 깨어난 의식이 바로 그리스도다. 그리스도(χριστός)의 정체는 하나님이 보낸 생명인 성령을 받아 깨어난 영(πνεύμα), 깨어난 의식이다. 그런 의미에서 하나님의 생명인 성령은 의식화(意識化) 이전의 하나님이고, 의식화(意識化)된 영은 그리스도다. 또 그 영을 깨닫는 것이 바로 그리스도를 받아들이는 것이고, 그 영을 깨달아 새롭게 태어난 영, 의식이 바로 하나님의 아들이다. 따라서 예수가 그리스도라는 말은 바로 하나님의 영을 받아 깨어난 사람이라는 뜻이다. 그리스도는 깨달은 의식을 가리키는 보통명사다.

길 잃은 양

이처럼 하나님의 영을 받아 자신의 근원과 자신이 무엇인지를 깨달은 사람이 바로 예수다. 누가복음에 의하면, 예수는 열두 살 때 부모와 함께 유월절을 지키기 위해 예루살렘에 올라갔고, 집으로 돌아가던 일행은 하루가 지나도록 그가 없어진 것을 알지 못했다. 그를 찾기 위해 부모가 예루살렘 성전에 다시 갔을 때, 어린 예수는 어머니 마리아에게 '내 아버지의 집에 있어야 한다'고 말했다(눅 2:41~49). 이것은 그가 어느 시점에 아버지 즉 근원을 알았다는 것을 시사한다. 자신의 근원이 하나님이고 또 자신이 하나님으로부터 온 것을 알았다는 뜻이다. 주로 깨달음이 아닌 믿음의 관점에서 예수를 해석하고 기록한 기존의 복음서에는 이러한 자신의 근원과 자신을 찾기 위한 예수의 분투가 잘 보이지 않는다. 그러나 그가 가르친 비유들에서는 그것이 곧잘 드러난다.

예수의 행적과 가르침을 기록한 복음서 중의 하나인 누가복음 15장에는 길 잃은 양의 비유가 나온다. 백 마리 양을 가진 사람이 그중에 한 마리라도 잃어버리면 아흔아홉 마리 양을 들에 두고 잃은 양 한 마리를 찾아 나서지 않겠느냐는 이야기다(눅 15:3~7). 이 비유는 의인 아흔아홉보다 죄인 한 사람을 찾으면 더 기뻐할 것이라고 말하는 잃어버린 것을 찾는 맥락에서 다루어지고 있다. 누가가 복음서를 쓴 관점이 모든 인류의 구원을 말하려고 했기 때문에 길 잃은 양의 비유가 그런 맥락에서 인용되고 말해지는 것은 어쩌면 당연하다고 할 수 있다.

이와 비슷한 비유가 도마복음에도 있다. 도마복음 107장에는 길 잃은 양의 이야기가 다음과 같이 나온다. "예수께서 말씀하셨다. 그 나라는 백 마리의 양을 치는 목자와 같다. 어느 날 그 양들 가운데 가장 큰 양 한 마리가 길을 잃었다. 목자는 아흔아홉 마리의 양들을 남겨두고 그 길 잃은 양 한 마리를 찾아 나섰다. 목자는 어렵게 양을 찾은 뒤 그 양에게 말했다. 나는 다른 아흔아홉 마리의 양보다 너를 더 사랑한단다." 여기에 나오는 길 잃은 양의 비유가 하나님 나라를 말하기 위해 쓰인 것은 누가복음과 같다. 하지만 아흔아홉 마리의 양을 두고 한 마리 양을 찾아낸 목자가 '나는 너를 더 사랑한다'는 말이 덧붙여진 것은 누가복음과 다르다.

이 비유에서 왜 예수는 비유의 대상으로 하필 양을 거론하고 있을까? 보통 양은 무리를 지어 생활하는 동물이다. 양들은 들판에서 먹이로 풀을 뜯을 때나 냇가에서 물을 마실 때나 아니면 선 채로 잠을 잘 때에도 언제나 무리를 지어 생활한다. 항상 함께 몰려다니지 결코 한 마리씩 혼자 떨어져 다니지 않는다. 그렇게 무리로 다니는 것이 풀을 뜯기도 쉽고, 늑대나 다른 들짐승들로부터 스스로를 방어하기도 쉬워 살아남을 수 있는 확률이 훨씬 높기 때문이다.

여기서 양이 '길을 잃었다'는 것은 길을 잘못 들었다는 말이 아니다. 그것은 그 양이 스스로 무리에서 홀로 떨어져 나왔다는 뜻이다. 이처럼 양이 스스로 무리에서 홀로 떨어져 나온다는 것은 생존에 큰 위험을 감수하는 모험을 감행했다는 것을 의미한다. 과연 가장 큰 양은 무엇 때문에 그 위험을 무릅쓰고 무리에서 홀로 떨어져 나왔을까? 그것은 그 한 마리 양이 손쉬운 먹이 구하기와 안전보다 더 절실한 무엇을 찾고 있었기 때문이다.

그런데 양 떼를 돌보는 목자는 나머지 아흔아홉 마리의 양들을 버려두고 무리에서 떨어져 나온 한 마리 양을 찾아 나선다. 그렇다면 무엇 때문에 그 목자는 아흔아홉 마리의 양들을 그대로 두

그리스도를 깨달아

고 잃어버린 한 마리 양을 찾아 나서는가? 그것은 바로 무리에서 떨어져 나온 그 양이 무리의 양들보다 아버지 혹은 하나님 나라를 발견할 수 있는 가능성이 더욱 크기 때문이다.

예수는 여기서 양 떼의 무리를 인간 사회에 비유하고 있다. 인간들 또한 양 떼들처럼 무리 생활을 하는데 이를 사회생활이라고 부른다. 양들은 무리 생활을 통해 먹이와 안전을 구성원들끼리 공유하지만, 인간들은 사회생활을 통해 먹이와 안전은 기본이고 동일한 생각과 관념을 공유한다. 그 생각과 관념은 동물이 갖고 있지 않은 인간 고유의 것이다. 그런데 인간의 삶을 통제하고 조정하는 것은 바로 인간이 가진 그 생각 또는 관념이다. 모든 인간은 항상 보이지 않는 그것들의 지배를 받으며 살고 있지만, 보통은 스스로 그 사실조차 인식하지 못한다.

인간 사회는 공통의 관념을 기초로 이루어진 세상이고, 그 관념을 떠나서는 존속할 수 없다. 그러므로 함께 가진 관념에 의문을 던질 때, 그 실체를 의심하게 될 때, 그 사람은 무리에서 떨어져 나온 한 마리 양이 된다. 이때 그 사람은 비로소 하늘나라를 발견할 수 있는 가능성에 가까이 다가가게 된다. 그래서 목자는 '무리 속의 아흔아홉 마리의 양보다 무리를 이탈한 너를 더 사랑한다'고 말하는 것이다. 즉 무리 속의 다른 양들은 세상의 관념 속에서 헤매고 있지만, 무리를 이탈한 한 마리 양은 머지않아 아버지, 하나님의 나라를 발견할 것이기 때문이다.

물론 이렇게 무리에서 이탈한 양이 하나님의 나라를 발견할 수 있다고 해서 반드시 가정을 버리고 사회를 이탈하여 산속이나 사막으로 들어가라는 말이 아니다. 설령 집을 떠나서 산속 토굴에 들어가 혼자 산다고 하더라도 여전히 이전의 관념 속에 빠져있다면 그것은 무리에서 떠난 것이 아니다. 가정이나 사회를 떠나 홀로 살아간다고 하더라도 누구나 빠져있는 무의식적인 관념의 세계를 떠나지 못한다면 무리를 떠난 것이 결코 아닌 것이다. 왜냐하면 그 사람은 여전히 머릿속에 그런 관념을 지니고 다니면서 그 관념의 세계에서 살고 있을 것이기 때문이다.

그렇다면 이 비유를 통해 예수는 무엇을 말하고자 하는가? 그것은 우리가 하나님 나라를 발견하기 위해서는 양 떼 무리에서 나와야 한다는 것이다. 달리 말하면 무리 속의 사람들이 흔히 하는 생각과 관념에서 떨어져 나와야만 한다는 것이다. 사회 속에서 사는 사람이면, 누구나 가진 관념에 깊이 빠져 있고, 그런 통념에 젖어 있어 그것에서 나오지 못한다. 그들은 날마다 일어나는 생각을 좇아 그것과 동일시하면서 그것에 갇혀 살아가기 일쑤다. 그런 생각과의 무의식적 동일시에서 해방되는 방법이 깨달음이고 하나님의 나라를 발견하는 길이다.

그것을 위해 예수는 틀림없이 그의 젊은 날을 보냈을 것이다. 네 개의 정경 복음서에는 비교적 그런 이야기나 관점이 잘 드러나지 않는다. 그러나 그 복음서들은 세례 요한과의 관계를 공통으로 말하고 있다. 예수가 세례 요한에게 세례를 받는다든지, 예수가 세례 요한을 높이 평가한다든지, 세례 요한의 입을 통해 예수의 정체

그리스도를 깨달아

성에 관해 말해지는 것 등이 그것이다. 그중에서 특히 예수가 세례 요한에게 세례를 받은 것은 두 사람 사이의 깊은 영적 교감을 드러내는 것이다. 신약성경이 말하듯이 세례 요한은 광야의 사람이었다. 알려진 바에 의하면 그 광야의 사람 세례 요한은 이라크의 티그리스, 유프라테스강 하류와 이란의 후지스탄에 현존하는 만다교(Mandaism)의 구성원이었다고 한다. 만다(manda)는 예수가 일상적으로 사용했던 아람어로 하나님 지식, 영지(靈知), 깨달음을 뜻한다.

무엇보다 주목할 것은 바로 예수가 광야로 나가 시험을 받았다는 기사다(마 4:1~11, 막 1:12~13, 눅 4:1~13). 성령이 예수를 광야로 내보냈고, 그는 그곳에서 밤낮 사십일 동안 금식하면서 시험을 받았다. 그것은 성령이 예수를 깨우치기 위해 광야로 나가게 했다는 말이고, 그 깨달음을 얻기 위해 40일 동안 그가 금식했다는 말이다. 물론 40일 동안 금식했다는 말은 글자 그대로 40일을 광야에서 금식했다는 말일 수 있다. 그러나 그것은 어쩌면 40이 상징하는 고난의 긴 기간을 깨닫기 위해 식음을 전폐하고 전념한 것을 비유적으로 이야기할 수도 있다.

그렇게 유대 광야에 있으면서 예수는 악마에게 시험을 받았다고 한다. 그가 그곳에서 시험을 받았다면 과연 무엇을 시험받았을까? 그것은 틀림없이 예수가 하나님의 영을 받아 하나님과 자신을 깨우친 하나님의 아들인지 여부를 시험받았을 것이다. 시험하는 악마가 '네가 하나님의 아들이거든'이라는 말을 반복해서 확인한 것이 그것의 뚜렷한 반증이다. 예수는 누구보다 무리를 떠나 광야에서 홀로 하나님과 자신을 찾기 위해 곧 깨닫기 위해 목숨을 걸었던 사람이었다.

그리스도를 깨달아

2. 나는 무엇인가?

빵을 만들라?

공관복음서는 예수가 광야에서 악마에게 시험을 받았다고 전한다. 그렇다면 먼저 그때 광야에서 예수를 시험한 악마는 어떤 존재였을까? 시커먼 피부와 박쥐 같은 날개를 가진 무시무시한 형체였을까? 혹은 붉은색의 몸과 이마에 뿔을 가진 괴기스러운 흉물이었을까? 아니면 사악한 인상을 가진 인간의 모습을 한 물체였을까? 그러나 사실 그런 종류의 악마는 이 세상 어디에도 존재하지 않는다. 예수를 시험했다는 악마는 결코 그런 모습을 한 존재는 아니었을 것이다.

그러면 과연 예수를 광야에서 시험한 악마는 무엇이었을까? 복음서가 전하듯이 예수가 광야에서 시험을 받았다면 실제로 그를 유혹하고 시험한 존재가 있었다는 말이다. 한마디로 그때 광야에서 예수를 시험한 존재는 마음속의 악한 의식이었다. 현실적으로 이 세상에는 악이 엄연히 존재한다. 세상을 살아가는 인간은 실제로 끊임없이 악의 현실과 직면한다. 이 악(惡)을 뜻하는 한자는 사면이 높은 담과 지붕으로 둘러싸인 집 모양인 亞자와 심장의 모습을 본뜬 心의 합자로 '갇힌 마음'을 나타낸다. 그렇다면 모든 인간의 마음은 무엇으로 갇혀있나? 그것은 다름 아닌 탐욕과 무지와 이기로 온통 갇혀있다. 그야말로 탐욕과 무지와 이기가 바로 악의 본질이고, 그 악의 본질이 형상화한 것이 악령이고 악마다. 그래서 악마는 항상 탐하고 어리석고 자기만을 위한다.

악마의 시험을 구체적으로 언급한 복음서들에 의하면, 사십일을 굶주린 예수에게 악마가 걸어온 첫 번째 시험은 돌로 빵을 만들라는 것이었다. 만약 글자 그대로 사십일을 아무것도 먹지 않았다면 배고픔이 극에 달했을 것이고 그때 가장 필요한 것은 빵이었을 것이다. 그 상황에서 배고픔을 해결할 수 있는 빵을 만드는 것은 모든 것을 할 수 있는 존재라면 가장 원했을 일이다. 그것은 악마 자신도 그렇기 때문에 예수도 당연히 빵을 만들어 먹고 싶을 거라고 생각했다. 보통 사람은 배가 고플 때 먹을 것을 탐할 뿐 아니라 평상시 언제라도 물질을 끊임없이 탐한다. 앞에서도 지적했듯이 인간은 한 시도 예외 없이 무엇인가를 탐하는 탐욕의 존재다.

그러면 왜 인간은 그렇게 탐하는 것일까? 그것은 인간이 물질을 입고 있기 때문이다. 사람은 물질로 구성된 몸을 갖고 있고 물질 작용을 기초로 그 몸이 작동한다. 대상을 감각해서 사고하고 느끼고 행하는 것 역시 물질 세포와 전기, 화학적 물질의 상호작용에 의해 일어난다. 그리고 그 몸이 생존하고 그 몸이 관계하는 환경 역시 물질로 이루어진 세상인 것은 전혀 다르지 않다. 눈으로 보고 귀로 듣고 몸으로 감촉하는 대상들 역시 물질이고, 물질

그리스도를 깨달아

인 몸을 입은 사람 역시 물질세계의 구성원으로서 그것들과 관계하며 그것들에 영향을 주고 영향을 받는다.

그 때문에 사람은 자신이 물질인 줄 안다. 당연히 자신이 물질이라는 것을 매 순간 확인하고 그것을 강화한다. 아침에 일어나서 거울을 보면 물질 형태의 자기 모습이 보인다. 물질인 음식을 물질인 몸이 먹으며 물질로서의 자기를 만든다. 땅을 밟고 움직이거나 차를 타고 이동할 때도 땅도 자동차도 모두 물질인 것을 확인한다. 일을 하는 것도 우리에게 필요한 물질을 얻기 위한 활동이고, 그것을 가능하게 하는 환경과 도구 역시 물질인 것을 확인할 수 있다. 이렇게 물질인 우리는 물질을 필요로 하고 물질이 없으면 죽기 때문에 물질을 얻기 위한 움직임이 삶이라는 것을 자연스럽게 확인할 뿐이다. 그렇게 이 세상에 태어나 살아가면서 인간은 물질이라는 자기 정체성을 꾸준히 형성해간다. 그야말로 분명히 세상도 물질이고 나도 물질이다!

기본적으로 물질은 생겨나고 없어진다. 예컨대 우주공간에 존재하는 무수한 수소와 헬륨, 먼지 등의 기체구름은 주위 물질을 끌어들이면서 더욱 커진다. 내부는 중력으로 수축하면서 압력이 커지고 중심부가 압력에 의해 뜨겁게 달궈진다. 질량이 커지고 밀도가 높아져 임계점에 다다르면 수소와 헬륨의 핵융합반응으로 엄청난 빛과 열을 방출한다. 이처럼 스스로 빛과 열을 내기 시작한 기체구름이 별이다. 이 별은 연료를 소진하고 수명을 다하면 점점 부풀어 올라 거대한 붉은 별이 된다. 연료를 빠르게 소모하면서 거대한 별의 중심부는 중력에 의해 수축하고, 바깥쪽은 팽창하면서 결국 초신성이 되어 대폭발을 일으킨다. 초신성 폭발 이후 별의 중심부에는 계속 압력이 가해져서 1/100로 쪼그라든 중성자별 혹은 블랙홀이 되면서 그것은 종말을 고한다. 그렇게 폭발한 별은 다시 먼지와 가스가 되어 우주 공간에 넓게 퍼져나간다.

물질인 인간의 몸 역시 생멸한다. 인간은 태어나고 늙고 병들어 죽는다. 인간의 몸을 구성하는 기본 단위인 세포는 태어나서 성장하고 쇠퇴하다 사멸한다. 만들어진 세포는 침입한 적들과 싸우다 전사하기도 하고 평화롭게 수명을 다하고 죽기도 한다. 물론 세포로 구성된 몸에서 일어나는 의식의 부주의로 인해 예기치 못한 사고를 당해 죽기도 한다. 또한 우리 몸의 생명 현상인 호흡 역시 일어나고 사라진다. 호흡을 잘 관찰하면 숨은 계속해서 들어오고 나간다. 그렇게 잠시도 멈추지 않고 들어오고 나가는 호흡도 내뱉은 숨을 들이마시지 못하는 순간 멈추고야 만다. 이렇게 별과 같이 인간의 몸도 물질로 모였다가 다시 물질로 흩어진다. 몸을 가진 인간은 시간과 공간 속에서 생겨났다가 사라지기를 출현한 이래 지금까지 끊임없이 반복한다.

항상 생겨나고 사라지는 변화가 가져온 것이 불안과 두려움이다. 언제 생겨났다가 사라질지 모르는 현실 앞에서 인간은 언제나 불안하고 두렵다. 일상에서 사소하게 생겨나고 사라지는 것들 뿐 아니라 생멸하는 인간 존재 자체의 심연으로부터도 불안과 두려움은 끊임없이 올라온다. 이런 끊임없는 불안과 두려움의 근원에

그리스도를 깨달아

는 인간이란 몸 즉 육체라는 인식이 깊이 깔려 있다. 어느 특정한 날, 특정한 부모 밑에서 태어나 한시적인 삶을 살다가 언젠가는 죽어야 하는 필멸의 존재로 자신을 알기 때문이다. 그런 이유에서 인간은 소멸 즉 죽음의 불안과 두려움에서 벗어나지 못하고 항상 그것에 짓눌려 있다. 이렇게 불안과 두려움에 짓눌려 있다 보면 무엇을 제대로 의식하지 못하거나, 의식한다고 하더라도 물질성 안에서 불완전하게 할 뿐이다.

인간은 이렇듯이 불완전하고 유한하다. 사람은 이 세상에 어느 순간 홀연히 생겨났다가 사라지는 몸을 가진 한시적인 존재다. 자신이 잠시 있다가 사라지는 물질인 것을 인식하는 인간은 그 불완전함과 유한함에 속수무책이다. 다만 그 잠시 있다가 사라지는 것을 그저 붙잡고 매달릴 뿐이다. 어쩔 수 없이 없어지고 사라지는 것을 붙잡는 것이야말로 인간이 할 수 있는 대안이라면 대안이다. 이렇게 있다가 없어지고 보이다가 사라지는 것에 대한 인간의 대안은 그저 집착하는 것이다. 때로 그런 집착이 소용없는 것이라고 정신을 차려보지만, 여전히 그런 집착으로 다시 돌아갈 뿐이다. 어쩔 수 없는 인간의 이런 처지는 그것을 어쩔 수 없이 다시 집착하게 한다.

이러한 인간의 존재성이 불러온 것이 바로 탐욕이다. 물질 곧 몸이 자신이라고 알고 있는 인간은 있다가 사라지는 유한성의 한계에 항상 시달린다. 물질인 자신이 존속하려면 물질이 공급되어야 하므로 그 물질을 계속 공급받으려는 욕구가 항상 일어난다.

잠시 생겨났다가 언제 사라질지 모르는 인간은 유한한 자신을 계속 존속시키려는 욕망으로 가득하다. 게다가 그런 유한성에 근거하여 끊임없이 올라오는 불안과 두려움은 자신의 존속에 더욱 매달리게 하고, 그러한 집착은 계속해서 무엇을 탐하게 한다. 몸을 가진 한, 자신이 물질이라고 인식하는 한, 물질성에 갇힌 유한한 존재의 자기 집착은 무엇을 탐하려는 욕구로 끊임없이 나타난다. 이처럼 물질 곧 몸을 가진 인간은 어쩔 수 없이 누구나 항상 탐하는 존재일 수밖에 없다. 과연 마리아의 몸을 빌려 몸으로 태어난 예수 또한 그런 탐욕에서 벗어나서 예외일 수 있을까?

광야에서 예수가 악마에게 받았다는 첫 번째 시험은 이것에 대한 시험이었다. 그 시험은 인간이면 누구나 가진 몸성에서 기인하는 탐욕의 문제를 풀었는지에 관한 테스트였다. 사람의 아들이 과연 하나님의 아들이 되었는지를 한 번 테스트해본 것이다. '만약 하나님의 아들이거든 이 돌들이 빵이 되게 하라!' 즉 사람의 아들이면 누구나 갇혀 있을 물질을 향한 욕구에서 놓여났는가? 먹지 못해 굶주린 상황에서조차 치명적인 물질을 향한 탐욕에서 자유로운가? 유한성의 불안과 두려움이 불러온 자기 보존의 집착에서 해방되었는가? 과연 몸성에서 자유한가?

그리스도를 깨달아

말씀으로 산다!

이처럼 돌로 빵을 만들어보라는 악마의 시험을 받은 예수는 사람이 빵만 먹고 사는 존재가 아니라고 대답했다. '돌들에게 빵이 되라고 말해 보라'는 시험문제에 '사람은 빵만 먹고 사는 것이 아니라 하나님의 입에서 나오는 모든 말씀으로 산다'는 해답을 내놓았다(마 4:3~4). 몸인 사람은 빵을 먹어야 살고 굶주렸으니 빵을 만들어 먹어야 한다는 것이 시험하는 자의 의중이었다. 이때 시험을 보는 사람이 점수를 잘 받으려면 출제자의 의도를 간파해야 한다. 그런데 시험 문제를 받아든 예수는 출제자의 의도와는 상관없는 엉뚱한 답을 제출하고 만 것 같다.

사실 사람에 대한 악마의 인식은 모든 사람의 인식이기도 하다. 사람은 물질이고 물질이 존속하려면 물질이 계속 공급되어야 한다. 당연히 물질을 공급받으려면 그것을 향한 의도와 욕구가 있어야 한다. 그런 욕구는 음식을 먹지 못했을 때 생겨나는 것처럼, 모든 사라질 몸을 가진 사람들이 가진 절박한 욕구다. 계속 이어지는 삶의 과정을 거치면서 사람이 인식하고 확인한 결과는 사람은 물질인 몸의 존재라는 것이다. 그래서 악마뿐만 아니라 모든 사람은 그렇게 줄곧 자신이 물질, 몸이라고 믿고 물질, 몸의 욕구를 추구하며 사는 것이 아닌가!

그런데 이에 예수는 사람이 빵만 먹고 사는 존재가 아니라고 대답했다. 대신 하나님의 입에서 나오는 모든 말씀으로 산다고 했다.

그것은 사람이 빵을 먹고 사는 물질적인 존재일 뿐 아니라 동시에 다른 본질을 함께 가진 존재라는 말이었다. 만일 사람이 물질인 몸만이라면 몸을 살릴 수 있는 빵만 먹으면 된다. 그러나 만일 사람이 물질적인 몸의 존재만이 아니라면 당연히 살기 위해 그 빵만 먹어서는 안 된다. 지금 악마가 돌들로 빵을 만들어보라고 하는 것은 그가 사람은 물질인 존재이고, 물질을 먹어야 살 수 있다는 전제를 가지고 말하는 것이다.

그렇지만 사람은 빵만으로 살 수 있는 존재가 아니다. 사람은 하나님의 입에서 나오는 말씀으로 산다. 하나님은 영이고 그 영으로부터 나오는 말씀은 영적 양식이다. 영적 양식인 말씀을 먹어야 한다면 사람은 물질적인 존재일 뿐 아니라 영적인 존재라는 말이다. 물질로부터 오는 빵은 몸을 만들고 영으로부터 오는 말씀은 영을 만든다. 그러므로 영인 하나님으로부터 오는 말씀을 먹어야 살 수 있다면, 인간은 물질인 존재일 뿐 아니라 영인 존재이기도 하다. 모든 사람은 자신이 물질이라고 생각해서 물질을 얻기 위해 탐욕을 부린다. 그런 탐욕의 덩어리가 악마이고, 그 악마가 탐욕을 가진 사람을 물질적 존재라고 여기는 것은 너무도 당연하다. 하지만 사람은 빵만 먹는 물질이 아닌 말씀도 먹어야 하는 영이라는 것이 예수의 깨달음이었다.

예수는 분명 자신이 영적 존재인 것을 깨달았다. 그것은 아마 자신의 근원이 무엇인가에 대한 통찰에서 비롯되었을 것이다. 예수는 생애의 어느 시점에서 자신의 근원이 하나님이라는 것을 알

그리스도를 깨달아

았다. 어린 시절 유월절을 마치고 돌아오는 길에 일행과 떨어져 성전에 남아 자신이 '아버지의 집'에 있어야 한다고 한 것은 그것의 반증일 것이다. 자신의 근원이 하나님이라면 그 하나님은 영이고, 아버지가 영이라면 그 아들 또한 영이지 않겠는가! 그런 통찰을 통해 생애 어느 시점에 자신의 근원은 하나님이고 자신의 본질 또한 하나님과 같은 영임을 깨달았을 것이다.

유대 광야에서 시험을 마치고 돌아와 사역하면서 예수는 자신을 '나(I AM)'라고 소개했다. 이 '나(I AM)'는 신약성경에서 그리스어 '에고 에이미(εγο ειμι)'로 쓰였고, 그것은 '나는 ~이다', '나다', '나는 그'라는 식으로 사용되었다. 그러한 예들이 '나는 생명의 빵이다(요 6:48)', '나는 세상의 빛이다(요 8:12)', '나는 문이다(요 10:7)', '나는 선한 목자다(요 10:11)' '나는 부활이요 생명이다(요 11:25)', '나는 길이요 진리요 생명이다(요 14:6)', '나는 포도나무다(요 15:1)' 등이다. 그리고 '나다(I AM). 두려워 말아라(요 6:20)', '너희가 만일 내가 그(I AM)인 줄 믿지 아니하면 너희 죄 가운데서 죽으리라(요 8:24)', '너희가 인자를 든 후에 내가 그(I AM)인 줄을 알리라(요 8:28)', '아브라함이 나기 전부터 내가 있다(I AM, 요 8:58)' 등도 모두 그런 예들이다.

에고 에이미에 해당하는 '나(I AM)'는 구약성경에도 등장한다. 그 대표적인 경우가 출애굽기 3장에 나온다. 모세가 하나님의 산 호렙에 갔을 때 떨기나무 불꽃 가운데서 하나님이 나타났다. 하나님은 모세에게 이스라엘 백성들을 애굽에서 구해내서 가나안 땅으로 인도하라고 했다. 그 부름을 사양하면서 모세는 만약 이스라엘 백성들이 누가 자신을 보냈느냐고 물으면 무엇이라고 대답해야 하는지를 하나님에게 물었다. 그때 모세에게 계시한 하나님의 이름이 바로 히브리어로 에흐에 아쉐르 에흐에(אֶהְיֶה אֲשֶׁר אֶהְיֶה) 즉 '나는 나다(I AM THAT I AM).'였다(출 3:14). 이것을 '나는 스스로 있는 자다(개역, 우리말).', '나는 있는 나다(가톨릭).', '나는 곧 나다(새번역, 공동).' 등으로 옮겼는데, 그것들은 모두 '나(I AM)'에 대한 다양한 번역이다.

이렇게 '나(I AM)'에 대한 해석이 다양한 것은 그 '나'의 의미를 서로 다르게 보기 때문이다. 대개 그 의미를 I AM 즉 '나는 ~이다'에 착안하여 '나는 존재의 원인이다', '나는 현존하는 자이다' 등으로 해석한다. 물론 그것들도 나(I AM)의 함의를 나름 최대한 살린 것이니 틀린 것은 아니다. 그러나 좀 더 정확하게 말하면 '나(I AM)'의 의미는 '영'이라는 뜻이다. 영은 의식이고 의식은 알아차림이다. '나'즉 에고 에이미를 I AM으로 옮긴 영어식으로 풀어보면, AM은 '이다' 또는 '있다'이다. 이것은 대상이 '~이다(am)'라고 의식하고 알아차리면 '있다(be)'라는 뜻이다. 곧 대상에 대해 그것이 무엇이라고 알아차리고 의식하는 순간 그것은 있게 되고 존재한다. 마치 블랙홀을 알아차리는 순간 그 블랙홀이 존재하는 식이다. 그런 의미에서 '나(I AM)'는 알아차리는 존재라는 뜻이다. 달리 말하면 나(I AM)는 '알아차림', '의식', '영'이라는 말이다. 따라서 'I AM THAT I AM'은 바로 나는 알아차림, 의식, 영인 존재라는 뜻이다.

그리스도를 깨달아

하나님의 영은 태초에도 있었고 지금도 있다. 태초부터 있던 하나님의 영으로부터 모든 것은 만들어졌다. 태초에 모든 것을 있게 하기 위해 움직인 하나님의 영이 성령이고, 성령은 처음부터 있던 의식이니 순수의식이다. 처음의 알아차림인 순수의식은 어떤 것을 알아차리게 해서 지금 존재(現存)하게 만든다(롬 4:17). 알아차림의 근원인 성령은 처음 만들어질 때 사람에게 불어넣어진 영, 알아차림을 알아차리게 해서 자기 자신이 영인 것을 알게 한다. 그래서 성령 하나님의 소산인 사람은 알아차림 자체인 성령이 임하면 자신의 본질이 영임을 순식간에 깨닫는다.

생전에 "하나님과 나는 하나이다(요 10:30)."라고 말한 이가 예수다. 이것은 몸을 가진 인간 예수가 하나님과 하나라는 뜻이 결코 아니다. 당시 예수의 이런 말을 들은 사람들은 그가 신성을 모독한다고 돌로 치려고 했다. 신성모독에 해당하는 형벌이 돌로 치는 것이었기 때문이다. 또 기드론 시내 건너편에서 겟세마네 동산으로 예수를 체포하러 온 로마 군인들과 대제사장의 부하들이 예수가 누구냐고 물었을 때, 예수는 "나다(εγο ειμι, I am [he])"라고 대답했다. 그러자 그 말을 들은 사람들이 일제히 땅에 엎드리는 일이 있었다(요 18:5). 그 같은 일은 "나다(I am)"라는 예수의 대답이 바로 신의 이름(I AM)을 말한 것이었기 때문이다. 마치 하나님이 나타나실 때 사람들이 두렵고, 공경해서 그 앞에 엎드리는 것과 같은 상황이 똑같이 벌어진 것이다.

하지만 하나님과 내가 하나라는 말은 예수의 몸이 하나님과 하나라는 뜻이 아니다. 팔레스타인 땅에서 살았던 역사적 예수의 몸이 하나님과 하나라는 뜻이 아니고 그의 영이 하나님과 하나라는 뜻이다. 나(I AM)라는 하나님 이름의 형식을 취한 것도 눈에 보이는 예수 자신이 하나님이라는 뜻이 아니었고 영으로는 하나님과 같았기 때문이다. 이렇듯이 예수는 자신이 하나님과 같은 영이라는 것을 인식했고 그것을 말하고 행동했다. 아마 예수는 유대 광야에서 식음을 전폐하고 기도하는 가운데 자신이 영인 것을 확실히 알았을 것이다. 그는 자신을 광야로 내몰았던 하나님의 영이 자신에게 임했을 때 자신의 본질이 영임을 확실히 깨달았을 것이다.

분명 예수는 자신의 근원이 무엇이고 어디에서 왔는지를 깨달았다. 광야에서 깊은 깨달음을 얻은 이후 시작한 공생애 동안 예수는 자신이 하늘로부터 온 하나님의 아들이라고 말했다. "너희는 아래에서 왔고, 나는 위에서 왔다. 너희는 이 세상에 속하여 있지만, 나는 이 세상에 속하여 있지 않다(요 8:23)." 이처럼 예수는 자신이 이 세상 즉 물질세계가 아니라 물질이 생겨나기 전부터 있었던 영의 세계로부터 온 것을 알았다. 그 영의 세계, 영의 근원인 하나님으로부터 왔기 때문에 그는 하나님과 같은 본질을 가진 하나님의 아들이라고 말했다. 비록 그는 물질 세상에 와서 물질로 이루어진 몸을 입고 살았지만, 자신의 본질이 영인 것을 확실히 깨달았다.

그리스도를 깨달아

삭개오 이야기

신약성경 누가복음 19장에는 세리장 삭개오(Zaccheus)의 이야기가 나온다(눅 19:1~10). 그것은 스토리가 쉽고 극적이어서 아이들까지 잘 알고 좋아하는 이야기다. 곧 여리고를 지나는 예수를 세리장 삭개오가 보고 싶었다. 키가 작은 그는 뽕나무에 올라갔고 그것을 본 예수는 그의 집에서 묵겠다고 하였다. 예수를 자기 집에 모신 삭개오는 자기 재산의 절반을 가난한 사람들에게 나눠주고 속여 빼앗은 재물이 있으면 네 배나 갚겠다고 했다. 그러자 예수는 오늘 이 집에 구원이 이르렀다고 말했다. 이렇게 삭개오가 구원받는 이야기는 극적일 뿐 아니라 감동적이기까지 하다.

그곳 여리고 사람들은 아무도 세리장이며 부자인 삭개오를 좋아하지 않았다. 당시 유대인들은 로마를 위해 그들로부터 세금을 걷어 바치는 세리를 사람으로 취급하지 않았다. 세리는 세금을 부과하고 징수하는 관리다. 유대를 지배하던 로마는 세금 징수를 맡은 관리들에게 도급제로 권한을 부여했다. 일정 지역에 일정액의 세금을 할당하고 정해진 세금만 바치면 세리가 임의로 더 많은 세금을 걷는 것을 대체로 묵인했다. 보통 당시 세리들은 로마 정부가 요구하는 액수 이상의 세금을 거두어 착복했고 그래서 그들은 유대 백성들의 원성을 사기 일쑤였다.

당시 세리들은 이교도와 자주 왕래하고 접촉했기 때문에 율법상 부정한 자로 규정되었다. 또 압제자의 하수인으로서 반역자 또는 변절자로 낙인이 찍혔다. 그 때문에 유대 사회에서 그들은 죄인들, 창기들, 이교도들과 같은 부류로 취급받았다(마 9:10~11). 특히 세리장은 세리의 우두머리로 한 지역의 징수권을 사서 몇 명의 세리를 수하에 두고 세금을 징수하는 사람이었다. 그 일을 위해서는 일정한 부를 소유해야 했고, 세리들을 통해 얼마나 세금을 더 부과하고 더 징수하느냐에 따라 부를 축적할 수 있는 지위에 있었다. 다시 말해 합법적 수입 외에 가욋돈을 벌 수 있었고, 자기 밑에서 일하는 다른 세리들로부터 더 많은 돈을 긁어모을 수도 있었다.

따라서 삭개오의 부가 더 쌓이고 그 집 하인들의 숫자가 늘어감에 따라 이웃들의 고통은 더욱 늘어났다. 삭개오의 집에 사치스러운 장식이 늘어나고 고급스러운 옷과 기름진 음식이 늘어갈수록 이웃들의 원성은 더욱 높아갔다. 이웃들은 세금을 내지 못해 자기 농토를 저당 잡히거나 소중하게 기르던 가축을 빼앗기거나 심지어 자기 자식까지 팔아야 하는 경우도 생겼다. 자신들의 돈으로 부를 누릴 권한이 삭개오에게 없다고 생각했지만, 그들은 어찌할 도리가 없었다.

세리의 일을 하며 많은 돈을 벌었지만 삭개오 자신도 한없이 불행했을 것이다. 세리들의 우두머리로 로마에 충성하고 아부하는 자신이 그도 싫었을 것이다. 사람들로부터 손가락질을 당하며 사람 취급받지 못하는 것이 그리고 해서 어찌 좋았을까? 키도 작은 것이 돈만 밝힌다는 사람들의 질시를 그인들 쉽게 참을 수 있었을까? 그때까지 그렇게 살아오면서 그는 자신의 삶에 회의도 많이

그리스도를 깨달아

들었을 것이다. 아마 '사는 게 이게 아닌데' 하는 생각을 하루에도 여러 번 했을 것이다. 사회적으로 성공했을지 모르나 삭개오의 마음속에는 참 평안과 기쁨이 없었을 것이다.

삭개오는 예수가 지나간다는 소식을 듣고 그를 한번 보고 싶었다. 소문에 의하면 이름도 배경도 없는 그 사람은 지금까지의 누구와도 다르다고 했다. 그의 가르침은 보통 율법학자나 서기관이나 랍비와는 같지 않다고도 했다. 그의 말은 그들 배운 사람들과는 다르게 권위가 있다고들 했다. 그는 전통적인 선생들과는 달리 못 살고 못 배우고 병들고 죄인인 자들과도 친구가 된다고 했다. 자신과 같이 사람들이 상대도 하지 않는 사람들과도 밥을 같이 먹고 잠을 같이 잔다고 했다. 그렇다면 자신도 그를 한 번 만나보면 삶의 회의가 해결될 수 있을 거라는 생각이 들었다.

막상 지나가는 예수를 보려고 하니 삭개오는 키가 작았다. 키가 작아 군중들 속에서 예수를 제대로 보는 것이 어려웠다. 어쩌면 예수를 보려고 군중들 속에 가까이 가는 것이 싫었을 수도 있다. 어쨌든 그는 예수를 잘 보기 위해 나무에 올라가기로 마음먹었다. 한글 성경에는 뽕나무에 올라갔다고 했지만, 뽕나무는 키가 작아 대상을 잘 보는데 별 효과가 없다. 오히려 들에서 저절로 자란 돌 무화과나무(sycamore-fig tree)가 키가 크기 때문에 거기에 올라가면 더 잘 볼 수 있다. 그렇게 키가 큰 돌 무화과나무에 올라가 매달린 삭개오를 예수가 발견한 것이다. 예수는 내려오라고 그를 불렀을 뿐 아니라 오늘 그의 집에서 묵겠다고까지 했다.

재빨리 내려온 삭개오는 기쁜 마음으로 예수를 자신의 집으로 영접했다. 죄인의 집에 머물려고 한다는 사람들의 수군거림을 뒤로 하고 예수 일행은 삭개오의 집으로 들어갔다. 그 후 무슨 일이 있었는지 모르지만 삭개오는 자리에서 일어나 말했다. '내 소유의 절반을 가난한 사람들에게 주겠다. 만약 강제로 빼앗은 것이 있으면 네 배로 갚겠다(눅 19:8).' 그러자 예수는 오늘 구원이 이 집에 이르렀다고 했다. 그리고 '인자는 잃은 것을 찾아 구원하러 왔다(눅 19:10).'라고 말했다.

누가복음을 기록한 누가는 삭개오 이야기를 예수가 예루살렘으로 가는 여정의 마지막에 배치한다. 이 이야기를 그의 죽음이 예고된 여행의 마지막에 놓음으로써 끝까지 예수가 잃어버린 영혼을 구원하러 왔다는 자신의 메시지를 전하고자 한다. 또한 이것을 큰 부자 이야기(눅 18:18~25) 다음에 배치함으로써 구원의 의미를 대조적으로 부각하고자 한다. 이 이야기의 앞에 나오는 큰 부자는 자기 재산을 포기할 수 없어 그가 원하던 영생을 얻지 못했다. 반면 삭개오는 그와 같은 부자였으나 자기 재산을 기꺼이 내놓음으로써 결국 구원받았다.

도대체 무엇 때문에 삭개오는 그의 재산을 선뜻 내놓았을까? 도대체 무엇이 삭개오를 구원으로 이끌었을까? 도대체 구원이란 무엇인가? 우선 삭개오는 재산을 목숨같이 여기며 살아온 사람이다. 그것이 아니라면 세리, 죄인, 반역자라는 무시와 비난과 적개심을 감수하며 살지 않았을 것이다. 그는 물질을 모으고 소유하는

그리스도를 깨달아

것만이 자신과 자신 가족의 생존을 지키는 길이라고 여기며 살았다. 그런 삭개오가 자신의 재산을 선뜻 내놓은 이유를 예수로부터 그가 인정받은 감격에서 찾기도 한다. 아무도 거들떠보지 않는 세리장인 삭개오를 예수가 인정해준 것이 그런 행동을 한 원인이라는 것이다. 물론 그럴 수도 있다. 그러나 만일 그렇게만 생각한다면 사람의 본성에 대해 너무 순진한 것이다. 소위 지금의 기독교인들은 자신들이 예수를 믿어 하나님께 의인으로 인정받았다고 믿는 사람들이다. 그런 그들이 과연 탐욕을 순순히 포기하는 것을 본 적이 있는가?

누가복음의 저자는 삭개오가 그런 선언을 한 배경이나 과정에 대해서는 침묵한다. 일행이 집에 들어갔고 삭개오가 일어서서 그것을 말했다고 적고 있을 뿐이다. 이것은 전혀 이해되지 않는 것도 아니다. 이 저자는 예수를 믿어야 영혼이 구원받는다는 관점에서 자신의 복음서를 기록하고 있다. 그러니 삭개오의 내면에서 어떤 일이 일어났고, 어떤 변화를 가져왔는지는 기록하지 않았을 수 있다. 다만 예수를 영접해서 구원받았다는 그의 관점만 중요했을 것이다.

그러나 삭개오는 자기 자신과 왜 사는지에 대한 심한 회의가 있었고, 예수를 보기 위해 높은 나무에까지 올라갔다. 그렇게 해서 예수를 보았고 예수를 자기 집에 영접해 들였다. 그렇게 깨우친 의식인 예수를 보면서 그는 아마 자신이 무엇인지를 순간 깨우쳤을 것이다. 보통 깨우침은 관점과 인식의 갑작스러운 변화와 함께 일어난다. 즉 예수를 보는 순간 혹은 예수의 말을 들으며 그는 문득 깨달았을 것이다. 자신이 물질을 탐하는 몸의 존재가 아니라 본래부터 영의 존재라는 것을 알았을 것이다.

자신이 물질이라면 지금까지와 같이 물질을 탐하고 그것만을 위해 사는 것이 맞다. 그러나 자신이 물질이 아닌 영이라면 영의 속성인 알아차리고 공감하고 주는 삶을 살아야 한다. 진짜 자기도 아닌 몸을 위해 사라질 물질을 탐하기보다 진짜 자기인 영원한 영의 삶을 살아야 한다. 그렇다면 원래 받은 만큼 반드시 돌려주어야 할 몫이고, 그들에게 돌아가야 할 재산의 절반은 가난한 사람들에게 나눠주어야 한다. 그리고 자신의 탐욕을 위해 더 많이 빼앗은 토색물은 징벌적으로 돌려주어야 마땅하다(cf. 출 22:4). 정말 사람이 달라지려면 단순히 자신이 하나님에게 용납되었다는 감격 이상의 자신의 본질이 무엇인지를 분명히 깨달아야 한다. 정말 내가 무엇인지 알아야, 정체성의 변화와 함께 욕망이 달라지고, 그것에 따른 행동이 달라지는 법이다.

자기 재산을 포기한 삭개오에게 예수는 오늘 구원이 이 집에 이르렀다고 했다. 도대체 구원이 무엇이기에 그것이 재물의 포기와 관련이 있는 것일까? 바로 그 구원은 탐욕과 무지와 이기로부터 나오는 것이다. 탐하고 어리석고 자기만 아는 것은 결국 고통과 죽음을 불러오고, 그 고통과 죽음에서 구해지는 것이 구원이다. 곧 삭개오 이야기에 앞서 등장하는 큰 부자가 천국에 들어가지 못한 이유는 그것들로부터 나오지 못했기 때문이다. 그 부자와 관련하

그리스도를 깨달아

여 예수가 "부자가 하나님의 나라에 들어가는 것보다 낙타가 바늘 귀로 들어가는 것이 더 쉽다(눅 18:25)."라고 한 이유가 그것이다. 그 야말로 삭개오는 진짜 자신이 무엇인지 모르고 살다가 깨어난 의 식인 예수를 만나 그것을 깨우침으로써 영원한 생명을 얻은 사람 이다. 삭개오 이야기는 진짜 자신이 무엇인지를 깨달아 진정한 자 신(I AM)이 된 것에 관한 아주 분명하고 감동적인 이야기다.

3. 왜 사는가?

뛰어내려라?

광야에서 두 번째 시험은 악마가 예수를 높은 성전 꼭대기에 세우고 뛰어내리라는 것이었다. 시험 기사를 자세히 싣고 있는 마태복음과 누가복음은 시험의 순서에 있어서 서로 다르다. 누가복음에 나오는 두 번째 시험은 예수에게 높은 곳에서 천하만국의 영광을 보여주며 악마 자신에게 절하라는 것이다. 곧 두 복음서의 시험 순서가 서로 다르기는 하지만 그 내용은 역시 같다. 여기서는 마태복음의 순서를 따라 두 번째 시험을 성전에서 뛰어내리라는 것으로 해서 살핀다.

악마는 예수를 거룩한 도성으로 데리고 가서 높은 성전 꼭대기에 세웠다. 그리고 "네가 하나님의 아들이거든 여기서 뛰어내려 보라"라고 했다. 그러면 하나님이 천사들을 보내 너희 발이 돌에 부딪히지 않게 할 것이라고 유혹했다. 그런데 여기서 왜 악마는 하필 성전 꼭대기에 예수를 세우고 뛰어내리라고 했을까? 여기서 말하는 예루살렘 성전은 무려 46년 동안 지어진 고대 근동의 대표적 건축물이었다. 그 예루살렘 성전은 명절이 되면 수많은 인파로

그리스도를 깨달아

인산인해를 이루었다. 열세 살 이상인 유대인 남자는 명절에 예루살렘 성전을 찾아 제의를 치러야 할 의무가 있었다. 따라서 중요한 절기가 되면 국내 거주자는 물론이고 국외에 흩어져 사는 유민, 디아스포라도 그 성전을 찾아왔다. 그리하여 예루살렘 성전은 각각의 절기 내내 사람들로 몸살을 앓았다.

수많은 사람이 모이는 예루살렘 성전에서는 사람들의 이목을 끌기가 좋다. 어떤 일이라도 생기면 그것은 금방 많은 사람에게 알려지고 전해질 수 있다. 무슨 일이든 일어나면 많은 사람이 모이는 성전에서는 그 파급효과가 클 수밖에 없다. 특히 성전 꼭대기는 성전에서 가장 높은 곳이다 보니 어디에서나 볼 수 있을 뿐 아니라 환히 볼 수도 있다. 그런 이유에서 성전 꼭대기는 예수를 시험하여 그 결과를 확인하고 드러내는 데 더할 나위가 없는 위치다.

만일 성전 꼭대기에서 뛰어내린 예수의 발을 천사들의 손으로 떠받들어 돌에 부딪히지 않게 된다면 아마 굉장할 것이다. 과연 예수는 하나님의 아들이라는 명성이 유대 땅뿐 아니라, 온 세상에 완전히 드러날 것이 아닌가. 그러면 예수는 만천하에 알려질 것이고, 예수가 하나님의 아들이라는 사실은 순식간에 알려질 것이다. 그래서 악마는 다른 사람들처럼 예수도 그것을 원할 것이라고 생각해서 성전 꼭대기에서 뛰어내려 보라고 했을 것이다. 만약 예수가 자신을 드러내기를 원했다면, 그렇게 높은 곳에서 뛰어내리는 것보다 더 좋은 기회는 없었을 것이다.

하기는 그의 형제들도 예수에게 형을 세상에 널리 드러내라고 주장했다. 유대 3대 명절 중의 하나인 장막절이 다가왔을 때, 예수의 형제들은 "이곳을 떠나 유다로 가서 형을 널리 드러내라"라고 종용했다(요 7:1~5). 유대 사람들이 자신을 죽이려는 것을 눈치채고 갈릴리에 머무는 형 예수에게 동생들은 유대 땅으로 가서 형을 드러내라고 한 것이다. 알려지기를 바라면서 숨어서 일하는 사람은 없다! 그러니 하나님의 일을 하려면 형도 예루살렘 성전에 가서 자기를 드러내라는 그들의 주장은 언뜻 들으면 아주 그럴듯했다.

이를 두고 『예수의 생애』를 쓴 에르네스트 르낭(Jeseph Ernest Renan, 1823~1892)은 유대 지도자들이 동생들에게 마수를 뻗쳐 예수를 사지로 몰아넣으려 했다고 말한다. 사실 마태복음이나 누가복음과는 달리 요한복음에는 예수를 시험하는 악마의 모습이 보이지 않는다. 하지만 비록 악마의 모습은 등장하지 않아도 그 대신 사람들이 예수를 유혹하고 시험하는 역할을 했다는 것이 성서학자 레이몬드 브라운(Raymond E. Brown)의 날카로운 지적이다. 예수를 믿지 않던 그의 형제들이 예수가 예루살렘에 가면 적들에게 죽임당할 것을 뻔히 알면서도 유대로 가서 자신을 세상에 드러내라고 했기 때문이다. 아마 예수의 형제들은 형 예수가 예루살렘에 올라가서 출세하기를 바랐을 것이다. 예수가 일찍부터 하나님 일에 열중하느라 가족에게 소홀해서인지 동생들이 형인 예수를 사랑하는 마음이 모자랐던 것은 분명해 보인다. 그것은 그의 공생애 동안 예수가 하는 일에 친동생들의 협조가 없었던 것처럼 보이기 때문이다.

그리스도를 깨달아

곧 너나 할 것 없이 사람은 자신을 드러내려고 한다. 자기가 알려지고 자신의 이름이 나고 유명해지는 것을 모든 이는 바란다. 사람이라면 누구나 자신을 내세우고, 자기를 과시하고, 자기를 자랑한다. 그리고 그것의 결과에 따라 기뻐하고 화내고 슬퍼하고 즐거워한다. 사람은 어떻게든 자기를 드러내는 일에는 시간과 장소를 가리지 않는다. 때를 얻든지 못 얻든지, 상황이 좋든지 나쁘든지 할 수만 있으면 자기를 나타낸다. 남자이거나 여자이거나 나이가 많거나 적거나 자기를 드러내는 데에는 예외가 없다. 물론 이름이 있고 없고나 능력이 되고 안 되고는 전혀 문제가 되지 않는다. 사람의 아들, 사람이라면 누구나 예외 없이 자기를 드러내는 데 열심이다.

왜 사람들은 그토록 항상 자신을 드러내려고 할까? 한 마디로 그것은 사람이 영적 존재이기 때문이다. 예수가 받은 첫 번째 시험은 자신이 무엇인가를 깨달았는지에 대한 테스트였다. 예수는 깨달음을 통해 자신의 본질이 영이라는 것을 알았다. 영은 의식, 알아차림으로 모든 것은 태초의 영, 의식으로부터 시작되었고, 그래서 존재하는 모든 것에는 의식이 들어 있다. 사람 역시 태초의 영, 의식인 하나님으로부터 왔기 때문에 몸을 가졌지만, 본질은 영이다. 영은 의식이고 의식은 대상을 만나면 동시에 일어난다. 이 대상에 대한 반응이 알아차림인데 이 반응이야말로 영의 속성이고 작용이다. 그야말로 영은 반드시 자극에 대해 알아차림으로 반응한다.

그런데 사람은 몸을 가진 영이다. 사람은 몸, 물질을 갖고 있기 때문에 몸의 의식이 있고 몸의 의식과는 별도의 높은 의식도 있다. 우리는 앞에서 머리에 강한 충격을 받았을 때 쉽게 잃어버리는 것이 고차 의식이고, 그것을 잃었을 때도 여전히 남아 있는 의식이 기초의식이라고 했다. 말하자면 기초 의식은 물질, 몸의 의식이고, 고차 의식은 그것 자체의 높은 의식이다. 사람에게 있어 보다 기초적인 의식은 몸의 의식이고, 몸의 의식도 같은 의식이기 때문에 의식 자체로서 반드시 반응한다. 그것은 영, 의식이 기본적으로 자극에 대한 반응이기 때문이다.

즉 몸의 의식도 반응하지만, 그것 나름의 특성을 가진다. 몸의 의식은 기본적으로 물질의 의식이다. 사람의 경우, 의식이 물질 체험을 하려고 몸을 가졌기 때문에 그 의식은 물질 안에서 작동한다. 그 의식은 물질 안에서 일어나고, 물질을 대상으로 일어나고, 물질을 위해 일어난다. 또 물질인 몸의 의식은 물질 안에서, 물질을 대상으로, 물질을 위해 일어나기 때문에 자연스럽게 물질 밖의 것에 대해서는 의식하지 않는다. 그러다 보니 물질 밖의 것에 대해서는 잘 알지 못하는 것이 특징이다. 말하자면 그것은 물질에 대해 반응하고 물질 밖의 것에 대해서는 반응하지 않기 때문이다. 게다가 몸의 의식은 몸이 각각이듯이 개별적이다. 그것은 개체인 몸에서 일어나는 의식이기 때문에 개체에서 일어나는 개체만의 현상이다. 결국 몸의 의식은 자기 안에서의 반응이고, 자기만의 반응이고, 자기만을 위한 반응일 수밖에 없다.

　　　　　　　　　　　　　　　　그리스도를 깨달아

이것이 바로 사람이 자기를 드러내는 것의 정체다. 사람은 본질이 영이기 때문에 반응하고 몸을 가졌기 때문에 몸으로도 반응한다. 자기 몸을 드러내고, 내세우고, 자랑하는 것은 의식이 몸으로 반응하는 것이다. 다시 말해 영이 반응이듯이 몸을 통한 영의 반응이 자기 드러냄이다. 그것이 바로 물질에 갇혀서, 물질 밖은 모른 채, 물질인 자기 몸으로 반응하는 자기 드러냄이고, 자기주장이고, 자기 자랑이다. 이것은 자기가 영인 줄을 모르고 몸인 줄로만 알기 때문에 자연스럽게 나타나는, 자신을 몸으로만 아는 사람이 보이는 몸의 무의식적 반응이다. 따라서 이러한 자기 드러냄은 자신도 모른 채 항상 나타나는 인간의 자연스럽고 보편적인 모습이다.

시험하지 말라!

성전 꼭대기에서 뛰어내려 보라는 악마의 시험 문제에 예수가 내놓은 답안은 '주 너의 하나님을 시험하지 말라'였다. 언뜻 보면 이것은 문제에 대한 정확한 대답이 아닌 것 같다. 뛰어내려 보라면 뛰어내리겠다, 뛰어내리지 않겠다고 대답하는 것이 정답일 것 같다. 그에 비해 하나님을 시험하지 말라는 대답은 문제에 대한 답변이 궁색해서 내놓은 것 같은 인상을 준다. 그러나 사실 예수의 대답은 그렇게 뻔한 문제를 내느냐는 반응의 분명하고 확실한 표현이다. 내면 깊숙이에서 울리는 질문에 대한 예수의 대답은 그것이 너무나 뻔해서 대답할 필요조차 없다는 식이다.

성전 꼭대기에서 뛰어내리면 틀림없이 발이 돌에 부딪히고 만다. 예수처럼 많은 교육을 받지 못한 사람이 그것을 어떻게 아느냐고 물을 필요는 없다. 그것은 만유인력의 법칙을 배우지 않았어도 어느 시대 누구라도 경험적으로 알 수 있는 너무나 분명한 이치이기 때문이다. 그런데도 문제를 내는 악마는 문제의 말미에 천사들이 나타나 떠받쳐 준다면 그렇게 되지 않을 수 있다는 조건을 붙인 셈이다. 만일 능력을 갖춘 천사가 나타나 하나님의 아들인 예수를 떠받쳐 준다면 떨어져도 다치지 않으리라는 것이 악마가 문제에 숨겨놓은 어설픈 함정이었다.

높은 곳에서 뛰어내려도 다치거나 죽지 않는다는 악마의 유혹은 분명 거짓이다. 아무리 하나님의 아들이라 하더라고 높은 곳에서 떨어지면 몸을 다치거나 죽을 수밖에 없다. 일정 높이 위에서 떨어지면 누구든 그 무엇이든 다치거나 파괴되거나 죽고 만다. 그것은 지구상에 있는 만물에 나타나는 만고불변의 진리다. 그런데도 악마는 그 변하지 않는 진리조차 거짓으로 바꾸려고 한다. 달리 말해 탐하고 어리석고 자기중심의 의식은 불변의 참된 이치조차도 거짓으로 왜곡시킨다. 여기서 천사가 발을 떠받쳐주면 발이 돌에 부딪히지 않을 거라는 말이 바로 그것이다.

그러나 참된 이치는 절대 변하지 않는다. 참된 이치는 때와 장소와 상황과 필요에 따라 절대 변하지 않는다. 그렇게 변하지 않는

그리스도를 깨달아

참된 이치가 바로 하나님의 속성이다. 하나님은 태초의 영이고 진리의 영이다. 의식이고 알아차림인 영은 대상이 있으면 반드시 일어난다. 대상이 있으면 반드시 일어날 뿐, 때와 장소와 상황과 필요에 따라 일어나기도 하고 일어나지 않기도 하는 법은 없다. 영, 의식, 알아차림은 거짓되지 않고 언제나 참되며 변하지 않고 항상 불변한다.

곧 영, 알아차림은 대상에 대한 일어남이기 때문에 자극에 대한 반응이다. 그 반응은 자극에 대응하여 일어나기 때문에 그것은 항상 되돌아옴이다(反, reverse). 분명히 만물은 진동하고 모든 것은 되돌아온다. 그것이야말로 변하지 않는 법칙이고 참된 이치이다(反者道之動). 이렇게 반응하고 되돌아오는 것이 불변의 법칙이기 때문에 되돌아오지 않는 것은 아무것도 없다. 그렇게 되돌아오는 것이 참된 이치이기 때문에 작용이 있으면 반작용이 있고, 원인이 있으면 결과가 있고, 주면 받는 법이다. 그렇기 때문에 높은 곳에서 뛰어내리면 반드시 땅이나 그 위에 깔아놓은 돌에 부딪힐 뿐 그렇지 않은 다른 결과는 결코 일어날 수 없다.

그런데도 높은 곳에서 뛰어내려도 죽지 않을 수 있다는 악마의 유혹은 그 참된 이치를 떠본 것이다. 그렇게 참되고 불변의 이치인 진리를 떠본 것은 진리 자체인 하나님을 시험한 것과 절대 다르지 않다. 참된 이치를 시험하는 것이 진리이신 하나님을 시험하는 것이 아니고 대체 무엇인가? 그런 이유에서 예수는 악마에게 하나님을 시험하지 말라고 분명하게 대답한 것이다.

바꿔 말해 만물은 하나님의 소산이고 하나님의 본질인 영, 의식을 갖고 있다. 영, 의식은 알아차림이고 그 알아차림이 있어야 모든 것은 존재한다. 그것이 입자이든, 세포이든, 사물이든 어떤 것이든 존재하려면 반드시 자극에 대해 반응하는 알아차림이 일어나야 한다. 그 알아차림 덕분에 입자는 운동하고 세포는 작동하고 사물은 존재한다. 그러므로 알아차림인 의식은 모든 것을 살리는 생명이다. 모든 것을 존재하게 하는 생명이기 때문에 모든 것에는 의식이 필요하고 의식인 알아차림이 만물 속에 깃들어있다. 그것이 바로 만물이 알아차리고 반응하는 이유다.

그런데 모두가 알듯이 사람은 영혼과 육체로 구성되어 있다. 이것을 좀 더 세분하면 사람은 영과 혼과 육으로 이루어져 있다. 이렇게 사람을 영혼과 육체로 구분하는 것은 정신과 물질로 나눈 것이고, 영, 혼, 육으로 구분하는 것은 정신의 영역을 정신과 정신 작용으로 나눈 것이다. 어쨌든 사람은 영, 혼, 육으로 이루어진 존재다. 여기서 영은 의식이고, 혼은 생각 감정 의지의 작용이고, 육은 물질인 몸이다. 그렇다면 인간은 왜 하필 이런 구성 요소로 되어 있는 것일까? 그것을 바로 알기 위해 우리 주변에서 흔히 볼 수 있는 실례 하나를 들어서 살펴보자.

요즘 대부분의 사람은 휴대폰을 사용한다. 처음 기본적인 기능과 형태를 가지고 세상에 출현한 휴대폰은 지금까지 눈부신 발전을 계속해 왔다. 지금 우리가 사용하는 휴대폰은 그야말로 그 이름처럼 스마트한 통신 기기다. 그렇게 눈부신 기능의 발전이 있었

그리스도를 깨달아

지만, 그것이 작동되는 원리는 여전히 처음 그대로다. 휴대폰은 세 가지 기본적인 요소로 작동되는데 배터리와 운영체계(OS)와 전파가 그것이다. 그것에 배터리가 있어야 전원이 공급되고, 운영체계가 있어야 작동하고, 전파가 있어야 통신이 가능하다. 그것을 위해 항상 배터리를 충전해야 하고, 기기에는 운영체계가 깔려있어야 하고, 전파를 사용하기 위한 통신사 개통을 해야 한다. 물론 이러한 모든 것들은 오직 하나, 통신하려는 목적 때문이다. 통신을 위해 배터리, 운영체계, 전파가 필요하고 그것들은 모두 통신을 위해서 꼭 필요한 요소들이다.

그러면 사람은 무엇을 하려고 영, 혼, 육으로 이루어진 것일까? 그것은 역시 알아차리기 위해서다. 우리는 살기 위해서 만나는 대상이 무엇인지 알아야 한다. 그리고 무엇보다 자신이 무엇이고 왜 사는지를 알아야 한다. 모든 존재는 본질과 목적이 있기 때문이다. 그런데 만약 의식이 없고, 그것을 작동시키는 혼이 없고, 에너지를 공급하는 몸이 없으면 사람은 대상을 알아차리는 것은 물론 자신이 무엇이고 왜 사는지에 대한 알아차림 자체가 불가능하다. 이것을 만일 휴대폰에 빗댄다면 영은 전파에, 혼은 운영 체계에, 배터리는 몸에 해당한다고 할 수 있다.

분명히 이 땅에 태어난 사람은 이 땅에 존재하는 이유가 있다. 영의 세계에서 물질을 입고 물질세계에 온 사람들은 이 세상에 온 이유를 까맣게 잊었지만, 우리의 영과 혼과 몸을 사용하면 그 이유를 환히 알 수 있다. 우리에게 부여된 영, 혼, 육으로 구하고 찾고 두드리면 우리가 무엇이고 왜 사는지를 깨달을 수 있다. 주어진 알아차림을 불러일으켜 작동시키면 도저히 알 수 없던 우리의 존재 이유가 분명하게 알려진다. 사람이 지금처럼 영, 혼, 육을 갖고 태어난 것은 무엇보다 이 세상이라는 시험장에서 자신이 무엇이고 왜 사는지의 문제를 풀어내라는 것이다.

유대 광야에서 예수는 내면 깊이에서 일어나는 왜 사는가에 대한 바른 답을 깨우쳤다. 그 깨달음에 대한 선언이 하나님을 시험하지 말라는 것이었다. 사람이 높은 곳에서 떨어지면 반드시 다치거나 죽거나 하고 만다. 그것은 너무나 당연해서 테스트해 볼 필요조차 없다. 그것은 만물이 영을 갖고 있고 영은 반드시 반응하기 때문이다. 사람 역시 본질은 영이고 그 영의 몸을 통한 반응이 바로 자기 드러냄이다. 그렇게 사람이 자기를 드러내는 영적 존재라면 사람은 당연히 그 본성대로 알아차리는 존재다. 그야말로 알아차리는 존재인 사람은 알아차리기 위해 존재한다.

곧 본성이 알아차림인 인간은 알아차리기 위해 존재한다. 처음 '나'를 알기 위해 본래의 알아차림인 하나님 곁을 떠났듯이, 오늘 우리 인간이 이 땅을 살아가는 이유 또한 '나'를 알아차리기 위해서다. 알아차리고 또 알아차려서 본래의 나인 하나님의 알아차림에까지 도달하려는 것이다. 즉 우리가 여기에 존재하는 목적은 '참나(I AM)'를 알아차려 본래의 순수, 절대, 전체의식인 하나님에게 도달하기 위해서다. 분명 오늘도 우리는 눈을 뜨기 위해 눈을 뜬다!

다시 말해 우리는 좋은 음식을 먹고 좋은 옷을 입고 좋은 집에

　　　　　　　　　　　　　　　그리스도를 깨달아

살기 위해 사는 것이 아니다. 그것들은 어디까지나 본래의 목적을 이루기 위해 몸을 살리기 위한 것일 뿐이다. 그렇다고 돈을 벌고 이름을 내고 권력을 얻기 위해 사는 것도 아니다. 우리가 여기에 사는 진짜 목적은 내가 영임을 알고, 영으로 살다가, 영으로 돌아가기 위해서다. 우리가 지금 사는 진짜 목적은 의식이, 의식하다가, 의식으로 돌아가기 위해서다. 우리가 여기 지금 존재하는 진짜 목적은 알아차림이, 알아차리다가, 알아차림으로 돌아가기 위해서다. 그저 물질에 갇혀서 눈이 멀어버리고 자기 몸만을 아는 존재들은 이것을 도저히 알아차릴 수가 없다. 광야에서 죽을 각오로 이것을 깨달은 예수가 아니었으면 아마 인류는 지금도 그것을 모른 채 살아갈지도 모른다.

탕자의 비유

흔히 잘 알려진 예수의 비유 중 하나가 잃었다가 되찾은 아들의 이야기다(눅 15:11~32). '탕자의 비유'로 잘 알려진 이 이야기는 먼저 둘째 아들에 관한 이야기를 하고, 그다음에 큰아들에 관해 이야기한다. 둘째 아들은 아버지에게서 물려받을 재산 가운데 자신에게 돌아올 몫을 미리 받아서 먼 나라에 가서 '방탕하게 살면서' 재산을 탕진한다. 그 후에 기근이 들어 굶주리자 그는 돼지를 치게 되고 돼지가 오히려 그보다 더 잘 먹는다. 그는 '정신을 차려' 집으로 돌아왔고, 그의 아버지는 두 팔을 벌려 그를 환영하고, 새 옷과 반지와 신발을 주고 잔치를 베푼다. 그리고 말한다. '나의 이 아들은 죽었다가 살아났고, 내가 잃었다가 되찾았다(눅 15:24).'

큰아들이 밭에서 일하고 돌아오자, 하인이 집 안에서 잔치가 벌어지고 있다고 말한다. 화가 난 그는 집에 들어가기를 거부하고 아버지에게 불평을 털어놓는다. '나는 이렇게 여러 해를 두고 아버지를 섬기고 있고, 아버지의 명령을 한 번도 어긴 일이 없는데, 나에게는 친구들과 함께 즐기라고 염소 새끼 한 마리도 주신 일이 없습니다(눅 15:29).' 그러자 아버지는 말한다. "애야, 너는 늘 나와 함께 있으니 내가 가진 모든 것은 다 네 것이다. 그런데 너의 이 아우는 죽었다가 살아났고, 내가 잃었다가 되찾았으니, 즐기며 기뻐하는 것이 마땅하다(눅 15:31~32)."

잃었다가 되찾은 아들에 관한 비유는 누가복음 15장의 맥락에 잘 들어맞는다. 이 비유가 나오는 누가복음 15장의 처음은 세리들과 죄인들이 예수의 말씀을 들으려고 몰려들고 바리새파 사람들과 율법학자들이 투덜대는 것으로 시작한다. 여기서 둘째 아들, 탕자, 잃어버렸던 아들은 '세리들과 죄인들'을 쉽게 연상시킨다. 한편 화가 나서 잔치가 벌어진 집으로 들어가려 하지 않았던 큰아들은 예수가 죄인들을 맞아들이고 그들과 함께 음식을 먹는다고 투덜거렸던 바리새파 사람들과 율법학자들을 역시 떠올리게 한다. 그런 의미에서 누가복음에 나오는 이 비유는 잃었던 것을 되찾으면

그리스도를 깨달아

모두가 기뻐해야 한다는 뜻으로 읽히기에 매우 자연스럽다.

하지만 이런 비유에 대한 해석이 과연 예수의 본래 의도인가에 대해서는 여전히 주저하게 된다. 이 비유는 누가복음에서 세리들과 죄인들을 맞아들이는 것을 불평하는 맥락에서 등장한다. 잃었던 양의 비유(눅 15:4~7), 잃었던 동전의 비유(눅 15:8~10), 잃었던 아들의 비유(눅15:11~32)가 그런 맥락과 결합한 것은 오직 누가복음에서만 찾아볼 수 있다. 이 잃었던 아들의 비유와 나란히 나오는 '잃었던 양의 비유'가 마태복음에도 나온다(마 18:12~14). 그러나 마태는 잃은 양의 비유를 하늘나라에서는 누가 가장 큰 자인가를 말하는 문맥에서 사용한다. 구체적으로 작은 사람들 가운데 한 사람이라도 업신여기지 않도록 하라고 말하는 맥락에서다. 말하자면 마태는 잃은 양의 비유를 전혀 다른 의미로 해석하고 있다. 따라서 탕자의 비유가 누가복음 15장의 맥락에서 잘 들어맞는 것은 예수의 의도가 아닌 누가의 해석이 반영된 것이다.

예수는 단순히 '세리나 죄인들' 같은 이들을 구원해야 한다고 이 비유를 말한 것이 아니다. 아마 광야에서 분명하게 깨달았을 인간 모두의 시원과 귀향을 말하려는 것이 예수의 의도였다. 우리 인간은 원래 하나님 아버지의 집을 나왔다. 그 아버지는 태초의 영으로 모든 이는 그 영으로부터 나왔다. 아버지의 집을 나올 때 우리 인간은 각자 유산을 받았다. 그 유산이란 인간이 본래 물질이 아니기 때문에 돈과 같은 물질로 생각하면 큰 착각이다. 유산을 요구하고 그것을 주는 맥락의 그리스어 본문을 그대로 옮겨보면 이렇다. "아버지, 본질(οὐσία)에서 내게 속한 것을 주십시오. 그리고 그는 그 가운데서 그의 생명(βίος)을 나누었다(눅 15:12)." 즉 사람의 본질은 영, 의식이다. 그 영 또는 의식을 나누어 주었으니 생명을 나눈 것이다. 그것은 의식이 바로 생명이기 때문이다. 인간 모두는 성령 아버지를 떠나 물질세계로 올 때 각각 영, 의식을 받아서 나왔다. 그것은 영의 세계를 떠나서 물질세계를 살아갈 수 있는 꼭 필요한 밑천이고 재산이다.

아버지 집을 나올 때 받은 의식을 사용하여 인간은 물질 세상을 살아간다. 작은아들이 그랬듯이 인간은 방탕하게 살면서 그 유산을 낭비한다. 방탕은 바르게 살지 못하는 것, 마음이 들떠 갈피를 잡을 수 없는 것이다. 인간은 자신이 왜 이 세상에 나와서 사는지도 모른 채 마음이 들떠 우왕좌왕할 뿐이다. 육체의 특성인 물질의 욕망에 빠져 살다 보니 유산으로 받은 영, 의식을 바르게 사용하지 못하고 낭비한다. 그 의식은 무엇보다 자신의 본질과 자신이 온 목적을 알기 위해 사용해야 하는데, 뜬구름 같은 세상살이에 모두 쓰다 보니 그것이 방탕이고 낭비다.

그러다 인간의 영혼에 기근이 몰려온다. 마음에 말할 수 없는 공허가 찾아오고 영혼의 굶주림이 엄습한다. 나는 왜 살고 있는지, 이렇게 사는 게 맞는 것인지, 삶의 목적 같은 것은 정말 있는 것인지에 대한 영적 갈급함이 생긴다. 그렇게 갈급함이 점령해 버린 영혼의 창고는 텅 비어 있어 한없이 가난하다. 심령이 한없이 가난하고 궁핍하여 도저히 살 수 없을 때가 엄습한다.

그리스도를 깨달아

그럴 때도 사람들은 생명의 진리를 찾을 생각은 하지 않고 또 다른 그럴듯한 거짓 대안을 찾는다. 그때 만나게 되는 것이 돼지를 치는 일이다. 유대인의 배경에서 돼지는 부정한 동물이다. "돼지는 발굽이 갈라져 있지만, 되새김질하지 않으니 너희에게 부정하다(레 11:7)." 돼지가 부정한 이유는 되새김질하지 않기 때문이다. 그야말로 돼지는 반추(反芻)하지 않기 때문에 부정하다. 흔히 돼지는 먹는 것만을 밝히는 탐욕의 상징이다. 그런 돼지를 쳤다는 것은 오직 물질적인 욕심에만 몰두하는 현실을 섬겼다는 뜻이다. 그것은 돼지가 반추하지 않듯이 자신의 본질이나 목적 같은 것을 되돌아보거나 성찰하지 않고 그저 몸에 익숙한 욕구대로 살았다는 뜻이리라.

인간은 그런 막다른 비참한 처지에 이르러서야 비로소 정신이 든다. 그 상황을 한글성경은 '스스로 돌이켜(개역개정)', '정신을 차리고(킹흠정)', '자신을 돌아보고(한글킹)', '제정신이 들어서(새번역)' 등으로 다양하게 옮겼다. 그것의 원래 그리스어 번역은 '그는 자기 자신으로 돌아왔다'이다. 어떤 이들은 이것에서 보통의 기독교적 회개(悔改)를 읽으려 하지만 그것은 '그가 제정신을 차렸다'는 말이다. 그것은 원래의 자기 자신, 참나인 영과 의식으로 돌아왔다는, 알아차리게 되었다는 의미다. 사람은 이 물질 세상에서 고통스럽게 살다가 제정신을 차려야 자신을 찾게 되고, 자신이 무엇인지를 깨달아야 근원 아버지가 있는 본래의 집으로 돌아갈 수 있다.

아버지는 돌아온 아들을 눈물로 기쁘게 영접한다. 대개의 집

나간 아들들은 제집을 찾아오지 못하는데 이 아들은 그래도 자기가 누군지를 깨닫고 본래 집으로 돌아왔다. 그러니 그 아버지는 너무 기쁠 수밖에 없다. 아버지는 그 아들에게 가장 좋은 옷을 입히고, 손가락에 반지를 끼워주고, 발에는 신을 신겨준다. 원래 자신인 의식의 옷을 입고, 하나의 영으로 다시 결합하여, 종이 아닌 아들로 돌아왔다는 뜻이다. 그러니 그 아들은 분명 죽었다가 살아난 것이 아닌가? 흔히 죽었다고 하면 육체가 죽은 것을 생각하지만 여기서 말하는 죽었다는 것은 의식이 없다는, 깨닫지 못했다는 의미다.

예수는 제자 가운데 하나가 아버지의 장례를 치르고 따르겠다고 하자 '죽은 사람의 장례는 죽은 사람들이 치르게 하라'라고 말한 적이 있다(마 8:22). 예수에 의하면, 죽은 제자의 아버지를 장례할 사람들도 역시 죽었다. 그들이 죽었다는 것은 몸이 죽었다는 뜻이 아니라 '의식이 죽었다', '깨어나지 못했다'라는 의미였다(cf. 요 11:11). 예수는 깨닫지 못하고 깨어나지 못한 사람을 살아있는 사람으로 보지 않았다. 그렇게 깨닫지 못한 사람은 살아 있어도 죽은 사람이다. 그러니 둘째 아들이 자신이 무엇인지 깨닫고 자신의 집으로 다시 돌아왔으니 죽었다가 살아난 것이 아니고 무엇이겠는가? 의식을 잃어버렸다가 다시 찾았으니 잃었다가 되찾은 것이 어찌 아니겠는가?

그러면 여기서 큰아들은 무엇인가? 세리와 죄인들의 구원을 못마땅해하던 바리새인들이나 율법학자들을 가리키는 것이 아니라

그리스도를 깨달아

면 그는 무엇을 가리키는가? 이 큰아들처럼 영의 세계에만 머물러 있으면 영인 하나님과 함께 머물러 있어도 자신이 영인 것을 바로 알지 못한다. 자신이 아버지와 같은 영임에도 영의 세계를 떠나 스스로 체험하지 않으면 자신이 영임을 모른다. 늘 영인 아버지와 함께 있었던 큰아들은 영이었지만, 아버지가 가진 영의 속성을 모두 갖고 있었지만, 그 영의 실체를 깨닫지 못했다. 물질세계를 실제로 경험하고 자신이 무엇인지를 깨달은 작은아들과는 달리, 큰아들은 개념으로만 알았지, 체험적으로는 자신이 무엇인지를 알지 못했다.

아버지 하나님이 가진 의식은 체험 이전의 순수의식이고, 개체가 되기 이전의 전체의식이고, 대상화 이전의 절대 의식이다. 반면 큰아들은 아버지의 아들로서 같은 영, 의식인 존재였지만 집 즉 영의 세계를 떠나서 스스로 체험해보고, 자신이 개체가 되어보고, 대상으로 분리되어 보아야만 했던 의식이었다. 그러나 큰아들은 그것을 해보지 못했고, 그 결과 자신의 정체를 제대로 알지 못해 집에서 벌어지는 잔치에 잔뜩 화가 나 있었다. 그렇지만 큰아들 역시 자기 정체성을 체험적으로 깨닫고 나면 '알고', '느끼고', '주는' 영 본연의 잔치 자리로 곧 돌아올 것이다.

그런 뜻에서 영의 세계를 떠나 물질 체험을 하며 고통받는 모든 이들은 시험을 치르는 사람들이다. 모두는 이 세상에 와서 자신이 무엇인지, 왜 사는지를 깨닫기 위해 힘든 시험을 치르고 있다. 그러다 결국 그것을 깨닫고 본래의 집으로 돌아가면 기쁨의 잔치에 참여하게 될 사람들이다. 소위 탕자의 비유는 우리가 어디서 온 누구이고 어디로 가는지를 말해주는 이야기다. 나는 무엇이고 왜 사는지를 깨달아 근원으로 돌아가는 삶의 여정에 관한 뜻깊은 이 야기다.

그리스도를 깨달아

4. 어떻게 살 것인가?

나에게 절하라?

두 번째 시험을 마친 악마는 예수를 매우 높은 산으로 데리고 가서 세상의 모든 영광을 보여준다. 그 모든 영광을 예수에게 주겠으니 '나에게 절하라'는 것이 악마의 세 번째 시험이다. 이 시험 역시 인간 모두에게는 결정적인 테스트에 해당한다. 앞서 치러진 첫 번째와 두 번째 시험 역시 겉으로 보면 그저 평범한 것 같으나 그것의 실상을 알고 나면 인간에게 치명적인 결과를 가져오는 문제들이다. 그런 치명적인 문제들이 매 순간 주어지지만, 그것을 까맣게 모른 채 살아가는 것이 우리 인간 모두의 삶이다. 그래서 하나님의 아들이라는 예수는 그것들을 알았는지, 그것들을 깨달은 그리스도인지를 테스트한 것이 광야에서의 세 가지 시험이다.

일반적으로 우리는 모두 일상에서 절을 하며 산다. 보통 '절하다'의 뜻은 공경하는 의미로 몸을 굽힌다는 말이다. 대상을 높이 받들어 모신다는 뜻으로 몸을 굽히는 것을 보고 절을 한다고 한다. 우리는 명절이 되면 부모나 어른들에게 절을 하고 국경절에는 나라를 위해 목숨을 바친 분들에게도 절을 한다. 부모 또는 웃어

른을 공경한다는 뜻으로, 나라를 위해 희생한 순국선열을 높이 받든다는 뜻으로 몸을 굽혀 절을 하는 것이다. 그러므로 절을 하는 행위는 무엇인가를 높이 평가하고 받든다는 뜻이고, 그것에 대한 반응으로 몸을 숙이거나 엎드리는 것이다.

사람이면 누구나 무엇인가에 절을 한다. 사람이면 누구나 높이 받들어 모시는 것들이 있다. 오래 산 것을 높이 받들고 타인을 위해 자기를 희생한 것을 높이 받든다. 사람에 따라 아름다운 것을, 돈이 많은 것을, 이름이 있는 것을, 큰 힘을 갖는 것을 높이 평가하여 받든다. 그리고 그것에 고개를 숙이고 몸을 굽힌다. 그것은 그것들을 높이 받들어 모신다는 뜻이다. 물론 어떤 대상을 높이 받든다는 표시는 각기 다를 수 있다. 절을 하는 것 이외에 그것을 위해 많은 시간을 쓰거나, 건강을 희생하거나, 자기가 가진 소중한 것을 아낌없이 내놓기도 한다.

모두가 무엇인가를 높이는 이유는 너무나 분명하다. 그것이 자신에게 가치가 있다고 보기 때문이다. 몸을 가진 인간은 생존하기 위해서 물질이 공급되어야 하므로 물질이 많은 것을 높인다. 또 언제 사라질지 모르는 자신의 존재를 드러내서 빛낼 수 있다고 믿기 때문에 자신의 이름이 나는 것을 높이 받든다. 또한 큰 힘을 갖는 것을 높이 받드는데 그것이 불완전하고 유한한 자신을 보존해 줄 거라고 생각하기 때문이다. 이렇게 무엇인가를 높이 평가하여 고개를 숙이는 것은 그것들이 자신을 살리고, 자신을 높이고, 자신을 지켜준다고 여기기 때문이다.

그리스도를 깨달아

자신들의 생각이 그렇기 때문에 사람들은 그런 것들을 높이 받들고 추구한다. 이 세상을 살아가는 모든 사람이 그렇다는 점에서는 예외가 없다. 개인이 그렇다 보니 개인이 모여 사는 사회 역시 그런 모습일 수밖에 없다. 같은 것들을 높이 받드는 사람들이 함께 모여 살다 보니 사회가 높이 받드는 것들 역시 동일할 수밖에 없다. 그런 사회들이 모여 이룬 국가들 또한 정확히 그런 모습을 하고 있다. 지역은 서로 다르나 그것들이 높이 받드는 것들은 모두가 같다. 시기에 따라 국가들은 흥망성쇠를 계속하지만, 그것들이 높이 받드는 것들은 달라진 적이 없다. 그래서 천하 어디를 살펴봐도 그렇게 높이고 추구한 것들의 결과가 모든 나라에서 분명하게 드러난다. 이 세상은 그렇게 모두가 온통 높이 받들어 모시는 것들의 결과물이다.

그렇다면 세상 모든 나라가 그럴 수밖에 없는 이유는 무엇일까? 그것은 거기에 사는 사람들의 의식이 모두 같기 때문이다. 도대체 사람의 의식이 어떻게 형성되기에 모두는 같은 의식을 갖게 되는가? 사람은 예외 없이 영, 의식을 받고 태어나기 때문에 모두는 의식을 갖고 있다. 본래 받은 그 의식은 사람이 살면서 대상을 만날 때마다 발생한다. 감각 대상을 만나면 우리 안의 의식이 발생하여 그것이 무엇인지를 알아낸다. 그때 그 대상에 대한 느낌이 좋은 것이면 받아들이고 나쁜 것이면 거부하고 좋지도 나쁘지도 않은 것이면 무시한다. 그렇게 좋거나 나쁘거나 좋지도 나쁘지도 않다는 느낌은 과거에 경험한 기억에 의해 결정된다. 그처럼 과거의 기억에 의해 만들어진 표상에 따라 느낌과 행동이 일어나고 그것들은 우리의 의식을 형성한다.

사람들은 그렇게 형성된 의식을 보통 '자기' 또는 '자아'라고 부른다. 그것은 바로 사고하고 감정을 느끼고 의지를 일으키는 주관자이고, 그런 여러 작용을 한 주체라고 여겨지는 것이다. 그것은 역시 자신이 살면서 자신이 경험하고 자신이 만들었다고 굳게 믿어지는 것이다. 그야말로 그것만큼 자기라고 생각할 수 있는 확실한 주체가 어디 있는가? 그것만큼 자기라고 느낄 수 있는 확실한 근거가 또 어디 있겠는가? 누가 뭐래도 그것은 틀림없는 '나'다. 그런 이유에서 사람들은 그것을 진짜 나 또는 진짜 자기라고 알고 추호도 의심하지 않은 채 삶을 살아간다.

물론 그러한 자아는 사람이 물질인 몸으로 살면서 형성한 의식이다. 물질을 입고 물질과 상대하며 전기, 화학적 물질 시스템을 통해 형성한 의식이다. 이처럼 물질에 대한 반응으로 만들어진 의식이기 때문에 그것은 다분히 물질적인 특성을 지닌다. 물질을 대상으로, 물질 감각으로 인식하고, 물질인 몸만을 위하는 특성을 가진다. 그래서 그것은 자기 몸만 알고 자기 몸만을 위할 뿐이다. 즉 감각하는 대상이 물질이기 때문에 물질인 자기 몸만을 알고, 오직 물질인 자기 몸만을 위한다. 그런 특성을 가진 자아를 보통 사람들은 진정한 나 또는 자기라고 확신한다.

그러나 그 자아가 거짓인 것을 사람들은 상상조차 하지 못한다. 그렇게 생각하고, 느끼고, 하고자 하는 주체를 자아라고 알고 있

그리스도를 깨달아

지만 그렇게 생각하고 느끼고 하고자 하는 주체가 따로 있다는 것을 모른다. 그렇게 생각하고 느끼고 하고자 하는 주체가 당연히 자아라고 여기지만 그런 모든 것을 하는 진짜 주체는 엄연히 따로 있다. 사실 대상을 만나서 생각하고 느끼고 하고자 하는 것은 바로 의식이다. 그렇게 생각하게 하는 것도 의식이고, 좋거나 나쁘다고 느끼게 하는 것도 의식이고, 좋거나 나쁘기 때문에 그렇게 하려고 하게 하는 것도 의식이다. 따라서 생각하고 느끼고 하고자 하는 주체라고 여겨지는 가상의 '나' 같은 것은 없다. 실제로는 만나는 대상과 대상을 따라 일어나고 사라지는 의식만 있을 뿐, 그것을 주관한다고 여겨지는 가상의 '나' 같은 것은 따로 없다. 마치 한 컷(cut)의 정지 화면처럼 대상을 따라 일어나고 사라지는 의식과 그 흐름만 있을 뿐인데, 그것을 쭉 이어서 한 편의 영화로 만드는 가상의 존재인 자아가 있다고 느낄 뿐이다.

그런데도 악마는 그 가상의 나, 자아를 진실이라고 인정하고 그것을 높여 받들라고 한다. 그래야 세상의 모든 영광을 얻을 수 있다고 말한 것이 세 번째 시험이다. 악마가 예수에게 '나'에게 절하라고 말한 것이 바로 자아(에고)를 인정하고 그것을 높이고 받들라는 유혹이었다. 모든 사람이 인정하는 그것을 부정하지 말고 그 자아에 복종해야 하지 않겠느냐고 시험한 것이다. 그것은 보통 사람들만이 아니라 자아의 화신 악마 자신도 당연히 그렇게 여기고 있다는 뜻이었다.

알고 보면 예수를 시험한 악마는 그런 자아가 형상화한 것이다.

악마는 그 속에 들어있는 자의식이 형상화된 존재다. 그 자아는 악마 속에도 들어 있고 모든 사람들 속에도 들어 있다. 그 자아는 모든 사람이 속고 있는 허상이고 알아채지 못하는 거짓이다. 그 거짓 '나'에 엎드려 복종하고 종이 된 존재가 바로 악마이고, 그 거짓 '나'에게 절하라고 유혹하는 것이 다름 아닌 악마다. 그 악마는 언제나 모든 사람들 속에 들어있는 거짓 '나'에게 절하라고 끊임없이 유혹한다. 그것을 인정하고 엎드리면 세상의 모든 영광을 얻을 수 있다고 계속해서 시험한다.

하나님만 섬겨라!

악마가 '나에게 절하라'고 했을 때 예수는 '하나님만 섬기라'고 대답했다. 제시된 문제의 난이도가 높으니만큼 대답 또한 이해하기 어렵다. 만일 이 문제를 받았을 때 제대로 준비되지 않은 수험자라면 손도 대기 어려운 문제일 수 있다. 그것을 단순히 몸을 숙여 절하라는 뜻으로 받아들인 수험자라면, 이 문제를 풀 수 없거나, 푼다고 하더라도 정답과는 먼 해답을 제시했을 것이 뻔하다. 그렇게 문제가 어려운 것은 출제자가 만만치 않은 존재라는 뜻도 되지만 인간이 풀어내야 할 문제의 성격이 그렇게 어렵다는 뜻일 것이다. 인간이 풀어야 할 문제가 만만치 않고 어려운 만큼 그런

　　　　　　　　　　　그리스도를 깨달아

문제를 풀기 위해서는 수준 높은 의식이 필요하다는 것을 말할 것이다.

나에게 절하라는 것이 단순히 악마에게 몸을 숙이라는 뜻이 아니듯이 하나님만 섬기라는 것도 흔히 생각하는 문자적인 의미가 아니다. 하나님만 섬기라고 하였다고 그것을 무슨 유대인들이 하나님이라 믿던 신만 섬기라는 의미로 받아들이면 결코 안 된다. 나에게 절하라는 악마의 시험에 예수가 답한 하나님만 섬기라고 한 것은 단순히 여호와 하나님만 믿고 섬기라는 뜻이 아니었다. 만일 그런 수준의 대답이었다고 이해한다면 예수의 세 번째 시험의 근본적인 의미를 놓치는 것이고, 하나님에 대해 잘 모르는 것이다. 그저 신을 숭배의 대상으로 삼고 그 존재에게 자신들의 안위를 부탁하고 복을 구하는 식의 믿음은 그런 인식에서 비롯되는 것이다.

하나님은 영이다. 하나님은 영이기 때문에 몸이 없고 의식으로만 존재한다. 의식이란 물질과 다른 차원으로 대상을 생각하고 느끼고 하게 하는 능력 또는 그런 작용을 말한다. 그런 것을 간단히 의식이라고 하고 그것은 다름 아닌 알아차림이다. 그런 의미에서 이 알아차림이야말로 바로 하나님의 본질이다. 앞에서 다뤘듯이 하나님은 호렙(시내)산에서 모세에게 자신의 이름을 '나(I AM)'라고 계시했다. 나 즉 I AM이란 '~이다'라고 할 때 일어나는 알아차림이고, 이 알아차림은 대상을 만나면 스스로 일어나기 때문에 '스스로 있는 자'인 것이다. 곧 하나님은 본래의 알아차림, 알아차림 자체이기 때문에 대상이 있으면 스스로 일어나는 알아차림이다. 이렇게 하나님은 알아차림이 본질이고 그 어떤 것도 알 수 있는 알아차림이기 때문에 전지(全知)한 존재다.

또한 스스로 일어나는 하나님의 영, 성령은 진리의 영이다. 바로 그 알아차림은 항상 참되기 때문이다. 가령 컵을 보는 순간 '이것은 컵이다'라는 알아차림이 일어나는데, 이 알아차림은 컵이라는 대상을 만나는 순간 어김없이 일어난다. 그 알아차림은 대상을 보는 순간 반드시 일어날 뿐 대상이 컵이기 때문에 일어나거나 일어나지 않거나 하지 않는다. 그 대상이 컵이든 다른 어떤 것이든 대상을 만나는 순간 알아차림은 반드시 일어난다. 이처럼 대상을 만나면 곧바로 반드시 일어나는 것이 알아차림이다. 그러므로 그런 알아차림인 하나님은 항상 참되다(God is true. 고후 1:18). 하나님에게는 항상 '예(yes)'만 있고 '아니오(no)'는 없다(고후 1:18~20). 대상을 만나면 알아차림이 일어나기만 하지(yes) 일어나지 않는(no) 경우는 절대로 없다. 이처럼 하나님은 어떤 대상에나 항상 일어날 수 있는 알아차림이기 때문에 전능(全能)한 존재다.

반면 인간의 영, 의식, 알아차림은 하나님의 그것처럼 일어나지 않는다. 몸을 가진 우리의 알아차림은 하나님의 알아차림처럼 대상을 만나면 일어나고 사라지지만, 그것은 하나님의 그것처럼 완전하지 않다. 가령 대상을 감각할 때에도 몸이 감각하는 정도에 따라 다르게 감각할 수 있다. 대상을 알아차릴 때도 불완전한 기억에 기초하여 비교하고 알아차리기 때문에 틀릴 수가 있다. 그것

그리스도를 깨달아

에 따라 행동할 때도 알아차림 그대로를 행하지 못할 수도 있다. 이처럼 우리의 알아차림은 스스로 발생하지만 불완전하게 일어나고 사라지기 때문에 불완전한 결과를 낳을 수밖에 없다.

곧 존재하는 모든 것은 하나님의 소산으로 알아차리는 능력을 갖추고 있다. 우리 인간도 영을 갖고 있어서 생각하고 느끼고 하려고 한다. 그러나 우리의 영, 알아차림은 하나님의 그것과는 다르다. 우리의 영도 원래 하나님과 같은 본질이나 그 알아차림의 정도는 다르다. 또한 그 알아차림의 양뿐 아니라 그 알아차림의 질도 역시 다르다. 우리의 영도 하나님의 영처럼 알아차리기는 하나 그 정도나 강도는 하나님의 그것과는 분명히 차이가 있다. 그렇게 알아차림의 정도와 강도가 다르기 때문에 그것의 결과 역시 하나님의 그것과는 다를 수밖에 없다. 이처럼 우리를 포함한 다른 존재들의 알아차림과 구별된다는 의미에서 하나님의 알아차림인 영에 붙여진 이름이 바로 성령이다. 그것은 같은 영이지만 다른 영들과는 구별된다는 의미에서 거룩한 영이다.

그러므로 하나님만 섬겨야 하는 이유는 분명하다. 하나님만이 참이고 진리이기 때문이다. 세 번째 악마의 시험에 대해 예수가 하나님만 섬기라고 한 것은 참된 알아차림만을 받들라는 뜻이다. 악마는 인간의 알아차림인 자아를 인정하고 받들라고 유혹하지만, 그것은 거짓된 것이다. 인간의 본질은 하나님 영과 같은 알아차림이지만 불완전하여 그 결과 또한 거짓으로 나타난다. 모든 존재가 그렇듯이 사람이 살아가려면 대상이 무엇인지 올바르게 알아차려야 한다. 있는 그대로의 실상을 알아차려야지 있는 것 같은 허상을 알아차려서는 안 된다. 거짓인 허상을 실상인 줄 알고 그것을 받들고 고개를 숙이면 거짓된 고통스러운 결과가 나타날 수밖에 없다. 그러면 참된 삶을 살지 못하고 거짓된 삶을 살게 되어 삶이 고통스러울 뿐 아니라 삶을 완전히 도둑질당하게 된다. 그러니 참된 알아차림을 받들어야지 거짓된 알아차림을 받들어서는 결코 안 된다.

그렇다면 과연 어떻게 하나님만 섬길 수 있을까? 어떻게 하면 참과 진리만 알아차릴 수 있을까? 어떻게 하면 참을 알아차리고 진리를 알아서 그것을 섬길 수 있을까? 여기서 모든 존재는 생존하기 위해 알아차려야 함을 다시 상기하자. 알아차려야 살 수 있기 때문에 만물은 죽지 않으려면 반드시 알아차려야 한다. 만일 죽을 상황이 되었는데도 알아차리지 못하면 그것은 더 이상 존재할 수 없다. 알아차림은 보통 때에도 일어나지만 죽을 상황이 되면 그것은 가장 잘, 최대한으로 발휘된다. 그렇게 죽을 상황이 되면 알아차림의 정도와 강도는 최대, 최선이 될 수밖에 없다. 모든 존재는 적어도 죽을 상황이 되면 반드시 참된 알아차림을 얻고 그것을 내놓아야 한다.

실제로 우리의 뇌는 죽을 상황이라고 판단될 때 답을 내놓는다. 과연 우리 두뇌는 어떠할 때 죽을 상황으로 인식하나? 바로 강하고 반복되는 자극을 받을 때다. 우리의 두뇌는 강한 자극이 반복될 때를 죽을 상황이라고 판단한다. 그렇게 되면 답을 하지 않

그리스도를 깨달아

고는 견딜 수가 없어서 비로소 답을 내놓는다. 어떤 문제가 주어지면 쉽게 풀리는 경우도 있지만, 도저히 답이 나오지 않는 경우도 많다. 그러면 답을 몰라 답답하고 고통스러워 견딜 수가 없기 때문에 깊이 몰입한다. 만일 그때 답이 나오지 않는다고 알아차림을 금방 포기하면 답은 절대 나오지 않는다. 반대로 몇 시간이고 몇 날이고 몇 달이고 몇 년이고 계속 알아차리면 어느 순간 갑자기 정답이 떠오른다.

따라서 정답을 얻으려면 알아차림을 최대로, 최선으로, 완전히 끌어올려야 한다. 즉 '꽉 찬 의식(spiritful consciousness)'이 되어야 한다. 꽉 찬 의식이란 알아차림의 양이 최대가 되고 알아차림의 질이 최선이 되는 상태다. 알아차림의 정도와 강도가 최대가 되고 최선이 되어 완전해지는 상태. 성경은 이 상태를 '완전한(perfect)' 혹은 '충만(fullness)'이라고 해서 그리스어로 플레로마(πλήρωμα, pléroma)라고 부른다(요 1:16, 엡 1:7, 3:19, 4:13, 골 2:9). 그렇게 꽉 찬 의식이 되면 실상(實相), 참을 알게 되고 허상(虛像), 거짓은 사라진다.

산상수훈에서 예수는 '하늘에 계신 너희 아버지께서 완전하신 것 같이 너희도 완전하라(마 5:48)'라고 했다. 여기서 '완전하라'는 것은 우리의 능력이나 성품에서 완전하라는 말이 아니다. 우리의 본질인 알아차림 혹은 의식을 최대로, 최선으로(perfectly, absolutely, thoroughly) 완전하게 하라(fill up, complete)는 뜻이다. 또한 에베소서에도 이런 말이 나온다. '우리 모두가 하나님의 아들을 믿는 일과 아는 일에 하나가 되고 온전한 사람이 되어서 그리스도의 충만하심의 경지에까지 다다라야 한다(엡 4:13).' 즉 하나님과 그 아들을 아는 일에 있어 완전하여 그리스도의 충만(fullness of Christ), 꽉 찬 알아차림에까지 이르러야 한다는 뜻이다.

그런데 그 완전하고 충만한 알아차림의 상태를 바로 깨어있다고 한다. 보통 우리의 의식은 세 가지 상태로 존재한다. 깨어있거나 꿈을 꾸거나 잠자는 것이다. 잠자는 상태는 알아차림이 아예 작동하지 않는 상태다. 자신이 있는지 없는지, 자신이 살아 있는지 죽어 있는지조차 모른다. 꿈을 꿀 때는 의식이 일어나고 사라지기는 하지만 생시와 같이 완전하지 않고 불완전하다. 깨어나야 비로소 알아차림이 제대로 작동한다. 알아차려야 할 때 알아차릴 수 있고 알아차림의 정도와 강도가 온전한 상태가 된다. 감각하는 대상에 대해 온전히 알아차리고 느낌도 제대로 살아나고 반응을 뜻대로 할 수도 있다. 그래서 알아차림을 완전하고 충만하게 할 수 있으려면 반드시 깨어 있어야 한다.

악마가 나에게 절하라고 할 때 하나님만 섬기라고 한 예수는 참만 섬기라고 말한 것이다. 악마가 알기에 대부분의 사람들은 의식이 잠자고 있어서 참(참나)이 아닌 거짓(에고)에 복종하며 살아가고 있다. 그렇다면 하나님의 아들인 예수는 과연 참만을 섬기는지 시험해본 것이다. 어떻게 살아야 하는지에 대한 문제를 받아든 예수는 하나님만 섬겨야 한다는 대답을 내놓았다. 어떻게 살아야 하는지 아느냐는 악마의 질문에 예수는 하나님 곧 참만을 섬겨야 한다

그리스도를 깨달아

고 답한 것이다. 도대체 영으로 와서 참나(I AM)로 살다가 본래의 상태로 돌아가려면 어떻게 살아야 하는가? 이 세상에 와서 나는 무엇이고 왜 살아야 하는지를 알려면 어떻게 살아야 하는가? 한마디로 참만을 섬기기 위해 깨어서 살아야 한다는 것이 세 번째 시험에 나타난 예수의 깨달음이다.

달란트 비유

기독교인과 비 기독교인에게 예수의 달란트(talent) 비유만큼 잘 알려진 것도 없다(마 25:14~30). 심지어 예수를 믿지 않는 사람들도 이 비유를 잘 알고 있을 정도다. 그렇게 잘 알려진 비유인 만큼 사람들은 그 의미도 그만큼 잘 알고 있다고 여긴다. 흔히 그 비유가 말하려는 바는 하나님으로부터 받은 각자의 재능(달란트)을 잘 사용해야 한다는 식으로 알고 있다. 달란트의 비유는 그렇게 익숙하게 알려져서 익숙하게 말해지는 익숙한 비유로 지금까지 알려져 있다. 그러나 과연 그것이 그러한지를 알기 위해서는 그야말로 예수가 말한 대로 꽉 찬 알아차림이 필요하다.

마태복음에 나오는 달란트의 비유는 대략 이렇다. 어떤 사람이 여행을 떠나면서 자기 종들에게 재산을 맡겼다. 능력에 따라 다섯 달란트, 두 달란트, 한 달란트를 각자에게 맡겼다. 다섯 달란트를 받은 종은 '가서(went at once)' 장사를 하여 다섯 달란트를 남겼고, 두 달란트를 받은 종도 두 달란트를 더 벌었다. 그러나 한 달란트를 받은 종은 땅을 파고 주인이 맡긴 그 돈을 숨겼다. 오랜 뒤에 주인이 돌아와 결산하게 되었다. 다섯 달란트를 받은 종은 다섯 달란트를, 두 달란트를 받은 종은 두 달란트를 더 벌었다고 했다. 그러자 주인은 그들 각자에게 "착하고 신실한 종아. 잘했다."라고 하면서 주인과 함께 기쁨을 누리자고 했다. 그러나 한 달란트를 받은 종은 주인이 엄한 분이라 심지 않은 데서 거두고 뿌리지 않은 데서 모으는 줄 알고 두려워서 한 달란트를 땅에 숨겼다고 말했다. 그러자 그의 주인은 "악하고 게으른 종아. 너는 내가 심지 않은 데서 거두고 뿌리지 않은 데서 모으는 줄 알았다. 그렇다면 내 돈을 돈놀이하는 사람에게 맡겨 이자를 붙여 받았어야 했다."라고 하면서 그 한 달란트를 빼앗아 열 달란트를 가진 사람에게 주었다. 그리고 그 쓸모없는 종은 바깥 어두운데 쫓겨나서 슬피 울며 이를 갈게 된다(마 25:14~30).

이 비유에 등장하는 금 한 달란트는 신약 시대 기준 그 무게가 약 20kg으로 6,000데나리온의 값이 나갔다. 당시 노동자나 군인(연봉 225데나리온)의 하루 품삯이 한 데나리온이었기 때문에 한 달란트는 그들의 약 25년 품삯에 해당한다. 또 예수 당시 헤롯 안티파스가 갈릴리와 베레아를 통치할 때 1년 세입이 약 200달란트였다. 그것들을 감안할 때 그 종들이 받았던 다섯, 둘, 한 달란트는 엄청난 금액으로 이 비유를 들었을 청중들의 호기심을 끌기에 충분했을 것이다.

그리고 여기에 나오는 주인은 언뜻 보면 탐욕스럽고 엄격한 성격의 소유자다. 이 비유에 등장하는 그 주인 스스로도 그런 묘사에 동의하는 모습을 보이기 때문이다. 누가복음에도 이 달란트의 비유와 같은 '열 므나의 비유'가 나온다(눅 19:12~26). 이 비유에서는 해외에 나가 왕위를 얻으려는 귀족의 이야기와 결합해서 나온다. 이 므나의 비유에 나오는 귀족 역시 탐욕스럽고 엄격한 모습으로 그려지고 있으며, 그도 역시 스스로 그런 평가를 받아들이고 있다.

또 두 비유에 나오는 '이자(τόκος)'라는 말은 신약성경 전체에서 오직 이 비유들에서만 나온다. 구약성경에서 이자에 대한 언급이 몇 번 나오지만, 모두가 부정적인 의미로 사용되고 있다. 모세 오경 즉 토라 다섯 권 안에 들어 있는 가장 오래된 법전 세 가지 모두는 이자를 받는 것에 대해 같은 입장을 취한다. 하나같이 가난한 사람이나 친족이나 동족에게 돈이나 현물을 빌려주고 이자를 받아서는 안 된다는 것이다(출 22:25, 레 25:36~37, 신 23:19). 그러므로 구약의 율법과 전통에 익숙한 당시 1세기 유대인 청중들에게 이 비유에 등장하는 이윤을 남긴 앞의 두 종은 긍정적이지만, 그렇지 못한 세 번째 종은 부정적인 본보기로 보이지도 않았을 것이다.

따라서 이 비유가 단순히 각자가 받은 재능을 잘 사용하라고 말하는 식으로 해석되는 것은 온당치 않다. 그 이유는 첫째로 그런 해석은 마치 하나님이 인간에게 재능을 부여하고 그것의 대가를 탐욕스럽고 엄격하게 요구하는 존재처럼 해석되기 때문이다.

과연 하나님은 사람들에게 재능을 부여하고 그것의 성과에 따라 그들을 천국이나 지옥에 가게 하는가? 둘째로 그런 해석은 예수의 하나님이 구약의 하나님에 맞서서 이자 받는 것을 지지하는 것처럼 해석되기 때문이다. 구약의 하나님이 이자 받는 것을 부정하는데 예수의 하나님은 이자 받기를 긍정하여 사람에게 부여된 재주와 능력의 대가를 더 많은 이자까지 붙여서 돌려받으려 하는가?

그러나 사실 이 달란트 비유가 의도하는 바는 알아차림에 관한 것이다. 다시 말해 각자에게 부여된 알아차림을 잘 활용해야 한다는 뜻이다. 마태복음에는 이 비유가 슬기로운 처녀의 비유 다음에 나온다. 곧 등과 기름을 준비한 슬기로운 처녀와 같이 신랑이 오는 그날과 그 시각을 알지 못하기 때문에 항상 깨어있으라고 권면하는 맥락에서 사용된다. 또 마태복음은 악하고 게으른 종이 바깥 어두운 데로 쫓겨나서 슬피 울며 이를 갈 것이라고 말한다. 즉 만일 항상 깨어서 알아차리는 삶을 살지 않으면 천국 밖의 어두운데 있을 것이라고 말하고 있는 것이다.

다시 말하지만, 우리를 포함한 모든 존재는 하나님으로부터 왔다. 성령 하나님으로부터 온 우리의 영은 물질 속에 담겨 있다. 그렇게 영이 물질인 몸에 담겼다면 그것은 성령인 주인이 영을 몸인 종에게 맡긴 것이다. 성령이 우리 각자에게 부여한 영은 '온몸(πάσης σαρκός)'을 잘 다스려 참나를 깨달아 영생을 얻어야 한다(요 17:2). 말하자면 성령이 주인이라면 영을 받은 우리의 몸은 종인 것이다. 또 성령이 우리에게 개별 영을 부여하고 그 영으로 살아보라고 하

그리스도를 깨달아

고 떠났으니 주인이 여행을 떠난 것이다. 영을 부여받은 몸인 우리 입장에서 보면 주인이 달란트를 맡겨 놓고 떠난 것이다. 그러므로 여기서 달란트는 우리에게 주어진 영, 의식, 알아차림이다.

그 달란트가 영, 의식, 알아차림이라면 각 존재에게 주어진 양이 서로 다를 수 있다. 예컨대 사람에게 주어진 의식과 생물에 주어진 의식과 무생물에 주어진 의식의 양은 서로 다르다. 마찬가지로 사람마다 받은 의식의 양은 각기 서로 다를 수 있다. 하지만 각각이 받은 알아차림의 양이 서로 다를 수 있어도 각자는 적어도 한 달란트 이상을 받았다. 즉 한 달란트의 값어치가 평생 벌어야 할 만큼이듯이 각자가 받아 누리는 알아차림의 양은 나름 평생을 쓰고도 남을 만큼 충분한 양이다. 그런 의미에서 여기 종들이 받은 다섯, 둘, 한 달란트는 단순히 각자가 받은 알아차림의 절대량이기보다 그것의 활용 여부에 따라 그 결과가 달라질 수 있는 잠재량이라고 해야 한다.

이제 주인이 여행을 떠나서 있는 동안은 받은 달란트로 성과를 내야 할 시간이다. 우리의 일생은 의식, 알아차림을 사용하여 그것의 결과를 덧붙여 만들어낼 기간이다. 우리가 영을 갖고 태어난 것은 몸의 삶을 통해 참나(I AM)를 알아차리라는 것이다. 달란트를 받은 두 종이 장사하여 이윤을 남겼듯이 알아차림을 부여받은 인간은 그것을 사용하여 우리 본성인 참나를 발견하여 영생을 얻어야 한다. 그러려면 끊임없이 알아차려야 하고 주의 깊게 알아차려야 한다. 그렇게 하려면 알아차림의 정도와 강도를 최대, 최선으로 끌어올려야 한다. 다섯 달란트를 받은 종과 두 달란트 받은 종은 그렇게 알아차려서 알아차림의 결과를 배가(倍加)할 수 있었다.

한편 한 달란트를 받은 종은 그 달란트를 땅에 숨겼다. 그 달란트를 땅에 숨긴 이유는 주인을 잘 몰랐기 때문이다. 그는 심는 대로 거두는 주인을 심지 않은 곳에서 거두고 뿌리지 않은 곳에서 모으는 존재로 알았다. 그런데 이 종은 왜 그렇게 주인을 잘 몰랐을까? 그것은 역시 꽉 찬 알아차림이 없었기 때문이다. 대상을 제대로 알아차리지 못하면 참이 아니라 거짓을 알게 된다. 실상이 아니라 허상을 본다. 깨닫지 못하면 하나님을 제대로 알 수가 없다. 결국 이 종은 알아차림에 실패하여 '악하고 게으른 종'이라는 책망을 들었다. 도대체 악하고 게으른 것이 무엇인가? 악(惡)은 갇힌(亞) 마음(心)이고, 게으름은 알아차리지 않음이다. 이 종은 알아차림을 자신의 몸 안에, 자아 안에 숨겨 놓음으로써 참을 알아차리지 못했다. 앞의 착하고 신실한 종들이 자아 밖으로 '즉시 나갔다(went at once)'면 이 악한 종은 알아차림을 물질인 몸 안에, 자아 안에 가두어 두었다. 그러나 악하고 게으르지 않으려면 자아 안에 숨겨져 있는 알아차림을 끄집어내어 참나, 실상, 참을 알아차려야 한다.

예수는 공생애 동안 그의 가르침을 받는 이들에게 항상 깨어 있으라고 말했다. 그때가 언제인지 모르니 깨어 있어야 하고(막 13:33), 정신을 언제 빼앗길지 모르니 깨어 있으라고 했다(마 24:43). 또 앞으로 일어날 모든 일을 피하기 위해서도 깨어 있어야 한다고

그리스도를 깨달아

말했다(눅 21:36). "내가 너희에게 하는 말은 모든 사람에게 하는 말이다. 깨어 있어라(막 13:37)." 그렇게 깨어 있으라고 말했던 예수는 이 달란트의 비유를 통해서 그것을 말하고자 했다. 우리에게 부여된 우리의 본질인 알아차림을 최대, 최선으로 사용하여 살라고 말한 것이다. 그렇지 않으면 천국 곧 환하게 깨우친 상태에 이르지 못하고 그 바깥 어두운 데서 고통받아야 하기 때문이다.

5. 옥獄몽蒙각覺천天

여기가 지옥?

아마 예수는 기원전 4년경 헤롯대왕이 죽기 직전 태어났을 것이다. 예수의 탄생 시기와 관련하여 마태복음과 누가복음에서 공통으로 발견되는 것이 있다. 누가복음은 세례 요한과 예수의 탄생 시기가 '유대 왕 헤롯 때에(눅 1:5)'라는 말로 시작한다. 이것과 비슷하게 마태복음도 동방 박사들이 도착한 것은 '헤롯 왕 때에(마 2:1)'라고 말하고 있다. 이 공통된 구절은 헤롯 대왕의 통치 기간 중 어느 시점을 가리키는 표현이다. 기원전 63년 로마인들이 들어오기 전 100여 년 동안 유대 국가는 하스몬 왕조에 의해 통치되었다. 그 후 유대 왕가의 내전이 로마의 정치적 내란과 결부되면서 최후의 승자는 유대인이 아닌 이두매(Idumaea, 에돔) 사람 헤롯(Herod)이었다. 로마 원로원은 그를 유대인의 왕으로 임명했고, 그는 기원전 37년부터 4년까지 유대인들을 강압적으로 다스렸다.

헤롯 대왕의 죽음은 그가 지배했던 영토 전역에서 대규모의 반란을 초래했다. 헤롯 대왕이 죽자마자 팔레스타인 전역에서 폭동이 일어났으며, 북쪽 갈릴리의 수도이자 중심 도시 세포리스(Sep-

그리스도를 깨달아

phoris) 역시 반란의 거점이었다. 유대인 역사가 요세푸스는 헤롯 대왕이 죽은 후 그 자리를 차지하기 위해 일어선 하층 계급 지도자 세 명을 언급한다. 그들은 북쪽의 갈릴리에서 활동한 유다(Ju-das)와 동쪽의 요르단강 건너 베레아의 시몬(Simon), 그리고 남쪽 유다의 아트롱게스(Athrongges)였다. 당시 갈릴리에서 반란을 일으킨 유다는 옛날 사울이 그랬듯이 키가 크고 잘 생겼고, 남쪽의 아트롱게스는 다윗처럼 양치기였다. 이 무장 반란들은 농민 계층으로부터 터져 나왔으며, 이상화하여 회상되던 사울과 다윗을 모델로 하여 일어났음을 말해준다.

반란이 얼마나 큰 것이었는지는 그 반란을 진압하기 위해 투입된 군사력의 규모가 말해 준다. 보통 단순한 지역적 소요 사태는 그 지역의 예비부대들(auxiliary forces)이 통제할 수 있었다. 당시 유대 땅에는 로마 군단(legion)이 배치되어 있지 않았다. 이 반란을 진압하기 위해 로마는 수많은 예비부대와는 별도로 파르티아와의 국경에 배치된 세 개 군단을 파견해야 했다. 즉 로마제국은 시리아 총독 바루스의 지휘 아래 약 18,000명의 정예 병력과 2,000명의 기병대와 15,000명의 보조 보병대를 파견했다. 그리고 바루스는 일부 병력을 가이우스의 지휘하에 갈릴리로 출병시켜 모든 반란자를 궤멸시키고 세포리스를 불태웠다. 그리고 그 주민들 8천에서 1만 2천 명을 노예로 팔아버렸고, 예루살렘 성벽 밖에서 2천 명을 십자가에 처형했다.

그런 반란의 시대에 예수는 수백 명 정도의 인구를 가진 나사렛에서 태어나고 자랐다. 이곳은 이방 지역과 인접하여 '이방인의 갈릴리(마 4:15)'로 불리기도 했다. 갈릴리 지방은 이방인과의 혼혈들도 많았고, 언어 역시 방언들이 많았다. 재판받는 스승 예수를 따라 베드로가 가야바의 뜰에 들어갔을 때, 한패로 지목당한 이유도 갈릴리 사투리 때문이었다. 그래서 갈릴리 사람들은 같은 유대인들로부터 무시당하기 일쑤였다(요 1:46, 7:52). 유대인들은 '갈릴리에서 그리스도가 날 수 없다(요 7:41).' 혹은 '갈릴리에서는 예언자가 나오지 않는다(요 7:52).' 라고 늘 말했다. 또한 수도 예루살렘에서 많이 떨어진 산악지대라는 지리적, 지형적 특성 때문에 로마가 지배하던 당시에는 혁명가들이나 반란자들이 이곳을 근거지로 하여 활동하기도 했다(행 5:37).

갈릴리의 분봉 왕 헤롯 안타파스의 궁전이 있었던 세포리스에서 약 6㎞ 떨어진 나사렛에서 성장한 예수는 당시 전해지던 전쟁 이야기를 들었을 것이다. 그때 그들에게 전해지던 중요했던 사건은 로마인들이 그들의 마을을 쳐들어온 날들에 관한 것이었다. 그날의 폭력이 절정에 달한 시기를 지났지만, 사람들은 아직 그 상흔에 시달리고 있었다. 그래서 예수는 성장하는 동안 로마인들이 침략했던 날들에 관해 되풀이해서 들을 수밖에 없었을 것이다. 당시 예수를 포함한 갈릴리 사람들에게 로마인들은 그저 멀리 떨어진 신화적인 존재들이 아니었다. 현실적으로 로마인들은 예수가 태어났을 무렵 실제로 나사렛의 마을들을 무참하게 유린한 군인들이었다.

그리스도를 깨달아

나사렛에서 나고 자란 예수는 목수로 알려져 있다. 마가복음에 의하면, 예수가 고향에 돌아와 안식일에 회당에서 가르칠 때 나사렛의 이웃들은 "이 사람은 마리아의 아들 목수가 아닌가?(막 6:3)"라고 했다. 한편 마태복음은 "이 사람은 목수의 아들이 아닌가?(마 13:55)" 누가복음은 "이 사람은 요셉의 아들이 아닌가?(눅 4:22)" 요한복음은 "이 사람은 요셉의 아들 예수가 아닌가?(요 6:42)"라고 말한다. 우리가 마가복음을 따라 '목수'로 읽든지 아니면 마태복음을 따라 '목수의 아들'로 읽든지 그것은 아들이 아버지의 직업을 물려받던 세상에서는 별 차이가 없다.

여기서 '목수'라고 번역되는 테크톤(τέκτων)은 사회, 경제적으로 과연 어떤 계층이었을까? 초기 기독교사의 대가, 램지 맥멀렌(Ramsay Mcmullen)은 그리스 로마 세계에서 목수는 하층 계급에 속했다고 말한다. 이보다 앞서 이루어진 게하르트 렌스키(Gehart Lenski)의 연구에 의하면, 로마제국은 상류 계급과 하층 계급 사이의 커다란 격차를 특징으로 하였다. 상류층에는 지배자와 관료들이 있었고, 그들은 인구의 1%를 점유하면서도 국토의 적어도 절반을 소유했다. 그 계층에는 최상층 지배자들 외에 토지의 15% 정도를 소유한 성직자들, 군대 장군들에서 전문 관료들에 이르는 신하들, 하층 계급에서 부를 얻어 신분이 상승한 상인들도 포함되었다.

하층에는 인구의 거의 대다수를 차지하는 농민들이 있었는데, 그들이 거둔 일 년 수확의 대략 3분의 2를 상류 계급을 유지하는 데 바쳤다. 그들은 운이 좋으면 간신히 가족을 부양하고 가축을 기르며 사회적 책임을 다하고 나서도 다음 해에 쓸 종자를 확보할 수 있을 정도였다. 운이 나쁠 때는 가뭄, 빚, 질병이나 죽음으로 인해 그들의 땅에서 쫓겨나서 공동 경작이나 소작농 혹은 그보다 더한 심각한 상황에 빠졌다. 그다음에 인구의 약 5%를 차지하는 장인들이 있었는데, 이들은 일반적으로 재산을 다 잃어버린 사람들로 사회 계층상 농민들 아래 위치했다.

그 밑에는 천민 계층과 소모 계층이 있었고, 천민은 그들의 혈통, 직업, 또는 신분으로 인해 떠돌이가 된 사람들이었다. 또한 소모 계층은 대략 인구의 10%를 점하는 사람들로 거지와 탈법 자들로부터 불량배, 날품팔이꾼, 노예로 구성돼 있었다. 이런 소모계층이 존재한 이유는 그 명칭이 암시하듯 당시의 농경사회가 죽음과 질병, 전쟁과 기아에도 불구하고 적정 수준보다 훨씬 더 많은 하층계급 사람들이 있었기 때문이다.

따라서 로마 치하에 살던 예수가 목수였다면 그는 사회 계층상 장인 계급에 속했다는 말이다. 이 계급은 농민과 천민 계층 혹은 소모 계층 사이에 위태롭게 끼어 있었다. 그들은 농토를 갖지 못한 상태에서 자기 기술로 겨우 생계를 유지하는 계층이었다. 그들은 그런 삶을 위해 아마 사람들의 집을 고치거나 필요한 도구들을 만들거나 집안의 가구를 손보거나 가축을 위한 도구들을 제작했을 것이다. 아니면 때로 주변의 마을이나 나사렛에서 가까운 갈릴리의 중심 도시 세포리스에서 진행되는 공사에 참여하여 다른 사람들과 함께 일하기도 했을 것이다.

그리스도를 깨달아

그 과정에서 예수는 유대 땅의 현실과 유대인들의 고통스러운 삶을 지켜보았다. 유대 땅은 억압과 수탈과 절망으로 가득 채워져 있었다. 지배자 로마는 유대인들을 강압적으로 다스렸고, 겨우 생존하고 있는 유대인들의 일상을 수시로 위협했다. 같은 유대인 지배자들도 예외가 아니어서 동족에 대한 연민보다 서로를 차별하고 이기적으로 이용했다. 상대적으로 하층 계급에 속한 유대인들이 더욱 고통을 받았고, 그들은 희망 없이 멍한 눈을 하고 살아가고 있었다.

그런 상황은 비단 유대 땅, 유대인들에게만 국한되지 않았다. 그들을 지배하는 로마는 물론 유대 땅을 벗어난 세상 어디에서도 예외가 없었다. 그야말로 이 세상 어디나 자기중심의 탐욕으로 얼룩져 폭력이 난무했다. 그렇게 사는 것이 당연하다거나 어쩔 수 없다고 여기는 무지와 어리석음이 그들 모두의 삶을 지배했다. 오직 자기와 자기들만을 위하는 이기성이 그 어느 때 그 어디를 막론하고 구조적으로 만연되어 있었다. 그야말로 탐욕과 무지와 이기가 지배하는 그런 세상은 괴롭고 힘들고 어두웠고, 그러한 이 세상 자체가 지옥과도 같았다. 아니 지옥 그 자체였다!

지옥에 사는 이유

그 같은 고통스러운 현실과 인간의 실존은 틀림없이 예수를 깨달음으로 인도했을 것이다. 보통 알아차림은 대상을 만나는 순간 일어나기 때문에 대상과의 만남이 깨달음을 가져온다. 그런 깨달음은 만나는 대상이 강렬하고 반복적일수록 일어나기가 쉽다. 만일 그 대상이 예전과 비슷한 세기의 자극을 갖고 있거나 항상 보고 듣고 접촉할 수 있는 정도의 것이라면 새로운 깨달음은 일어나기 어렵다. 물론 그런 강렬한 대상과 환경을 만난다고 모든 사람이 깨달음을 얻는 것은 아니다. 앞의 달란트 비유에서처럼 치열하고 진실하게 알아차림을 추구하는 사람만이 새로운 통찰을 얻을 수 있다. 고통스러운 상황에 직면한 깨어있는 사람이야말로 깨달음을 얻는다.

인류 역사에서 많은 선각자가 한꺼번에 출현한 시기가 있었다. 그 시기는 독일의 철학자 칼 야스퍼스(Karl Jaspers, 1883~1969)에 의해 차축시대(die Achsenzeit)로 명명되었다. 기원전 8세기에서 기원전 3세기까지 중국에서는 노자, 공자, 묵자, 장자 등이, 그리스에서는 호메로스, 탈레스, 소크라테스, 플라톤, 아리스토텔레스 등이, 메소포타미아에서 조로아스터가, 인도에서는 석가가 나타났다. 이 시기는 인류사에 철기 문명이 보편화되면서 철제 농기구를 사용한 단위 면적 당 생산량이 급속히 증가하던 때였다. 그 결과 잉여 부를 축적한 나라들은 발달한 철제 병기와 도구들을 앞세워 이웃나

그리스도를 깨달아

라들을 침략하여 사람들을 마구 죽이고 약탈하고 노예로 삼았다. 그런 처참한 상황을 마주하면서 당시 깨어있던 사람들은 그것을 해결할 수 있는 질문을 하기 시작했다. 이른바 축의 시대 선각자들은 자신들의 부귀영화는 물론 때로는 일상적 삶까지 희생한 채 개인적, 사회적 삶의 바탕이 되는 지혜들을 찾아서 그것들을 세상에 속속 내놓았다.

예수 역시 고통의 시대를 살았다. 여느 시대 못지않게 당시 사람들이 처한 현실은 어둡고 절망적이었다. 삶은 고통스럽고 누구나 죽는다! 어떻게 하면 삶의 고통에서 벗어날 수 있을까? 어떻게 하면 지옥 같은 삶을 벗어나 천국과 같은 삶을 살 수 있을까? 어떻게 하면 죽음에서 벗어나서 영원히 살 수 있을까? 그렇게 할 수 있는 방법은 과연 있기나 한 것인가? 예수도 그런 물음에 대한 해답을 찾기 위해 광야로 나갔을 것이다. 그런 그의 분투는 비단 유대 광야에서만 국한되지 않았을 것이다. 아마 공생애에 나서기 전 그의 삶 전체가 광야 기간이었을 것이다.

처참한 현실을 목도하며 예수는 사람이 그런 삶을 살게 되는 이유를 찾아냈다. 사람이 지옥과 같은 현실을 사는 원인은 근본적으로 인간의 어두움 때문이다. 여기서 어둡다는 것은 어리석고 우둔하여 눈이 보이지 않는 것과 같다는 말이다. 사물을 보는 감각기관의 눈이 먼 것이 아니라 무엇을 알아차리는 의식의 눈(eye of consciousness)이 멀었다는 뜻이다. 의식의 눈이 멀어버리면 알아차려야 할 것을 알아차리지 못한다. 설령 알아차린다고 하더라도 실상을 알지 못하고 허상을 알 뿐이다. 이를테면 변하는 것을 영원하다고, 괴로운 것을 즐거운 것이라고, 없는 것을 있다고 알아차린다. 이렇게 의식의 눈이 멀어버리면 참모습을 보지 못하고 진실을 알지 못한다. 참을 알지 못하는 무지한 사람은 어쩔 수 없이 어리석은 행동을 할 수밖에 없다.

도대체 사람은 왜 그렇게 참을 알지 못하는 것일까? 그것은 근본적으로 사람의 의식구조 때문이다. 사람의 의식, 알아차림은 대상을 만나면 일어나기 때문에 그것은 항상 상대적이고 경험적이고 개체적이다. 그 의식, 알아차림은 대상을 만나면 일어나기 때문에 인식 주체와 객체가 나누어진 이원성을 그 특성으로 가질 수밖에 없다. 그렇게 이원성의 틀로 인식하기 때문에 사람은 대상을 절대적, 근원적, 전체적으로 알아차릴 수가 없다. 기본적으로 사람은 참을 알아차릴 수 있는 본래의 의식, 알아차림이 제대로 되지 않아 잘 알지 못하고 무지하다. 그야말로 대상을 알아차림에 의식적으로 힘을 쏟지 않으면 그 알아차림은 무의식적으로 이루어진다.

게다가 사람이 그렇게 참을 알지 못하고 무지한 이유는 현실에서 당면한 몸의 삶이 힘들기 때문이다. 몸을 가진 사람은 당장 몸의 생존을 위해 힘을 써야 하고, 더구나 심한 탐욕과 무지와 이기의 시대를 살기 위해서는 더욱 그래야 한다. 하지만 일반적으로 한 사람이 쓸 수 있는 힘은 제한되어 있다. 몸을 움직여 일하느라 힘을 소진하면 무엇을 알아차리기 위해 쓸 수 있는 힘은 충분히 남아있지 않다. 알아차림을 위해서도 에너지가 필요한데 육체의

그리스도를 깨달아

삶을 살기 위해 그것을 소진하다 보면 알아차림을 위한 여력은 남아있지 않게 된다. 결국 사람은 알아차림에 주의하지 않은 채 늘 하던 대로 알아차리거나 그런 의식에 취해서 살아가는 것에 익숙하게 된다.

로마 치하를 살던 당시 사람들도 역시 그렇게 살고 있었다. 로마도 그 어떤 시대의 제국보다 오히려 강압적으로 식민지를 다스렸고 식민지인들을 무자비하게 약탈했다. 로마를 대리하는 유대인 권력자들도 어쩌면 그들 이상으로 동족인 유대인들을 착취하고 괴롭혔다. 그들 역시 로마인들과 같은 의식을 소유한 채 그들의 앞잡이가 되어 탐욕과 무지와 이기를 휘둘렀다.

그런 상황에 부닥친 유대인 대다수도 입장이 다를 뿐 그 의식은 그들과 전혀 다르지 않았다. 그들 나름의 탐욕과 무지와 이기로 무장한 로마나 그 대리 권력에 맞서는 그들도 역시 같은 의식을 가졌을 뿐이다. 그래서 결국 그들도 로마나 그 협력자를 능가하는 힘을 가진 메시아를 기다렸고, 그런 메시아가 나타나서 그런 상황을 반전시켜 줄 것을 기대하였다. 만일 그런 일이 살아서 이루어질 수 없다면 죽어서라도 그런 고통과 괴롬과 눈물이 없는 천국에 갈 수 있기를 소망했다.

이처럼 근본적으로 힘든 삶을 살아가는 사람은 알아차림에 깨어있을 수 없다. 자신의 알아차림에 주의를 기울이지 못하고 알아차리는 것에 몰두할 수가 없다. 그것을 위한 여력이 없어 알아차림의 정도나 강도에 신경 쓸 겨를이 없다. 자신이 하는 알아차림의 방법이 바른 것인지, 그렇지 못하다면 어떻게 해야 하는지 알지 못한다. 그저 자신에게 익숙한 방식대로 의식의 자동적인 흐름에 맡겨 살아갈 뿐이다. 다만 각자 나름대로 형성한 의식대로 그것에 취해서 반복적으로 살아갈 따름이다. 아프지만 예수가 목격한 제자들이나 당시 세상 사람들의 모습이 한결같이 그랬다.

도마복음 28장에는 그것과 관련된 이야기가 나온다. "예수께서 말씀하셨다. 나는 세상 한가운데 와서 육신으로 세상 사람들에게 나타났다. 나는 그들 모두가 취해 있는 것을 보았지만 아무도 목말라 하는 사람이 없는 것을 알았다. 내 영혼은 이런 사람의 아들들로 인해 아파한다. 그들은 마음의 눈이 멀어 빈손으로 세상에 왔다가 빈손으로 세상을 떠나게 되는 것을 알지 못하기 때문이다. 그러나 지금은 그들이 취해 있지만, 그들이 술에서 깨어나면 회개하리라."

여기에 나오는 예수의 말은 제자들의 물음에 답한 것이라기보다 마치 스스로를 돌아보면서 혼자 하는 독백처럼 들린다. 지금까지 이 세상에서 그가 삶을 살아오면서 그리고 사람들을 지켜보면서 확인한 것을 말하는 것 같다. 즉 '영(靈)으로서의 나는 육신을 입고 이 세상 사람들에게 나타나 보였다. 나는 세상 사람들 모두가 자신들이 스스로 만들어낸 의식에 취해 있는 것을 보았다. 그러나 아무도 그것에서 깨어나고자 하는 사람이 없는 것을 알았다.'

분명한 것은 당시 예수의 제자들만이 자신들이 만든 의식에 취해 있었던 것이 아니다. 예수의 가르침을 받는 제자들만이 아니라

　　　　　　　　　　　　　　그리스도를 깨달아

당시 유대인들 대부분이 그랬다고 보아야 한다. 당시의 유대인들만이 아니라 지금 우리를 비롯해 거의 모든 사람이 마치 술에 취하듯이 자신들이 만들어낸 의식에 취해 있다. 하지만 안타깝게도 아무도 그런 의식에서 깨어날 생각을 하지 않는다. 더욱 안타까운 것은 자신들이 그런 의식에 빠져 있다는 사실조차 알지 못하는 것이다. 그래서 그런 사람들을 지켜보는 예수는 그들에 대한 안타까움으로 인해 마음이 무척 아프다.

이같이 대부분의 사람은 마음의 눈이 멀어 존재의 실상을 제대로 보지 못한다. 그들은 실재한다고 믿고 있는 세상이 빈손으로 왔다가 빈손으로 떠나게 되는 꿈과 같은 것임을 알지 못한다. 세상의 것들을 탐하고 그것을 이루기 위해 폭력까지 행사하며 어리석게 살아가는 삶이야말로 신기루와 같은 것임을 전혀 모른다. 그러나 지금은 그들이 비록 마음의 눈이 멀어 있지만, 그들이 마음의 눈을 뜨고 깨어나면 본래 하나님이 주신 의식을 되찾게 될 것이다.

천국을 살려면

이렇게 지옥을 사는 이유가 알아차리지 못해서라면 그것에서 벗어나려면 당연히 알아차려야 한다. 지옥에서 벗어나서 천국을 살려면 의식의 눈을 뜨고 깨어나야 한다. 위의 도마복음 28장에서 예수가 말한 대로 마음의 눈을 뜨고 의식이 깨어나야 한다. 일반적으로 사람들은 의식이 잠들어 있다. 의식이 깨어있지 않은 상태로 대상을 보고 느끼고 행동한다. 이를테면 사물을 볼 때도 보이는 대로 본다. 대상에 대해 느낄 때도 과거의 기억된 느낌대로 느낀다. 느낌에 따라 행동할 때에도 의식적이지 않고 무의식적으로 행동한다. 그렇게 하는 것은 의식이 깨어있는 것이 아니고 잠을 자는 것이다. 그것은 의식이 잠자는 것이거나 꿈꾸는 것이지 깨어난 것이 아니다.

의식이 깨어나는 깨달음은 지금 이 순간 있는 그대로(實相)를 알아차림이다. 있는 그대로 실체나 이치를 환히 알아차리는 것이다. 그 깨달음은 마치 번개가 번쩍하는 것과 같다. 번개가 치면 순식간에 전체가 밝아지듯이 깨달으면 있는 그대로가 한꺼번에 보인다. 이처럼 순식간에 전체가 환하게 밝아지기 때문에 있는 그대로인 실상을 알아차린다. 있는 그대로의 실상이 참모습이고 참모습이 진리이기 때문에 깨달으면 진리가 보인다. 그런 이유에서 누군가가 깨달으면 자신이나 사물에 대한 참모습을 알아차리게 되는 것은 너무도 당연하다.

깨달은 존재인 예수는 무엇보다 자신의 진짜 모습이 영, 의식, 알아차림인 것을 알았다. 그와 마찬가지로 우리도 깨달으면 우리의 실제 모습을 안다. 우리의 실체는 물질 즉 몸이 아니고 영이고 의식이고 알아차림이다. 우리의 본질이 알아차림이기 때문에 깨어나면 알아차림은 자연스럽게 일어난다. 만일 우리가 깨어나서 우

그리스도를 깨달아

리 자신을 깨달으면 우리의 본성인 영, 알아차림이 살아날 수밖에 없다. 그렇게 알아차림이 살아나면 자신의 가짜 모습이 아닌 진짜 모습을 알게 되고, 그렇게 알아차린 자신의 진짜 모습대로 잘못된 알아차림이나 행동하지 않게 된다.

반면 의식이 깨어나지 않은 채 생각하고 느끼고 행동하면 당연히 고통스러운 결과가 뒤따른다. 깨어서 살지 않으면 고통에서 벗어날 수 없기 때문에 고통에서 벗어나려면 반드시 깨어나야 한다. 예수는 지옥 상태에서 벗어나서 천국 상태에 들어가려면 깨달아야 한다는 것을 깨우쳤다. 고통스럽고 어두운 현실에서 벗어나서 고통 없고 밝은 현실로 들어가려면 잠자고 있는 알아차림이 깨어나야 함을 알아차렸다. 그는 죽음에서 벗어나서 생명을 얻으려면 깨달아야 한다는 것을 깨우쳤다.

그것을 엿볼 수 있는 예수의 말씀이 있다. 예수는 "내 말을 듣고 또 나를 보내신 분을 믿는 사람은, 영원한 생명을 가지고 있고 심판을 받지 않는다. 그는 죽음에서 생명으로 옮겨갔다(요 5:24)."라고 했다. 흔히 이 말씀을 하나님을 믿으면 영생을 얻는다는 의미로 알지만, 이것을 본래의 의미를 살려 번역하면 다음과 같다. '이 사람의 말을 알아듣고서 (아버지께서) 내게 보내신 것을 깨닫는 사람은 영원한 생명을 얻어 멸망에 이르지 않고 죽음에서 생명으로 옮겨졌다.'

여기서 '나를 보내신 분'이라고 옮긴 것은 '내게 보내신 것(the one)'이라고 옮겨야 옳다. 곧 하나님이 내게 보내신 것은 하나님이 보내신 영(πνεύμα)이고, 그 영을 '믿으면'보다는 그 영을 '깨달으면' 영원한 생명을 얻게 된다는 뜻이다. 자신의 정체가 영인 것을 깨달으면 자신이 죽을 수밖에 없는 몸(물질)이 아니라 죽지 않는 영임을 알게 되기 때문이다. 즉 자신의 정체를 깨달으면 죽는 존재에서 영원히 사는 존재로 옮겨간다는 뜻이다. 그런데도 '나를 보내신 분'이라고 하면, 나의 정체인 영(πνεύμα)이 가려져서 영인 아버지와 영인 나, 아들의 관계가 명확해지지 않는다.

한마디로 예수는 천국에 들어가려면 의식이 변해야 함을 깨달았다. 깨닫는 의식의 변화만이 사람을 고통과 죽음에서 구원한다는 깨달음을 얻었다. 그는 죽음에서 영생을 얻으려면 반드시 자신이 무엇인지 깨달아야 한다는 것을 알았다. 즉 고통에서 벗어나서 기쁨과 평화 상태로 들어가려면 의식, 알아차림을 변화시켜 깨달아야 함을 깨우쳤다. 예수는 인간이 고통과 죽음의 감옥에 갇혀 있고, 그 원인은 깨닫지 못하는 어둠 때문이고, 그 어둠에서 벗어나려면 깨달아야 하고, 깨달으면 천국에 들어갈 수 있음을 알아차렸다. 다시 말해 예수는 인간이 감옥에 갇혀 있고(獄) 그 원인은 어둠 때문이고(蒙) 그것에서 깨어나면(覺) 천국에 이른다는 것을 깨달았다(天). 그는 이 옥(獄)몽(蒙)각(覺)천(天)을 깨달아 그리스도가 되었고, 그 깨달음을 삶으로 살았고, 그것을 사람들에게 가르쳤다. 이처럼 예수는 옥몽각천의 깨달음을 통해 인류를 고통과 죽음에서 구원하였다.

공관복음서와는 달리 요한복음에는 예수가 행한 기적에 관한

그리스도를 깨달아

기사가 많지 않다. 요한복음에는 예수의 기적이 일곱 개가 나오는데, 그 첫 번째 기적이 바로 가나의 혼인 잔치에서 그가 행한 것이다. 예수와 그의 어머니가 참석했고 그의 제자들도 초대받은 혼인 잔치에서 물로 포도주를 만든 사건이 그것이다. 보통 사람이라면 물을 변화시켜 포도주가 되게 할 수는 없다. 그래서 이 물로 포도주를 만든 사건은 예수의 신성을 드러내는 기적으로 해석하는 것이 보통이다.

하지만 예수가 물로 포도주를 만들었다는 이야기는 실제로 일어난 초자연적인 기적을 말하지 않는다. 예수가 신적인 메시아이기 때문에 보통 사람이라면 할 수 없는 기적을 행했음을 말하려는 것이 아니다. 여기서 결코 잊어서 안 되는 사실은 지금 일어나지 않는 일은 그때도 일어나지 않았다는 것이다! 즉 인간의 오감을 초월한 정신적인 체험을 말하려면 그것을 비유로 나타낼 수밖에 없다. 그런 이유에서 예수는 그의 가르침을 주로 비유로 말하였다. 예수와 마찬가지로 그를 믿고 따르던 제자들도 그런 예수와 그의 가르침을 전하려고 그들 나름의 비유를 사용한 것이다. 예수가 자신과 자신의 가르침을 위해 비유를 사용했듯이, 그를 따르던 제자들도 예수와 그의 가르침을 전하기 위해 그들 나름의 비유를 사용했다. 가나의 혼인 잔치에서 예수가 물로 포도주를 만든 이야기는 실제 사건이기보다 예수가 누구이고 무엇을 했는지를 전하기 위한 비유다.

예수가 물로 포도주를 만들었다는 이야기는 대략 이렇다. 예수와 그의 일행이 참석한 가나의 혼인 잔치에 갑자기 포도주가 떨어졌다. 어머니가 그것을 알리자 예수는 '여자여, 나와 무슨 상관이 있느냐'고 말한다. 하지만 곧바로 예수는 하인들에게 여섯 개의 항아리에 물을 가득 채우게 하였고, 그것을 손님들에게 떠다 주자 포도주로 변했다. 술맛을 본 잔치 주관자는 나중에 나온 새 포도주가 더 좋다고 말했고, 그것을 계기로 제자들이 예수를 믿게 되었다는 내용이다(요 2:1~11).

사실 이 땅에 온 예수는 이 세상에서 벌어진 잔치에 초대받았다. 그 잔치는 혼인 잔치로 남자와 여자가 하나로 결합하는 잔치다. 그 잔치가 혼인 잔치인 것은 이 세상의 인간 삶이 혼과 영이 결합하여 진정한 자신이 되는 과정이기 때문이다. 사람의 혼이 영과 결합하여 알아차리면 자신이 무엇인지를 알게 되어 결국 자신의 본질인 영으로 돌아가 하나님과 하나로 결합하게 된다. 그러므로 이 세상은 혼인 잔치이고 그 잔치를 통해 진정한 혼인 잔치인 천국에 들어가게 된다.

그런데 예수가 초대받은 잔치에 그만 포도주가 떨어졌다. 보통 술은 마시면 취하고, 취하면 기분도 변하고 행동도 달라진다. 술이 사람 속에 들어가면 그 기운으로 사람의 기분이나 행동이 변한다. 곧 사람이 어떤 의식을 갖느냐에 따라 그 사람의 삶과 능력이 달라질 수밖에 없다. 따라서 언제 어디서나 사람들의 삶과 그 능력을 변화시키려면 사람들의 의식을 변화시켜야 한다. 그런데 공교롭게도 예수가 초대받은 당시 세상에는 그런 의식과 능력이 그만 떨

그리스도를 깨달아

어지고 말았다. 그야말로 예수는 그 시대 그 땅의 삶의 잔치에 쓰일 꼭 필요한 새 술, 새 의식을 만들어야만 했다.

도대체 그 술은 어떻게 만들 수 있을까? 그 잔칫집에는 정결례(淨潔禮)에 쓰이는 항아리 여섯이 있었으나 그 항아리에는 물이 없었다. 유대 정결 예법에 의하면, 외출에서 돌아오거나 식사를 하기 전에는 반드시 손과 발을 씻어야 했다. 손님들이 많아서 다 써서인지 그 항아리에는 물이 다 떨어졌는데, 그것은 유대인이 믿고 따르는 예법 배후의 유대교 사상이 이제 더 이상 유효하지 않다는 뜻이다. 그래서 그 항아리에 기존의 사상 즉 기존의 의식인 맹물을 가득 붓고, 그것을 알아차리게 하는 능력인 성령으로 발효시킨 깨달음이라는 새 술을 만들었다. 그때까지 유대 사회를 지배하던 제사와 예식 중심의 신앙을 성령을 통한 깨달음 중심의 새 신앙으로 바꾼 것이다. 그곳 잔치 주관자가 말한 대로 새롭게 만들어진 술이 먼저 술보다 훨씬 낫기 때문이다.

새 술에 취하면 어머니가 변하여 '여자'가 된다. 포도주가 떨어졌다고 말하는 어머니를 향해 아들 예수가 '여자여(γύναι)'라고 한 것 때문에 기독교는 지금까지 골치를 앓아왔다. 어머니를 향해 여인이라고 부른 예수를 용납하기 어렵기 때문이다. 그래서 '여자'를 '어머니'로 바꾸거나, 아니면 여자를 가리키는 귀네(γυνή)가 극존칭의 의미라고 강변하기도 한다. '여자여'라고 했어도 그 의미는 최상으로 높여 부른 것이라는 주장이다. 그러나 그 여자를 뜻하는 귀네는 수가 마을의 사마리아 여인에게도(요 4:21), 간음하다 현장에서 잡힌 여인에게도 똑같이 사용되었다(요 8:10). 여기서 예수가 어머니를 '여자여'라고 한 것은 나는 당신의 아들이 아니라 하나님의 아들이라고 말한 것이다. 예수는 이 땅의 누구에게도 아버지(어머니)라 부르지 말고(마 23:9), 하나님 아버지의 뜻대로 행하는 사람이 곧 내 형제요 자매요 어머니라고 말했다(막 3:33~35).

결론적으로 예수가 이 세상의 잔치에 와서 새로 만든 술은 물성(物性)이 아닌 영성(靈性)의 술이었다. 그때까지 사람들은 물성을 따라 탐하고(貪) 이기적이고(瞋) 어리석었다(痴). 그러나 예수가 새롭게 만든 영성은 베풀고(施) 동정하고(恕) 깨닫는다(智). 예수가 새로 만든 술은 아무도 변화시킬 수 없는 맹물이 아니라 마시면 즉시 변화되는 깨달음 신앙이었다. 새 포도주는 새 부대에 넣어야 한다(눅 5:38). 다시 말해 깨달으면 새사람이 된다! 그야말로 예수는 지옥과 같은 현실로부터 천국에 이르는 깨달음을 얻었다.

그리스도를 깨달아

Ⅲ
가르침

1. 천국에 들어가라

하나님의 나라?

신약성경에 의하면 예수의 처음 선포는 '때가 찼다. 하나님의 나라가 가까이 왔다'였다(막 1:15). 그만큼 하나님의 나라는 예수가 전하려고 했던 가장 시급하고 중요한 주제였고, 예수 가르침의 핵심이라고 할 수 있다. 그것은 신약성경 전체를 통해 모두 122번 나오는데 그중 99번이 마태, 마가, 누가복음에 나온다. 그 가운데 90개 본문이 예수가 직접 말한 것으로 분류된다. 당시 사람들을 가르치려고 그가 한 수많은 비유도 모두 그것을 말하기 위한 것이라 해도 과언이 아니다.

하나님의 나라는 신약성경을 기록한 고대 그리스어로 '바실레이아 투 테우(βασιλεια του Θεου)'다. 글자 그대로 이것은 '하나님의 나라'인데 '하늘나라'로 혹은 '천국'으로 달리 불린다. 특히 마태복음은 하나님의 나라를 그대로 쓰지 않고 하늘나라로 다르게 표현한다. 마태는 자신의 복음서에서 유대인들이 즐겨 쓰는 하늘나라를 무려 51번이나 쓴 반면 하나님의 나라는 단 4번만 표기한다. 이것은 거룩한 하나님의 이름(יהוה)을 부르는 것이 부당하다고 생각한

그리스도를 깨달아

유대인의 관념 때문이었다. 즉 마태복음의 주된 독자인 유대인이 하나님의 이름을 거룩히 여겨 읽거나 말하지 않았기 때문에 마태는 하나님의 나라 대신 하늘나라로 바꾸어 부른 것이다. 그 하늘나라를 한자식으로 번역하면 그대로 천국이 된다.

최초의 정경 복음서 마가복음에 실린 예수의 가르침은 그의 첫 선포 "때가 찼다. 하나님의 나라가 가까이 왔다(막 1:15)."에서 잘 드러난다. 도대체 하나님의 나라, 천국이 무엇이기에 그는 공생애 처음부터 그것을 선포했을까? 우선 그가 한 이 처음 선포에는 종말론적 의미가 담겨 있다. 예수가 탄생하기 한 세기 반 정도에서부터 유대 사회에 등장한 종말론은 예수의 시대에도 영향을 미쳤다. 애초부터 종말론자들이 의문을 갖고 답을 찾고자 한 것은 '왜 이 땅에는 고통이 이토록 많은가?'였다. 물론 이 세상의 악한 사람들이 고통을 받는 것은 이해가 된다, 그러나 정의로운 사람들이 고통을 받는 이유는 무엇인가? 하나님은 왜 그런 현실을 허용하시는가?

유대인 종말론자들은 그것에 대한 대답이 이미 주어졌다고 믿었다. 이 세상에는 하나님과 그의 백성에게 대적하는 세력이 있다. 바로 악마와 그를 추종하는 세력이고, 그 세력이 지금의 세계를 지배하고 있다. 인간이 이해할 수는 없지만, 하나님은 그 악의 세력이 준동하는 것을 묵인한다. 그러나 때가 되면 악의 세력을 몰아내고 좋은 세상, 하나님의 나라를 세울 것이다. 그때에는 하나님이 주권자로 지배하실 것이고, 온갖 고통을 야기하던 악한 세력은 사라질 것이다.

'때가 찼다'는 마가복음의 언급은 그 악의 시대가 거의 끝났다는 뜻으로 읽힌다. '하나님의 나라가 가까이 왔다'라는 말은 하나님이 곧 이 시대에 개입해서 사악한 세력을 제거하고 그런 세력이 떠받치던 로마와 같은 나라를 뒤집어엎을 것이라는 뜻이다. 그와 동시에 이 땅에 진리와 평화와 정의가 있는 하나님의 나라를 세울 것이라는 의미다. 이제 곧 다가올 그 하나님의 나라를 맞이할 준비를 하기 위해서는 무엇보다 회개하고 복음을 믿어야 한다. 그 악의 세력을 멀리하고 예수의 가르침을 받아들여 그 나라를 맞아들일 준비를 해야 한다.

마가복음에서 예수는 하나님 나라, 천국이 곧 올 거라고 말한다. 그래서 제자들에게 "여기에 서 있는 사람들 가운데는 죽기 전에 하나님의 나라가 권능을 떨치며 와 있는 것을 볼 사람들도 있다(막 9:1)."라고 했다. 또 나중에는 언제 그런 일이 일어나고, 또 그런 일이 일어날 때 어떤 징조가 있겠느냐는 제자들의 질문을 받고 대답하기도 했다. 그때에는 엄청난 환란이 닥칠 것이라고 하면서 '이 세대가 끝나기 전에 이 모든 일이 다 일어날 것이다'라고도 했다(막 13:30).

그럼 그러한 하나님 나라, 천국은 어떻게 도래하는가? 마가복음에 의하면 그 나라는 인자에 의해서 주어진다. 그렇다면 인자는 누구인가? 마가복음에서 인자는 바로 예수다. 그는 유대인들에게 그리고 유대인 지도자들에게 배척받아 죽임을 당하지만 죽음에서 다시 살아날 것이다(막 8:31). 즉 예수는 그렇게 죽겠지만, 다시 살아나

그리스도를 깨달아

서 심판자로 돌아와 하나님 나라, 천국을 이 땅에 세울 것이다.

그 하나님 나라는 예수의 사역을 통해 이 땅에서 미리 실현된다. 예를 들어 그 하나님 나라에는 귀신이 없을 것이다. 그래서 예수는 귀신을 쫓아낸다. 그리고 그 하나님 나라에는 질병이 없을 것이다. 그래서 예수는 병을 고친다. 또 그 하나님 나라에는 죽음이 없을 것이다. 그래서 예수는 죽은 사람을 살려낸다. 이처럼 하나님의 나라는 예수의 사역에서 또 제자들의 사역에서 이미 드러났다. 이것은 예수가 한 비유에서도 드러난다. 하나님의 나라는 예수의 활동에서 비록 작고 심지어 보이지 않을 정도지만 나중에는 엄청나게 큰 모습으로 나타날 것이다. 씨를 땅에 심을 때는 겨자씨 정도에 불과하지만 나중에는 커다란 떨기나무로 변한다(막 4:30~32).

한편 요한복음에서는 마가복음이 말하는 하나님의 나라가 그대로 언급되지 않는다. 이 땅에 하나님의 나라가 곧 도래할 것이고, 그때 하나님이 우주의 주권자로서 모든 악의 세력을 멸망시킬 것이라는 주장은 요한복음에 보이지 않는다. 그 대신 예수는 사람들에게 하나님의 나라에서 다시 태어남으로써 영생을 얻으라고 가르친다(요 3:3~5). 요한복음에서 하나님의 나라는 이 땅에서 이루어지는 새 하늘과 새 땅이 아니다. 그것은 바로 '저 위' 천국에서 하나님과 함께하는 삶이다. 그야말로 예수를 믿을 때 하나님과 함께 영원히 살 수 있는 천국에 들어간다. 그러나 예수를 믿지 않는 사람은 생명을 얻지 못하고 도리어 하나님의 벌을 받는다(요 3:36).

정경 복음서 중에서 가장 늦게 기록된 요한복음이 마가복음과 다르게 주장하는 것은 어쩌면 당연하다. 마가복음에서 예수는 종말이 자신의 세대가 끝나기 전에, 즉 그의 제자들이 살아있는 동안에 닥칠 거라고 예언했다. 그런데 요한복음이 쓰인 90~95년경에는 모든 제자가 죽지는 않았지만, 대부분이 죽었다. 다시 말해 그 예수가 말한 하나님의 나라가 오지 않았는데도 그들이 죽은 것이다. 그런 상황에서 인자가 곧 지상에 내려와 이 땅을 심판하고 천국이 도래할 것이라는 주장을 어떻게 할 수 있었겠는가? 그 상황에서 이 땅에 영생의 나라가 올 것이라는 가르침을 어떻게 그대로 전할 수 있었겠는가? 그래서 요한복음은 그 가르침을 재해석할 수밖에 없었고 하나님 나라, 천국을 재해석함으로써 그것의 근본적인 틀을 바꾸어 놓았다.

다시 말해 마가복음에서 보이는 종말론적 세계관은 지금은 악의 시대이지만 미래에는 하나님의 나라가 올 것이라는 시간적 이원론이다. 지금 이 시대와 곧 다가올 시대는 시간적인 수평선 위에 앞뒤로 나누어진다. 이에 반해 요한복음이 말하는 하나님의 나라는 '이 아래'가 아닌 '저 위'에서 이루어지는 영원한 삶이다. 즉 요한복음의 종말론적 세계관은 지금과 나중이라는 마가복음의 수평적 이원론을 위와 아래의 수직적 이원론으로 바꾼 것이다. 지금 이 땅에서 겪는 시대와 앞으로 이 땅에서 맞이할 시대라는 시간적 이원론이 아니라, 지금 아래에서 겪는 이 땅의 나라와 후에 위에서 맞이할 하나님 나라라는 공간적 이원론으로 변경한 것이다.

그리스도를 깨달아

따라서 하나님의 나라는 이 땅에 오는 것이 아니라 하늘에 있다. 우리는 죽어서 하늘나라로 올라가고 그곳에서 하나님과 영원히 살아간다(요 14:1~6). 그런 이유에서 하나님의 나라에서 내려와 그 길을 가르쳐준 예수를 믿어야만 우리는 그곳에 갈 수 있다. 이것은 이 땅에 천국이 임한다는 마가복음에서 예수가 가르친 하나님의 나라와 매우 다르다. 마가복음에서 말하는 천국이 이 땅에서 이루어질 나라라면, 요한복음에서 제시되는 천국은 죽어서 하늘에서 이루어지는 나라다. 그런데도 이런 마가복음의 천국이나 요한복음의 천국은 지금이냐 나중이냐, 이 땅이냐 하늘이냐의 차이가 있을 뿐 어떤 시간과 장소를 가리킨다는 점에서는 마찬가지다. 그 천국은 그것의 이름에 '나라'가 들어있듯이 어느 때, 어느 장소에 존재하는 공간적인 어떤 것인 듯하다.

너희 안에 있다

이렇듯이 하나님의 나라, 천국에 대한 언급은 성경 여러 곳에서 다양하게 나온다. 천국이란 무엇이고, 천국은 어디에 있고, 천국은 언제 오는지, 천국에는 누가 들어가는지에 대한 언급들이 네 개의 복음서를 비롯한 여타 신약성경 여러 곳에 다양하게 기록되어 있다. 그러한 성경의 기록들은 예수 혹은 다른 성경 기록자들의 입을 통해서 각기 다른 맥락에서 서로 흩어져서 나온다.

반면 정경 복음서가 아닌 새롭게 발견된 도마복음에서는 이 하나님 나라에 대한 예수의 말씀이 비교적 길게 모아져 등장한다. 그것이 실려 있는 도마복음 3장은 두 단락으로 나누어져 있다. 도마복음 3장 전반부는 다음과 같다. "예수께서 말씀하셨다. 만일 너희를 인도하는 사람들이 너희에게 보라 하나님의 나라는 하늘에 있다고 말한다면 하늘의 새들이 너희보다 먼저 갈 것이다. 만일 그들이 너희에게 그것은 바다에 있다고 말한다면 물고기들이 너희보다 먼저 갈 것이다. 오히려 그 나라는 너희 안에도 있고 너희 바깥에도 있다."

이렇게 예수가 언급했듯이 언제나 '하나님의 나라는 하늘 위에 있다' 혹은 '하나님의 나라는 바닷속에 있다'라고 말하는 이들이 있다. 지금도 이런 말로 사람들을 인도하여 평생 하나님의 나라를 찾아 헤매게 하는 이들이 수없이 많다. 그렇게 잘못 가르치고 인도하는 이들은 하나님의 거룩한 권위를 대리한다는 종교 지도자들인 경우가 대부분이다. 그러나 그들의 가르침과 인도를 따라간 사람들이 과연 하나님의 나라를 구경이라도 할 수 있었는지는 여전히 의문이다.

게다가 그들은 이렇게 말하기도 한다. '살아서 하나님의 나라, 천국에 들어갈 수는 없을지라도 믿음만 굳건하다면 죽은 후에 그곳에 가는 것은 확실히 보장된다!' 그래서 그것을 믿는 많은 사람은 오늘도 교회나 사찰 등에 나가 죽은 뒤에라도 천국 혹은 극락에 갈 수 있기를 기대하고 그것을 빌거나 구하기를 계속한다. 그러나 예수는 분명히 말한다. 만일 그 나라가 어떤 공간 안에 있어 어떤 사람의 바깥에 있다면 새들과 물고기들이 앞서 들어갈 것이라고 말이다.

그렇다면 사람들이 그토록 찾고 있는 하나님의 나라는 도대체 어디에 있는가? 그것에 대해서도 예수는 분명하게 말했다. '하나님의 나라는 너희 안에도 있고 너희 바깥에도 있다.' 이처럼 하나님의 나라가 '너의 안에 있다'고 한 예수의 말씀은 정경복음서 누가복음에도 나온다. 그곳에서 예수는 말하기를, '하나님의 나라는 눈에 볼 수 있게 임하는 것도 아니고, 또 여기 있다 저기 있다고도 못하리니 하나님의 나라는 너희 안에 있다(눅 17:21).' 이 '너희 안에 있다'라는 본문이 어떤 사본에는 '너희 가운데 있다'로 되어 있지만, 그 의미는 역시 마찬가지다. 그것은 하나님의 나라가 너희 안에, 너희 마음에 있다는 뜻이다.

다시 말해 하나님의 나라가 너희 '안'에도 있고 너희 '바깥'에도 있다면, 그 안과 바깥의 기준은 무엇인가? 물론 여기서 예수가 말하는 안과 바깥은 우리의 '몸'을 기준으로 한다. 우리는 몸을 기준으로 보고 듣고 감촉한다. 곧 우리는 다섯 가지 감각 체험이 일어나는 곳을 바깥, 생각과 감정과 의지가 일어나는 곳을 안으로 알고 있다. 그렇다면 천국이 너희 안에도 있고 너희 바깥에도 있다는 말은 그것이 우리 '안' 또는 '바깥'에 있다는 우리의 고정관념을 부정하는 말이다. 이 말은 감각 체험이 일어나는 밖이나 생각과 감정과 의지가 일어나는 안을 모두 초월한다는 뜻이다. 즉 예수의 이 말은 천국이 우리 안과 바깥이라는 공간적 개념을 넘어선 어떤 상태임을 암시한다.

그런데 예수는 하나님의 나라 이야기를 하다가 갑자기 '너희 자신'을 아는 것으로 건너뛴다. 도마복음 3장 후반부는 다음과 같다. "너희가 너희 자신을 알게 될 때 너희는 알려질 것이요, 너희는 살아계신 아버지의 아들들임을 깨닫게 될 것이다. 그러나 너희가 너희 자신을 알지 못하면, 너희는 가난 속에 사는 것이며, 너희는 가난 자체이다." 여기서 도대체 하나님 나라와 너희 자신을 아는 것이 무슨 관계가 있는가? 과연 그 둘 사이에 무슨 관계가 있어서 그는 하나님 나라를 말하다가 갑자기 너희 자신을 아는 것을 말하는가? 이처럼 예수가 '하나님 나라'와 '너희 자신'을 아는 것을 관련시킨 것은 바로 하나님의 나라가 너희 자신임을 가리킨 것이다! 그는 우리 안의 마음, 우리 본성이 하나님의 나라이며 동시에 그것이 진정한 너희 자신이라고 말한 것이다.

즉 하나님의 나라, 천국은 모든 사람 안에 있는 우리의 본성(本性)이다. 본성이란 타고난 본래 성질이고 우리의 본래 성질은 영이고 의식이다. 그러나 언제부터인가 우리는 우리의 본성을 잃어버렸다. 정확하게 말하면 우리는 우리의 본성을 잃어버린 것이 아니라 다만 우리의 본성이 무엇인지를 잃어버린 것뿐이다. 그러므로 우리는 그 잃어버린 본성을 우리 안에서 다시 발견해야 한다. 만일 그렇게 하지 못한다면 우리는 죽음을 겪지 않을 수 없다. 우리

그리스도를 깨달아

가 무엇인지 잃어버렸기 때문에 죽음의 공포에서 벗어날 수가 없다. 우리의 본질은 태어나고 죽는 물질, 몸이 아니라 영원히 죽지 않는 영임을 깨닫지 못하기 때문에 죽음이 있는 줄로 착각하고 두려워한다.

바꿔 말해 예수가 말하는 하나님의 나라는 자기 발견의 상태다. 그 하나님의 나라는 변화된 의식 상태, 깨달은 상태를 말한다. 그것은 진정한 자기 자신을 깨달을 때 비로소 하나님의 나라에 들어가게 된다는 뜻이다. 분명 진정한 자기 자신을 알게 될 때, 동시에 자기 존재의 근원인 하나님을 알게 되어, 자기 자신의 본래 모습은 하나님의 본성과 같은 영임을 깨닫는다.

만약 우리가 우리 자신을 알게 되면, 우리 자신에게 우리가 알려질 뿐 아니라 동시에 모든 사람을 알 수 있다. 그때 비로소 우리는 우리 자신이, 모든 사람이 본래 무엇인지를 알게 된다. 우리는 우리의 본성이 바로 살아있는 영원한 생명, 영임을 분명하게 알게 된다. 그야말로 우리가 영원한 원래 생명, 영인 아버지와 동류인 '아들'임을 깨닫게 된다. 이 아버지와 아들의 관계는 원래의 '나'와 지금의 '나', 참나와 에고의 관계로 대비해서 볼 수 있다. 그 아버지와 아들의 관계는 생각 속에서는 둘로 분리되지만, 생각 이전의 근원 의식에서는 구분이 없는 하나다.

한편 여기서 말하는 가난도 우리 자신을, 우리 자신의 참된 본성을 모르는 영적 가난을 말한다. 우리가 우리 자신을 알지 못하면 우리는 영적 가난 속에서 살 수밖에 없기 때문에 가난 그 자체가 된다. 우리가 우리 자신을 아는 것이 크나큰 부유함이며, 그것은 하나님과 존재하는 모든 것이 우리와 다름이 없음을 아는 것이다. 이와는 반대로 우리가 우리 자신을 모르면, 우리가 무엇인지를 모르면 우리는 채워도 채워지지 않는 영적인 허기와 결핍을 느끼게 된다. 그런 맥락에서 예수는 우리가 우리 자신을 아는 것이 하나님의 나라가 우리에게 임하는 것이고, 우리가 우리 자신을 아는 것이 바로 살아계신 하나님을 아는 것이라고 분명하게 말하고 있다.

따라서 하나님의 나라, 천국은 이 땅에 이루어질 나라도, 다음 세상도 아니다. 바로 그 '나라'는 어떤 것이 가득한 상태로 눈이 가득하면 눈의 나라, 꽃이 가득하면 꽃의 나라, 꿈이 가득하면 꿈의 나라다. 그러므로 예수가 말한 하나님의 나라는 하나님의 본성인 영, 의식, 알아차림이 가득한 상태로 근원의 알아차림, 본래의 의식, 태초의 영인 성령이 충만한 상태다. 그 나라는 하나님의 영, 의식, 알아차림이 충만한 상태로서 우리 속 깊이, 우리 밖에 넓게, 우리를 넘어선 의식 상태(마음)다. 우리의 본성 또한 그것과 정확하게 같다.

곧 그 하나님의 나라에는 고통이나 죽음이 없다. 하나님의 나라는 영의 상태이지 물질이나 몸의 상태가 아니다. 그러므로 거기서의 고통도 역시 몸의 고통이 아니라 영의 고통이다. 영의 고통은 알아차리지 못하는 것이기 때문에 하나님의 본성인 알아차림이 충만한 하나님 나라, 천국에는 고통이 있을 수 없다. 또한 죽음도 영

그리스도를 깨달아

의 죽음으로 의식이 없는 상태를 말한다. 의식, 알아차림이 없는 상태가 죽은 것이기 때문에 알아차림이 충만한 그 나라에는 죽음이 결코 있을 수 없다. 그러므로 하나님의 나라, 천국에는 죽음도 없고 슬픔도 울부짖음도 고통도 없다(계 21:4).

우리는 이 세상에 살면서 천국을 꿈꾸지만, 그것은 시간적인 어떤 장소(place)가 아니다. 그것은 우리의 본성인 절대, 순수, 전체의 영 즉 의식이 충만한 상태(state)다. 우리의 본성인 그 의식 상태는 고통이나 죽음이 없는 기쁨과 평안과 진리의 상태이다(롬 14:17). 그러므로 천국에 들어가는 것은 고통과 죽음의 상태에서 환희와 영생의 상태로 들어감이다(cf. 마 11:28). 그야말로 천국에 들어감은 이 땅에서 고통이 아닌 지복의 상태가 되는 것이고, 몸이 죽어서는 우리의 본래 상태인 영의 본성으로 돌아감이다. 그것은 우리가 이 세상을 사는 이유이자 목적인 본래의 나, 나 자신, 참나(I AM)로 돌아가는 것이기도 하다. 한마디로 하나님 나라, 천국은 하나님의 영, 성령이 충만하여 지금 여기 깨어있는 상태다.

깨달으면 들어가

그렇다면 구체적으로 어떻게 그 하나님의 나라, 천국에 들어갈 수 있는가? 그 하나님의 나라 천국에 어떤 사람이, 어떻게 들어가는지에 대해서도 예수는 분명하게 말했다. 많은 기독교인이 보는 지금의 개역개정판 성경에는 예수의 그 말이 다음과 같이 번역되어 있다. "세례 요한의 때부터 지금까지 천국은 침노를 당하나니 침노하는 자는 빼앗느니라(마 11:12)." 그런데 이렇게 번역된 이 구절을 읽으면 그것이 정확히 무슨 뜻이고, 어떻게 하라는 것인지 잘 이해되지 않는다.

그 구절의 의미가 모호하기는 다른 번역들도 크게 다르지 않다. '침노를 당한다'는 구절은 '폭행을 당하다(공동)', '힘을 떨치다(새번역)', '침략을 당하다(현대인)', '힘 있게 성장하다(쉬운)' 등으로 옮겨졌는데, 그 의미가 이전의 번역보다 더 쉽게 이해되고 적절한지에 대해서는 여전히 의문이다. 그리고 거기에 사용된 어휘들이 하나님 나라와는 잘 어울리지 않는 것도 사실이다.

'침노하다', '폭행당하다', '침략하다', '힘을 떨치다' 등으로 번역된 그리스어 비아제타이(βιαζεται)의 현재형, 직설법, 능동태 동사는 비아조(βιαζω)다. 기본 동사 비아조는 그 단어 자체가 일반적으로 부정적인 의미이며 긍정적인 의미로 쓰이는 경우는 극소수다. 그리고 그 뜻은 능동태일 경우 '강제로 ~시키다, 억압하다', 중간태일 경우 '(스스로) 강제하다, (스스로) 강요하다, (스스로) 이기다', 수동태일 경우 '억압당하다, 학대당하다' 등이다.

이것들을 근거로 마태복음 11장 12절의 해석은 대략 다음 세 가지 정도다. 첫째는 전반부 비아제타이를 중간태인 '(스스로) 힘 있게 나아가다'의 의미로, 후반부 역시 부정적인 의미가 아닌 긍정적인 의미인 '힘 있는 자'로 해석하는 것이다. 그렇게 해석하면, "천국은 힘 있게 나아가니, 힘 있는 자(힘을 쓰는 자)가 그것을 취한다"의 의미가 된다. 그러나 이런 해석은 12절 후반부에 나오는 '침노하는 자'를 뜻하는 비아스타이(βιασται)와 '빼앗다'를 가리키는 하르파주신(ἁρπάζουσιν)이 부정적인 의미라는 것과 충돌한다. 비아스타이(βιαστής의 복수 주격)는 말 그대로 '폭력배들', 하르파조(ἁρπάζω) 역시 '약탈하다, 탈취하다, 빼앗다'의 의미이기 때문이다.

두 번째는 12절 전반부를 긍정적으로 후반부를 부정적으로 해석하는 것이다. 그렇게 해석하면, "천국은 힘 있게 진행해 나가고 있으며, 난폭한 자들(범법자들)이 그것(천국)을 공격하고 있다(혹은 탈취한다)"가 된다. 이 해석은 언뜻 보면 매우 매력적이다. 하지만 문제는 비아제타이가 긍정적으로 쓰인 예가 거의 없으며, 비아제타이와 비아스테스(βιαστής)가 같은 뿌리의 단어인데 상반되게 해석해야 한다는 점이다. 여기 한 문장에서 동족 언어를 함께 쓴 의도가 분명히 있는데, 하나의 동사를 부정적인 의미로 썼다면 다른 동사 역시 부정적인 의미로 사용되어야 한다.

세 번째 해석은 12절 전반부의 비아제타이를 수동태로 보아 부정적으로, 후반부 비아스타이 역시 부정적으로 해석하는 것이다. 그렇게 해석하면 바로 지금까지 우리에게 익숙한 "천국은 침노를 당하나니, 침노하는 자는 그것을 빼앗는다"가 된다. 현대의 많은 성서학자가 지지하는 이 해석에 따르면, 천국이 장소적인 의미가 아니라 천국을 선포하고 소개하는 세례 요한, 예수 그리고 그의 제자들을 의미한다. 다시 말해 세례 요한 때부터 천국을 선포하고 소개한 예수를 비롯한 제자들은 핍박받게 되었고, 그 결과 죽임까지 당하게 되었다는 의미가 된다.

하지만 이러한 해석들은 여전히 그것의 의미를 제대로 설명하지 못한다. 천국이 침노를 당한다는 말은 정확히 무엇을 의미하는 것인가? 과연 세 번째 해석처럼 예수가 공격과 핍박을 당해 십자가에 못 박혀 죽고 그의 제자들 역시 핍박받는다는 뜻인가? 그러나 만일 여기서 본문의 비아조마이(βιαζομαι)를 '힘으로 밀어붙이다'로 옮겨서 그 구절을 풀어보면 이런 의미가 된다. '세례 요한이 살았을 때부터 이제까지 하나님 나라는 힘으로 밀어붙여지고 있으니 힘을 다하는 이가 차지한다.' 다시 말해 기존의 일반적인 해석과는 좀 더 다른 의미가 되어버리고 만다.

그러면 여기서 침노를 당한다면 무엇이 침노를 당하는가? 그것은 바로 천국, 우리의 본성인 본래의 영, 의식 상태이다. 우리의 본성, 본래 의식이 침노를 당한다면 그것은 어떤 알아차림이 일어나서 밀고 들어온 것을 말한다. 다시 말해 그것은 새로운 알아차림이 일어나서 본래 의식이 자각된다는 말이다. 우리의 의식이 알아차려져서 자각되는 것을 우리는 깨닫는다고 말하고, 그런 깨달음이 일어난 것은 바로 우리의 본성, 본래 의식인 하나님의 나라가 침노를 당한 것이다.

좀 더 다른 식으로 말하면, 침노를 당한다는 것은 의식이 일어나서(直入) 보게 되었다(直觀)는 말이다. 침노 당하는 것은 알아차

그리스도를 깨달아

려지고 보였다는 뜻이다. 하나님의 나라가 알아차려지고 보이게 되었으니 하나님의 나라가 대단한 힘으로 밀어붙여져서 침노를 당한 것이다. 말하자면 여기서 침노하는 자는 예수 자신을 두고 하는 말이다. 예수가 바로 하나님의 나라를 알아차리고 본 사람이다. 즉 알아차린 것은 하나님 나라에 침입한 것이고, 본 것은 하나님 나라에 들어간 것이다. 그래서 '누구든지 영으로 새로 나지 아니하면 아무도 하나님 나라를 볼 수 없다. … 영으로 새로 나지 않으면 아무도 하나님 나라에 들어갈 수 없다(요 3:3~7).' 곧 누구든지 성령을 통해서 자신의 본성이 영인 것을 깨닫지 못하면 아무도 하나님의 나라를 볼 수도 없고 들어갈 수도 없다.

하나님의 나라, 성령 상태, 자기 본성으로 침입하는 것은 자신 속으로, 자신의 근본으로 들어감이다. 자신의 본성인 본래의 자신 속으로 들어가는 것이 바로 아버지에게 가는 것이고, 하나님의 나라로 들어가는 것이다. 그러므로 하나님에게, 하나님의 나라로 가려면 자신의 본성으로 찾아 들어가는 길밖에 없다. 자기의 본성으로 찾아 들어가는 길은 보이는 것에서 눈을 감고, 자기를 잃어버리고, 힘을 다하여 그것을 살피는 것이다. 본성 안으로 들어가는 길은 몸을 부정하고, 자아를 초월하고, 온 힘을 다하여 알아차리는 것이다. 그렇게 자신의 알아차림이 밝아져서 하나님과 같은 영의 나를 깨달으면 우리의 본성, 아버지에게 도달할 수 있다. 즉 "(참)나는 길이요, 진리요, 생명이다. (참)나를 거치지 않고서는 아무도 아버지께로 갈 사람이 없다(요 14:6)." 그때에야 비로소 우리는 고통과 죽음에서 벗어나서 하나님의 나라, 천국에 들어갈 수 있다.

따라서 그 나라는 물질인 몸이 죽어야만 갈 수 있는 나라가 결코 아니다. 몸이 살아서도 얼마든지 하나님의 나라에 들어갈 수가 있다. 그 나라는 깨달으면 순식간에 들어갈 정도로 이미 우리 곁에 가까이 있다. 하나님의 나라는 조그만 겨자씨와 같이 이미 우리 모두의 마음속에 있다. 그 나라는 이미 우리 안에 있지만 그것을 깨닫기 전까지는 아직 우리에게 오지(인식되지) 않는다. 그러므로 우리 안의 그 나라를 알아차려서 깨달으면 그 나라가 순식간에 우리에게 임한다.

한 번은 제자들이 예수에게 물었다. "그 나라는 언제 옵니까?" 예수가 대답했다. "그 나라는 기다린다고 오지 않는다. 그것은 이곳에 있다 또는 저곳에 있다고 말할 수 있는 것이 아니다. 아버지의 나라는 땅에 펼쳐져 있으나 사람들이 그것을 보지 못한다." 이 대화는 도마복음 113장에 실린 내용이다. 여기서 그 나라가 언제 오느냐는 질문은 바로 언제쯤 깨달음이 오겠느냐는 질문이다. 제자들은 예수를 따르면서 그가 가르친 하나님의 나라, 천국을 수없이 많이 들어왔다. 예수가 한 말들을 듣고 그들은 그것을 나름대로 이해는 하였다. 그러나 그들에게는 아직 그것을 깨닫는 체험이 없었다. 그래서 그 깨달음이 언제 임할지가 해결되지 않은 의문이었다.

곧 하나님의 나라가 임하는 깨달음은 기다린다고 오지 않는다. 하나님의 나라, 천국은 여기 혹은 저기가 아닌 하나님의 영, 성령이 가득한 상태로 이미 가까이에 있다. 그것은 우리의 본성으로

그리스도를 깨달아

이미 우리 안에 있다. 우리 자신이 이미 알아차림이고, 우리의 본성이 이미 깨달음이다. 그러나 우리는 안타깝게도 지금 눈앞에 펼쳐져 있는 그 깨달음을 보지 못한다. 그 하나님 나라, 천국은 끊임없이 침노하는 사람만이 깨달아서 그 나라가 임하고 그 나라에 들어갈 수 있다.

예수는 산상수훈에서 제자들을 향해 구하고 찾고 두드리라고 했다. "구하라, 그리하면 하나님께서 너희에게 주실 것이다. 찾아라, 그리하면 너희가 찾을 것이다. 문을 두드려라, 그리하면 하나님께서 너희에게 열어 주실 것이다(마 7:7)." 예수가 그렇게 말한 것은 구하고 찾고 두드리는 것이 하나님 나라, 천국을 침노하는 것이기 때문이다. 그렇게 온 힘을 다해 계속해서 침노하는 자는 반드시 그것을 탈취할 것이다. "너희가 악할지라도 너희 자녀에게 좋은 것들을 줄 줄 알거든, 하물며 하늘에 계신 아버지께서야 구하는 사람에게 성령을 주시지 않겠느냐?(눅 11:13)."

즉 아버지를 향해 그(하나님) 나라를 오게 해달라는 간구는 영원한 생명인 성령을 달라는 것이다. 성령은 본래의 영이기 때문에 우리의 본성이고 참나다. 구하고 찾고 두드리면 그 성령을 값없이 주신다. 그 하나님의 영을 받아 자기 본성을 깨달으면 비로소 하나님의 아들이 된다. 몸의 생명인 자아로는 하나님의 아들이 될 수 없고, 하나님의 생명인 영으로 다시 나야 하나님의 아들이다. 그 하나님의 아들은 육체처럼 나지도 않고 죽지도 않는 영원한 영의 생명이다.

정리하면 천국은 미래에 있을 역사적 사건도 아니고, 다음 세상도 아니다. 천국은 어떤 장소가 아닌, 우리 안에 있는 본래의 의식이고 우리의 본성이다. 그것은 순수하고 전체이고 절대인 의식 상태여서 하나님의, 근원의 의식 상태다. 그런 상태에 들어가려면 반드시 성령을 받아서 깨달아야 하고, 그럴 때 비로소 고통도 없고 죽음도 없는 그 천국에 즉시 들어갈 수 있다.

그리스도를 깨달아

2. 의식을 바꿔라

회개하라?

처음 예수가 선포한 가르침은 천국이 가까이 왔으니 회개하라
는 것이었다. 그것이 처음 복음서인 마가복음에는 '하나님의 나라
가 가까이 왔다. 회개하고 복음을 믿으라(막 1:15).'로, 마태복음에
는 '회개하라. 하늘나라가 가까이 왔다(마 4:17).'로 기록되어 있다.
이런 말씀들에 의하면 회개가 하나님 나라로 들어가기 위한 필수
적인 조건인 것처럼 읽힌다. 하나님의 나라에 들어가기 위해서는,
구원받기 위해서는 반드시 회개하고 복음을 믿어야 하는 것으로
해석된다.

지금까지 기독교에서 말하는 구원의 조건은 회개하고 예수를
믿는 것이다. 여기서 회개(悔改)란 뉘우칠 회(悔), 고칠 개(改)로 뉘
우쳐서 고치는 것이고, 믿는다는 것은 예수가 나의 죄를 대신 짊
어진 메시아임을 믿는 것이다. 곧 구원받기 위해서는 하나님 앞에
서 자신이 죄인임을 인정하고, 예수가 자신을 구원한 메시아임을
믿기만 하면 된다. 그래서인지 교도소에서 가장 인기 있는 종교가
기독교라고 한다. 어떤 죄를 범하였건 회개하고 예수를 믿기만 하

면 구원을 얻는다니 그것처럼 좋은 종교가 어디 있는가? 과거를 불문하고 회개만 하면 단번에 죄가 없어진다니 이것보다 더 좋은 가르침이 어디 있겠는가? 그것은 마치 로또 복권과도 같지 않은가?

대개 사람들은 쉽게 구원을 얻을 수 있기를 바란다. 그냥 쉬운 것, 가령 말로 회개하면 죄가 사해지고 하늘나라가 보장되는 것 같은 그런 쉽고 편안한 구원의 방법을 원한다. 어찌 보면 구원받기 위해 지금까지 자신이 지은 죄를 회개하고 예수를 믿는 것은 그리 어렵지 않다. 늘 죄를 짓고 사는 사람들에게 회개하고 예수를 믿으면 구원을 받을 수 있다는 이것보다 더 좋은 구원의 방법은 없어 보인다. 이렇게 계속 죄를 짓다가 회개하면 구원받고, 심지어 평생 죄를 짓다가 임종을 앞두고 회개해도 구원을 받을 수 있는 것이니 이 얼마나 좋은 일인가!

그럼 구원을 얻으려면 왜 회개해야 한다는 것일까? 그것은 근본적으로 인간이 죄인이기 때문이다. 지금까지 전통적인 창세기 해석에 의하면, 에덴동산에 있던 이브는 어느 날 뱀의 모습으로 나타난 사단에게 속아 하나님이 먹지 말라고 한 선악과를 따먹는다. 그리고 그 열매를 그녀와 함께한 남편, 아담에게도 먹게 함으로써 그들은 하나님의 진노를 받아 에덴에서 쫓겨난다. 그 결과 인간 세상에는 죽음이 들어왔고 인간은 고통스러운 삶을 살아야 한다.

이처럼 모든 인간은 최초의 조상이 지은 죄 때문에 죄를 갖고 태어난다. 하나님의 말씀을 거역하고 자기가 주인이 되어버린 아담의 후손으로 태어났기 때문에 인간은 모두가 죄인이다. 말하자

그리스도를 깨달아

면 사람이 죄를 지어서 죄인이라기보다 죄인이기 때문에 죄를 짓는다. 이렇게 인간에게 가장 크고 심각한 문제는 하나님을 불순종하고 하나님을 떠난 것이다. 그러므로 이제 구원을 얻으려면 자기가 지은 죄를 뉘우치고 그 죄를 용서받기 위해 하나님에게로 돌이켜야 한다.

중요한 것은 회개 자체가 죄를 사해주는 것이 아니라는 점이다. 죄를 사함 받으려면 회개만 해서는 안 되고 회개하고 복음을 믿어야 한다. 회개만 해서는 죄가 사해지지 않고 복음을 듣고 그 복음을 반드시 믿어야 구원을 얻는다. 실제로 죄를 사함 받는 것은 예수가 우리의 모든 죄를 사하기 위해 십자가 위에서 피를 흘린 것을 믿을 때다. 예수는 우리를 너무나 사랑해서 우리의 모든 죄를 짊어지고 십자가 위에서 죽음으로써 우리의 모든 죄를 온전히 사해주었다. 그러므로 이 복음을 듣고 그것을 믿으면 어떠한 죄인이라도 예외 없이 구원받는다.

그런데 우리 인간은 회개하고 예수를 믿어 소위 구원받은 후에도 계속 죄를 짓는다. 그래서 회개에는 죄인이 하나님에게 돌아오는 회개와 예수를 믿은 후에 죄를 짓고 하는 회개도 포함된다. 그럴 때도 구원이 취소되지는 않는데, 그것은 구원이 우리 인간의 힘이 아닌 예수의 공로와 은혜로 된 것이기 때문이다. 예수가 이루어 놓은 구원은 우리 인간의 모습이나 행위와는 상관없이 영원하다. 따라서 구원받은 성도의 회개는 지은 죄를 용서해 달라고 비는 것뿐 아니라 비록 죄를 지었을지라도 자기를 받으시는 하나님의 인자하심 앞으로 돌아오는 것이다.

그렇다면 회개는 어떻게 하여야 하는가? 보통 기독교인들은 자신이 저지른 죄에 대해서 언제나 말로 하는 회개를 통해 죄 사함이 가능하다고 생각한다. 대부분의 예수를 믿는 사람들은 그 회개가 일회적으로 이루어진다고 믿고 가볍게 받아들이는 경향이 크다. 즉 한 번 회개하고 다른 잘못을 저지르면 다시 회개하는 방식으로 살아간다. 이것은 좋게 말하면 회개를 통해서 심리적 안정을 얻는 것이고, 나쁘게 말하면 말로만 회개하여 신과 자기 자신을 속이는 일이다.

회개하는 방법과 관련하여 이창동 감독, 전도연 주연의 영화 〈밀양(密陽)〉을 생각해 보자. 주인공 신애와 그녀의 아들은 남편의 고향인 밀양에 정착한다. 주인공을 상당한 재력가로 오해한 학원 원장 박도섭은 그녀의 아들을 유괴하여 살해한다. 그것을 비관하던 주인공은 기독교에 귀의하게 되고 그야말로 열심히 신앙생활을 한다. 마음속에 하나님을 영접했다고 확신한 주인공은 하나님의 뜻대로 살기 위해 살인자를 용서하러 교도소에 찾아간다. 떨리는 목소리로 하나님의 사랑을 전해주러 왔다는 주인공의 말에 그 살인자는 인자한 미소를 머금고 편안한 목소리로 말한다. 하나님이 죄 많은 자신에게 손을 내밀어서 눈물로 회개하였고, 자신은 하나님의 용서를 이미 받았다고 말이다. 심지어 주인공을 위해 기도한다는 말에 그녀는 당황해서 어쩔 줄을 모르다가 교도소 밖을 나서자마자 정신을 잃고 쓰러진다. 자신이 용서하기도 전에 어떻게

그리스도를 깨달아

하나님이 살인자를 용서해 줄 수 있단 말인가? 자신은 아직도 너무 힘들어하는데 죄를 저지른 사람은 이미 용서받았다고 편안해하는 모습을 보면서 이것이 과연 공평하냐고 울부짖는다.

이 영화를 보고 그것에 대한 반응은 아주 다양하다. 그중에 어떤 이는 모든 곳에 공평히 비치는 햇살 같은 하나님의 큰 뜻을 이해하지 못하고 살인자를 용서하지 못하는 나약한 인간의 모습을 본다. 반면, 어떤 이는 살인죄를 저지르고도 하나님을 믿어 구원받았다는 살인자의 일방적이고 자기 본위적인 행동에서 위선적인 그리스도인의 전형을 보기도 한다.

더 나아가 또 어떤 사람은 이 영화가 제기하는 회개의 문제점을 인식하고 진정한 회개의 방법을 찾아내기도 한다. 그야말로 진정한 회개가 되려면 신과 나, 제 3자의 관계에서 그것이 성립되어야 한다는 것이다. 다시 말해 온전한 회개가 되기 위해서는 자신의 잘못을 뉘우치고, 자신이 잘못한 것을 어떻게든 갚고, 다시는 그런 잘못을 하지 않도록 자신을 고치는 것이 필요하다. 이처럼 회개의 의미를 바로 알고 회개 방식을 바꾸지 않는다면, 회개는 내면의 변화를 가져오지 못하고 단지 자기 위안과 자기기만에 가까운 습관적 행위가 될 수 있다는 것이다.

그러나 이런 논의들보다 더욱 근본적인 문제는 예수가 천국이 가까웠으니 회개하라고 했을 때, 회개를 불순종의 삶에서 방향을 돌려 하나님께 돌아오라는 의미로 말한 적이 있는가 하는 것이다. 이것은 예수를 믿는다는 사람들에게는 너무도 당연해서 지금까지 의문조차 갖지 않은 문제다. 그러나 이러한 질문은 진정한 회개의 의미가 무엇인가를 찾는 것보다 더욱 중요하고 근본적인 문제다. 예수가 '회개하라. 천국이 가까이 왔다'고 했을 때, 그가 처음 의도했던 진짜 의미는 무엇이었나? '회개하라'로 일반적으로 알고 있는 그 말의 본래의 뜻은 과연 무엇인가?

메타노에오

사실 대부분의 사람은 이 문맥에서 '회개하라'는 말의 의미를 오해하고 있다. 여기서 말하는 회개를 마치 자기 잘못을 뉘우치거나 감정을 쏟아 눈물을 흘리며 반성하는 것으로 생각하는 사람들이 많다. 그런데 예수가 '회개하라. 천국이 가까이 왔다'라고 했을 때, 명령형 '회개하라'의 그리스어 메타노에이테(μετανοειτε)'의 동사 원형은 메타노에오(μετανοέω)다.

일반적으로 '회개하다', '마음을 바꾸다'로 번역하는 메타노에오는 메타(μετα)와 노에오(νοέω)의 합성어다. 그리스어 메타(μετα)는 뒤에(after), 위에(above), 넘어서(beyond) 등의 뜻을 가진 접두사로 위치나 상태의 변화를 나타낸다. 이 접두사 메타는 위치나 상태가 달라진 것으로 어떤 것을 '초월한', '넘어선'의 의미를 갖고 있다. 그리고 노에오(νοέω)는 그리스어 동사로 '지각하다, 생각하다, 고안하

그리스도를 깨달아

다, 상상하다'의 뜻이다. 이런 동사들이 나타내는 공통적인 의미는 '알아차리다'이다. 이들 동사 모두는 무엇을 감각하고 그것이 무엇이라고 알아차리는 것과 관계된 뜻이 있다. 이 노에오는 하나같이 무엇을 감각하고 알아차리다, 의식하다라는 뜻이다.

말하자면 메타와 노에오의 합성어인 메타노에오는 '의식을 바꾸다'이다. 메타노에오의 좀 더 정확한 의미는 '의식, 알아차림을 변경하다'이다. 이를테면 지금까지 방식과는 달리 '후', '위', '너머'를 한꺼번에 알아차림이다. 지금만이 아니라 나중도, 여기만이 아니라 위도, 겉(현상)만이 아니라 속(본질)도 통째로 알아차림이다. 그렇게 한꺼번에 시간과 공간과 원리를 통찰함으로써 의식, 알아차림의 차원을 완전히 달리함이다. 한마디로 메타노에오는 한꺼번에 통째로 알아차림이다.

그와 같이 알아차림의 차원이 달라지면 인식 자체에 획기적인 변화가 일어난다. 그렇게 알아차림의 정도나 강도가 확 달라지면 그 이전에는 보이지 않던 것들이 새롭게 보이고, 희미하던 것들이 분명하게 되어서 인식 자체가 확연히 달라진다. 그야말로 대상 전체를 한꺼번에 볼 수 있어 '있는 그대로'의 실상을 알아차린다. 이렇게 전체를 한 번에 봄으로써 있는 그대로, 참을 알아차림이 메타노에오이고 그것이 바로 의식의 눈을 뜨고 통찰이고 깨달음이다.

따라서 예수가 말한 '회개하라. 천국이 가까웠다(마 4:17).'는 '깨달아라. 하늘나라가 가까이 있다'로 옮겨야 맞다. 그의 첫 선포여서 너무나 중요한 예수의 그 말은 지금까지 잘못 옮겨졌다. '하나님 나라가 (네 안에) 가까이 있음을 깨달으라.'라고 옮겨야 할 것을 '회개하라. 하나님 나라가 가까웠다.'라고 옮겨지고 말았다. 아무리 그것의 어원을 살펴봐도 메타노에오는 단순히 뉘우치거나 돌아서 라는 말이 아니다. 메타와 노에오가 결합한 것만 봐도 그 기본적 인 의미가 깨달으라는 뜻임을 알 수 있다. 보통 회개하다로 알고 있는 메타노에오는 '눈을 뜨다', '깨닫다'이다.

메타노에오가 깨닫다의 의미라면 깨닫는 것은 과연 어떤 것일까? 그것을 개념적인 정의가 아닌 예수가 눈먼 사람을 고친 마가복음 8장 22~26절의 이야기를 통해 구체적으로 알아보자.

> 그리고 그들은 벳새다로 갔다. 사람들이 눈먼 사람 하나를 예수께 데려와서, 손을 대주시기를 간청하였다. 예수께서 그 눈먼 사람의 손을 붙드시고, 마을 바깥으로 데리고 나가셔서, 그 두 눈에 침을 뱉고, 그에게 손을 얹으시고서 물으셨다. "무엇이 보이느냐?" 그 사람이 쳐다보고 말하였다. "사람들이 보입니다. 나무 같은 것들이 걸어 다니는 것 같습니다." 그 때에 예수께서는 다시 그 사람의 두 눈에 손을 얹으셨다. 그 사람이 뚫어지듯이 바라보더니, 시력을 회복하여 모든 것을 똑똑히 보게 되었다. 예수께서 그를 집으로 돌려보내시며 말씀하셨다. "마을로 들어가지 말아라."

이것은 갈릴리 벳새다에서 예수가 한 눈먼 사람을 고친 이야기

그리스도를 깨달아

다. 이 이야기는 눈먼 사람의 눈뜸을 빗대 깨달음의 실체를 말하고 있다. 먼저 그 눈먼 사람을 고치기 위해 예수는 그를 마을 바깥으로 데리고 나갔다. 즉 눈을 뜨려면 사람들이 모여 사는 마을 바깥으로 나가야 하는데, 이것은 깨닫기 위해서도 보통 사람들의 생각하고 느끼는 알아차림 방식에서 나와야 한다는 뜻이다. 기본적으로 깨달음은 의식의 차원이 완전히 달라지는 것으로, 그러려면 반드시 보통 사람들의 생각하고 느끼는 의식 방법으로부터 나와야만 한다.

예수는 마을 바깥으로 데리고 나온 그 눈먼 사람의 두 눈에 침을 뱉고, 그에게 손을 얹고, 무엇이 보이느냐고 물었다. 그런데 눈먼 사람을 고치려면 꼭 이렇게 눈에 침을 뱉고 손을 얹어야만 하는가? 도대체 눈에 침을 뱉고 손을 얹는다는 것은 무엇을 나타내는가? 여기서 침은 입안에 고여 있거나 말을 할 때 튀어나오는 액체, 물이다. 그런데 이 물은 단순히 액체가 아니라 생수로 상징되는 성령을 나타낸다(요 7:38). 또 손을 얹는다는 것은 능력이 임하는 것을 말한다. 곧 사람의 마음에 성령 또는 근본 알아차림이 임해야 그 능력으로 어떤 사람에게 깨달음이 생긴다는 뜻이다. 다시 말해 성령이 임해야만 어떤 것의 실체, 참모습을 알아차리는 깨달음이 온다.

눈에 침을 뱉고 손을 얹은 다음 예수는 그 사람에게 무엇이 보이느냐고 물었다. 그러자 그 사람은 사람들이 보이는데 그것이 나무같이 보인다고 말했다. 여기서 왜 사람을 보았는데 그 사람이

나무같이 보이는가? 이것은 흔히 생각하듯이 시력의 치유가 점진적으로 이루어진 것을 말하는가? 그러나 이것이 정말 말하는 바는 멀었던 눈이 떠지면 사물의 실체를 바로 본다는 뜻이다! 곧 사람을 보되 그것의 실체가 나무와 같다고 본다는 말이다. 분명 사람의 실체를 제대로 보면 그것이 작은 씨앗을 심으면 자라나서 열매가 달리는 나무와 같다는 것을 깨닫는다. 바꿔 말해 사람은 의식이 싹트면 반드시 깨달음이라는 열매가 열리는 그런 존재다. 반대로 깨닫기 전에는 결코 이처럼 사람의 본질을 바로 알지 못한다.

결국 예수가 그 사람의 두 눈에 다시 손을 얹었고, 그가 뚫어지듯이 바라보자, 시력이 완전히 회복되어 모든 것을 환히 보았다. 말하자면 대상을 제대로 보려면 뚫어지게 바라보아야 하는 것처럼, 알아차림이 완전해지려면 성령이 임해서 계속 그 알아차리는 것에 집중해야 한다. 그렇게 알아차림에 집중하면 그 알아차림이 순간 확장되어 전체를 볼 수 있어 모든 것의 있는 그대로를 환히 알게 된다. 따라서 눈을 계속 뜬 채 살아가려면 보통 사람들이 모여 사는 마을로 들어가지 말아야 한다. 달리 말해 이제 계속 깨달은 채 살아가려면 보통 사람들이 흔히 하는 의식이나 알아차림 방식으로 돌아가서는 결코 안 된다.

이처럼 깨달음은 실상(實相)을 환히 아는 것이다. 그 깨달음은 있는 그대로를 환하게 알아차림이다. 그것은 마치 캄캄한 방에 밝은 빛이 들어와 어두움을 순식간에 몰아내는 것과도 같다. 그 어두움은 "물러가라!"라고 크게 소리친다고, 또 밝아진 것을 "믿습니

그리스도를 깨달아

다!"라고 반복해서 말한다고 사라지지 않는다. 오직 빛이 어두움을 환하게 비출 때야 비로소 한순간에 그 어두움은 물러간다. 즉 깨달음은 빛이 어둠 속에 들어와 한순간에 밝아지듯이 알아차림이 한순간에 확 밝아지는 것이다.

그렇다면 그런 깨달음은 실제로 어떻게 얻을 수 있는가? 그런 깨달음을 실제로 얻으려면 적어도 다음 두 가지가 꼭 필요하다. 먼저 하나는 의식의 집중이다. 기본적으로 의식은 대상을 감각하고 그것에 대한 알아차림이 일어나고 사라짐이다. 그 의식은 대상을 만나면 순간적으로 일어났다가 대상이 사라지면 순간적으로 사라진다. 그런 뜻에서 의식을 집중하는 것은 그 일어나고 사라지는 알아차림을 계속해서 강하게 주의하는 것이다. 이렇게 대상을 알아차리기 위해 대상에 주목하고 알아차림에 몰두하는 것이 바로 의식을 집중하는 것이다.

대상을 감각하고 알아차림에 집중하는 것을 다른 말로 몰입이라고 한다. 몰입은 그것만을 몰두해서 알아차리는 꽉 찬 의식(pléróma, spiritfulness)을 말한다. 가령 예수는 광야에서 40일 동안 식음을 전폐하고 기도에 몰두하였다. 역사적으로 몰입의 대가였던 아이작 뉴턴도 "내내 그 생각만 했다"라고 말했다. 알버트 아인슈타인 역시 "며칠, 몇 달, 몇 년 동안 그 생각만 했다."라고 했다. 이렇게 우리 두뇌는 보통 죽을 것 같으면 답을 내놓는다. 뇌는 강하고 반복적인 자극을 죽을 상황으로 판단한다. 강하고 반복적으로 알아차리면 결국 답은 나온다.

다른 하나는 의식의 확장이다. 의식의 확장은 의식의 정도와 강도가 변함으로써 순간적으로 발생한다. 이 순간적인 의식의 확장은 의식의 집중 즉 몰입의 과정에서 갑자기 일어난다. 계속해서 강하게 반복적으로 알아차리면 의식의 정도와 강도가 갑자기 달라지는 순간이 온다. 그렇게 계속해서 강하게 집중하면 어느 순간 있는 그대로, 참뜻을 갑자기 알아차리는 깨달음이 일어난다. 이렇듯이 의식의 상승 또는 확장은 알아차림의 과정에서 순간적으로 문득 일어난다.

좀 더 말하면 의식, 알아차림은 대상을 알아차리는 정도와 강도에 따라 달라진다. 의식, 알아차림의 정도와 강도는 알아차림의 넓이와 높이와 깊이가 어떠냐에 따라 변한다. 그것의 넓이가 넓으면 넓게, 그것의 높이가 높으면 높게, 그것의 깊이가 깊으면 깊게 알아차린다. 바로 어떤 대상에 대한 알아차림의 범위나 상태를 '넘어서' 알아차려진다! 이를테면 우물 안에서 하늘은 동그랗지만, 우물 밖에서 하늘은 무한하다. 땅에서 보면 지구는 평평하지만, 더 높은 위에서 보면 지구는 둥글다. 겉, 현상으로는 태양이 지구 둘레를 돌아가지만, 속, 본질(원리)로는 지구가 태양 둘레를 돌아간다.

흔히 사람은 보이는 대상만을 잠시 알아차린다. 지금, 여기서 보이는 대상의 겉모습만을 의식할 뿐이다. 그러나 보이는 현상만이 아닌 그것 너머를 알아차려야 알아차림이 달라진다. 또한 대상을 분리해서 보지 않고 연결하여 알아차리고, 부분만이 아닌 전체를 보고 알아차려야 알아차림의 양과 질이 달라질 수 있다. 그런데도 알아차림을 평소의 양과 질대로 할 뿐 알아차림의 성질을 달리하지 않으면 그런 알아차림의 결과를 그대로 맛볼 수밖에 없다. 2천여 년 전 이 땅에 살다 간 예수는 그것을 분명하게 깨달았다. 그는 누구보다 분명하고 철저하게 그것을 깨달았기에 알아차림을 달리하는 '메타노에오'를 그렇게 사람들에게 알리고 가르치려고 애를 썼다.

곧 예수가 '메타노에오'하라고 한 것은 의식을 집중해서 의식을 확장하라고 말한 것이다. 메타노에오는 대상을 집중해서 알아차림으로써 의식의 순간적 확장을 이루라는 뜻이었다. 그렇게 의식의 정도와 강도를 집중하고 확장해서 체질을 바꾸듯이 알아차리는 방식을 바꾸라는 의미였다. 한마디로 메타노에오는 근원에서 전체를 통째로 알아차림이다. 그렇게 하면 분명 보이는 대로가 아닌 있는 그대로의 참모습이나 참뜻을 알아차릴 수 있다. 그렇게 꽉 찬 의식으로 살면 분명 고통과 죽음에서 벗어나서 지복과 영생에 들어갈 수 있다.

결국 예수가 천국이 가까웠으니 '메타노에오'하라고 한 것은 가까운 천국을 깨달으라고 말한 것이다. 깨닫기만 하면 천국은 아주 가깝다. 반면 우리가 깨닫지 못하면 그렇게 가까운 천국에 들어가지 못하고 계속해서 지옥에 머문다. 그야말로 깨달아야만 가까운 천국을 볼 수도 있고 들어갈 수도 있다. 지옥의 삶에서 벗어나서 천국의 삶을 살려면 메타노에오, 깨달아야 한다.

거듭남

그렇다면 그런 메타노에오와 관련된 좋은 사례가 있을까? 그것이 바로 요한복음 3장에 나오는 예수와 니고데모의 대화다. 어두운 밤에 예수를 찾아온 니고데모는 바리새인이었다. '분리하다', '구분하다'라는 뜻의 파라쉬(שׁרפ)에서 유래한 바리새인은 다른 사람들과 구별된 자로 스스로를 인식하고 또 실제로 그렇게 행동했다. 겉으로 그들은 정결과 순종을 목숨처럼 여겼고 계명과 전통을 엄격하게 지켰다. 그들은 그런 방법으로 천국에 갈 것이라고 굳게 믿고 있었다.

천국과 천국에 가는 것이 궁금해서 찾아온 니고데모에게 예수는 거듭나야 한다고 말했다. '사람이 거듭나지 아니하면 하나님 나라를 볼 수 없다(요 3:3).' 이것은 계명을 잘 지켜야 천국에 갈 수 있다고 믿고 있던 니모데모에게 천국을 보려면 거듭나야 한다고 말한 것이다. 그러나 바리새인이고 산헤드린의 공회원이었던 니고데모는 예수의 그 말을 알아들을 수 없었다. 그래서 니고데모는 늙은 사람이 어떻게 다시 태어날 수 있느냐고 물을 수밖에 없었다. 천국을 보려면 거듭나야 한다는 말에 그는 다시 태어나는 것이 당연히 몸일 거라고 생각했다. 보통 사람들처럼 그도 역시 다시 태어나려면 몸이 어머니 뱃속에 다시 들어갔다 나와야 하느냐고 재차 물었다.

하지만 니고데모의 생각처럼 거듭남은 육체로 다시 태어나는 것

그리스도를 깨달아

이 결코 아니다. "육에서 난 것은 육이요, 영에서 난 것은 영이다(요 3:6)." 즉 육체에서 태어나는 것은 역시 육체일 뿐이다. 우리는 아버지와 어머니를 통해 우리의 몸이 태어난다. 어버이의 몸에서 태어난 것은 어디까지나 물질인 몸이다. 물질인 '몸의 나'는 태어나고 죽는 유한한 생명일 뿐이다. 이 물질인 몸의 나는 한 번 태어나면 죽을 뿐 다시 태어날 수는 없다. 그래서 예수가 다시 태어나라는 것은 물질인 몸으로 다시 태어나라는 말이 아니고 영으로 다시 태어나라는 말이다. 다시 태어난다는 것은 육체로 한 번 태어난 사람이 영으로 다시 태어난다는 뜻이다. 마치 생일이 두 번인 셈이다.

그럼 몸이 아닌 영으로 다시 태어나는 것은 무엇인가? 몸은 물질이지만, 영은 의식이고 알아차림이다. 물질은 물질과 물질이 만나 새로운 물질이 만들어진다. 반면에 영, 의식은 대상을 만나 알아차림이 일어남으로써 생겨난다. 그러므로 알아차림이 일어난다는 것은 의식이 깨어난다는 뜻이다. 곧 영으로 다시 태어남은 참된 나가 깨달아져서 영, 의식으로서의 '나'가 새로 생겨남이다. 그런 의미에서 몸으로 태어난 것이 '몸의 나'라면, 영으로 태어난 것은 '영의 나'라고 할 수 있다.

영의 나는 이렇게 깨달음을 통해 태어난다. 어버이로부터 태어난 '몸의 나'는 자신이 물질이라고 여기며 삶을 살아간다. 실제로 현실을 살면서 경험하고 확인하는 바는 자신이 물질인 것이 틀림없다는 사실이다! 그래서 깨달음이 오기 전까지 모든 사람은 자신이 몸임을 전혀 의심하지 않고 살아간다. 그러다 어떤 기회에 자신이 진정 무엇인가에 대한 알아차림이 생겨나면 있는 그대로의 자기는 영, 의식임을 알게 된다. 꽉 찬(spiritful) 의식으로 알아차리면, 참된 나(참나)는 잠시 있다가 사라지는 몸이 아니라 영원히 존재하는 영임을 깨닫게 된다. 그렇게 깨달아서 새로운 영의 나가 생겨났으니 그 '나'는 몸으로 한 번 태어났다가 영으로 다시 태어난 나다.

영으로 다시 태어나지 못하면 하나님의 나라에 들어갈 수가 없다. 하나님의 나라는 영의 나라이고 의식의 세계이고 알아차림의 상태다. 천국은 고통도 죽음도 없는 의식 상태이고 우리의 본성인 알아차림의 상태다. 몸, 육은 물질일 뿐 의식, 영이 결코 아니다. 영이 아닌 것이 어떻게 영의 상태에 들어갈 수 있겠는가? 물질에서 영으로 다시 태어나야 영의 상태에 들어갈 수가 있다. 그러므로 자신이 몸이라고 생각하고 몸의 욕구를 추구하면서 그 몸으로 천국에 들어갈 수는 없다. 천국에 들어가려면 반드시 몸이 '나'가 아니라 영이 '나'인 것을 깨달아서 다시 태어나야 한다. 다시 태어나지 않은 채 몸으로 율법이나 계명을 잘 지킨다고, 그것을 가능하게 한다는 누군가 혹은 무엇인가를 잘 믿는다고 영의 상태인 천국에 들어갈 수는 없는 노릇이다.

그럼 구체적으로 어떻게 해야 천국에 들어갈 수 있는가? 다시 말해 어떻게 해야 몸의 나에서 영의 나를 깨달을 수 있을까? 그것은 '물과 성령'으로 나야 한다(요 3:5). 물은 그 성질이 여럿이지만 기본적으로 무엇을 씻는 물질이다. 세례 요한이 물로 세례를 준 것

그리스도를 깨달아

은 죄를 씻는다는 상징이었다. 물속에 잠겼다가 나오는 것은 옛 생명은 죽고 새 생명으로 다시 태어남을 가리킨다. 따라서 물로 나는 것은 물 즉 참된 앎, 진리의 세례를 받아서 거짓 의식이 씻겨 몸이 나라는 의식이 죽는 것이다. 여기서 죽는다는 의미는 몸이 나라는 의식이 없어진다는 뜻이다. 이렇게 자신이 몸이라는 의식이 없어지면 비로소 자신의 참된 본질이 무엇인지 알아차릴 수 있는 상태가 된다. 먼저 진리로 거짓 의식을 씻어내야 새롭게 참된 의식이 생겨나서 다시 태어날 수 있다.

천국에 들어가려면 물로 날 뿐 아니라 성령으로도 나야 한다. 물로 나는 것이 몸의 나가 죽는 것이라면, 성령으로 나는 것은 영의 나가 태어나는 것이다. 몸의 나가 죽는 것이 몸의 나가 가짜임을 깨닫는 것이듯이 영의 나로 태어나는 것은 영의 나가 진짜임을 깨닫는 것이다. 몸의 나가 거짓 나임을 알게 되면 즉시 영의 나가 참나 임을 깨닫는다. 몸이 나라는 의식이 사라져야 영이 나라는 의식이 생겨난다. 즉 성령이 임해야 몸의 나가 거짓 나임을 비로소 알아차린다. 성령은 아버지의 영으로 본래의 알아차림이다. 그 아버지의 영인 성령이 오면 깨달음이 생겨나 자신이 하나님과 같은 영임을 안다. 이것이야말로 영으로 다시 태어남이다. 그것이 바로 성령으로 나는 것이고, 그 하나님과 같은 영의 나를 깨닫는 것이 바로 하나님 나라, 천국에 들어감이다.

거듭난 사람은 이제 더 이상 몸의 의식, 자아에 끌려다니지 않는다. 성령으로 다시 태어나서 영의 사람이 되었으니 영적 자각 안에서 참나로 깨어서 살게 된다. 예수는 그것을 "바람은 불고 싶은 대로 분다. 너는 그 소리는 듣지만, 어디에서 와서 어디로 가는지는 모른다. 성령으로 태어난 사람은 다 이와 같다(요 3:8)."라고 말했다. 정말로 이 구절들만큼 그 의미를 잘 알 수 없는 말씀도 없다. 여기서 바람으로 번역된 프뉴마(πνεῦμα)는 숨, 바람, 영을 나타낸다. 이 프뉴마라는 중의적인 단어를 사용하여 예수는 성령으로 거듭난 사람의 삶의 방식을 말하고 있다.

바람은 임의대로 일어나고 사라진다. 우리는 그 바람의 일어나고 사라짐을 의식하지만, 어디에서 와서 어디로 가는지는 의식하지 못한다. 그런데 이 바람(πνεῦμα) 같은 영(πνεῦμα), 알아차림도 대상과 함께 일어나고 사라진다. 그때 보통 사람들은 그 대상과 함께 일어나고 사라지는 생각이나 감정을 무의식적으로 그대로 받아들여 따라간다. 구약 전도서 기자 식으로 말하면, 그것은 바람(루아흐, 프뉴마)을 잡는(chasing after the wind) 것이다(전 6:9). 그렇게 바람 같이 일어나고 사라지는 생각이나 감정을 그대로 따라가면 그 생각, 감정이 어디에 있는지 아는 것이 된다! 그것은 마치 바람처럼 일어나고 사라지는 생각, 감정이 어디에서 와서 어디로 가는지 아는 것과 같다.

그러나 영으로 다시 태어난 사람은 그것들이 일어날 때마다 주의 깊게 살피고 무의식적으로 그대로 따라가지 않는다. 생각과 감정은 수시로 일어나지만, 그것을 자신과 그대로 동일시하여 따라가지 않으니 그것이 어디에서 와서 어디로 가는지 알지 못하는 것

그리스도를 깨달아

과 같다. 영으로 다시 태어나면 즉 깨달으면 일어나고 사라지는 생각과 감정대로 무의식적으로 끌려다니지 않고 그것을 잘 살펴서 그것의 참맛을 알아차린다. 그것이 바로 성령으로 다시 태어난 사람의 알아차림 방식이고, 깨달아서 거듭난 사람의 삶의 방식이다.

곧 성령으로 다시 태어난 사람이 아니면 그런 이치를 볼 수도 없고 알 수도 없다. 그러나 성령으로 거듭 태어난 사람은 그것을 체험적으로 보고 체험적으로 안다. 이렇게 깨달으면 있는 그대로를 볼 수 있고, 있는 그대로를 알 수 있어, 그것을 말하고 그것을 살 수 있다. 따라서 생각하고 말하고 행동하는 것을 보면 그 사람이 거듭난 사람인지 마치 바람을 느끼듯이 알 수 있다.

마무리하면, '회개하다' 메타노에오는 의식의 눈을 뜨는 것이고 깨닫는 것이다. 이 몸의 나는 죽고 영의 나를 깨달아 하나님 아버지에게 돌아감이다. 하나님 아버지에게 돌아간다는 것은 나의 본성이 영인 것을 깨달아 그 본래의 영의 상태로 돌아간다는 뜻이다. 그러므로 영의 나를 깨달아 다시 태어나기를 바란다면 지금까지의 상대, 이원, 개체의 에고 의식을 바꿔서 절대, 일원, 전체의 참나 의식으로 변화해야 한다. 이것이 바로 예수가 '회개하라. 하나님의 나라가 가까웠다'고 말한 본래의 의미이고, 천국에 들어가려면 반드시 다시 태어나야 한다고 말한 깊은 뜻이다.

3. 항상 알아차려라

주시옵소서?

　누구나 이 세상을 살아가려면 힘이 들고 고통스럽다. 그래서 자신보다 더 큰 힘을 가진 존재를 찾게 되고 그 존재를 의지하고 믿으려 한다. 더 나아가 그런 힘을 가진 존재에게 살아가면서 부딪히는 여러 문제를 해결해 달라고 구하게 된다. 어떤 대상을 믿든지 사람들은 그들이 믿는 대상에게 자신들에게 필요한 것들을 달라고 간구한다. 그렇게 간절히 구하는 것을 기도라고 한다면, 기독교에서 말하는 기도 역시 믿음의 대상인 하나님에게 필요를 간구하는 것이다.

　신약성경 공관복음서에서 가장 많이 사용되는 '기도'를 나타내는 단어는 프로슈케(προσευχή)와 프로슈코마이(προσευχομαι)로 믿음의 대상인 하나님에게 간구하는 것을 뜻한다(마 23:14, 막 12:40, 눅 1:10, 3:21. 5:16). 또한 요한복음에서 기도를 나타내는 단어로 아이테오(αἰτέω)라는 동사가 주로 사용되는데, 이 말은 하나님이나 사람에게 간청한다는 의미로 두루 쓰인다. 그밖에 신약의 다른 곳에서도 기도를 나타내는 여러 단어가 사용되는데, '바라다', '요청하다', '중보하다'의 의미로 쓰여 간구한다는 기도의 일반적인 의미를 크게 벗어나지 않는다.

그러다 보니 예수가 사용한 다음의 비유도 필요를 끈질기게 구하고 낙심하지 말라는 취지로 읽힌다. 누가복음 18장에는 과부와 재판관에 관한 예수의 비유가 나온다. 어느 고을에 하나님도 두려워하지 않고 사람도 존중하지 않는 재판관이 있었다. 그 고을에 살고 있던 한 과부가 재판관에게 찾아가서 자신의 원한을 풀어줄 것을 간절히 요청했다. 재판관은 그녀의 그런 간청을 받았지만, 그것을 들어주지 않고 있다가 그러면 이 과부가 계속 귀찮게 할 것을 염려해서 그 과부의 원한을 풀어주었다는 이야기다. 다시 말해, 이처럼 하나님은 자기 필요를 얻기 위해 밤낮으로 부르짖는 이의 기도를 들어주신다는 의미로 이 비유가 흔히 해석된다.

사람들이 무엇인가를 구하는 기도를 하는 까닭은 분명하다. 그것은 인간이 유한한 존재이기 때문이다. 물질을 입고 있는 인간은 물질성의 한계 때문에 늘 유한한 존재다. 물질로 이루어져 있는 인간의 몸은 일정한 수명을 갖고 있다. 근본적으로 우리는 물거품과 같은 몸을 가진 존재라 언제 죽을지 몰라서 무엇에든지 빌어야 마음이 편하다. 또한 그 몸은 살아있는 동안에도 능력에 한계가 있고, 물질적 시스템 안에서 돌아가는 정신의 능력에도 늘 한계가 있다. 육체적, 정신적 한계를 지닌 인간은 늘 결핍을 지니고 있고 그것을 항상 느낄 수밖에 없다. 이렇게 자기 몸과 정신의 한계에서 기인하는 결핍은 인간이 끊임없이 그 부족한 것을 구하도록 한다.

따라서 간구는 인간 자신의 한계와 결핍이 불러온 자연스러운 현상이다. 몸으로 혹은 정신으로 인식되는 결핍은 계속해서 무엇을 구하게 하고 빌게 만든다. 유한한 생명을 살기 위해 필요한 것들을 얻으려고 사람은 늘 간절히 구한다. 그런 의미에서 무엇을 간구하는 기도는 한계를 인식하는 사람이 살기 위해 항상 취하는 삶의 방식이라고 해야 한다. 무엇을 구하고 비는 기도는 인류가 이 세상에 태어난 이래 계속되어온 삶의 방식이고 모습이라고 할 수 있다. 어떤 대상을 믿든 기도는 자신의 유한과 결핍을 인식하는 사람들이 취하는 피할 수 없는 삶의 행위다.

구하면 이루어질 것이라는 믿음도 기도하게 하는 동기다. 결핍의 존재인 인간은 무엇인가를 계속 구할 수밖에 없지만, 구하면 이루어질 것이라는 믿음이 없다면 기도할 수 없다. 무엇인가를 구하면 그것이 응답될 것이라는 믿음은 사람들이 기도할 수 있게 하는 원동력이다. 가령 하나님을 향해 기도하는 사람은 무엇을 구하든지 하나님이 들어줄 것이라고 믿기 때문에 그것들을 구한다. 그렇게 기도하면 이루어질 것이라는 믿음이 없이는 기도할 수 없기 때문에 기도는 그런 믿음이 없는 사람이라면 결코 할 수 없는 행위다. 그야말로 응답을 믿는 자만이 기도한다.

보통 기독교인들이 기도하는 방법과 순서는 대략 다음과 같다. 기도할 때는 첫째로 기도의 대상인 하나님에게 영광을 돌린다. 무엇보다 먼저 기도를 받는 하나님의 존재와 능력을 인정하고 높인다. 기도를 받는 그분은 모든 것을 알 수 있고 모든 것을 할 수 있

그리스도를 깨달아

다. 그래서 먼저 모든 것을 있게 하고 이루어지게 할 수 있는 존재인 하나님을 인정하고 그분을 드높인다. 하나님의 존재가 환하게 드러나는 것이 영광이기 때문에 기도의 첫 순서는 무엇보다 그분에게 영광을 돌리는 것이 우선이다.

둘째로 자기 죄를 고백한다. 기본적으로 기도는 응답받기 위해서 하는 것이고 그러려면 응답을 가로막는 요소들을 반드시 제거해야 한다. 분명 죄는 하나님과 인간 사이를 가로막는 장애물이다. 그러므로 기도하는 사람의 마음속에 고백하지 않은 죄가 있으면 기도는 응답되지 않는다(사 59:1~2). 즉 기도하는 사람이 마음에 죄악을 품고 있으면 주께서 듣지 않는다(시 66:18). 또한 형제와의 불화가 있어도, 용서하지 않는 마음이 있어도 기도는 응답되지 않는다. 그러므로 응답받는 기도를 하려면 반드시 자기 안의 죄를 고백하는 것이 선행되어야 한다.

셋째로 해야 할 것은 감사다. 기도를 받고 응답하는 하나님의 영광을 드러내고 자기의 죄를 고백했으면 이제 감사해야 한다. 부르짖으면 듣는다는 약속을 믿고, 기도하면 이루어질 것을 믿기 때문에 감사해야 한다. 감사는 기도한 것이 응답받을 것이기 때문에, 이루어질 것이기 때문에 미리 하는 것이다. 그래서 바울도 '아무것도 염려하지 말고 오직 모든 일에 기도와 간구로 너희 구할 것을 감사함으로 하나님 아버지께 아뢰라.'라고 한다(빌 4:6). 감사는 기도의 응답을 믿기 때문에, 응답하는 존재에 대한 신뢰 때문에 기도의 순서 중에 반드시 들어가야 할 부분이다.

네 번째로 해야 할 것은 간구다. 무엇을 간구하는 것이 기도이니만큼 간구는 기도의 필수적인 요소이고 꼭 해야 하는 순서다. 우선 자신이 무엇을 구해야 하는지를 알고 구해야 한다. 자신이 구하는 것이 무엇이고 어떤 것인지를 구체적으로 알고 구해야 한다. 그리고 지금 구하는 것이 하나님의 뜻에 맞는 것이면 구해야 하지만 맞지 않는 것이라면 구하지 말아야 한다. 그와 같이 구할 것을 반드시 분명하게 알고 바르게 구해야 한다. 그런 의미에서 받지 못하는 것은 구하지 않기 때문이고, 구하여도 받지 못하는 것은 잘못 구하기 때문이다(약 4:3).

마지막 다섯 번째는 중보다. 중보는 둘 사이에서 어떤 일이 이루어지도록 주선하는 행위다. 기도가 무엇을 구하는 것이라면 중보는 하나님과 다른 사람 사이에서 무엇을 대신해서 구하는 행위다. 자신을 위해서 구할 뿐 아니라 다른 사람을 위해서 하나님에게 무엇을 대신 구하는 행위가 중보. 이것은 서로 연결되어 있어 홀로 살 수 없는 인간이 다른 사람이나 다른 존재들을 위해 행하는 기도 순서로 서로를 위해 축복하고 서로의 생명을 나누는 것이다.

이렇게 기도하면 응답은 대체로 세 가지 형태로 온다. 우리가 기도하면 하나님은 다음 세 가지 형식으로 응답한다. 첫째로 즉각적인 응답이다. 유다 왕 히스기야는 죽을병에 걸렸을 때 얼굴을 벽으로 향하고 울면서 기도했다. 그때 하나님은 '내가 네 기도를 들었고 네 눈물을 보았다'고 하면서 3일 만에 고쳐주었다(왕하 20:5). 둘째는 거절이다. 바울은 자신의 고질적인 병을 고쳐 달라고

그리스도를 깨달아

하나님에게 세 번이나 간구했다. 그러나 하나님은 '내 은혜가 네게 족하다. 내 능력은 약한 데서 온전하여진다'라고 하면서 기도 응답을 거절했다(고후 12:9). 셋째는 기다리라는 것이다. 예언자 하박국은 기도 응답이 너무 늦어져 근심하면서 두 번이나 부르짖어 외쳤다. 그때 하나님은 '비록 더딜지라도 기다리라. 지체되지 않고 반드시 응하리라'고 말했다(합 2:3).

영적 호흡

이렇듯이 사람들은 기도가 필요를 직접 구하는 것이라고 생각해서 그런 식으로 구한다. 그렇게 기도하기는 이방인뿐만 아니라 유대인들도 역시 마찬가지였다. 그런데 예수는 그의 제자들에게 그렇게 구하지 말라고 했다. '너희는 기도할 때에 이방인들처럼 빈 말을 되풀이하지 말라. … 너희의 아버지께서는 구하기도 전에 벌써 너희에게 필요한 것을 알고 계신다(마 6:7~8).' 여기서 그가 이처럼 말한 이유는 근본적으로 기도가 간구가 아닌 알아차림이기 때문이다. 기도의 응답은 바로 알아차림을 통해서다. 그때의 알아차림은 많은 말을 통해서가 아니라 알아차림 자체를 통해서 이루어지기 때문이다. 그러므로 기도할 때는 그 알아차림 자체를 먼저 구해야 한다.

예수는 같은 산상수훈에서 '구하고 찾고 두드리라'고 말했다(마 7:7). 그러면서 그렇게 구하고 찾고 두드리면 하늘에 계신 아버지께서 주신다고 했다(마 7:11). 이 말씀을 근거로 사람들은 예수가 무슨 필요를 끊임없이 구하고 찾고 두드리라고 말했다고 생각한다. 그러나 같은 것을 말하는 누가복음에는 그 구하고 찾고 두드리는 대상이 분명하게 나온다. "하물며 하늘에 계신 아버지께서야 구하는 사람에게 성령을 주시지 않겠느냐?(눅 11:13)" 즉 구하고 찾고 두드려야 할 것은 무슨 필요가 아니고 성령이라는 말이다. 성령은 기본적으로 영이고 영은 의식이고 알아차림이다. 따라서 예수가 진짜 구하라고 한 것은 알아차림이지 직접적인 필요가 아닌 것이다.

사실 기도는 구체적 필요가 아니라 알아차림을 구하는 행위다. 알아차림은 의식이 일어나고 사라짐이다. 대상을 만나 그것을 알아차리는 것이 의식이고, 이 의식이 있어야 생명이 있다. 숨이 들어가고 나가야 육체가 살듯이 알아차림이 일어나고 사라져야 영적 생명, 의식이 산다. 숨이 들어가고 나갈 때마다 우리의 흉부가 오르내리는 것처럼 기도는 의식이 일어나고 사라진다는 의미에서 영, 의식의 숨쉬기와 같다. 그야말로 기도는 영적 호흡, 알아차림의 숨쉬기다.

바꿔 말해 기도의 본질은 환히 보고 아는 것이다. 기도(祈禱)라는 두 한자의 변에 모두 '보일 시(示)'가 들어있듯이, 기도를 뜻하는 히브리어 중에 숨 쉴 때 나는 의성어 '하가(הָגָה)'가 있듯이, 기도는 대상을 주의 깊게 살펴보고 그 과정에서 알아차림이 계속 일어나

그리스도를 깨달아

고 사라짐이다. 즉 대상을 주의 깊게 보고 환하게 알아차리는 행위가 바로 기도다. 그렇게 환하게 보고 알아차리면 기도하는 실체가 밝혀져서 그것이 무엇이고 왜 그렇고 어떻게 되는지도 알게 된다. 따라서 기도는 모든 행위 이전에 해야 하고, 모든 삶을 살려면 필히 해야 하는 '있는 그대로'를 알아차리는 행위다.

그런 의미에서 기도는 의식 소생술(consciousness resuscitation)이라고 할 수 있다. 몸이 살려면 숨을 쉬어야 하듯이 의식이 살려면 알아차림이 일어나고 사라져야 한다. 우리가 숨이 멎으면 흉부를 자극하여 숨을 다시 쉬게 하듯이, 우리의 멈춘 알아차림을 자극하여 다시 알아차리게 하는 것이 기도다. 그렇게 의도적으로 주의를 기울여 알아차림의 대상을 관찰하면 그 순간 잠자던 우리의 의식이 깨어서 일어난다. 마치 컴퓨터 화면이 절전모드가 되었다가 마우스를 건드리면 활성화되듯이, 우리의 의식이 잠잘 때 그것을 자극하여 깨어나게 하는 것과 같다.

알아차림이 기도라면 우리는 왜 기도해야 하는가? 기도가 알아차림이라면 우리는 왜 알아차려야 하는가? 그것은 당연히 알아차려야 살 수 있기 때문이다. 아는 대로 사람은 영과 혼과 몸으로 이루어져 있다. 영은 의식이고, 혼은 생각과 감정과 의지 작용이고, 몸은 행하는 것이다. 몸이 어떤 행위를 하는 것은 혼에 담겨있는 생각과 감정과 의지가 있기 때문이다. 그런데 그 생각과 감정과 의지를 불러일으키는 것이 바로 영이고 의식이다. 그래서 구체적인 행위가 우리의 삶이라고 할 때, 삶이 이루어지려면 생각과 감정과 의지를 만들고 생겨나게 하는 의식이 일어나야 한다. 곧 우리는 구체적으로 그 의식의 움직임에 의해서 삶을 산다. 즉 그 의식의 근원인 하나님, 성령 안에서 숨 쉬고 움직이며 살아간다(행 17:28).

예수는 산상수훈에서 "그러므로 무엇을 먹을까, 무엇을 마실까, 무엇을 입을까 하고 걱정하지 말아라. 이 모든 것은 모두 이방 사람들이 구하는 것이요, 너희의 하늘 아버지께서는 이 모든 것이 너희에게 필요하다는 것을 아신다. 너희는 먼저 하나님의 나라와 하나님의 의를 구하여라. 그리하면 이 모든 것을 너희에게 더하여 주실 것이다(마 6:31~33)."라고 말했다. 우리가 살아가려면 반드시 먹고 마셔야 하고 입어야 하고 잠자고 쉬어야 한다. 물론 하나님은 그런 모든 것들이 우리에게 필요하다는 것을 아신다. 그러기에 먼저 하나님의 나라와 그 의를 구해야 한다.

이미 아는 대로 하나님의 나라는 영적인 상태로 바로 하나님의 본성이 가득한 상태다. 하나님의 나라는 하나님의 본성인 영이 가득한 상태이기 때문에 하나님의 영인 성령이 충만한 상태다. 그리고 성령, 본래 의식이 충만하게 되면 그것이 살려내는 알아차림이 당연히 일어날 수밖에 없다. 그렇게 알아차림이 일어날 수밖에 없는 이유는 그 영이 바로 의식이고 그것을 일으키는 알아차림 자체이기 때문이다. 그러므로 성령, 본래 의식 자체가 임하면 알아차림이 생겨나서 그것이 무엇이고, 왜 그렇고, 어떻게 해야 할지를 알게 된다. 그런 뜻에서 하나님의 나라와 그 의를 구하는 것은 본래의 알아차림이 충만하게 되어서 있는 그대로의 참모습, 실상을 환

그리스도를 깨달아

하게 아는 것이다.

대개 사람들은 살기 위해 먹고 마시고 입고 자는 것을 염려하고 걱정한다. 그래서 누구나 먹고 마시고 입고 자는 것에 대한 필요를 해결해달라고 기도한다. 그러나 그런 것들을 얻으려면 그것을 달라고 구할 것이 아니라 먼저 그것에 대한 생각과 감정과 의지가 생겨나야 한다. 그러려면 먼저 그것을 가능하게 하는 본래의 순수한 알아차림인 성령을 구해야 한다. 여기서 성령을 구한다는 뜻은 심히 알고 싶어함이다. 그러면 알아차림이 일어나 그것에 대한 생각, 감정, 의지가 생겨난다. 그렇게 혼, 마음이 생겨나면 그 마음은 곧바로 그것에 맞는 행동을 하게 하여 그것에 맞는 현실을 만든다. 다시 말해 영, 의식이 만들어낸 혼, 마음의 결과로 모든 것들이 생겨나고 그것들이 현실에 더해지는 것이다.

그런 뜻에서 이 세상의 우리 삶은 마치 영화 상영과 같다. 영화 상영은 영사기에서 나온 빛이 필름을 통과하여 스크린에 나타나는 현상이다. 그것을 우리 삶에 빗댄다면 스크린에 펼쳐진 장면은 현실이고, 필름은 마음 즉 혼이고, 영사기의 빛은 의식 또는 영이다. 말하자면 우리 삶은 우리의 알아차림이 우리의 생각과 감정과 의지를 만들면 그것들이 그대로 현실이 되는 방식이다. 다시 말해 우리의 현실은 우리 생각과 감정과 의지의 투사이고 마음, 혼이 실현된 것이다. 그런데 그 생각과 감정과 의지를 불러일으키는 것은 다름 아닌 우리의 의식이고 영이다. 알아차림인 우리의 영이 어떤 필름 즉 깨달음을 만들어 내느냐에 따라 우리의 현실은 곧바로 그렇게 나타난다.

그래서 예수는 그것을 다음과 같이 말했다. "내가 진정으로 너희에게 말한다. 누구든지 이 산더러 번쩍 들려서 바다에 빠져라 하고 말하고, 마음에 의심하지 않고 말한 대로 될 것을 믿으면 그대로 이루어질 것이다. 그러므로 나는 너희에게 말한다. 너희가 기도하면서 구하는 것은 무엇이든지 이미 그것을 받은 줄로 믿어라. 그리하면 너희에게 그대로 이루어질 것이다(막 11:23~24)." 예수의 이 말들도 역시 비유적이다. 이것도 산이 들리어 바다에 빠지라고 말하면 그대로 된다고 문자적으로 받아들여서는 안 된다. 현실적으로 산더러 번쩍 들리어 바다에 빠지라고 한다고 과연 그것이 그렇게 되겠는가? 따라서 이것을 비유로 말한 예수의 속뜻을 알아차려야 한다.

만일 산이 바다에 빠지는 장면이 필요하면 스크린을 비출 필름을 먼저 만들어야 한다. 즉 산이 들리어 바다에 빠지는 생각과 감정과 의지를 먼저 마음에 가져야 한다. 그렇게 생각과 감정과 의지를 갖추면 그것에 맞는 행동이 나와서 현실이 만들어진다. 우리가 레몬을 생각하면 입에 침이 고이듯이, 우리가 생각하고 느끼고 하려는 것을 우리의 몸이 해낸다. 물질로 구체화하여 나타난 현실도 우리가 생각하고 느끼고 하려고 마음먹은 것이 그대로 이루어진 것이다.

기도 역시 마찬가지다. 산이 들리어 바다에 빠지게 하려면 우선 그것을 생각하고 느끼고 바라야 한다. 그렇게 해야 마음속에 있

그리스도를 깨달아

는 것들이 현실로 나타나기 때문이다. 그런데 문제는 혼, 마음을 만들어낼 알아차림이 있느냐는 것이다. 만일 현실로 나타날 마음을 만들 수 있는 깨달음이 없으면, 틀림없이 바다에 빠지게 하려고 산을 옮겨 달라고 그저 간구만 할 것이다. 따라서 여기서 알아차려야 할 오직 하나는 깨달으면 그대로 이루어진다는 것이다(覺而現實). 그렇게 먼저 실상을 알아차리고 마음속에 그 생각과 감정과 의지를 품으면 그것은 반드시 현실이 된다.

사람들의 병을 고칠 때도 예수는 그와 같은 방식으로 했다. 약이나 수술이 아닌 병든 사람의 마음을 바꾸는 방식으로 했다. 예수는 병자를 고칠 때 '네 죄가 사함을 받았다.', '네 병이 다 나았다.'라고 선언했다. 침상에 누운 채 실려 온 중풍 병자를 향해 "기운을 내라. 네 죄가 용서받았다"라고 말했다(마 9:2). 당시 사람들은 자신의 병이 죄 때문이라고 생각했기 때문에 우선 죄가 사해졌다고 말함으로써 그들의 마음속에 병이 사라진 필름을 넣어주었다. 병이 나았다는 필름을 먼저 가져야 병이 낫기 때문이다. 또 예루살렘 양의 문 곁에 있던 베짜타(베데스다) 연못에서 삼십 팔년 된 병자를 고칠 때도 "네가 낫고자 하느냐(요 5:6).", "일어나서 네 자리를 걷어 가지고 걸어가거라(요 5:8)."라고 말했다. 그 병자는 삼십 팔년 동안 자신의 병은 낫지 않는다는 필름을 갖고 살았다. 그래서 예수는 그 사람에게 그 병은 낫는다는, 병이 이미 다 나았다는 필름을 갖게 하였고 그러자 그의 병이 곧바로 나았다. 이렇게 필름을 바꾸면 순식간에 낫기도 하고, 시간이 좀 걸리기도 하지만 병이 낫는 것은 틀림이 없다. 어쨌건 필름을 바꾸면 장면은 반드시 바뀐다.

이처럼 근본적으로 기도는 알아차림이다. 기도하면 알아차림이 생겨 참을 알게 된다. 참을 안다는 것은 참 이치를 안다는 것으로 그 알아차린 것이 그 사람의 생각과 감정과 의지가 된다. 그렇게 혼, 마음이 생기면 그것은 반드시 현실로 나타난다. 기도하는 것은 알아차려서 마음을 만들어 그것이 현실이 되게 하는 행위다. 기도는 알아차림으로 현실을 만드는 아주 분명한 일이다.

주의 기도

활동 기간이 비교적 짧아 남긴 말씀이 많지 않지만, 예수는 제자들에게 신앙의 핵심인 기도를 가르쳐 주었다. 주가 가르쳐준 기도에는 기도가 알아차림이라는 것이 분명하고 구체적으로 나타난다. 주가 가르친 기도라고 하여 흔히 '주의 기도'라고 불리는 이 기도는 어떻게 해야 알아차릴 수 있는지를 잘 보여주는 기도의 전형이자 모범이다. 어떻게 기도해야 하는지를 알려면 이 기도를 잘 알아야 하지만, 주의 기도는 그동안 많은 부분 잘못 알려져 온 것이 사실이다.

주의 기도는 누가복음에도 나오는데(눅 11:2~4), 여기서는 산상수

그리스도를 깨달아

훈의 한 부분으로 마태복음에 실린 것을 중심으로 살펴본다. "하늘에 계신 우리 아버지, 이름이 거룩히 여김을 받으시오며, 나라가 임하시오며, 뜻이 하늘에서 이루어진 것 같이 땅에서도 이루어지이다, 오늘 우리에게 일용할 양식을 주옵시고, 우리가 우리에게 죄지은 자를 사하여 준 것 같이 우리 죄를 사하여 주옵시고, 우리를 시험에 들게 하지 마옵시고 다만 악에서 구하옵소서(마 6:9~13)."

기도의 처음 부분인 '하늘에 계신 우리 아버지'는 기도하는 대상을 말한다. 이 구절에 의하면 하나님이 하늘에 있는 것으로 읽힌다. 그러나 하나님은 어떤 공간의 하늘에 있지도 않고 그 하늘이 무한한 하나님을 담을 수도 없다. '아버지는 만유보다 크시다(요 10:29).' 여기서 '하늘' 또는 '창공'으로 번역된 우라노스(ουρανός)는 만유가 담긴 허공을 뜻한다. 즉 하나님은 무한한 허공이면서 그 허공에 충만한 영이다. 한국의 독창적 기독교 사상가 다석(多夕) 류영모(柳永模, 1890~1981) 식으로 말하면, 하나님은 물질로는 없고 영으로 계시기 때문에 '없이 계신다.' 그 하나님은 모든 것의 근원이기 때문에 '아버지'이고, 그 아버지는 허공으로 있는 태초의 영이다.

'이름이 거룩히 여김을 받으시오며'의 의미를 알려면 '이름'과 '거룩'에 대해서 알아야 한다. 이름은 어떤 존재를 가리키는 명칭이다. 이름을 뜻하는 한자 명(名) 자는 저녁 석(夕) 자와 입 구(口) 자의 합자다. 이것은 저녁이 되면 어두워서 입으로 소리를 내야 누가 있는지를 안다는 의미가 담겨 있다. 곧 이름이란 무엇이 있음, 존재를 나타낸다. 그러므로 절대인 하나님은 상대적인 개체들과

같은 이름은 없고 단순히 모든 것의 근원이라는 의미에서 '아버지'
일 뿐이다.

'거룩히 여기다'로 번역된 하기아스테토(ἁγιασθήτω)의 원형 동사
하기조(ἁγίζω)는 '~로 구별하다(set apart as)'라는 뜻이다. 말하자면
'이름이 거룩히 여김을 받는다'는 것은 하나님의 이름이 뚜렷하게
구별된다는 말이다. 다시 말해 하나님의 이름, 하나님의 존재가 뚜
렷하게 드러난다는 뜻이다. 하나님의 존재는 근본적으로 영이고
알아차림이다. 그런 뜻에서 '이름이 거룩히 여김을 받으시오며'는
그분인 영, 알아차림이 뚜렷하게 드러나기를 기도하라는 의미다.

'나라가 임하옵시며'는 하나님의 나라가 임하기를 기도하라는
것이다. 하나님의 나라는 하나님의 본성이 가득한 상태다. 하나님
의 본성이 영, 의식, 알아차림이기 때문에 그것은 하나님의 영, 의
식, 알아차림이 가득하고 충만한 상태다. 그러므로 '나라가 임하옵
시고'는 하나님의 나라인 성령이 충만하게 임하기를 기도하는 것이
다. 알아차림 자체인 성령이 충만해지면 알아차림이 마음속에 가
득해져서 알아차림이 한껏 일어난다는 뜻이다. 그렇게 되면 온전
한 알아차림 상태가 되고, 온전한 알아차림 상태가 되면 있는 그
대로의 실상, 참이 환하게 알려진다.

'뜻이 하늘에서 이룬 것 같이 땅에서도 이루어지이다'는 바로 그
런 상태가 되도록 기도하라는 말이다. 우리가 기도하면 즉 알아차
림이 꽉 차게 살아나면 모든 대상의 있는 그대로가 드러난다. 그야
말로 기도하면 알아차림이 깨어나서 모든 것의 있는 그대로를 알

수 있다. 사실 모든 것의 실상을, 참을 알지 못하니 참인 하나님의 뜻이 알려지지 않고 뜻을 알 수 없으니 그 뜻은 이루어지지 않는다. 우리가 기도하는 것은 하나님의 영을 받아 아버지의 뜻을 발견하여 그것과 같아지자는 것이다. 외부의 약한 자극에도 흔들리는 나침반은 북극과 일치하면 더 이상 움직이지 않는다. 성령이 임해서 하나님의 뜻이 무엇인지, 참이 무엇인지 알아차리면 자신의 뜻은 없어지고 오직 참인 하나님의 뜻, 참된 이치만이 남는다. '뜻이 하늘에서 이룬 것 같이 땅에서도 이루어지이다'는 '제 뜻대로 마시고 아버지의 뜻대로 하소서(마 26:39).'와 같은 말이다.

'오늘날 우리에게 일용할 양식을 주옵시고'는 흔히 생각하듯이 하루를 살아갈 육의 양식을 달라는 뜻이 아니다. 이와 마찬가지로 우리의 본질은 몸이 아니다! 우리가 몸을 위해 날마다 먹을 양식은 하나님의 뜻대로 살면 주어지게 되어 있다. 따라서 새삼스럽게 일용할 양식을 구할 필요가 없다. 그것이 만일 몸의 양식을 구하는 거라면 가령 금식할 때는 기도를 안 해도 되나? 하루 한 끼를 먹는 사람은 하루 한 번만 기도하면 되는가? 그러므로 몸의 먹거리와 일용할 양식은 여기 이 기도와는 직접적인 관계가 없다.

사마리아 여인과 대화하는 맥락에서 음식을 구해온 제자들에게 예수는 '나에게는 너희가 모르는 양식이 있다'라고 했다. 그것은 바로 '나를 보내신 분의 뜻을 이루고 그분의 일을 완성하는 것이다(요 4:32~34).' 다시 말해 날마다 매 순간 필요한 의식, 알아차림이 일용할 양식이다. 그것이야말로 하나님의 뜻과 그분의 일을 이룰 수 있는 알아차림이기 때문이다. 그것은 굶을 때도 또는 배가 부를 때도 반드시 구해야 할 양식이다. 심지어 날마다 먹을 육의 양식을 얻기 위해서도 알아차림을 구해야 한다. '오늘도 알아차림을 주셔서'가 '오늘날 우리에게 일용할 양식을 주옵시고'의 본래 의미다.

'우리가 우리에게 죄지은 자를 사하여 준 것 같이 우리 죄를 사하여 주옵시고'도 많이 오해하는 구절이다. 그것은 아무리 보아도 죄의 용서를 간구하라는 의미로 읽히기 때문이다. 그렇지만 우리가 남들처럼 용서를 구해야 할 우리 죄란 과연 무엇인가? 우리가 저지른 불순종이, 일용할 양식을 나누지 않은 것이, 화낸 것이, 그야말로 간구하지 않은 것이 죄인가? 그러나 그런 모든 죄는 알아차리지 못해서, 깨닫지 못해서 저지르는 것들이다. 하나님의 뜻을 모르니, 같이 먹어야 하는 것을 모르니, 감정이 어떻게 일어나는 것을 모르니, 기도가 무엇인지를 모르니 그런 죄들을 짓는 것이다. 사실 너나 할 것 없이 모든 사람은 알아차리지 못해서 죄를 짓는다.

따라서 '우리 죄를 사하여 주옵시고'라고 기도하는 것은 알아차리지 못한 것을 용서해달라는 말이다. 그것은 반대로 알아차려서 깨닫겠다고 하는 뜻이다. 우리가 기도해야 할 것은 남들도 그러하듯이 알아차리지 못한 채 살지 않도록 의식을 깨워달라는 것이다. 깨어있지 않았다면 빨리 정신을 차려서 깨닫게 해달라고 구하라는 말이다. 우리는 모두 깨어있기보다는 자꾸 익숙한 무의식의 상태로 멍한 채 살아간다. 그래서 '우리가 우리에게 죄지은 자를 사

　　　　　　　　　　　　　그리스도를 깨달아

하여 준 것 같이 우리 죄를 사하여 주옵시고'는 너나 할 것 없이 모두가 '항상 깨어있게 해 달라'는 간구다.

끝으로 '우리를 시험에 들게 하지 마옵시고 다만 악에서 구하옵소서'라고 기도해야 한다. 여기서 시험은 그리스어 페이라스모스(πειρασμός)로 '유혹'을 말하며, 시험에 든다는 것은 '유혹에 이끌린다'는 의미다. 그렇다면 우리는 언제 유혹에 이끌리는가? 그것은 우리의 의식이 깨어있지 않을 때, 정신이 혼미할 때, 정신을 차리지 않을 때다. 대상을 지각해야 할 때 깨어있지 못하고, 인식 대상의 실체나 이치를 제대로 알아차리지 못한 채 무의식적으로 끌려갈 때 유혹에 빠진다. 따라서 우리가 유혹에 빠지지 않고 시험에 들지 않으려면 항상 깨어 있어야 한다. 여기서 시험에 들지 말게 해달라고 하는 것은 긍정적으로 말하면 우리가 항상 깨어 있게 해달라는 뜻이다.

또한 악에서 구해달라고 하는 것은 악 또는 악한 자로부터 구해달라는 말이다. 앞에서 이미 살핀 대로 예수가 악으로 여긴 것은 탐욕과 무지와 이기다. 그 세 가지가 결합한 의식이 악이고, 그것이 형상화되고 인격화된 것이 악마다. 악마는 제정신을 차리지 못하게 하여 악한 길로 유혹하는 악한 의식, 악한 영이다. 그런데 그런 의식으로 우리 내면에 형성된 것이 다름 아닌 우리의 자아다. 우리의 자아는 바로 탐욕과 무지와 이기에 갇혀 있다. 따라서 악 혹은 악마로부터 구해 달라고 하는 것은 현실적으로 우리 몸의 의식인 자아로부터 벗어나게 해달라는 뜻이다.

이렇게 예수가 가르친 기도에는 자기 필요나 성취를 구하는 말은 한마디도 없다. 주의 기도는 오로지 알아차림을 구하고 정신을 잃지 않고 깨어 있게 해달라는 말뿐이다. 그는 하나님의 영을 받아 그분의 뜻을 알아서 그것을 삶에 구현하고자 했을 뿐이다. 이상의 것들을 되살려서 주가 가르친 기도를 다시 적어보면 이렇다. '성령 우리 아버지. 알아차림이 밝아져서, 깨닫게 하시고, 참을 알게 하소서. 매 순간 알아차림으로, 항상 깨어있게 하시고, 정신을 차려서, 자아를 벗게 하소서.' 정말 배가 고프면 음식을 먹어야 하고 알아차림이 고프면 기도해야 한다.

그리스도를 깨달아

4. 참을 섬겨라

제사 의식?

기원전 13세기경, 히브리인들이 이집트를 탈출한 것은 그들의 하나님을 예배하기 위해서였다. 하나님이 모세를 통해 애급 파라오(Pharaoh)에게 한 명령은 애급에서 광야로 삼일 길을 가서 그분을 예배하도록 그들을 보내라는 것이었다(출 5:1, 7:16, 8:27). 애급 땅을 나온 이스라엘 백성들은 실제로 시내 산에서 하나님에게 예배를 드렸다. 하나님이 친히 내려오셔서 말씀하시고 그들은 그분의 뜻대로 살겠다고 굳게 약속했다. 모세는 그 산 아래에 제단을 쌓고 지파를 따라 열두 기둥을 세우고, 제물을 잡아 그 피를 제단에 뿌렸다. 그때 그들은 언약의 말씀을 받았고, 모세와 아론을 비롯한 70인 장로들이 하나님을 뵙고 그 앞에서 함께 먹고 마셨다. 그렇게 하나님이 친히 임하신 시내 산 예배는 그 후 드려진 성막과 성전 예배의 원형이 되었다.

당시 그들이 드린 성막 혹은 성전 예배의 형식은 주로 제사였다. 그 제사는 드리는 목적에 따라 번제, 화목제, 속죄제, 속건제가 있었다. 바치는 제물의 종류에 따라서 짐승을 잡아 바치는 희생제사, 곡식을 드리는 소제, 제물 위에 술을 부어 드리는 관제 (drink offering)가 있었다. 제사하는 방식에 따라 불에 태워 드리는 화제, 흔들어 드리는 요제, 들어 올리는 거제 등이 있었다. 또 시기에 따라 매일 두 번씩 드리는 상번제, 안식일마다 드리는 안식일 제사, 3대 절기 때마다 드리는 각종 절기별 제사, 유대력 7월 10일 대속죄일에 드리는 대속죄제 등이 있었다.

제사를 위해 죄와 허물이 있는 사람들은 흠 없는 제물을 가지고 와서 제물 위에 두 손을 얹고 자신들의 죄를 제사 짐승에게 떠넘겼다. 그런 다음 그 동물을 대신 희생시킴으로써 자신들의 죄에 대한 대가를 지불했다. 특히 대속죄제는 온 이스라엘 백성이 금식하고 대제사장은 이스라엘 백성 전체의 죄를 대속하는 제사를 드렸다. 이를 위해서 대제사장은 지성소까지 들어가 제물의 피를 뿌려 하나님에게 속죄를 구하였고 하나님은 이스라엘 백성의 전체 죄를 속하였다.

성전 예배는 이처럼 죄를 지은 이스라엘 백성들이 성전에서 제물을 잡아 바침으로써 죄를 사함 받는 제사였다. 그것을 위해 제사장들은 사람들이 그들 대신 가져온 제물을 잡아 피를 뿌림으로써 하나님의 진노 아래 있던 이스라엘 백성들의 죄를 사했다. 그러니까 그들의 죄로 인해 하나님과 분리된 이스라엘 백성들은 제물을 드리는 제사를 통해 하나님을 만나서 그분과 화해하였다. 그곳에 임재하신 하나님은 그들에게 그분의 뜻을 알려주었고, 그 사람들은 그것을 가지고 세상에 돌아와서 그분의 뜻을 삶으로 살았다.

그리스도를 깨달아

곧 제물을 드리는 성전 제사를 통해 죄를 사함 받고 그 뜻을 행함으로써 죄로 인해 분리되었던 하나님과 사람들이 연합했다.

하지만 이스라엘 백성들은 이러한 예배의 본뜻을 제대로 이해하지 못하고 점차 그것을 삶에서 분리했다. 그들의 예배는 점차 삶에서 분리되어 형식적인 종교적 제의(ritual)로 대체되고 말았다. 그러다가 나중에는 오히려 삶에서 지은 죄를 제사로 덮어버리는 전형적인 이방 종교의 모습을 취해 갔다. 대개 이방 종교의 모습은 주로 제사의 형식을 띠는 제의를 통해 자신이 믿는 신에게 제물을 바치고 자신이 원하는 것을 얻는 것이다. 이방 종교는 제사를 통해 자기가 바라는 욕망이 제물과 함께 드려지고 그것에 따라 보상받는 일종의 거래인 셈이다. 그런 우상숭배는 제물과 정성으로 신을 감동하게 해 신으로부터 자신이 원하는 것을 얻어내자는 것이다.

이때 보상의 효력은 보통 드려진 제물과 정성의 크기에 따라 비례해서 달라진다. 드려진 제물의 크기나 드리는 정성이 클수록 바라는 바는 더 빨리 그리고 더 잘 이루어진다. 반대로 정성이 부족하거나 제물이 인색하면 보상을 바라는 사람이 오히려 욕을 보거나 저주받는다. 결국 이 세상에 존재하는 온갖 종교는 제물과 정성의 크기로 신과 거래하는 시스템이다. 주고받기(give and take)를 통해서 욕구를 충족하고 욕망을 실현하는 삶의 방식이다. 달리 말해 제사라는 매개를 통해서 신을 이용하여 자신의 환경과 운명을 다스리고자 하는 삶의 기술이다.

이와 마찬가지로 구약시대의 희생제사는 자기 죄를 희생 제물로 덮는 면죄부로 전락하였다. 죄를 지어도 희생제사 한 번 드리면 그만이었고, 오히려 제사가 토라를 어길 수 있는 길이 되었다. 그 때문에 하나님은 예언자들을 통해 그런 제사를 준엄하게 꾸짖었다. "다시는 헛된 제물을 가져 오지 말아라. 다 쓸모없는 것들이다. 분향하는 것도 나에게는 역겹고, 초하루와 안식일과 대회로 모이는 것도 참을 수 없으며, 거룩한 집회를 열어 놓고 못된 짓도 함께하는 것을 내가 더 이상 견딜 수 없다(사 1:13)." 또 "나는 너희가 벌이는 절기 행사들이 싫다…너희가 성회로 모여도 도무지 기쁘지 않다. 너희가 나에게 번제물이나 곡식제물을 바친다 해도 내가 그 제물을 받지 않겠다. 너희가 화목제로 바치는 살진 짐승도 거들떠보지 않겠다(암 5:21~22)."

결국 그들이 드린 그런 제사는 처음부터 하나님이 원하거나 의도한 것이 결코 아니었다. 히브리인들을 애굽에서 구출하여 그분의 백성으로 삼을 때부터 하나님의 뜻은 너무나 분명했다. "사실은 내가 너희 조상들을 애굽 땅에서 인도하여 낸 날에 번제나 희생에 대하여 말하지 아니하며 명령하지 아니하고 오직 내가 이것을 그들에게 명령하여 이르기를 너희는 내 목소리를 들으라. 그리하면 나는 너희 하나님이 되겠고 너희는 내 백성이 되리라. 너희는 내가 명령한 모든 길로 걸어가라. 그리하면 복을 받으리라(렘 7:22~23, 개역개정)."

즉 이처럼 하나님이 원하는 예배는 바로 '하나님을 아는 것'이다. "내가 바라는 것은 변함없는 사랑이지 제사가 아니다. 불살라

그리스도를 깨달아

바치는 제사보다는 너희가 나 하나님을 알기를 더 바란다(호 6:6)."
그분의 뜻은 이렇게 아주 분명했다. 곧 그분이 원하는 진정한 예
배는 그분을 알고 그분의 뜻을 따라 사는 것이다. "…주께서 너에
게 요구하시는 것이 무엇인지도 이미 말씀하셨다. 오로지 공의를
실천하며 인자를 사랑하며 겸손히 네 하나님과 함께 행하는 것이
아니냐!(미 6:8)" 그런데도 그런 삶과 제사가 분리된 예배는 예수가
출현할 때까지 줄곧 계속되었다.

　게다가 더욱 안타까운 것은 예수 이후 예배 역시 그랬다는 점이
다. 예수 이후 그를 믿는 사람들도 그분 자신을 사람들의 죄를 위
한 대속제물이고, 심판과 죽음으로부터 그들을 구하는 몸값으로
해석했다(마 20:28, 막 10:45). 그들은 그가 하나님 아버지의 뜻에 완
전히 순종하여 그 자신을 죄인들을 위한 대속 제물로 죽음에 내어
놓았다고 여겼다. '오직 한 번 지성소에 들어가서서, 염소나 송아지
의 피로써가 아니라 자기의 피로써, 우리에게 영원한 구원을 이룩
하여 주셨다(히 9:12).' 다시 말해 예수는 친히 '단번에(a single)', '영
원히(for all time)' 희생제물이 되었다(히 10:12). 죄로 인해 죽을 수밖
에 없던 인간들이 계속해온 제물 드림이 예수에 의해 단번에 영원
히 드려졌다. 이스라엘의 대제사장이 백성들의 죄를 속하려고 제
물의 피를 가지고 지성소에 들어갔듯이 예수는 사람들의 죄를 없
이 하려고 단번에 제물이 되어 피를 흘렸다.

　그런 해석에 의하면, 예수가 단번에 자신을 드린 것은 많은 사
람의 죄를 담당함으로써 그들을 구원에 이르게 하려는 것이다(히

9:25~28). 예수는 단번에, 영원히 희생제물이 되어서 희생제사를 완성한 대제사장이 되었다(히 4:14, 5:5, 6, 10, 8:1). 그런 의미에서 그동안 드렸던 제물은 예수의 생명으로 드린 제물을 미리 보인 것이었다. 그 희생제사는 그분 자신의 생명을 드림으로 대체된 셈이다. 그래서 예수를 믿는 사람들은 그 후 동물을 잡아 바치는 성전 제사 대신, 예수의 죽음을 통해 죄를 속함 받는 것을 상징하는 의식(儀式)을 행하였다. 그리고 오늘날까지 예수의 대속죽음을 통한 구원을 선포하고 보여주는 의식을 행하는 예배를 계속하고 있다.

영과 참으로

그런데 예수는 성전에서 제물을 드리는 제사 의식이나 당시의 예배 전통을 절대 답습하지 않았다. 성전은 당시 유대교에서 예배와 삶의 중심이었으나 예수는 그의 공생애 동안 그 성전을 완전히 무시했다. 세 공관복음서에 의하면, 그의 생애 끝에야 한 번 성전을 방문했는데 그것도 제사에 참석하기 위해서가 아니었다. 그가 명절 때 예루살렘 성전을 찾은 것은 제사를 위해서가 아니라 그곳을 찾아온 많은 사람에게 자신이 깨달은 진리의 말씀을 전하기 위해서였다.

당시 예수는 부패한 성전을 공격했는데 이른바 성전청결 사건이

그리스도를 깨달아

대표적이다. 그러나 사실 그 사건은 부패한 성전을 정화하여 새롭게 헌정하려는 성전청결 사건이 아니었다. 그 사건이 일어난 장소는 성전의 바깥뜰로 성전 구역도 아니었고, 그곳에서 탁자와 의자를 뒤엎고 장사꾼과 환전상을 쫓아낸 행위가 성전을 정화한 것이라고 보기도 어렵다. 그렇다고 그 행위가 무슨 무력 혁명의 일환으로 시도한 것은 더욱 아니었다. 예수가 소란 행위를 한 장소는 로마군이 주둔한 안토니아 요새(Antonia Fortress) 바로 아래에 위치했다. 그렇게 로마군이 지켜보는 가운데 무리의 어떤 협조도 없이 홀로 반란 행위를 시도한다는 것은 무모할뿐더러 실효성도 전혀 없다.

예루살렘 성전에서 예수가 소란을 피운 사건은 그때까지 이루어졌던 유대교의 성전 예배가 대체되었음을 선언하는 의미였다(요 2:12~22). 즉 예수는 제물을 사고파는 일을 방해하는 소란 행위를 통해서 하나님이 타락한 성전을 버렸고, 가증스럽기만 한 제사는 이제 금지되어야 한다고 말한 것이다. 제사를 드리는 성전에서 그가 일으킨 성전 소란 사건은 하나님이 그 성전을 파괴해 버릴 것이고, 자신이 하나님의 아들로서 새로운 성전을 세울 것임을 상징적으로 예고한 것이다.

"이 성전을 허물어라. 그러면 내가 사흘 만에 다시 세우겠다(요 2:19)."라고 말한 이가 바로 예수다. 무엇보다 더 이상 유효하지 않은 제사를 그만두기 위해서는 성전을 허물어야 한다. 그리고 손으로 짓지 아니한 성전을 다시 세워야 한다. 물론 여기서 다시 세우겠다고 한 성전은 눈에 보이는 건물이 아니다. 예수는 종종 하나님의 나라를 '집'으로 묘사하곤 했다. 그는 '문', '열쇠', '들어가다($\varepsilon\dot{\iota}\sigma$ $\varepsilon\rho\chi\varepsilon\sigma\theta\alpha\iota$)' 등의 단어들을 사용하여 하나님의 나라에 관해서 말했다. 구체적으로 '좁은 문으로 들어가라(마 7:13, 눅 13:24).', '하늘나라의 문을 닫는다(마 23:13).', '하늘나라의 열쇠를 주겠다(마 16:19).', '하늘나라에 들어가는 열쇠를 숨겼다(눅 11:52).' 등은 모두 그가 하나님의 나라를 집으로 그렸음을 시사한다. 즉 다시 세울 성전은 하나님의 나라이고, 그 나라에 들어가려면 어떻게 해야 하는지를 가르치는 데 사흘이면 충분하다고 말한 것이다.

사실대로 말하면 예배는 하나님의 나라에 들어가기 위해서 하는 것이다. 단순히 헛된 제물을 바치고 자신이 원하는 것을 얻으려는 행위가 결코 아니다. 그런데도 하나님과 떨어져서 하나님을 알지 못하는 사람들은 온통 어두움에 휩싸여 있다. 어떻게 해야 하나님에게 가고, 하나님의 나라에 들어가는지를 알지 못하는 사람들은 눈은 떴으나 보지 못하는 소경들이다. 그리고 그것은 포도주가 떨어진 잔칫집과 같이 마시고 취해서 정신과 삶을 변화시킬 수 있는 성령의 능력이 없어진 상황이다. 계속해서 제사와 의식(ritual)으로 예배하면서도 마치 그것이 참된 예배인 줄로 잘못 알고 있는 정신이 흐릿하고 몽롱한 상태일 뿐이다.

사마리아 수가(Sychar) 마을에 사는 여인과 대화하면서 예수는 참된 예배에 대해서 말했다. 예수와 그의 제자들은 사마리아 지역을 통과하여 갈릴리로 돌아가고 있었다. 그들이 수가 마을에서 1㎞쯤 떨어진 야곱의 우물이 있는 곳에 이르렀을 때 정오가 되었다. 그 야곱의 우물은 바로 그리심 산기슭에 있었다. 제자들은 마을로 먹을 것을 구하러 갔고, 예수 혼자 목이 말라 우물물을 마시려고 하였으나 두레박이 없었다. 야곱의 우물은 30m나 되는 깊은 우물이었다.

그때 수가 마을에 사는 한 여인이 물동이를 이고 물을 길러 왔다. 예수는 그 여인에게 물을 좀 달라고 했다. 그러자 그 여인은 유대인이 왜 사마리아인에게 물을 달라고 하느냐고 반문했다. 북이스라엘에 속했던 사마리아 지역은 기원전 721년 아시리아에 정복당했다. 정복민에게 무자비했던 아시리아에 의해 사마리아인 3만여 명이 살해되었고, 많은 사람이 포로가 되어 아시리아로 끌려갔다. 아시리아 왕은 아시리아 사람들을 사마리아 지역에 이주시켰고, 사마리아에 남겨진 사람들은 이주해 온 아시리아인들과 통혼하여 혼혈이 되었다. 그래서 유대인들은 이교도에 더럽혀진 사마리아 지역에는 발 들여놓기조차 꺼렸고 사마리아인들과는 아예 상종하지도 않았다.

그런 사마리아 지역의 한 여인에게 예수는 오히려 그가 다시는 목마르지 않는 생수를 줄 것이고. 그 생수는 영생에 이르게 하는 샘물이라고 말했다. 그러자 그 여인은 그 물이 무엇인지도 모른 채 다시는 물을 길러 오지 않게 그 물을 달라고 했다. 이처럼 예수가 정신적인 목마름을 이야기하면 사마리아 여인은 육체적인 목마름을 이야기했다. 그야말로 그 여인은 생수인 성령이 임하지 않아 예수의 말뜻을 알아들을 수 없었다. 그것은 예수가 그녀의 마음속에 성령이 샘물처럼 솟아오르면 알아차림이 생겨 정신의 목마름이 영원히 해결될 것이라고 말한 것이었다.

이어서 예수는 그 여인에게 그녀의 남편을 불러오라고 했다. 그 여인은 남편이 없다고 말했다. 그녀는 이미 남편이 다섯이나 있었고 지금 사는 남편도 그녀의 진짜 남편이 아니다. 이처럼 사람은 누구나 믿고 섬기는 대상을 갖고 있다. 누구든지 각자는 자신이 살기 위해 의지하고 섬기는 대상이 있게 마련이고 그것을 자꾸 바꾸면서 살아간다. 그 여자도 역시 남편을 바꾸면서 지금까지 살아왔다. 사실 무엇을 믿고 섬기는 것이 예배다. 예배를 뜻하는 대표적인 단어인 히브리어 아바드(עָבַד)나, 그리스어 프로스큐네오(προσ κυνεω)는 '시중들다', '굽혀 엎드리다'의 의미로 모두 섬기는 것을 말한다. 예를 다하여 절한다는 뜻의 예배(禮拜)는 진심으로 무엇을 섬기는 행위다.

드디어 사마리아 여인은 그 예배에 대해서 질문한다. 그 여자의 질문은 '이 산에서 혹은 예루살렘에서 예배해야 하는가?'였다(요 4:20). 유대인들은 이민족인 아시리아 사람들의 피가 섞인 사마리아인들이 예루살렘 성전에 출입하는 것을 금했다. 그래서 사마리아인들은 사마리아 지역에 자리한 해발 881m의 그리심 산 위에 그들의 제단을 쌓고 제사를 지냈다. 그 여인의 질문에 예수는 놀라운 대답을 한다. '이 산에서도, 예루살렘에서도 아닌 곳에서 예배할 때가 온다(요 4:21).' 이 말은 그때까지 이어온 그들 장소에서 드려지던 제사 자체를 부정하는 말이다. 계속 제물을 바쳐 신의 노여움을 풀고 자신들이 원하는 것을 얻는 예배를 완전히 부정한 것이다.

그야말로 제사를 부정한 것은 희생제물을 바쳐 예배하는 유대교를 정면으로 부정한 것이다. 유대교를 부정한다는 것은 결국 유대교의 신을 부정한다는 말과 같다. 실제로 유대인들이 믿는 그런 신 같은 존재는 없다. 자신에게 제물을 바치면 보상하고 그렇지 않으면 벌을 내리는 그런 신은 있을 수 없다. 그러한 신은 이스라엘 민족의 경험과 그들 나름의 관념으로 만들어낸 우상에 지나지 않는다. 다만 궁극, 보편, 실재인 참 신은 스스로 이치대로 행할 뿐이다. 그래서 예수가 '너희는 알지 못하는 것을 예배하고 우리는 아는 분을 예배한다'고 말한 것이다(요 4:22).

'너희는 알지 못하는 것을 예배하고 우리는 아는 분을 예배한다'는 예수의 말은 비단 사마리아 여인만을 두고 한 말이 아니다. 그리심 산에서 제사를 드리는 사마리아인이나 예루살렘 성전에서 제사하는 유대인 모두를 두고 한 말이다. 아들 이삭을 제물로 바치려 했던 그들의 조상 아브라함을 비롯하여, 시내 산에서 제사를 드린 모세와 그 이후의 예언자들을 모두 일컬어 말한 것이다. 만일 그들이 참된 하나님을 알았다면 짐승을 잡아 피를 흘리는 제사는 벌써 그만두었을 것이다. 아니 지금도 그런 유(類)의 예배를 드리는 인류 모두를 향해 한 말이기도 할 것이다.

따라서 이제야말로 참되게 예배할 때가 왔는데, 예수가 참된 예배를 드러낸 그 시점부터다. 하나님은 영이시다. 그러므로 참된 예배는 '영과 진리로(πνεύματι καὶ ἀλεθείᾳ)' 해야 한다(요 4:24). 도대체 예수가 말한 그 영과 진리로 예배하는 것은 어떻게 하는 것인가? 그것은 한마디로 '참을 알아차리는 방식으로' 하는 것이다. 말하자면 언제 어디서나 하나님의 영을 받아 참을 알아차려서 그것을 섬기는 방식이다. 그런 방식이야말로 거짓을 섬기는 것이 아니라 참을 알아차려서 받들어 모시는 것이다. 그것은 참을 알아차려서 섬기는 행위이고, 참을 알아차려서 삶을 사는 방식이다.

좀 더 구체적으로 영과 진리로 하는 예배는 형식을 갖추어 제사하거나 그것을 상징화한 의식(ritual)을 행하는 것이 아니다. 영과 진리로 하는 예배는 바로 참을 알아차리는 기도하는 방식이다. 근본적으로 기도가 참을 찾는 행위이듯이 예수는 절대 제물을 바치는 제사나 제의 형식으로 예배하지 않았다. 그는 참을 알아차리는 기도 방식의 예배를 실제로 드렸고, 그것을 몸소 가르쳤다. 기도가 대상을 주의 깊게 관찰함으로써 실상을 알아차리는 것이듯이, 참을 알아차림으로써 그것을 섬기는 것이 참된 예배다. 참된 예배는 성령을 통해 우리 안에서 일어나는 알아차림으로 참을 발견하고 그렇게 알아낸 참을 높이 받드는 행위다. 기도가 참인 본성 안으로 들어가는 것이듯이, 예배는 참을 알아차림으로 하나님의 나라에 들어감이다. 따라서 영과 진리로 예배하는 것은 영을 통한 깨달음으로 드러난 참뜻을 따라 매 순간을 행하는 삶이기도 하다. 기도가 삶이 되는 것이 참된 예배인 것이다.

사실 인류가 해온 예배 방식에는 여러 가지가 존재한다. 그것의

그리스도를 깨달아

맨 처음 형태는 제사다. 제물을 바쳐 제사를 지내는 형식이 그것이다. 그다음은 의식(儀式, ritual) 형태인데, 일정한 순서에 따라 제사를 상징하는 예식을 하는 것이 여기에 해당한다. 맨 나중이 바로 예수처럼 기도하는 방식이다. 예수는 우리가 흔히 생각하는 예배는 하지 않고 항상 기도하는 방식으로 예배했다. 한적한 곳에서 기도하고 이른 시간에도 기도했다. 자신을 위해서 기도하고 다른 사람들을 위해서 기도했다. 그는 기도하면서 보고 듣고 깨달은 바를 행동으로 살았다. 예수 이전에는 제사 혹은 의식으로 예배하였으나 예수 이후에는 영과 진리로 드리는 참된 예배를 하였다.

성례들

일반적으로 기독교에서는 성례들(sacraments)을 행한다. 성례(μυστριον)는 교회에서 행하는 거룩한 의식(ritual)으로 믿는 이들에게 베풀어진다. 그런 성례의 목적은 믿는 사람들에게 예수 구원의 의미를 알게 하고 그 구원을 이루기 위함이다. 가톨릭교회는 영세, 견진, 성체, 고해, 종부(병자), 신품, 혼배 등의 7성례(七聖禮)를 행한다, 동방정교회 역시 가톨릭과 마찬가지로 7성례를 행하고 있다. 그러나 개신교회는 세례와 성찬만을 성례로 인정하고 그 둘만을 행한다.

그들이 그것들을 행하는 이유는 믿음의 주(主)인 예수가 제정한 것이라고 믿기 때문이다. 예를 들어, 세례는 예수 자신이 세례 요한에게 직접 받았고(마 3:16), 모든 족속에게 그것을 행하라고 명령한 것이다(마 28:19, cf. 행 2:38). 또 성찬은 예수가 제자들에게 '나를 기념하여 이 예를 행하라'고 한 것에 근거한다. 마지막 만찬을 하면서 예수는 제자들에게 이 빵은 내 몸이니 받아먹으라고 했고, 포도주는 내 피니 받아 마시라고 했다(마 26:26~27, 막 14:22~24, 눅 22:19~20). 즉 그런 말씀에 의하면, 성찬은 주의 죽으심을 상징하는 것으로 그의 죽으심을 기념하기 위해서 행한다.

전통적으로 물에 잠그거나 물을 뿌리는 세례는 그리스도의 피로써 죄를 씻음을 상징한다. 세례는 피를 흘려 죄를 씻은 그리스도와 연합하여 옛사람은 죽고 새 사람으로 태어나는 것을 나타낸다. 곧 다시 태어나 그리스도의 몸인 교회의 지체가 된다는 것을 의미한다. 그리고 성찬은 주의 죽으심을 기념할 뿐 아니라 성찬에 참여함으로써 그리스도와 한 몸이 된다는 신비스러운 교제로 여겨진다. 그러므로 성찬을 가질 때마다 주의 상한 몸과 흘린 피를 생각하고 기념하는 것이다.

그런데 정말 세례를 받으면 죄가 씻어지고, 성찬에 참여하면 그리스도와 한 몸이 되는가? 죄가 씻어지고 그리스도와 한 몸이 된다고 믿을 뿐이지 실제로 죄가 씻어지고 그와 하나가 되는가? 죄를 씻는 세례를 받은 사람은 실제로 죄에서 벗어나는가? 성찬에 참여하는 사람은 그리스도와 실제로 한 몸처럼 살게 되는가? 그동

그리스도를 깨달아

안 그런 믿음에 근거하여 세례를 받고 성찬에 참여한 사람들은 죄로부터 떠나 자유롭고 예수의 의식과 하나 되어 삶을 살 수 있었나? 과연 그렇게 실제로 일어나지 않는 일을 위해 예수는 성례를 제정하고 그것을 행하라고 명령했는가? 그래서 오늘날까지 죄가 씻어지는 세례와 그의 죽음을 기념하는 성찬을 행해오고 있는 것인가?

하지만 근본적으로 성례는 그런 것이 아니다. 세례나 성찬 같은 성례는 죄를 씻거나 고난을 기념하는 예식이 아니다. 나그함마디에서 발견된 빌립복음에는 성례에 대한 가르침과 함께 예수에 의해 제정되었다고 전해지는 다섯 가지 성례 목록이 나온다. 즉 성례의 의미와 관련하여 빌립복음 67장은 "진리는 벌거벗은 채(naked) 세상에 오지 않고 표상(types)과 형상(image)을 입고 왔다. 다른 방식으로는 진리를 받아들일 수 없다. … 형상을 통해 다시 태어나는 것이 확실히 필요하다."라고 말한다. 다시 말해 초월적 영역의 신성한 신비들은 눈에 보이는 형상인 성례로 표현되는 것이 분명히 필요하다. 초월적 신비들은 형상을 가진 중재적인 매개물을 통하지 않고서는 현실 세계의 어떤 것에도 영향을 미칠 수가 없다. 그러므로 성례는 형상을 통한 형상의 나타남이다. 그 성례는 겉으로 나타나는 형상을 통해 속에 들어있는 진리를 드러내는 것이다.

만일 기존의 성례에 관한 가르침이 일시적인 정화를 말한다면, 참된 성례는 완전한 변화 곧 근본 하나님의 본질로 변화하는 것을 말한다. 성례를 통해 완전히 변화를 받으면 그 사람은 더 이상 그리스도인이 아니고 그리스도이다(빌립 67장). 또 오늘날의 성례가 외적 형식이라면 참된 성례는 내적인 깨달음이다. 지금의 성례가 오직 혼과 관련된 심리적인 경험이라면 진정한 성례는 영으로 경험하는 깨달음의 과정이다. 다시 말해 성례는 알아차림을 통해 참을 찾는 겉으로 드러난 행위다. 성례야말로 내면의 진정한 형상을 경험하기 위한 겉으로 드러난 형상이다.

빌립복음 68장에는 다섯 가지 성례의 목록이 나온다. "주는 신비 가운데서 모든 것, 곧 세례(baptism)와 기름부음(chrism)과 성찬(eucharist)과 구속(redemption)과 신방(bridal chamber)을 행하였다." 여기서 말하는 이 목록은 흔히 생각하는 대로 죄를 씻음 받는 세례나 예수의 죽음을 기념하는 등의 의례를 말하는 것이 아니다. 이것은 바로 하나님의 의식 상태인 하나님의 나라에 들어가는 깨달음의 과정을 형상화하여 말한 것이다. 이것은 기존처럼 행하던 성례의 예식을 말하지 않고 하나님의 나라에 들어가는 깨달음의 과정을 표시해 놓은 것이다.

첫 단계는 세례로서 물로 씻는 것이다. 물로 무엇을 씻느냐면 그릇된 의식인 자아를 씻는 것으로 자기의식의 정화를 말한다. 그릇된 의식을 정화하려면 무엇보다 거짓이 아닌 진리를 집중적으로 그리고 흠뻑 받음으로써 그릇된 의식이 씻어진다. 예수가 물로 씻는 세례를 받고, 또한 세례를 행하라고 한 것은 자기가 지은 죄를 씻기 위한 것이 아니고 자기 안의 거짓 의식을 씻는 것을 형상화한 것이다. 그때 그것은 지금까지의 거짓된 의식이 죽는 것을 형상

그리스도를 깨달아

화한 것이라고 할 수 있다.

기름부음은 기름이 상징하는 성령을 받는 것이다. 먼저 자기 안의 그릇된 의식을 몰아내고 마음을 비우면 비인 마음에 성령이 부어진다. 여기서 마음이란 생각하고 느끼고 하고자 하는 작용, 혼의 기능을 말한다. 곧 성령이 임하려면 자기의 지, 정, 의 즉 자아가 정화되어야 하는 것은 필연적이다. 그와 같이 정화된 혼에 성령이 임해야 비로소 이미 형성된 자아가 아닌 참된 알아차림이 일어나서 깨달을 수 있다. 기름 곧 성령이 임하면 반드시 깨달음이 오기 때문이다.

성찬은 살과 피를 먹고 마시는 것을 말한다. 사람의 몸은 살과 피로 되어 있고, 살과 피를 먹고 마시는 것은 자신의 몸을 먹고 마시는 행위다. 즉 살과 피 곧 몸을 먹는다는 것은 자기를 장사(葬事)지내는 것이다. 자기를 장사지내는 것은 몸으로서의 자기가 죽는 것으로 자신의 본성이 물질이 아니라는 것을 깨닫는 것을 말한다. "내 살을 먹고 내 피를 마시는 사람은 영원한 생명을 가지고 있고, 마지막 날에 내가 그를 살릴 것이다(요 6:54)."라는 말씀이 바로 그것이다.

구속은 구해짐 또는 건져짐이다. 구속은 몸을 떠나서 영으로 올라가는 것이다. 자신의 거짓 본성에서 나와서 참된 본성으로 건져짐이다. 그것은 몸이 죽고 영으로 부활하는 것이고 영적 세계로 날아오르는 것이다. 그렇게 의식이 상승하여 날아오르면 몸이나 죽음이나 거짓으로부터 구해진다. 그렇게 거짓 의식에서 참의식으로 솟아오르려면 반드시 깨달음이 전제되어야 한다.

신방은 마지막 단계로 결합하고 하나가 되는 것이다. 보통 신방은 남녀가 육체적으로 결합하기 위해 꾸며진 방이다. 곧 그것은 나의 내적 자아와 다른 외적 자아가 결합하는 이미지를 포함한다. 달리 말하면, 인간의 의식이 상승하여 하나님의 의식과 합쳐져서 하나가 되는 것이다. 그것은 원래 하나님의 영에서 비롯되었으나 몸을 입은 자아이었다가 하나님과 같은 영으로 상승하여 되돌아가는 것이다. 그것은 이 땅에서 이루어지는 육적 혼인잔치의 완성으로서 하늘에서 벌어지는 영적 혼인 잔치다. 결국 그것은 하나님의 나라, 천국에 들어감의 다른 표현이다.

이런 성례를 말하고 제정한 예수는 자신 스스로가 그것들을 행하고 본을 보였다. 그는 세례 요한에게 세례를 받았다. 그때 하늘에서 성령이 비둘기 같이 내렸다. 그는 성령에 이끌려 광야로 나가 자신이 몸이 아닌 영임을 깨달았다. 결국 그는 십자가에서 몸이 죽고 영으로 부활하였다. 그 후 그는 하늘나라에 올라가 하나님의 우편에 앉아 있다. 이처럼 그의 삶은 다섯 가지 성례 과정을 구체적으로 보여줄 뿐 아니라 그의 일상의 삶이 그것을 행하는 과정이기도 했다. 그는 날마다 자신의 거짓된 의식을 정화하고, 하나님의 거룩한 영을 받아 매 순간 깨우쳤다. 그는 날마다 자기 십자가를 지고 자기 자신을 부인했고, 날이 갈수록 인간의 의식이 아닌 하나님의 의식이 되었다. 결국 그는 하나님의 의식과 같아져서 하나님에게 돌아가 하나가 되었다.

그리스도를 깨달아

예수는 '나는 아래 있는 것을 위에 있는 것처럼 만들고, 바깥 것을 안에 있는 것처럼 만들기 위해서 왔다. 나는 이곳에 그것들을 하나로 만들기 위해서 왔다'고 했다(빌립 67장, cf. 도마 22장). 이 말씀에 의하면, 그는 초월적인 것을 이 세상에 있게 하고, 안처럼 밖을 만들기 위해서 왔다. 하늘의 것을 이 땅에 보여주고, 속뜻을 밖으로 드러내기 위해서 온 것이다. 그는 그 자신을 표상과 형상으로 하여 그것을 드러냈고, 그런 진리를 형상화하기 위해 성례를 행하라고 했다.

5. 서로 사랑하라

산상수훈?

마태복음 5~7장에 실려 있는 산상수훈은 예수 가르침의 보고다. 산 위에서 행한 가르침이라는 뜻인 산상수훈(山上垂訓)의 내용은 누가복음에도 실려 있다(눅 6:20~49). 누가복음에 나오는 이 가르침은 평지에서 행해지고 마태복음의 것보다 좀 더 간결하다. 신앙과 생활의 원리가 간명하게 정리되고 기술된 산상수훈은 예수 가르침의 핵심이고 정수라고 할 수 있다. 그러다 보니 그것은 성경의 다른 곳에 등장하는 그의 가르침의 진위를 판단하는 기준이 되기도 한다.

소위 팔복으로 시작하는 산상수훈은 그 내용이 파격적이고 놀랍다. 마음이 가난하고 슬퍼하는 사람이 복이 있다고 한다. 당시그의 말씀을 듣는 이름 없는 사람들을 향해 세상의 소금이고 빛이라고 한다. 율법을 폐하려 하지 않고 완성하러 왔고, 율법학자들이나 바리새인들보다 계명을 더 잘 지키지 않으면 천국에 들어갈 수 없다고 한다. 화내는 것 자체가 살인하는 것이고, 음욕을 품고 바라보는 것만으로 간음한 것이다. 눈이 죄를 짓게 하면 뽑아버

그리스도를 깨달아

리고, 손과 발이 죄를 짓게 하면 찍어버리라고 한다. 게다가 오른
뺨을 치거든 왼뺨을 돌려대고, 겉옷을 가지려고 하면 속옷까지 주
고, 오리를 가자면 십 리를 가라고 한다. 그리고 원수를 사랑하라
고 한다.

  그야말로 산상수훈은 보통 사람들에게 비현실적이고 지킬 수
없는 가르침이다. 그런 가르침은 보통 사람들의 정서나 상식적인
관념에도 맞지 않는다. 유대인의 율법을 거부하고 은혜와 사랑을
말하는 예수의 가르침이라 하기에는 앞뒤도 맞지 않고 현실적이지
도 않다. 그것은 인간의 삶의 정황과 현실을 잘 반영하지도 않고
그것을 현실에 적용하여 살아내기도 어렵다. 또 그것을 지키려고
노력한다고 하더라도 지킬 수 없을 뿐만 아니라 설령 지킨다고 하
더라도 그것은 너무나 자학적이다. 어쩌면 그것은 천국에 가서나
지킬 수 있는 비현실적인 가르침일 것이다.

  그런 이유에서 산상수훈의 의미나 성격에 대한 질문들이 계속
되어 왔다. 산상수훈이 예수가 말한 신앙과 삶의 근본 원리라고
받아들일수록 그것의 의미나 성격에 대한 질문은 불가피했다. 그
것이 예수 가르침의 핵심이고 정수라고 여길수록 산상수훈의 성격
이나 이유나 의미에 대해 더욱 질문할 수밖에 없었다. 이같이 그
것을 따라 살기 위해 교회는 초창기부터 지금까지 그것들에 대한
해답을 끊임없이 추구해 왔고, 그 과정에서 얻은 대답들 역시 그
수가 그만큼 많다.

  이제까지 이루어진 그런 질문에 대한 첫 번째 대답은 산상수훈

이 제자들에게 준수할 것을 요구한 계명이라는 것이다. 예수는 하나님의 뜻을 알려주며 그의 제자들이 하나님이 정해준 그 계명들을 각자의 생활에서 지키라고 가르쳤다. 이것은 산상수훈에 나오는 대위명제들을 보면 분명히 알 수 있다. '너희는 ~라고 들었다. 그러나 나는 말한다'와 같은 계명 하나하나가 마태복음 6장에서도 그렇고 7장에서도 여전히 계속 나열된다. 이것을 보면 하나의 결론을 내리지 않을 수 없는데, 그것은 예수가 그의 제자들에게 계명 지키기를 요구한다는 사실이다.

만일 이러한 대답이 맞는 것이라면 여기서 의문이 생긴다. 이것이야말로 전형적인 율법 위주의 가르침이 아닌가 하는 점이다. 그렇게 본다면 산상수훈도 이전의 구약의 윤리와 똑같은 철저한 순종을 말하는 것임을 부인하기 어렵다. 구약에서 계속해서 말하는 것이 '순종하라 그러면 너희는 살리라'이고, 예수 시대의 유대교 역시 마찬가지다. 물론 산상수훈에는 그것을 그대로 순종할 수 없는 인간의 무능력에 대한 통찰이나 그것에 대한 언급이 결여되어 있다. 그래서 이것이야말로 율법 준수에 있어 또 다른 완벽주의를 말하는 것이어서 여전히 문제가 있다.

그런데도 이 해석을 따른다면 산상수훈은 다음과 같이 말하는 것이 된다. 즉 예수는 이 산상수훈에서 엄청나게 힘든 요구를 하고 있다. 물론 어떤 사람도 이런 요구를 만족할 수 없음을 예수도 잘 알고 있다. 다만 그가 바라는 것은 이렇게라도 사람들을 자극하고 격려해서 그들이 적어도 이 요구의 일부만이라도 행하려는

그리스도를 깨달아

노력을 기울이게 하려는 것이다. 물론 이러한 해석에도 나름의 일리가 있는 것이 사실이다. 하지만 예수의 가르침이 구약이나 유대교의 가르침을 훨씬 능가한다는 점에서 산상수훈의 본질과 핵심을 제대로 파악했다고는 볼 수 없다.

두 번째 대답은 산상수훈이 이행불능의 가르침이라는 것이다. 누구든 이 산상수훈을 진지하게 읽으면 매우 놀라고 당황하지 않을 수 없다. 예수는 분노하지 말라고 하고, 불친절한 말 한마디도 죽음을 면치 못한다고 한다. 불손한 눈으로 보는 것만으로도 간음하는 것이고, 원수까지도 사랑하라고 한다. 그러나 실제로 이렇게 살 수 있는 사람은 없다. 또 이렇게 살아가는 일이 가능하지도 않다. 도대체 누가 이런 것들을 지킬 수 있겠는가?

그래서 이런 입장은 말한다. 누구든지 이런 가르침을 그대로 행할 수 있다고 생각한다면 그것은 커다란 오산이다. 예수의 이 말씀들은 지킬 수 있는 성질의 것이 아니다. 예수 자신도 그것을 잘 알고 있다. 그런데도 산상수훈에서 예수가 의도한 것은 인간이 하나님의 뜻을 어길 수밖에 없음을 체험케 함으로써 인간 스스로에 대한 자신감을 철저히 부숴버리는 것이다. 즉 율법은 인간을 구원으로 이끌어주는 길잡이일 뿐이라는 입장이다. 이것은 율법이 죄를 인식시킨다고 말한 바울을 떠올리게 한다.

이 대답 역시 일정 부분 통찰을 주고 있음을 인정해야 한다. 그러나 본문의 내용이 과연 그것을 말하고 있는지는 여전히 의문이다. 물론 산상수훈에는 이행 불능의 특징을 명백하게 보여주는 본문들이 있다. 눈을 빼버린다든지, 손을 찍어 없앤다는 것 등이 대표적인 예다. 그러나 이런 표현들은 역설적 과장이나 비유로 읽어야지 그것들을 이행 불능의 근거로 삼아서는 안 된다. 이것이야말로 바울을 통해 예수를 읽으려는 억지 해석이라는 인상을 지울 수가 없다.

세 번째 대답은 산상수훈이 일종의 비상사태법이라는 것이다. 예수의 가르침은 이 세상이 곧 끝난다는 종말론적인 시간의 심각성에 근거하고 있다. 그런 철저하게 종말적인 위기에 대처하기 위한 예외 법규 혹은 비상사태법 같은 것이 산상수훈이라는 것이다. 그것은 위험이 임박한 것을 뻔히 알고 있는 사람들을 위한 예외 법규이고, 죽음을 얼마 남기지 않은 사람들을 위한 특별한 법이다. 이 산상수훈은 종말이 다가오기 전의 회개와 참회를 위한 마지막 선포이고 호소다. 이러한 긴박한 시간에 직면하여 예수는 유례없는 전적 헌신을 요구한다. 그의 제자들은 이제까지의 모든 것을 단호히 끊어버리고 재물 같은 이 세상에 대한 미련을 거두어야 한다.

이것 역시 예수의 전반적인 선포가 어떤 의미에서든 종말을 염두에 두고 있다는 점에서 중요한 설명의 일면을 지닌다. 그러나 여기서도 또한 반문하지 않을 수 없다. 그런 위기에 직면하여 마지막 안간힘을 쓰면서 지켜 행하라는 말씀이 과연 산상수훈에 있는가? 그렇지 않다. 그러므로 산상수훈은 분초를 다투는 마지막 순간을 위한 윤리가 아니다. 그의 말씀은 종말이 오기 직전의 상황에만 해당하는 것이 결코 아니다. 그것은 그 이전이나 그 이후에도 여전히 해당하는 것이다. 따라서 이런 견해 역시 일리는 있으나 전적으로 받아들이기에는 역시 무리가 있다.

그러면 과연 산상수훈은 도대체 무엇인가? 그래서 그것에 대한 대답으로 현재 대체로 받아들이는 것은 산상수훈이 원시 그리스도교의 교리서라는 입장이다. 산상수훈의 구성은 서론(마 5:3~19)과 주제(마 5:20)를 소개한 다음, 예수가 어떻게 당시 율법학자들의 성경 해석에 도전하여 대결하는가를 보여준다(마 5:21~48). 이어서 바리새인들이 행하는 경건 생활의 주요 요소들인 남들에게 베푸는 자선, 하루에 세 번 드리는 기도, 금식 등을 다룬다(마 6:1~18). 마지막으로 그의 제자들이 지켜야 할 의에 대해 비교적 소상하게 말함으로써(마 6:19~7:27), 그들이 지켜야 할 구체적인 생활 태도 또는 처신을 제시한다. 그런 이유에서 산상수훈은 제자들을 교화하기 위해 모아 놓은 예수의 말씀이며, 예비 세례자들이나 신입 교인들의 교육을 위한 것이라고 본다.

영의 방식

그렇다면 과연 산상수훈은 원시 그리스도교의 교리서인가? 종말적 상황에서의 비상사태법도 아니고, 이행 불능한 법도 아니고,

완벽한 율법 준수의 요구도 아니어서 원시 그리스도교의 교리서라는 결론에 도달했는데 그것은 과연 맞는 것인가? 만일 그것이 초기 기독교 공동체의 교리서라고 하면 율법을 철저히 준수하라는 요구를 제대로 설명할 수 있는가? 그것이 원시 그리스도교의 교리서가 되면 그것을 지킬 수 없다는 이행 불능의 문제가 해결되는가? 그것이 초기 기독교의 교리서라고 하면 도저히 이해되지 않는 명령과 요구들이 설명되기라도 하는 것인가?

산상수훈은 완벽한 율법 준수 명령도, 이행불능의 법도, 비상사태법도, 그렇다고 원시 그리스도교의 교리서도 아니다. 그것은 깨달은 자의 행동 방식인 '영의 방식(spirit style)'을 말한다. 천국은 계명을 지키거나 믿음으로 들어가지 않고 깨달아야 들어간다. 하나님의 나라에 들어가려면 율법을 철저하게 준수해서도, 최소한의 율법을 지켜서도, 시급한 율법 준수로도 되지 않는다. 예수가 '회개하라. 천국이 가까웠다'고 말한 것처럼 천국이 가까운 것은 그것이 깨달으면 곧바로 들어갈 수 있는 것이기 때문이다. 천국은 깨달으면 즉시 들어갈 수 있는 가까운 것이다.

십자가에 함께 달린 한 강도에게 예수는 '오늘 나와 함께 낙원에 있을 것이다'라고 말했다(눅 23:43). 예수가 한 이 말을 두고 사람들은 말들이 많다. 낙원과 천국은 같다느니 또는 다르다느니, 천국은 율법을 지켜서가 아니라 믿어야 들어간다는 것을 말한다고들 한다. 그들이 말하는 믿음이 만일 예수를 주로 고백하고 세례를 받고 예배에 참석하는 것이라면 그것도 말이 안 되기는 마찬가지

그리스도를 깨달아

다. 예수 옆의 그 사람이 언제 예수를 주라고 고백하고 세례를 받고 예배에 참석한 일이 있었던가? 그러면 또 그들은 그 강도가 그렇게 할 기회가 없었을 뿐이지 기회가 있었다면 그렇게 했을 것이라고 강변한다. 분명 천국은 믿어야 들어가는데, 기회가 되면 믿고 기회가 되지 않으면 믿지 않아도 되는 것인가? 그러나 그 구절은 결코 믿으면 천국에 들어간다는 것을 말하는 전거가 아니다. 계명을 잘 지킨다고 천국에 들어갈 수 없듯이 믿는다고 거기에 들어갈 수 있는 것도 아니다. 믿으면 천국에 들어가는 것이 아니라 깨달으면 천국에 순식간에 들어간다.

깨달아야 천국에 들어가기 때문에 깨달음의 행동 방식을 말하는 것이 바로 산상수훈이다. 산상수훈은 깨닫기 전에는 도무지 이해할 수 없는 말들뿐이다. 그것은 보통 인간의 정서와는 도무지 맞지 않는다. 아무리 공감하고 그렇게 해보려 해도 그것을 지키는 일은 정말 불가능하다. 그것을 들으면 유대인도, 로마인도, 오늘의 우리도 지킬 수 없다는 좌절감에 빠진다. 그래서 이행불능의 법이니 비상사태법이니 하는 생각들이 떠오른 것이다. 그런데도 사람들은 천국에 들어가려면 무엇인가를 해야 한다고 생각해서 가능한 대안들을 여러 가지로 찾아본 것이다.

여기서 깨달음은 무엇보다 자신의 본성에 대한 알아차림을 말한다. 사람은 누구나 자신의 본성이 눈으로 보이는 몸 즉 물질이라고 생각한다. 이것은 사람이 태어나 살면서 실제로 경험한 것이고 그것에 기초하여 형성한 확실한 인식이다. 그것은 모든 사람에게 공통적이고 너무나 오랫동안 형성한 의식이기 때문에 달리 알 수 있는 가능성은 거의 없다. 그래서 이 땅에 사는 대부분의 사람은 그런 의식에 젖어서 살아갈 뿐 거기에서 한 치도 벗어나지 못한다. 안타깝지만 그렇게 깨닫지 못하고 생을 마감하는 사람들이 대부분인 것이 우리 인간의 현실이다.

앞의 성례 부분에서 말했듯이 그러다 어떤 기회에 참된 앎을 접하게 된다. 예수가 전한 말씀을 직, 간접으로 듣는 것 등이 대표적인 경우다. 그런 말씀들이 흠뻑 쏟아져 들어오면 과거에 형성된 그릇된 의식이 드러나고 씻겨나간다. 자기 안의 그릇된 의식을 깨끗이 씻어내고 마음이 비워지면 비인 마음에 하나님의 영, 성령이 임한다. 그렇게 정화된 마음에 성령이 임하면 비로소 자신의 알아차림이 일어나서 순간 깨달음이 생긴다. 하나님의 영을 받게 되면 어둡던 마음속에 알아차림의 빛이 밝아진다. '네 속에 있는 빛이 어둡지 아니한가 보라. 네 온몸이 밝아 조금도 어두운 데가 없으면 등불의 빛이 너를 비출 때와 같이 온전히 밝으리라(눅 11:36).' 이렇듯이 원래 빛, 성령이 사람 마음속을 밝히면 무지가 사라지고 알아차림이 순식간에 밝아진다.

알아차림의 빛이 밝아지면 무엇보다 자신의 본성이 몸, 물질이 아닌 것을 알게 된다. 평생 나라고 여긴 살과 피가 내가 아니라는 것을 깨달으면 살과 피인 자신의 몸을 먹어 치우고 마셔버린 것이 된다. '너희가 인자의 살을 먹지 않고 인자의 피를 마시지 않으면 너희 안에 생명이 없다(요 6:53).' 사실 자신이 살과 피, 몸이라고 알

그리스도를 깨달아

면 어쩔 수 없이 그 몸의 욕구대로 살 수밖에 없다. 몸의 성질인 몸성의 대표적인 특성이 탐욕과 무지와 이기다. 물질인 몸의 본성이 그렇기 때문에 그렇게 행하는 것은 항상 가능하나 그것과 다르게 행하는 것은 절대 가능하지 않다. 그래서 깨닫기 전의 사람들에게 산상수훈은 이행 불가능한 법이라고 느껴질 수밖에 없다.

탐욕과 무지와 이기를 지닌 몸성의 사람은 자기주장을 위해 성질을 내고, 그것이 형제, 자매에 대한 살인임을 알지 못한 채. 자기 탐욕을 위해 법정에서 다툰다(마 5:21~26). 몸에 대한 욕망으로 눈은 늘 음욕을 품은 채 대상을 바라보고, 손과 발은 음행하는데 바쁘고, 자신의 배우자를 버리고 다른 상대와 간음하는 데 익숙하다(마 5:27~32). 자기 이익을 위해 맹세와 거짓말을 쉽게 하고(마 5:35~36), 자신이 받은 것은 그대로 보복하고(마 5:38~42), 대상이 되는 사람들을 원수로 삼는다. 남에게 선행을 할 때에도, 기도를 할 때에도, 그리고 금식을 할 때에도 남에게 자신을 드러내고 나타낸다(마 6:1~18). 한시적이고 거짓 생명인 몸을 위해 무엇을 먹을까 무엇을 마실까 무엇을 입을까를 염려하며 그것들을 얻는 것에만 정신이 팔려있다(마 6:24~25).

몸성에 갇힌 사람은 마음의 눈이 멀어 심한 어두움 가운데 있다(마 6:22~23). 남들을 심판하고 정죄하지만, 그 심판과 정죄가 자신에게 돌아온다는 것을 알지 못한다(마 7:1~2). 자기 눈의 들보는 보지 못하고 남의 눈의 티는 너무도 잘 본다(마 7:3~4). 자신이 받고는 싶지만, 남에게 주지는 않으며, 자신에게 익숙한 몸의 방식을 따라 몸성을 지닌 사람들이 가는 넓은 길을 걸어갈 뿐이다(마 7:12~14). 무엇이 참인지 알지 못한 채, 진실을 찾기보다 자신에게 익숙한 거짓을 보고 즉시 그것을 따라 간다(마 7:15~20). 행한 대로 거두는 것을 알지 못하고 지적 동의나 믿음만으로 구원이 되는 줄로 착각한다(마 7:21~23). 그렇게 거짓에 기초하여 살다 보니 하늘나라에 집을 짓기는커녕 이 세상에서 짓는 의식의 집조차 허물어지기 일쑤이다(마 7:24~29).

하지만 성령을 받아 깨닫게 되면 자신의 본질이 물질이 아니라 영인 것을 안다. 자신이 물질이 아닌 영인 것을 알면 영의 속성과 욕구를 추구하게 된다. 물질의 속성과 욕구가 탐욕과 무지와 이기인데 반해 영의 속성과 욕구는 베풂과 지혜와 공감이다. 우리가 영인 하나님을 보면 영의 속성을 분명하게 알 수 있다. 영은 그 근원인 하나님과 같은 의식으로 알아차리고, 하나이고, 준다. 그래서 하나님은 모든 것을 알아차리고, 하나처럼 느끼고, 받기보다는 준다. 이런 하나님 의식으로의 변화가 '하나님이 완전하신 것처럼 너희도 완전하라(마 5:48)'라고 한 것이다. 이렇게 자신의 본성을 깨달아 알면 하나님과 같은 영으로 변화되어 그 영의 욕구를 행한다. 자신이 영임을 깨달은 사람만이 하나님과 같은 영이 되어 그 영의 방식을 행할 수 있다.

곧 성령을 통해 자신의 본성을 깨달은 사람은 탐하는 대신 베풀려고 한다. 나를 위해 무엇을 탐하기보다 남에게 무엇을 자꾸만 주려고 한다. 달라는 사람에게 주고 꾸려고 하는 사람을 물리치

그리스도를 깨달아

지 않는다(마 5:42). 내가 바라는 것을 남에게 해주라는 황금률(마 7:12)은 영의 사람, 깨달은 사람만이 할 수 있는 행위이고, 그런 사람만이 응당 해야 할 것은 반드시 해야 한다는 것을 확실히 안다(마 5:26, 눅 12:59). 남에게 자선을 베풀면서 칭찬을 받으려고 하지 않고, 남에게 베풀면서 오른손이 하는 것을 왼손이 모르게 한다(마 6:1~4). 잠시 있을 자기 몸을 위하여 재물을 땅에 쌓지 않고 영원히 살 생명을 위해 영, 의식을 하늘에 쌓는다(마 6:19~20).

또 영의 방식으로 사는 사람은 알아차려서 산다. 나와 남이 하나라는 것을 알 때에야 비로소 원수는 없어지고 나처럼 남을 대할 수 있다(마 5:43~44). 남이 결코 나와 다르지 않다는 것을 아는 사람만이 원수를 사랑할 수 있고, 자기를 용서하듯이 남도 그렇게 용서한다(마 6:14~15). 깨달은 사람만이 하나님은 의로운 자나 불의한 자 모두에게 똑같이 햇빛을 비춰주고 비를 내려주는 것을 안다(마 5:45). 무엇을 먹을까 무엇을 입을까를 염려만 하지 않고 그것을 이룰 수 있는 깨달음을 먼저 구한다(마 6:31~33). 기도를 통해 성령을 구하고 찾고 두드리고(마 7:7~8), 그렇게 얻은 깨달음으로 일상의 삶을 깨어서 살아간다(마 6:9~13). 오직 깨달은 사람만이 알아차림에 굶주린 것이 복이고, 애타게 슬퍼하고 부르짖으면 깨달음이 오는 것을 안다(마 5:3~4).

이런 깨달음은 알아차림이 고장 나서는 결코 생겨날 수 없다. 알아차림이 부패해서는 깨달을 수 없기 때문에 알아차림 자체의 부패를 막아야 한다. 소금은 짠맛으로 부패를 막는 물질이다. 사람의 본성은 알아차림이고 그 알아차림이 썩지 않아야 깨달음을 얻는다. 그래서 그의 제자들의 정체성은 알아차림이 썩지 않은 사람들이고 그렇게 썩지 않은 알아차림을 가진 사람들이 세상의 소금이다(마 5:13). 아울러 깨우친 사람은 세상의 빛이다(마 5:14). 사물을 밝히는 것이 빛이듯이 밝은 알아차림이 깨달음이기 때문이다. 그러므로 진리를 깨우친 그의 제자들은 세상을 밝히는 빛이다. 따라서 예수 가르침의 정수인 산상수훈은 깨달으라는 요청이고 깨달으면 그렇게 행할 수 있다는 선언이다. 깨달아서 하나님 나라에 들어간 사람들이 행할 수 있는 영의 방식을 말하는 것이 산상수훈이다.

사랑의 실체

그런데 예수 가르침의 핵심은 한마디로 사랑이다. 항상 예수는 사랑하라고 가르쳤다. 그는 네 목숨을 다해 하나님을 사랑하고 이웃을 내 몸같이 사랑하라고 말했다. 곧 하나님은 영이시고, 이웃은 여리고로 가는 길 위에서 강도 만난 사람이다(눅 10:30~37). 만약 우리가 몸이라면 이웃은 우리 같은 몸을 가진 사람들이겠지만 이제 영인 우리의 이웃은 영을 가진 모든 고통받는 존재다.

그렇다면 그가 말한 사랑이란 도대체 무엇일까? 예수가 말한 사

그리스도를 깨달아

랑은 바로 영의 본래 성질이다. 예수는 모든 것의 근원이 영이고, 그 근원의 영이 바로 하나님임을 깨달았다. 그래서 예수는 '하나님은 영이시다'라고 말했다(요 4:24). 영은 의식이고 알아차림이다. 의식 또는 알아차림은 대상과 함께 일어나고 사라지는 앎이다. 따라서 사랑이 영의 본성이라면 사랑은 대상과 함께 일어나고 사라지는 알아차림이다. 즉, 사랑은 대상을 생각하고 느끼고 행하는 것이다.

그런 의미에서 산상수훈을 대표하는 황금률은 사랑하라는 말과 다르지 않다. 내가 싫어하는 것을 남에게 하지 말고, 내가 원하는 것을 남에게 하라는 것이 황금률이다. 거기에는 나 아닌 남을 생각하고, 남을 나처럼 느끼고, 나 아닌 남에게 하는 행동이 들어있다. 흔히 황금률이라고 불리지만 그것은 사랑의 속성과 정확히 일치한다. 대상을 생각하고 느끼고 행하는 것이 사랑이라고 할 때, 내가 원하는 것을 상대방에게 그대로 행하는 황금률은 사랑의 정확한 다른 이름이다. 그래서 예수가 산상수훈에서 황금률을 말한 것은 속으로는 사랑하라고 말한 것과 같다.

그럼 그 사랑을 왜 해야 하는 것일까? 예수는 왜 사람들에게 서로 사랑하라고 했을까? 그 당시와 같이 예수의 말씀이 오늘도 유효하다면 우리는 왜 꼭 사랑해야 하는 것일까? 그것은 우리 인간의 본성이 영이고, 그 영의 본성이 사랑이기 때문이다. 만약 우리가 우리 본성이 영임을 깨닫는다면, 우리의 본성인 영이 살아날 것이고, 그 영의 본성인 사랑을 할 것이다. 다만 우리가 깨닫지 못해 자신이 물질인 줄로 잘못 알고 여전히 물성의 욕구에서 벗어나지 못할 뿐이다.

만일 우리가 깨달아서 영으로 다시 태어나면 우리의 본성을 되찾을 것이다. 우리의 본성을 회복하면 우리는 그때부터 영의 본성인 사랑을 할 것이다. 자기만이 아닌 남도 알고, 자기만이 아닌 남도 느끼고, 자기만이 아닌 남에게 주려고 할 것이다. 사실 본성이 영인 우리는 서로 사랑하기 위해 이 세상에 태어났다. 곧 사랑이 영의 본성이고 그 영의 본성이 알아차림이라면 사랑은 그 알아차림인 참나의 생각과 느낌과 의지다. 사랑은 바로 참나가 살아가는 방식이다.

이제 우리는 어떻게 사랑해야 할까? 예수는 사랑하는 구체적인 방법도 역시 알려주었다. 사랑이 대상에 대한 알아차림이라면 그 방법 또한 대상을 생각하고 느끼고 행하는 방식이어야 한다. 우리는 그러한 예들을 예수 가르침의 보고인 산상수훈에서 쉽게 찾아볼 수 있다. 이해할 수 없는 말들이 많이 나오는 산상수훈 중에서도 대표적인 것이 '오른뺨을 치거든 왼뺨을 돌려대고, 겉옷을 가지려고 하면 속옷까지 주고, 오리를 가자면 십 리를 가라'고 한 것이다(마 5:39~41). 이것을 언뜻 듣거나 읽는다면 누구나 비현실적이고 자학적이어서 속으로 웃지 않을 수 없을 것이다.

우선, '오른뺨을 치거든 왼뺨을 돌려대라'는 경우를 살펴보자. 여기서 왜 하필 오른뺨인가? 보통 오른손잡이가 뺨을 때리면 상대는 왼쪽 뺨을 맞는다. 만일 상대의 오른쪽 뺨을 치려면 왼손으로 치거나, 아니면 오른쪽 손등으로 쳐야 한다. 그러나 당시 유대 사

그리스도를 깨달아

회에서 왼손은 부정한 일을 할 때만 사용했다. 또 오른쪽 손등으로 상대의 오른쪽 뺨을 때리는 것은 모욕을 주는 것으로 엄청난 벌금을 각오해야 했다. 미쉬나(Mishnah) 법전에는 주먹으로 칠 경우는 4주즈(zuz, 하루의 품삯), 따귀를 때린 것은 200주즈, 손등으로 때린 것은 400주즈의 벌금이 정해져 있었다. 당시 손등으로 상대방을 때리는 것은 흔히 자기보다 열등한 사람에게 경고하는 일반적인 수단이었다. 그때에는 주인이 노예를, 남자가 여자를, 부모가 자식을, 로마인이 유대인을 그렇게 때렸다.

당시 예수의 이 말을 듣던 청중들은 사람을 때린 자들, 법정에서 고소를 제기한 자들, 강제 노동을 시키는 자들이 아니라 그들의 희생자들로 주로 모욕을 당하는 사람들이었다. 식민지하에서 계급, 인종, 성별, 신분의 차별 대우를 받으며 분노를 억제하며 사는 이들이었다. 그렇다면 왜 예수는 이미 모욕을 충분히 당한 사람들에게 다른 쪽 뺨도 돌려대라고 하는가? 그것은 그렇게 하는 것이 억압자의 비인간적 힘을 빼는 것이기 때문이다. 만일 오른쪽 뺨을 때린 상대방에게 왼쪽 뺨을 돌려댄다면 어떤 일이 벌어질까? 그러면 물리적으로 돌려댄 왼쪽 뺨을 오른쪽 손등으로는 때릴 수가 없다. 그렇다고 주먹으로 왼쪽 뺨을 치면 상대방을 자기와 동등하게 여기는 것이 된다. 그러면 수치심을 안겨주려는 시도는 물거품이 되고 상대도 동등한 인간임을 인정하는 꼴이 된다.

'겉옷(ἱμάτιον)을 가지려고 하면 속옷(χιτών)까지 주라'는 것은 법정에서 일어난 고소 사건을 반영한다. 당시 누군가가 겉옷 때문에 재판을 거는 경우는 흔했다. 보통 유대인들은 털로 된 겉옷과 아마포로 만든 속옷을 평상복으로 입었다. 오직 가난한 자들 중에서도 가장 가난한 사람들만이 빚을 얻기 위한 담보물로 겉옷을 내놓았다. 그것의 실마리가 구약 성경에 나온다. "너희가 정녕 너희 이웃에게서 겉옷을 담보로 잡거든, 해가 지기 전에 그에게 돌려주어야 한다. 그가 덮을 것이라고는 오직 그것뿐이다(출 22:26~27, 신 24:17)." 이처럼 빚을 지는 것은 로마 치하의 1세기 팔레스타인에서 일상과도 같았다. 그리고 예수의 청중들은 대개 가난하고 무력한 자들이었고, 그들은 그들의 땅과 재산과 마침내는 겉옷까지 빼앗기는 현실에 증오를 품고 있었다.

그렇다면 왜 예수는 그런 그들의 속옷까지 벗어주라고 한 것일까? 이는 곧 그들에게 옷을 다 벗어주고 법정에서 벌거벗고 나가라는 말과도 같다. 유대교에서는 벌거벗는 것이 율법적인 금기였고, 벗은 사람보다도 이를 보고 있는 사람과 그를 벗긴 사람에게 더 큰 부끄러움을 돌렸다. 노아가 술에 취해 벌거벗은 것을 본 아들 함(Ham)이 저주받은 것을 상기해보라(창 9:20~27). 즉 그 채무자는 속옷까지 벗어줌으로써 저주를 가져왔던 똑같은 상황에 채권자를 세우게 된다. 그는 벌거벗고 그의 동료들이 보고 있는 데서 걸어 나감으로써 그의 채권자와 그 채권자가 대표하는 체제를 적나라하게 벗겨버린다. 여기서 예수는 현실의 가면을 벗겨서 그것에 대결하는 방법에 대한 힌트를 준 것이다. 사람들에게 능력을 부여하는 실제적인 대책을 보여주어 그들을 사랑한 것이다.

그리스도를 깨달아

‘오리를 가자면 십 리를 가라’는 문맥의 정확한 의미와 번역은 ‘만일 점령군의 한 사람이 그의 배낭을 지고 1마일을 가자고 강요하거든(ἀγγαρεύσει) 2마일을 가주어라.’다. 당시 유대의 점령군인 로마나 대리 권력자 헤롯 안티파스는 수시로 우편배달, 군대 배치, 보급품 운반을 위한 강제 징용을 실시했다. 구레네 사람 시몬에게 예수를 대신해서 강제로(ἀγγαρεύω) 십자가를 지고 가게 한 것이 그 구체적 사례다(막 15:21). 당시 그 지역에 1마일 간격으로 세워졌던 5~8피트 높이의 이정표 표석에는 도로 이름, 도시 사이의 거리, 도로 건설자의 직책이나 이름과 함께 그런 징발에 관한 의무 조항이 적혀 있었다. 한편 로마는 정복지에서의 원한을 최소화하려고 징발에 관한 법을 어긴 사람을 처벌하는 법을 시행했다. 이를테면 그 규정을 어긴 자에게는 봉급을 깎거나, 밀 대신 보리로 식량을 주거나, 계급을 강등시키거나, 채찍질하게 했다.

　그런데 만일 1마일을 다 가서 징발당한 유대인이 점령군인 로마 군인에게 ‘내가 1마일을 더 지고 가지요!’라고 했다면 어떤 상황이 벌어질까? 지배자인 로마 군인이 억압받는 유대인 짐꾼에게 자기 짐을 돌려달라고 도리어 사정하는 상황을 한 번 상상해보라. 그야말로 항상 굴욕당하고 억압받는 자들이 돌연 주도권을 쥐게 되는 상황이 벌어지지 않겠는가! 다시 말해 예수가 오리를 가자면 십 리를 가라고 한 것은 제국 안에서 원성이 자자한 골치 아픈 관행을 무효로 만들고, 또 그것에 대해 항거하는 구체적인 방법을 사람들에게 가르치려 한 것이다.

따라서 이상의 세 가지 예들은 예수가 사랑하는 법을 실례를 들어 설명한 것이다. 예수는 그의 말을 듣는 청중들이 일상에서 경험하는 예들을 통해 어려운 현실 속에서 구체적으로 알아차림으로 사는 사랑하는 방법을 보여주었다. 사랑은 대상을 생각하고 느끼고 행하는 것이다. 이처럼 깨달은 이의 행동 방식이 사랑이기 때문에 깨달은 이는 반드시 사랑한다. 참사랑을 하는 이는 이미 깨달은 사람이다. 곧 사랑은 깨달은 이의 삶의 방식이다. 그렇게 깨달아서 남을 사랑한 사람은 천국에 들어가고 오직 자기만을 사랑한 사람은 거기에 결코 들어가지 못한다.

그리스도를 깨달아

IV
돌아감

1. 몸은 죽고

대속 죽음?

  보통 예수는 모든 사람의 죄를 대속하기 위해 죽었다고 알려져 있다. 모든 사람은 신에게 죄를 지었고, 그 죄를 사함받기 위해서는 신의 하나밖에 없는 아들 예수의 죽음이 필요하다. 이렇게 예수가 모든 사람을 위해 대신 죽었다는 믿음은 지금까지 기독교 신앙의 근간을 이루고 있다. 예수의 대속 죽음과 몸의 부활은 지금의 기독교 신앙이 서 있는 흔들릴 수 없는 토대다. 그래서 오늘날도 예수가 흘린 피의 공로로 구원받기 위해 예수를 믿는다는 사람들이 많다.

  바꿔 말해 예수는 모든 사람의 죄를 사하려고 십자가에서 죽은 어린 양이다(요 1:29). 이것을 이해하려면 그것의 배경이 되는 사건을 먼저 알아야 한다. 이 땅에서의 삶을 끝낼 때 예수는 유월절 기간에 예루살렘에 갔고, 그곳에서 체포되어 십자가에 못 박혔다. 예수의 시대에 유월절은 매년 열릴 만큼 가장 중요한 유대인 축일이었다. 히브리 성서 곧 구약성경의 출애굽기에 자세히 기록되었듯이(출 5~15장) 유월절은 모세 시대에 있었던 출애굽 사건을 기념

그리스도를 깨달아

하는 절기다.

출애굽기에 따르면, 이스라엘 백성들은 무려 400여 년 동안이나 이집트에서 노예로 살았다. 그러나 하나님이 그들의 부르짖음을 듣고, 구원자로 모세를 보내 이집트의 파라오에게 '내 백성을 보내라'고 말하게 했다. 파라오는 모세의 요구를 거부했고, 하나님은 이집트에 끔찍한 재앙을 내렸다. 마지막 재앙은 죽음의 천사가 처음 태어난 아이와 동물을 모두 죽이는 것이었다. 그러나 이스라엘 백성들에게는 장자의 죽음을 피할 수 있도록 온 가족이 어린양을 제물로 잡아, 그들이 사는 집의 양쪽 문기둥과 윗 문틀에 그 피를 뿌리게 했다. 그날 밤 죽음의 천사가 땅에 내려와 피가 뿌려진 이스라엘 집은 그냥 지나가고(pass over), 파라오의 장자를 비롯한 피가 뿌려지지 않은 집의 장자들을 모두 죽였다. 고통을 견디지 못한 파라오는 결국 이스라엘 사람들을 이집트 땅에서 떠나게 했다. 마음이 변한 파라오는 군대를 보내 그들을 추격했으나 홍해 바다에서 몰살하고 말았다. 그렇게 이스라엘은 마침내 이집트의 노예 생활에서 해방되었다.

그때부터 유대인들은 이날을 기념하기 위해 예루살렘 성전에 모여 유월절을 지켰다. 유월절 음식을 먹기 전날, 유대인들은 어린양을 예루살렘 성전에 끌고 가서 제사장에게 도살을 부탁했다. 그들은 도살한 어린 양을 집에 가져와 유월절 음식을 준비했다. 다시 말하자면 '준비의 날'에 어린양이 도살되었고. 그날 오후에 음식이 준비됐으며, 그 음식은 그날 밤 즉 유월절이 시작되는 때에 먹었다. 그때 먹고 마신 유월절 음식은 이집트를 탈출할 때 제물로 바쳤던 어린 양, 이집트에서 한 고된 노예 생활을 기억하기 위한 쓴 나물, 또 빵이 부풀 겨를도 없이 서둘러 이집트를 떠난 것을 기억하기 위한 누룩을 넣지 않고 만든 빵과 포도주 몇 잔이었다.

이제 예수의 죽음을 다룬 최초의 정경 복음서 마가복음의 이야기로 돌아가 보자. 예수와 제자들은 유월절 절기를 지내려고 예루살렘 순례에 나섰고, 유월절 준비일에 예수는 제자들에게 그날 저녁에 먹을 유월절 음식을 준비시켰다(막 14:12~16). 저녁이 되어 유월절이 시작되자 그들은 그 음식을 먹었고, 예수는 그들 음식에 새로운 의미를 부여했다. 그는 누룩을 넣지 않은 빵을 들고 '이것은 내 몸이다' 또 포도주를 담은 잔을 들고 '이것은 나의 피다'라고 했다.

유월절 음식을 먹은 후에 그들은 겟세마네 동산으로 기도하러 갔다. 그날 밤 예수는 그곳에서 체포되어 대제사장에게 재판받고, 다음 날 아침에 로마 총독 빌라도에게 보내진다. 빌라도는 예수를 십자가에 처형하라고 명령하였고, 예수는 같은 날 아침 아홉 시에 십자가에 못 박힌다(막 15:25). 요컨대 예수는 유월절 음식을 먹고, 다음 날 즉 유월절 날 아침에 숨을 거두었다.

그런데 예수가 숨을 거둔 날이 요한복음에는 다르게 나온다. 요한복음에도 예수는 이 땅에서 지낸 마지막 주에 유월절을 기념하려고 예루살렘에 간다. 최후의 만찬을 갖고, 배신을 당해 빌라도 앞에서 재판받고, 십자가에 못 박히는 것도 같다. 그러나 마가

그리스도를 깨달아

복음과는 달리 유월절 음식의 준비나, 빵이 자신의 몸이고 포도주가 자신의 피라는 말도 하지 않고 제자들의 발을 씻어준다. 식사가 끝난 후 그들은 밖으로 나갔고, 유다에게 배신당해 체포된다. 곧이어 대제사장에게 재판받고 빌라도에게 보내져 십자가에 처형하라는 명령을 받는다. 즉 빌라도가 예수에게 사형 판결을 내렸을 때는 정확히 "유월절 준비일이고, 때는 낮 열두 시쯤이었다(요 19:14)."

최초의 복음서인 마가복음에 의하면, 예수는 '유월절 준비일, 정오'에는 분명히 살아 있었다. 그날 예수는 제자들에게 유월절 음식을 준비하라고 지시했고, 제자들과 함께 저녁 식사를 했다. 그러나 맨 나중에 쓰인 요한복음에서는 그것과 완전히 다르다. 요한복음에서 예수는 유월절 하루 전에 죽었다. 정확히 유월절 준비일 정오를 조금 지났을 때 그가 숨을 거둔 것이다.

물론 많은 사람이 이런 차이를 해결해 보려고 노력했다. 마가역시 예수가 준비일에 죽었다고 말하기는 한다. "그 날은 준비일, 곧 안식일 전날이었다(막 15:42)." 그러나 여기서 그가 '준비일'을 무슨 뜻으로 썼는지 간과하면 안 된다. 그 준비일은 안식일의 준비일이지 유월절의 준비일이 아니었다. 곧 마가복음에서 이날은 유월절 음식을 먹기 전날이 아니라 안식일 전날이었다. 보통 유대인들이 금요일 오후에는 안식일을 위한 음식을 마련해야 했기 때문에 그날을 준비일이라고 칭한 것이다.

다시 말해, 마가복음에서 예수는 목요일 밤에 유월절 음식을 먹고, 다음 날 아침에 십자가에 못 박혔다. 하지만 요한복음에서는 유월절 음식을 먹지 않았고, 유월절 음식을 먹기 전날에 십자가에 못 박혔다. 그뿐만 아니라 마가복음에서 예수는 아침 아홉 시에 십자가에 못 박혔지만, 요한복음에서는 정오에 사형 판결을 받고 그 후에 끌려 나가 오후에 십자가에 못 박혔다.

일부에서는 이런 차이가 유대인마다 그 주간의 다른 날에 유월절을 기념했기 때문이라고 주장한다. 언뜻 그런 주장이 그럴듯하게 들리지만 조금만 깊이 생각하면 그렇지도 않다. 예루살렘 성전과 무관한 일부 종파가 성전 제사장들이 잘못된 달력을 따른다고 여겼던 것은 사실이다. 그러나 마가복음과 요한복음에서 예수는 그런 종파의 사람들과 어울려서 예루살렘 밖에 있지도 않았다. 예수는 분명 어린 양이 도살되는 예루살렘에 있었고, 예루살렘에서 유월절은 하루밖에 없었다. 예루살렘 제사장들은 그들과 다른 일부 종파의 날짜 계산법을 전혀 인정하지 않았다.

그러면 이런 모순을 어떻게 해결할 수 있을까? 보기에 따라서는 이런 모순도 사소한 것일 수는 있다. 도대체 예수가 유월절 전날 죽었든 유월절에 죽었든 뭐가 그렇게 중요한가? 그야말로 예수가 십자가에 죽었다는 사실이 중요한 것이 아닌가? 물론 그럴 수도 있다. 하지만 그것은 틀린 말이기도 하다. 그것은 '예수가 십자가에 못 박혀 죽었는가?'가 아니라 '예수가 십자가에 못 박혀 죽었다는 사실에 어떤 뜻이 담겨있는가?'가 더 중요하기 때문이다. 이런 질문에 대답하려면 그가 십자가에 못 박힌 날과 시간처럼 아주

그리스도를 깨달아

사소한 부분이 너무나 중요할 수 있다.

요한복음은 가장 나중에 쓰인 복음서로 마가복음보다 약 25~30년 후에 쓰였다. 요한복음은 예수를 '세상 죄를 지고 가는 하나님의 어린 양(요 1:29, 1:36)'이라고 언급한 유일한 복음서다. 그런데 왜 가장 나중에 쓰인 요한복음이 그처럼 예수가 죽은 날과 시간을 바꿔놓았을까? 그것은 요한복음에서 예수는 유월절 어린 양 즉 모든 사람을 구원하기 위한 제물이었다. 그런 이유에서 유월절의 어린 양과 똑같이 예수는 그날, 그 시간, 즉 준비일, 정오가 조금 지난 때에 죽어야 했다. 다시 말해 바로 유월절의 어린 양이 예루살렘 성전에서 도살당하던 때여야 했다.

곧 요한복음은 말하고자 하는 의도 때문에 역사적 자료를 바꿔 놓았다. 그것은 예수가 제물인 어린 양이었다는 점을 강조하고자 함이었다. 그런 해석을 전하기 위해 요한복음은 다른 복음서들과 다른 이야기를 할 수밖에 없었다. 이처럼 예수가 모든 사람의 죄를 대신 짊어지고 죽은 어린 양이라는 것은 예수를 따르는 후대 사람들의 발견이었다. 다른 사람의 죄를 대신하여 죽었다는 예수의 대속 죽음 역시 그렇다고 믿었던 제자들과 그것을 기록한 저자들의 해석이다.

눈먼 분노

그러나 예수는 자신이 사람들의 죄를 대신해서 십자가에서 죽는다고 말한 적이 없다. 복음서에는 다른 사람을 대신해서 죽는다는 뜻으로 읽히는 예수의 말이 있기는 하다. 다음의 구절이 대표적이다. "인자는 섬김을 받으러 온 것이 아니라 섬기러 왔으며, 많은 사람을 구원하기 위하여 치를 몸값으로 자기 목숨을 내주러 왔다(막 10:45, 마 20:28)." 이것은 대속의 관점에서 읽으면 틀림없이 대속 죽음을 말하는 구절인 것 같다. 그러나 이것은 예수가 대속하려고 왔다고 한 말이 결코 아니다.

여기서 예수가 몸값을 치르러 왔다고 한 것은 사람들에게 '영의 나'를 깨우치게 하여 몸성(物性)에서 자유하게 하려고 왔다는 말이다. 일반적인 많은 사람은 몸성의 노예가 되어 있다. 그래서 이 말은 사람들이 그 몸성에서 놓여나 자유를 얻고 영의 나로 태어나 하나님의 자녀가 되게 하겠다는 뜻이다. 그러기 위해 섬김을 받는 삶이 아니라 섬기는 삶을 살겠다는 것이다. 만일 제물을 바쳐 죄를 사함 받음으로써 구원을 얻는 것이라면 그렇게 하는 것이 맞다. 그러나 예수는 자신의 죄를 사함 받으려고 성전에서 제물을 바친 적이 한 번도 없다. 또 자신을 따르는 사람들에게 그들이 구원받기 위해 제물을 바쳐 제사하라고 말한 적 역시 전혀 없다.

그야말로 자기 구원을 위해 희생양을 만드는 것은 몸성을 지닌 인간이나 하는 일이다. 그런 희생양 만들기는 물성 즉 몸성의 논

그리스도를 깨달아

리일 뿐이다. 만일 깨우친 영의 사람이라면 내가 살기 위해 남을 죽이는 일 따위는 좋게 여길 수도 없고 그렇게 할 수도 없다. 같은 맥락에서 성령, 참 신이라면 자신의 화를 풀기 위해 하나밖에 없는 아들을 보상으로 죽이는 일은 하지 않는다. 누구에게나 똑같이 햇빛과 비를 내려주지(마 5:45), 하나를 살리기 위해 다른 하나를 죽이지 않는다. 그것은 탐욕과 무지와 이기의 물성 즉 몸성을 가진 인간이 자신의 욕구를 투사해서 만들어낸 신일 뿐이다. 그것은 예수가 발견한 알아차리고, 공감하고, 내어주는 성령 하나님이 아니다.

예수는 인간이 지은 죄를 대속하고자 십자가에 달릴 생각은 조금도 없었다. 다만 그는 몸성의 노예가 된 사람들을 측은히 여겼을 뿐이다. 그러면 과연 무엇이, 누가 예수를 죽게 했는가? 한마디로 인간의 몸성이 그를 죽였다. 모든 인간의 몸성인 탐욕과 무지와 이기가 그를 처형했다. 예수가 죽은 것은 인간의 몸성 때문이지 인간의 죄를 대신 사함 받게 하려고 죽지 않았다. 예수는 우리의 몸성으로 인해 죽었지, 우리의 몸성을 구하려고 죽은 것이 아니다. 분명 예수는 인간의 죄를 대신 사함 받게 하려고 죽지 않고 바로 인간의 몸성에 의해 죽임당했다.

사실 유대 지도자들은 예수가 나타나 이목을 끌기 시작할 때부터 그에 대해 관심을 가졌다. 대제사장, 헤롯 당원, 율법학자, 바리새인 등은 자신들의 믿음과 기득권에 배치되는 주장을 하는 예수를 못마땅하게 보았고, 그를 옭아매기 위해 사람들을 보내 가이사에게 세금을 바쳐야 하는지를 묻게 했다. 가이사에게 세금을 바치라고 하면 유대인이 돌아설 것이고, 가이사에게 세금을 바치지 말라고 하면 로마에 반역하는 것이 될 것이었다. 만일 그들의 이해에 상관이 없었다면, 그들은 예수에게 관심을 갖지 않았을 것이고 예수를 죽이려고 하지도 않았을 것이다.

당시 성전 중심의 기득권 맨 위에는 안나스(Ananus) 가문이 있었다. 안나스는 기원후 6년에서 15년까지 대제사장을 지냈고, 예수를 붙잡아 재판했던 대제사장 가야바의 장인이었다. 그의 사위 요셉 가야바는 기원후 18년에서 36년까지 대제사장을 지냈고, 그의 자식들인 엘리아자르, 요나단, 테오빌로, 맛디아스, 아나누스 모두 대제사장을 지냈다. 아마 안나스는 예수가 12살 때 성전에 갔을 즈음 대제사장이었을 것이고, 그의 아들 아나누스는 기원후 62년 예수의 동생 야고보를 돌로 쳐 죽인 장본인이고, 그의 손자 맛디아스도 대제사장이었다. 안나스 가문은 60년에 걸쳐 8명의 대제사장을 배출하며 대제사장직을 독점함으로써 '영원한 대제사장'이라는 별칭까지 얻었다. 대대로 대제사장직을 유지하기 위해 안나스 가문은 로마와 총독에게 적극적으로 협조하며 매년 뇌물을 바칠 수밖에 없었고, 재원을 마련하려고 성전에서 장사하고 이권을 챙겼다.

성전 바깥뜰에는 대제사장의 비호 아래 제물을 사고파는 상인들과 돈을 바꾸어 주는 환전상들이 즐비하였다. 1세기 유대 역사가 요세푸스에 의하면, 다소 과장이 있었겠지만, 유월절을 지키기

그리스도를 깨달아

위해 예루살렘에 수백만이 모였고, 명절 동안 장사꾼 한 사람이 양과 염소를 3,000마리 넘게 팔았다고 한다. 또 보통 사용하는 동전에는 우상인 로마 황제의 초상이 박혀있어 성전세로 낼 수 없었고, 성전 세를 내기 위해 반 세겔을 환전하는데 8%의 수수료가 들었다. 이들의 자릿세만도 엄청나서 이것을 관장하는 자들에게는 황금알을 낳는 거위였다. 그런 곳에 예수가 나타나 제물로 사용될 짐승들을 몰아내고 환전상의 집기를 뒤집어엎는 소란을 일으킨 것이다.

예수를 체포하기 위해 온 병력은 두 그룹이었다. 로마 군인들과 성전 경비병들이 가룟 유다의 인도를 받아 예수를 잡으려고 왔다(요 18:3). 유대 경비병들이 예수를 잡으려는 죄목은 성전을 헐고 사흘 만에 다시 짓는다고 한 것이었으리라. 하나님의 이름이 거하는 성전을 파괴한다는 것은 하나님의 이름을 파괴하는 것으로 신성모독이다. 종교적 죄목으로 예수를 잡으려는 유대 군인과는 달리, 로마 군대는 국가에 반란을 꾀하거나 반란을 선동했다는 죄목으로 예수를 잡으려고 했을 것이다. 그러나 예수는 46년 동안 세운 헤롯 성전을 물리적으로 파괴한다고 말하지 않았을 뿐만 아니라, 로마에 반역을 꾀하는 말을 하거나 그런 행위를 한 적이 없었다.

잡혀 온 예수가 '영원한 제사장' 안나스를 거쳐 대제사장 가야바에게 왔을 때, 그가 예수에게 심문한 말은 '하나님의 아들 그리스도냐?'는 것이었다. 성전을 헐고 예배를 금지할 수 있는 하나님의 아들 메시야가 맞느냐고 물은 것이다. 지금의 성전을 헐고 새 성전을 짓는다고 하고, 성전에 들어가 예배 행위를 방해한 것은 유대교의 성전 체제와 제사 행위를 정면으로 부정한 것이다. 그것은 지금까지 하나님이 계신 성전에 기초하여 그들이 지켜온 믿음이나 기득권을 뿌리째 흔드는 주장이고 행위다. 그렇다면 그런 존재는 반드시 제거되어야 한다. 그것은 그들이 믿는 신앙 체계를 수호하려는 것이었지만 핵심은 그들의 기득권을 지키는 것이었다.

당시의 기득권을 대표하는 산헤드린 공의회를 구성하는 대제사장과 장로들과 율법학자들은 예수의 말을 알아듣지 못했다. 특히 예수가 성전을 헐고 손으로 짓지 않은 새로운 성전을 짓는다고 말한 예수의 진의를 오해했다. 그것이 성전의 기능과 역할을 대체하는 의식 체계(consciousness system)인 하나님의 나라를 세우는 것임을 그들은 알지 못했다. 그리고 인자가 전능하신 하나님 우편에 앉는 것과 구름을 타고 오는 것을 보게 될 것이라는 말도 전혀 알아듣지 못했다(마 26:64, 막 14:62). 다만 지극히 물질의 한계 안에 갇힌 깨닫지 못한 무지한 인간들의 인식과 논리를 그대로 드러냈을 뿐이었다. 물론 그런 무지한 인식은 기득권층만의 전유물이 아니었고 일반 유대인들의 그것도 절대 다르지 않았다. 그들의 현실을 바꿔줄 메시아에 대한 기대가 예수를 통해 실현되기 어렵다고 판단한 그들도 역시 예수로부터 돌아섰기 때문이다.

하나님을 모독했다고 판단하고 사형을 언도한 대제사장을 비롯한 유대 지도자들은 예수를 로마 총독 빌라도에게 보냈다. 예수를 만난 빌라도는 예수에게 물었다. "당신이 유대인의 왕이요?(마

그리스도를 깨달아

27:11, 막 15:2)" 예수가 한 번도 의도한 적 없는 유대인의 왕이냐는 그의 질문은 언뜻 이해하기 어렵다. 기원후 26년에서 36년까지 10여 년 동안 유대를 다스린 빌라도는 그의 재임 기간 중 일어났던 로마군기 사건, 성전기금 유용, 사마리아 봉기 진압 등에서 보여준 대로 특별히 극악무도한 총독은 아니었다. 그러나 평범한 제2급의 로마 총독으로서 그는 유대인들의 종교성에 민감하지 못했고, 비무장 군중들에게까지 통상적으로 무력을 사용한 사람이었다. 그런 빌라도가 도대체 어떤 이유에서 예수를 향해 그가 유대인의 왕이냐고 물었던 것일까?

여기서 바트 어만(Bart D. Ehrman)은 바로 가룟 유다의 역할을 주목한다. 복음서는 가룟 유다가 스승 예수를 팔아넘긴 배신의 대가로 은 삼십을 받았다고 한다(마 26:15). 그것은 흔히 예수의 소재를 알려준 대가라고 알려졌으나 공개적으로 활동한 예수의 소재를 알려준 대가로 보기에는 설득력이 떨어진다. 그렇다면 과연 은 삼십은 무엇에 대한 대가였을까? 평소 예수는 가룟 유다를 포함한 열두 제자들에게 그들이 곧 다가올 하나님 나라에서 이스라엘의 열두 지파를 다스릴 지도자가 될 것이라고 말했다(마 19:28, 눅 22:30). 만일 그것을 예수가 공개적으로 말하지 않았음에도 로마인들이 알게 되었다면, 예수와 사사로운 이야기도 나눌 수 있는 열두 제자 중 한 명이 알려준 것이라고 봐야 한다. 즉 유다는 유대인 지도자들에게 예수가 있는 장소를 말해준 것이 아니라, 예수가 유대인의 미래 왕을 자처했다고 알려준 것은 아닐까? 그것은 예수가 로마인을 몰아내고 이스라엘 독립 국가를 세우겠다는 뜻이 전혀 아니었음에도 불구하고 빌라도는 그것을 나름의 정치적 의미로 해석했고, 그 결과 예수를 십자가에 못 박아 죽게 한 것은 아닐까?

십자가에 못 박힌 예수는 "아버지, 저들을 용서해 주소서. 저들은 자기들이 하고 있는 일을 알지 못합니다(눅 23:34)."라고 말했다고 한다. 예수는 이 세상에 와서 왜 사는지도 모르고 살아가는 사람들에게 하나님의 나라를 소개하고 거기서 살도록 깨우쳤을 뿐이다. 그러나 물성에 갇힌 인간들은 그것을 모른 채 예수에게 분노했다. 마치 하나님 나라인 포도원이 그들의 것임을 알려주려고 주인이 보낸 종들과 주인의 아들까지 때리고 죽인 악한 소작인들처럼(마 21:33~41, 막 12:1~12, 눅 20:9~19), 그들 모두는 하나 같이 예수를 바로 알지 못한 채 예수를 죽이려고 했다. 당시 유대인 지도자들, 총독과 로마인들, 일반 유대인들 모두는 자신들의 탐욕과 무지와 이기가 명령하는 대로 예수를 죽이는 데 함께 가담했다. 그것은 모든 사람에게 있는 죄성 곧 몸성 때문으로, 그 죄성 곧 몸성을 가진 인간들의 눈먼 분노가 결국 예수를 죽였다.

그리스도를 깨달아

인자는 들려야

　그렇다면 예수는 왜 자신의 죽음을 피하지 않았을까? 이 세상에 살아있을 때 그는 자신이 곧 죽을 것이라고 미리 말했다. 공관복음서에는 예수가 제자들에게 자신이 십자가에 못 박혀 죽을 것이라는 예고를 세 번이나 한 것으로 되어 있다. 그런데 요한복음에서 예수는 그런 직접적인 수난 예고 없이 다음과 같은 말로 자신의 죽음을 암시한다. "모세가 광야에서 뱀을 든 것 같이, 인자도 들려야 한다(요 3:14)." 이것은 그 옛날 이스라엘 백성들이 이집트를 탈출할 때, 광야에서 모세가 장대 끝에 매단 놋 뱀을 쳐다보고 살아났다는 이야기를 그가 인용한 말이다.

　그때 이집트를 탈출한 이스라엘 사람들은 네게브 사막을 지나 홍해 길을 따라 에돔 땅을 돌아서 가나안 땅으로 들어가야 했다. 먹을 것과 마실 것도 구하기 어려웠던 그들은 매우 고통스러웠고, 그들을 인도해낸 하나님과 모세를 원망했다. 그러자 하나님은 불 뱀을 보냈고, 많은 사람이 그것에 물려 죽는 일이 있었다. 그 일로 울부짖는 백성들을 대신하여 모세가 기도하자, 하나님은 '불 뱀을 만들어 장대에 매달고 그것을 쳐다보면 살리라'라고 했다. 모세는 구리로 뱀을 만들어 장대 끝에 매달았고, 뱀에 물린 사람들은 그것을 쳐다보고 살아났다(민 21:4~9).

　곧 예수는 그 옛날 모세가 광야에서 구리 뱀을 만들어 장대에 매달아 놓고 바라보게 한 것을 예로 들었다. 그것을 통해 인자도 들려야 한다고 말함으로써 자신의 죽음을 암시했다. 여기서 인자도 들려야 한다고 한 것은 예수가 죽는다는 것을 말한다. 뱀이 죽어 장대 끝에 매달리듯이 예수도 십자가에 높이 달려 죽는 것을 염두에 둔 말일 것이다. 높이 달린 놋 뱀을 쳐다본 사람들이 살아났듯이 십자가 위에 높이 달린 예수를 본 사람들도 살아날 것이다. 이때 살아난다는 것은 예수의 주검을 바라본 사람들의 몸이 살아난다는 뜻이 아니고, 의식이 깨어난다는 의미다. 즉 높이 들린 십자가에 매달린 예수를 보고 사람들이 생명의 진리를 깨닫게 된다는 뜻이다.

중국 선불교에는 석가 붓다의 염화미소(拈華微笑)라는 유명한 이야기가 전해진다. 석가 붓다가 여느 때와 마찬가지로 영취산에서 설법하게 되었다. 그날도 많은 무리가 모여 붓다의 얼굴을 쳐다보며 그의 가르침을 기다렸다. 그런데 붓다는 입을 굳게 다문 채 한마디 말도 없이 그저 꽃 한 송이를 들고 무리에게 보여주었다. 그때 많은 청중 가운데 오직 마하가섭(Mahakasyapa)만이 붓다가 한 송이 꽃을 쳐든 의미를 알아채고 빙그레 미소를 지었다. 그렇게 마하가섭의 미소 짓는 모습을 보고 붓다도 환하게 웃었다고 하여 염화미소라는 말이 생겨났다.

그런데 이것은 실제로 있었던 사건을 말하는 것이 아니라 중국의 선불교가 지어낸 이야기라는 것이 대체적인 의견이다. 이 이야기는 석가 붓다가 말이나 글로 전할 수 없는 비밀스러운 진리를 제자 마하가섭에게 말 없는 가르침의 방식으로 전수하였다는 것

그리스도를 깨달아

을 말한다. 잘 알려진 대로 본래 선불교는 가르치지 않고 스스로 깨닫게 한다. 그런 맥을 중국 선불교가 잇고 있다는 주장을 하려고 염화미소 같은 이야기를 만들어 사실 이상의 진실로 그것을 전하고 있는 것이다.

이 염화미소(Flower Sermon)에는 석가 붓다와 마하가섭 사이에 말없이 오고 간 가르침이 있다. 석가 붓다가 꽃 한 송이를 치켜든 것은 꽃을 보라는 것이 아니고, 꽃의 윤곽을 드러내는 허공을 보라는 것이었다. 물질세계가 한 송이 꽃이라면, 그 꽃을 든 것은 꽃을 보라는 것이 아니고 꽃이 있게 한 허공 곧 하나님을 드러내려는 것이다. 여기서 만일 꽃만 보고 그것을 만든 근원을 보지 못한다면, 말없이 꽃을 처든 사람이 전하려는 뜻은 결코 전해질 수 없다.

마찬가지로 십자가에 높이 달린 예수를 바라보고 예수의 몸이 죽은 것만 보아서는 안 된다. 십자가에 달린 예수를 보고 제일 먼저 떠올려야 할 것은 역시 하나님 아버지와 그 영원한 생명인 영 곧 의식이다. 말하자면 예수가 십자가에 높이 달린 것도 한 송이 꽃을 처든 염화(拈花)다. 예수의 의식이 예수의 몸을 한 송이 꽃처럼 높이 들고 있는 것이 십자가에 달린 예수다. 다시 말해 손으로 처든 꽃만 보지 말아야 하듯이 십자가에 달린 예수의 몸만 보지 말고 예수의 의식, 그리스도를 보아야 한다. 그것이 바로 하나님의 의식이고 그것이 바로 하나님이다.

십자가에 달린 예수를 보고 사람들은 나고 죽는 예수의 몸만을 보았을 뿐 나지 않고 죽지 않는 그의 영, 의식을 볼 줄 몰랐다.

그야말로 염화를 미소로 응답하는 사람이 없었다. 십자가 밑에 있었던 막달라 마리아를 비롯하여 그의 어머니와 혹시 있었을 제자들은 예수의 주검에만 온통 마음을 쏟았다. 그리고 예수의 주검이 없어졌느니 살아났느니 소란을 피우기만 하였다. 그것은 아마 당시 사람들 뿐만이 아니라 예수를 믿는다는 오늘날의 사람들도 예외가 아닐 것이다.

그가 '모세가 광야에서 뱀을 든 것과 같이, 인자도 들려야 한다'고 한 것은 하나님의 생명인 영을 항상 바라보아야 한다고 말한 것이다. 우리는 십자가에서 죽은 예수에게서 바람 같이 일어나고 사라질 뿐(요 3:8) 절대 나지 않고 죽지 않는 영원한 생명인 영, 의식을 보아야 한다. 그것이 처음 몸을 있게 한 근원이고 태초부터 있던 영의 생명이다. 그것이 본래부터 있던 영원한 생명이고, 몸은 그저 그 영의 생명을 담고 있는 옷이나 그릇과 같은 것이다. 몸의 생명은 어차피 없어지는 것이니 깨어서 정말 바라보아야 할 것은 바로 우리 안의 영원한 영의 생명이다.

따라서 죽음을 무서워하고 싫어할 까닭이 없다. 우리의 혈육, 살과 피를 벗어던지는 것이 죽음이다. 이 껍데기 몸이 죽는 것이지 그 속에 있는 영의 나가 죽는 것은 아니다. 영원히 사는 것은 몸이 결코 아니다. 이 몸은 참된 생명인 의식이 현상계에 나타난 그림자일 뿐이다. 이 몸은 참 생명을 담고 있는 것이니 언제든지 내버릴 때가 있다. 이 몸은 지나가는 것이니 언제든지 버릴 때가 있다. 그야말로 옷 같은 껍데기인 몸을 벗는 것이니 그게 무슨 문제가 되는가?

　게다가 '몸의 나'가 죽어야 '영의 나'가 산다. 몸은 죽어 썩지만, 영은 영원히 산다. 몸의 나는 죽으러 왔을 뿐 영원히 사는 것은 영의 나다. 영의 나가 되기 위해서 몸의 나는 반드시 죽어야 한다. 예수는 본래 자신이 되기 위해서 십자가 위에서 죽었다. 그러므로 영의 나를 깨달은 참사람은 몸이나 거기에서 비롯된 자아가 죽는 것을 슬퍼하거나 두려워하지 않는다. 몸의 나 곧 자아가 죽고 하나님이 주시는 영원한 생명인 영의 나를 깨달으면 몸의 나 또는 자아의 죽음에서 자유를 얻는다. 그렇게 몸의 나, 자아가 죽고 영의 나, 참나를 깨우치기 전에는 구원의 길은 없다.

　예수는 십자가를 지고 나를 좇으라고 하였지, 자신이 십자가에서 흘린 피로서 속죄받으라고 하지 않았다. 십자가를 지고 나를 따르라는 것은 자아를 죽이고 참나를 따르라는 것이다. '나를 따라오려거든 몸의 나(자아)를 부인하는 자기 십자가를 지고 영의 나를 좇아야 한다. 누구든지 몸의 나를 구원코자 하면 영의 나를 잃어버릴 것이고, 누구든지 영의 나를 위하여 몸의 나를 잃으면 영의 나를 찾을 것이다(마 16:24~26).' 진실로 예수를 좇으려 하는 사람은 예수처럼 참된 나를 위하여 몸의 나를 희생하여야 한다. 그런 의미에서 예수의 뜻은 접어두고 바울이나 제자들의 사상으로 종교개혁을 시도한 루터나 그 밖의 사람들의 개혁은 겉껍질 개혁에 불과하다.

　사실 예수가 '영의 나'를 깨닫지 못한 사람이었다면, 한창 살아야 할 나이에 십자가에서 처형당한 것은 울분과 비통과 절망의 사건이었을 것이다. 그러나 예수는 요셉과 마리아 사이에서 태어난 몸의 생명이 거짓임을 알았고, 하나님이 보내주는 영의 생명이 참인 것을 알았다. 그래서 몸이 죽는 것에 대해서는 아무런 두려움이 없었다. 자기를 죽이려는 자들에게 원한을 갖지도 않았고, 자신의 죽음에 대해서 슬퍼할 것도 없었다. 다만 여러 사람에게 하나님을 알게 하고 영의 나를 깨우치는 기회로 삼았을 뿐이다. 그래서 그는 담담하게 자신의 죽음을 제자들에게 말할 수 있었고, 또한 그렇게 죽을 수도 있었다. "다 이루었다(요 19:30)."는 그런 말이다.

그리스도를 깨달아

2. 영으로 다시 살고

몸이 다시 산다?

예수가 활동하던 당시에도 이른바 여러 메시아가 나타났다가 사라졌다. 보통 그들의 운동은 메시아로 자처하던 지도자의 죽음으로 완전히 사라져버렸거나 새로운 지도자 중심으로 바뀌거나 했다. 하지만 예수가 십자가에서 죽은 이후에도 예수 운동은 사라지거나 새로운 운동으로 바뀌지 않았다. 오히려 그가 처형된 며칠 안에 예수 운동은 새로운 생명력을 얻게 되었고, 몇 주 안에는 그가 실제로 메시아였다고 선언되었으며, 1~2년 안에는 이방인들에게까지 그가 진정한 메시아, 주(Lord)라고 선포되었다. 과연 이처럼 놀라운 변화는 어디에서 비롯되었을까?

처음 기독교는 '예수 그리스도가 무덤에서 살아났다'라는 선언과 함께 시작되었다. 이처럼 예수가 죽었다가 다시 살아났다는 믿음은 기독교 탄생의 출발점이다. 세상에 존재하는 다른 종교에서는 단지 태어나고 죽는 순환만이 있다. 그러나 기독교는 죽은 자가 다시 살아났다는 주장을 펼침으로써 그들과는 전혀 다른 모습을 띠었다. 이후 기독교인들은 그들의 신앙고백인 사도신경을 통해 나사렛 예수가 '십자가에 못 박혀 죽었고, 땅에 묻혔고, 다시 살아났다'고 고백해왔다. 이처럼 기독교는 부활의 경험 속에서 태어났으며, 그래서 부활은 기독교 복음의 핵심이다. 만일 그 경험이 없다면 바울의 말대로 기독교인의 '믿음은 헛된 것'이다(고전 15:14).

유대 영토 밖으로 기독교를 전파한 바울은 오직 십자가와 부활을 전한다고 했다. "그것은 곧 그리스도께서 성경대로 우리 죄를 위하여 죽으셨다는 것과, 무덤에 묻히셨다는 것과, 성경대로 사흘날에 살아나셨다는 것(고전 15:3~4)"이다. 바울은 스스로 십자가에서 죽은 메시아가 과연 가능한지에 대해 심히 고민하다가 부활한 예수를 만나 그것을 해결한 극적인 경험을 갖고 있다(갈 3:13, cf. 신 21:23). 즉 십자가에서 죽은 그를 하나님이 다시 살렸다는 것으로부터 예수가 바로 메시아라는 믿음을 갖게 되었고, 그것이 바로 바울이 선포한 복음의 핵심이 되었다.

자신이 죽었다가 다시 살아날 것이라는 부활은 예수가 살아있을 때 직접 예고한 말에 근거한다. 예수는 어느 시점부터 제자들에게 자신이 고난을 받아 죽게 되고 사흘 만에 다시 살아날 것이라고 말했다. "그 때부터 예수께서는 자기가 반드시 예루살렘에 올라가야 하며, 장로들과 대제사장들과 율법학자들에게 많은 고난을 받고 죽임을 당해야 하며, 사흘째 되는 날에 살아나야 한다는 것을 제자들에게 밝히기 시작하셨다(마 16:21)." 이런 예수의 말을 들은 제자들은 베드로 같이 그것을 거부하다가 물러가라는 꾸중을 듣거나 아니면 그것을 그들 나름대로 받아들였다.

그리스도를 깨달아

여기서 예수가 다시 살아난다는 의미는 죽었던 몸이 다시 살아난다는 뜻으로 이해되었다. 정경 복음서 안에서도 부활에 관한 표현은 다양하나 이른바 정통 기독교가 이해하는 부활은 몸의 부활을 말한다. 예수가 부활을 말할 당시에는 유령 이야기, 환각, 환상 등이 지금보다 더 빈번하게 일어나던 때였다. 그래서 예수의 부활을 말하는 복음서에도 그런 정황이 구체적으로 드러난다. 누가복음에 의하면, 처음에는 제자들도 죽었다가 자신들 사이에 나타난 예수를 보고 놀라움과 공포에 사로잡혀 그의 유령을 보고 있다고 생각했다. 그러나 예수는 그들에게 손과 발을 보여주며 '나를 만져보라. 유령은 뼈와 살이 없지만 나에게는 있다'고 말했다(눅 24:39). 그래도 제자들이 믿으려 하지 않자 그는 그들이 지켜보는 가운데 구운 생선 한 토막을 먹었다.

이처럼 성경에서 제자들이 말하는 부활은 육체는 부패하였으나 영혼은 계속 살아있다는 것이 아니었다. 그것은 분명하게 몸의 부활을 말하는 것이었다. 몸의 부활을 말하기 위해 베드로는 이미 죽어서 땅에 묻혔으며 그 무덤이 널리 알려진 다윗과 죽음을 당했지만, 그의 육체는 썩지 않고 무덤에서 일어난 예수를 비교하였다(행 2:29~31). 사도행전을 기록한 누가에 따르면, 베드로는 자신이 목격한 사건을 말하기 위해 어떠한 비유적 표현도 허용하지 않는다. 그의 말은 너무도 분명하다. "우리는 예수께서 부활하신 뒤에 그와 함께 먹고 마셨다(행 10:41)."

그 후 부활을 교리화한 교부 테르툴리아누스(Quintus Septimius

Florens Tertullianus, 약 155년~240년)는 190년경 부활한 것이 육체임을 확실하게 못 박았다. 즉 부활한 것은 "피가 흐르고 뼈로 구성되어 있고 신경으로 연결되어 있으며 핏줄이 이리저리 얽혀 있는 이 육체로서 … 태어났다가 … 죽었으니 의심할 바 없는 인간이다(On the Fresh of Christ 5)." 게다가 그는 그리스도가 무덤에서 육체적으로 부활했기 때문에 모든 신자 역시 육체적 부활을 기대해야 한다고 정통파를 대변하여 입장을 정립했다. 또한 그는 이런 부활에 대한 그의 주장이 사람들에게 충격이 되리라고 먼저 예상하고 '터무니없기 때문에 믿어야 한다'라고 강변하기도 했다.

그런데 신약성경 중 부활에 관한 내용을 자세히 살펴보면 무척 혼란스럽다. 누가복음에서 예수는 제자들 앞에 생전의 모습 그대로 다시 나타났다고 되어 있다. 예수는 제자들과 함께 식사하고, 그가 유령이 아님을 증명하기 위해 그를 만져보도록 허락한다. 요한복음에도 이와 비슷한 이야기가 실려 있다. 도마는 자신이 직접 보고 만져보지 않는 한 예수의 부활을 믿지 않겠다고 선언한다. 그때 예수가 나타나 "네 손가락을 이리 내밀어서 내 손을 만져 보고, 네 손을 내 옆구리에 넣어 보아라. 그래서 의심을 떨쳐버리고 믿음을 가져라(요 20:27)."라고 말한다.

그러나 이런 이야기가 있지만, 부활에 대한 전혀 다른 관점을 보여주는 이야기도 많이 있다. 마가복음과 누가복음에는 엠마오로 가던 두 제자 앞에 예수가 생전의 모습이 아닌 "다른 모습으로(막 16:12, 눅 24:13~32)" 나타났다고 묘사되어 있다. 누가복음에 따르

그리스도를 깨달아

면, 길을 가던 제자들은 예루살렘에서 있었던 예수의 죽음에 깊이 상심하여 낯선 사람과 몇 시간 함께 이야기를 나누었다고 기록한다. 그들은 그가 누구인지 알지 못한 채 그를 저녁 식사에 초대하였고, 그가 그들과 함께 둘러앉아 빵에 대한 감사 기도를 드렸을 때 비로소 "그들의 눈이 열려서, 예수를 알아보았다(눅 24:31)." 그러나 그 순간 예수는 그들의 눈앞에서 홀연히 사라졌다.

요한복음에도 의심하는 도마 이야기 바로 앞에 전혀 성격이 다른 이야기가 적혀 있다. 안식 후 첫날 이른 새벽에 막달라 마리아가 무덤에 갔고, 예수의 시신이 없어진 것을 알고 울고 있었다. 울다가 몸을 굽혀 무덤 안을 들여다보니 거기에는 두 천사가 있었고, 그들에게 예수의 시신이 없어졌다고 말한다. 그렇게 말하고 돌아섰을 때, 마리아는 예수가 서 있는 것을 보았지만, 그가 예수인 줄을 몰랐다. 그가 동산지기인 줄 알고 마리아는 그에게 시신의 행방을 물었고, 예수가 그녀의 이름을 부르자 그녀는 그가 예수임을 알아챈다. 그러나 예수는 그녀에게 자신을 만지지 말라고 한다 (요 20:1~17). 여기서 "내게 손을 대지 말라(μή μου ἅπτου, stop clinging to me)"는 명령은 예수의 몸이 실체가 없다는 것을 암시하는 것으로 충분히 해석될 수 있다.

곧 신약성경은 부활에 대한 문자 그대로의 해석을 강조하는가 하면, 그 반대의 해석을 제시하기도 한다. 어떤 사람들은 정신적인 시련을 겪고 있는 가운데 이전에 경험했던 예수의 존재를 불현듯 느낄 수도 있다. 바울의 경우가 이에 해당할 것이다. 사도행전에 의하면, 바울은 예수 믿는 사람들을 잡아들이기 위해 다마스커스로 가던 중 '갑자기 하늘에서 환한 빛이 그를 둘러 비추었고, 왜 나를 핍박하느냐'는 그를 꾸짖는 예수의 목소리를 들었다(행 9:3~4).' 이것과는 약간 다른 표현도 있다. "그와 동행하는 사람들은 소리는 들었으나 아무도 보이지는 않으므로 말을 못하고 멍하게 서 있었다(행 9:7)." 다른 곳에서는 아예 반대되는 표현도 나온다. '나와 함께 있는 사람들은 그 빛은 보았으나, 내게 말씀하시는 분의 음성은 듣지 못하였다(행 22:9).'

물론 이런 체험을 했던 바울도 나중에 부활이 기독교 신앙의 근간이라고 스스로 주장했다. 그러나 비록 그의 주장이 육체의 부활에 대한 지지로 보인다고 할지라도 다음과 같은 그의 말도 간과해서는 안 될 것이다. "형제들이여, 내가 말하고자 하는 것은 이것입니다. 곧 살과 피는 하나님 나라를 이어받을 수 없고 썩을 것은 썩지 않을 것을 이어받을 수 없습니다. 보십시오. 내가 여러분에게 비밀을 말합니다. 우리는 다 죽지 않고 모두 변화할 것입니다(고전 15:50~51)." 즉 바울은 부활을 육체적 존재에서 영적 존재로 탈바꿈하는 신비라고 표현하고 있는 듯하다.

그리스도를 깨달아

영으로 살아남

그렇다면 과연 예수가 원래 말한 부활은 몸이 다시 살아나는 것일까? 앞에서 살핀 대로 부활 이야기가 서로 다르게 해석되고 기록된 것은 그것이 실제 사건을 그대로 묘사한 것이 아닐 수 있음을 암시한다. 만일 예수의 부활이 글자 그대로 몸이 다시 산 것이었다면 그것을 보고 전한 사람들의 증언이 모두 같았을 것이다. 물론 같은 대상을 보고 그것을 말한다고 하더라도 그것의 세부적인 언급은 다소 차이가 있을 수 있다. 그러나 그것의 실체에 대한 전혀 다른 묘사나 설명은 불가능하다고 봐야 한다. 가령 어떤 대상에 대한 외형적 묘사나 설명이 서로 다를 수는 있으나, 그 대상이 몸을 가진 존재인지 아니면 몸이 없는 존재인지를 착각할 수는 없다.

또한 만일 죽었다가 다시 살아난 예수가 몸을 가진 존재였다면, 그는 당연히 몸을 가진 존재의 행태를 보였을 것이다. 그런 이유에서 누가는 베드로의 입을 빌려 '그와 함께 먹고 마셨다'는 말을 적어 놓았을 것이다. 그런데도 신약성경에는 다시 살아난 예수가 몸을 가진 사람으로서는 도저히 가능하지 않은 행태를 보였다고 전한다. 이를테면 부활한 예수는 엠마오로 가던 제자들과 함께 식사하던 중 갑자기 그들의 시야에서 홀연히 사라진다. 또 예수 사후 제자들이 유대인이 무서워서 문을 모두 걸어 잠그고 있을 때 그들 가운데 그가 홀연히 나타난다(요 20:19). 이처럼 갑자기 시야에서 사라지거나, 문이 모두 잠긴 방의 벽을 통과하여 나타나는 것 등은 몸을 가진 존재에게 실제로 일어날 수 있는 일이 결코 아니다.

따라서 예수가 자신이 죽고 다시 살아난다고 한 것은 자신의 죽은 몸이 다시 살아난다고 말한 것이 아니다. 예수가 죽었다가 사흘 만에 다시 살아난다고 한 것은 육체가 죽고 영의 몸(靈體)으로 살아나는 것을 빗댄 것이다. 모든 사람의 몸은 분명 죽을 것이고, 그다음에는 영의 몸으로 다시 살아날 것이다. 사흘 만에 살아난다는 말은 그 영의 몸으로 바뀌어 영의 세계로 가는 시간이 사흘이라는 뜻이다. 곧 죽었다가 다시 살아남은 흔히 생각하는 죽은 몸이 살아나는 기적이 아니다. 죽었다가 다시 살아난다는 말은 물질인 사람의 몸이 죽고 나면 사람의 본질인 영의 몸으로 변한다는 뜻이다. 예수가 말한 부활은 죽는 몸의 생명에서 영원한 영의 생명으로 바뀌는 것을 비유한 것이다.

이른바 부활 장으로 불리는 고린도전서 15장에서 바울도 이것을 길게 설명한다. 죽은 사람이 어떻게 살아나며 어떤 몸으로 살아나는가? 이 질문에 대한 대답 형식으로 바울은 씨를 뿌리는 비유를 사용하여 부활을 설명한다. 가령 뿌린 씨가 죽지 않고서는 다시 살아날 수 없다. 그리고 씨앗을 뿌리면 그것이 발아하여 몸(body), 체(體)가 된다. 그 몸은 땅에 속한 몸도 있고 하늘에 속한 몸도 있다. 죽은 사람의 부활도 마찬가지다. '썩을 몸'으로 묻히지만 '썩지 않을 것'으로 살아난다. 자연의 몸(體)으로 묻히지만, 영적인 몸(體)으로 살아난다. 자연 즉 물질의 몸이 있다면 영적인 몸도 있다(고전 15:35~44). 곧 바울이 말하는 바는 이것이다. 인간은 물질인 몸이 죽어야 영으로 다시 사는 일이 일어난다. 그 순서는 영이 먼저가 아니고 몸이 먼저이고, 몸이 먼저 죽으면 영으로 다시 살아난다. 실체에는 물질의 실체도 있고 영의 실체도 있다. 부활은 자연적인 물질 몸의 실체가 죽고 영적 몸의 실체로 살아나는 것이다. 썩는 실체인 몸이 죽고 썩지 않는 실체인 영으로 살아나는 것이다. 한 마디로 부활은 몸이 죽고 영으로 살아남이다.

바울은 계속해서 말한다. 우리가 흙에 속한 사람의 형상을 입은 것처럼 우리는 하늘에 속한 그분의 형상을 입을 것이다. 분명한 것은 살과 피는 하나님 나라를 받을 수 없고, 썩을 것은 썩지 않을 것을 받을 수 없다. 우리는 틀림없이 다 죽는 것으로 끝나지 않고 모두 변화할 것이다. 마지막 나팔 소리가 나면 죽은 사람들이 썩지 않을 몸(體)으로 살아나서 순식간에 변화할 것이다. 우리는 반드시 이 썩을 몸이 썩지 않을 것을 입어야 하고, 이 죽을 몸이 죽지 않을 것을 입어야 한다(고전 15:49~54). 그 말 역시 이런 뜻이다. 인간은 육체를 입고 이 세상에 태어났고, 육체를 땅에 묻은 후에는 영적인 실체로 변할 것이다. 하늘나라에 들어가는 것은 살과 피 곧 육체가 아니고 썩지 않는 영만이 하나님 나라에 들어간다. 모든 인간은 틀림없이 육체가 죽은 후에는 영으로 변화한다. 육체의 삶을 끝내라는 소리를 듣게 되면, 순식간에 썩지 않을 영적 실체로 변화될 것이다. 그렇기 때문에 인간에게는 반드시 몸이 죽고 영으로 사는 일이 일어난다.

이처럼 부활이 몸이 죽고 영으로 사는 것을 빗댄 것이라면, 예수가 생전에 한 말들이 모두 쉽게 이해된다. 예수는 '인자가 반드시 죄인의 손에 넘어가서 십자가에 처형되고 사흘째 되는 날에 살아나야 한다'고 했다(눅 24:7). 이것은 십자가에서 처형되고 적어도 사흘 안에 영의 몸으로 살아난다는 말이다. 또 '이 성전을 헐라. 그러면 내가 사흘 만에 다시 세우리라'라는 말도 내 육체가 비록 죽임을 당하더라도 나는 삼 일 만에 영적인 새 몸으로 부활한다는 뜻일 수 있다(요 2:19). 그리고 "주께서 확실히 살아나시고 시몬에게 나타나셨다(눅 24:34),"라는 복음서 구절 역시 죽은 예수가 영으로 살아나서 베드로의 내면에서 인식되었다는 말이다. 물론 그것을 베드로가 부활로 받아들일 수는 얼마든지 있고, 그렇게 전해진 것이 성경에 그대로 실렸을 수도 있다.

예컨대 누가가 기록한 사도행전에서 부활한 예수의 영을 직접 체험한 바울은 정작 그것을 자신이 직접 쓴 서신에서 이렇게 적었다. "그 아들을 이방 사람에게 전하게 하시려고, 그를 내 안에(ἐν ἐμοί) 기꺼이 나타내 보이셨다(갈 1:16)." 그의 이 말은 그가 부활한 예수의 영을 '그의 안에서' 그의 내면에서 보았다는 뜻이다. 다시 말해 이렇게 바울이 자신의 내면에서 부활한 예수의 영을 체험한 것을 전해 듣고 기록한 누가는 그 내면의 체험을 현실의 언어로 빗대서 표현했을 것이다. 바로 그가 하늘에서 환한 빛을 보았고 땅에 엎드려져 꾸짖는 음성을 들었고 눈이 안 보이다가 다시 보게 되었다는 식으로 비유해서 적었을 터다.

그리스도를 깨달아

그렇다면 이처럼 부활이 몸이 죽고 영이 살아나는 것이라면, 그 영이 살아난다는 뜻은 또한 무엇을 말하는가? 몸이 죽는 것이야 몸 생명이 죽는 것을 말하지만, 영이 살아난다는 것은 달리 또 무엇을 빗대서 한 말인가? 이것을 잘 보여주는 예가 바로 죽은 나사로가 살아난 이야기이다(요 11:1~44). 나사로가 병이 들어 죽게 되었고, 그 소식을 들은 예수는 제자들에게 "우리 친구 나사로는 잠들었다. 내가 가서 그를 깨우겠다."라고 말했다. 그들이 그의 말을 몸이 잠들었다는 뜻으로 알아듣자 예수는 나사로가 죽었다고 말했다. 죽은 지 사흘이 지나서야 예수는 나사로의 무덤으로 가서 그를 나오라고 했고, 그는 손발과 얼굴을 천으로 동여맨 채 무덤에서 나왔다. 이것은 흔히 생각하듯이 죽은 나사로의 몸이 다시 살아난 이야기가 아니다. 그것은 의식이 잠든 것이 바로 죽은 것이고, 그 잠든 의식을 깨우는 것이 바로 그 사람을 살리는 것임을 비유한 것이다.

그러므로 다시 살아난다는 의미도 분명하다. 여기서 다시 살아난다는 말은 몸이 살아난다는 뜻이 아니고 의식이 살아난다는 것이다. 의식이 살아난다는 것은 알아차림이 깨어난다는 말이다. 알아차림이 깨어난다는 말은 사람의 본질인 의식이 살아난다는 뜻이다. 알아차림이 일어나고 사라지는 작용을 보고 우리는 살아있다고 한다. 따라서 영이 살아난다는 의미는 알아차림이 잠자지 않고 깨어나는 것을 말한다. 바로 잠자던 의식이 깨어나서 살아나니 부활인 것이다.

1945년, 이집트 나그함마디에서 발견된 기독교 문서 중에는 한 스승이 제자 레지노스에게 보낸 편지인 부활론(The Treatise on Resurrection)이 들어있다. 익명으로 남아있는 레지노스의 스승은 평범한 인간이란 영적으로 죽은 존재라고 설명한다. 그러나 부활은 의식이 깨어나는 깨달음의 순간이다. 즉 "부활은 … 있는 그대로를 드러냄(revelation of what is)이고, 현상의 변형(transformation of things)이며, 새로움으로의 이행(transition into newness)이다. … 빛이 어둠 위로 흘러 내려와 그것을 삼키며, 충만(Fullness)이 결핍을 채움이다. 이것들은 부활의 상징이며 비유이다(부활론 9장)."

이 부활론에 따르면, 부활은 있는 그대로의 실상이 밝혀지는 것이고, 사물에 대한 인식이 바뀌는 것이며, 알려짐이 새로워지는 것이다. 또 그것은 빛이 어둠에 비치듯이 인식이 밝아지는 것이고, 완전한 인식이 불완전한 인식을 채우는 것이다. 만일 이러한 것들이 부활의 상징이고 비유라면 그것은 모두 깨달음을 정확하게 설명하는 말이다. 그 이유는 바로 깨달음이 있는 그대로를 알아차림이고, 실체 자체가 확 드러남이고, 알아차림이 새로워짐이기 때문이다.

그러면서 그 스승은 지금 바로 부활을 이루어야 한다는 말로 그의 가르침을 마무리한다. 이 세상에 사는 모든 사람은 그 수명이 서로 달라도 반드시 죽도록 되어 있다. 만일 모든 사람이 자신이 죽는 것을 뻔히 안다면 어찌해서 지금 바로 다시 사는 부활을 경험하지 않는단 말인가? 만일 모든 사람이 자신 안에 깨달을 수

　그리스도를 깨달아

있는 능력을 가지고 있음에도 불구하고 죽은 자처럼 사는 것은 안될 일이다. 누구라도 그런 상태로 계속해서 있는 것을 그냥 보아 넘겨서는 안 된다.

역시 나그함마디에서 함께 발견된 빌립복음(The Gospel of Philip)은 부활을 문자 그대로 해석하는 것이 잘못이라고 말한다(빌립 19장, 빌립 90장). 부활은 과거에 일어난 특정한 사건을 가리킨다기보다 그리스도의 존재를 오늘날 어떻게 경험할 수 있는가를 상징하고 있다. 몸의 눈이 아니라 영의 눈으로 보는 것이 중요하다는 뜻이다. 사실 예수의 생애에서 일어났던 여러 사건을 증언한 대부분의 사람이 그것들의 속뜻을 제대로 파악하지 못했다. 직계 제자들 역시 예수의 말을 잘못 알아듣는 경우가 잦았으며, 돌아가신 스승 예수가 죽고 다시 살아난다고 말한 부활을 영적 진리가 아닌 실제 사건으로 오해하였다. 영이 사는 것을 몸이 산다고 알았다.

같은 빌립복음 19장에는 다음과 같은 구절도 있다, "주님이 먼저 죽고 나중에 살아났다고 말하는 자들은 잘못이다. 그분은 먼저 살아나고 나중에 죽었기 때문이다. 어떤 사람이 먼저 부활하지 않으면 그는 죽지 않을 것이다." 다시 말해 예수의 죽고 다시 살아남을 육체의 죽고 다시 살아남으로 이해하는 것은 맞지 않는다. 대신 부활을 의식의 깨어남으로 알면 예수는 먼저 깨닫고 나중에 육신이 죽은 것이 된다. 만일 어떤 사람이 자신의 본성을 깨닫는다면, 그 사람은 자신이 영적 존재인 것을 알게 되어 자신이 몸의 존재인 것을 부인할 것이다. 반대로 그것을 깨닫지 못한다면 그 사람은 자기 몸의 의식인 자아를 결코 죽이려고 하지 않을 것이다.

이런 구절들을 근거로 살펴볼 때, 부활은 몸이 죽고 영으로 살아나는 것인 동시에 참된 영적 깨달음을 빗댄 말이다. 우리는 누구이며 어디에서 와서 어디로 가는지를 아는 의식 상태로 깨어날 때, 우리는 참으로 존재하는 것이 영임을 알게 된다. 그야말로 그리스도의 부활은 우리 안에서, 각자의 내면에서 그에 대한 깨달음이 순식간에 생기는 것이다. 만약 그의 부활로부터 기독교가 탄생했다면 그것은 예수와 그의 죽음과 부활의 의미를 그의 추종자들이 바로 깨달아서다.

부활 체험

이상과 같이 부활은 죽고 다시 사는 것이다. 몸은 죽고 영으로 다시 살아남이다. 죽는 것은 몸이 죽는 것이지 영이 죽는 것이 아니다. 오히려 몸이 죽어야 영으로 깨어난다. 우리의 몸이 죽는다는 것은 영의 실체로 깨어난다는 말이다. 그야말로 부활은 바로 영, 의식이 깨어나는 것이다. 예수가 십자가에서 죽고 삼 일 만에 부활한다고 한 것은 몸의 생명은 죽고 영의 생명으로 깨어난다는 뜻이었다. 곧 다시 사는 부활은 깨어남의 체험이다. 부활이 깨어남이기 때문에 부활을 경험하는 것은 의식의 깨어남을 경험하는 것

그리스도를 깨달아

과 전혀 다르지 않다. 부활 체험은 깨달음 체험이다.

곧 우리가 잠자는 동안은 죽은 것과 같다. 사물을 인식하는 의식이 없기 때문이다. 우리가 잠자는 동안은 세상을 완전히 잊어버린다. 그동안은 세상과 내가 아무 상관이 없다. 잠을 자는 동안에는 세상이 있는 것도 모르고 내가 있는 것조차 모른다. 그렇게 아무것도 모른 채 죽어 있다가 잠을 깨면 다시 의식이 돌아온다. 그것은 몸이 죽었다 다시 살아난 것이 아니고 의식이 죽었다 다시 살아난 것이다. 그렇게 잠을 자다가 의식이 돌아오는 것을 깨어난다고 말한다. 이처럼 부활도 몸이 다시 사는 것이 아닌 현실적으로 잠자던 의식이 깨어나는 체험이다.

흔히 사람의 의식은 자신도 모른 채 잠자고 있다. 그것은 마치 복음서의 예수가 죽어서 무덤에 묻힌 것과 같다. 그는 죽어서 아리마대 요셉이라는 공회원이 제공한 가족무덤에 묻혔다고 한다. 즉 그가 묻힌 그 무덤은 빛 하나 들어오지 않고 어두웠다. 그의 머리는 두건으로 씌워져 있었고, 그의 몸은 세마포로 감겨 있었다. 그 무덤은 육중한 돌로 문이 막혀 있었고 봉인마저 붙어 있었다. 무덤 밖에서는 그의 시체를 훔쳐 갈까 봐 경비병들이 감시까지 했다고 한다.

그런 상황에서 예수가 부활했다고 한다면 그것으로부터 우리가 정말 알아야 할 것은 무엇인가? 그것은 바로 예수가 죽어 무덤에 묻혀 있었다는 사실보다 그 무덤에서 살아났다는 부활이 말하는 깊은 영적이고 개인적인 의미다. 예수가 십자가에 높이 매달린 것이 많은 사람이 보고 깨닫게 하려는 것이었다면, 예수가 죽어 묻혔다가 다시 살아났다는 것 또한 어떤 진리를 깨닫게 하려는 것이다. 그렇다면 과연 그가 무덤에서 다시 살아났다는 그것이 말하는 영적이고 개인적인 의미는 무엇일까?

어떤 의미에서 인간 모두는 물질(몸)의 무덤에 묻힌 채로 의식이 죽어 있지는 않은가? 우리는 모두 무의식의 세마포로 둘러싸여 있는 것은 아닌가? 우리 인간은 어둠과 어리석음의 돌로 꽉 막혀 있는 것은 아닌가? 그리고 물질에 갇혀 있고, 무의식에 둘려 싸여 있고, 어둠과 어리석음에 꽉 막혀 있는 우리 모두는 여전히 바라는 것이 있지 않은가? 그것은 바로 그런 것들로부터 벗어나서 우리에게서 그것들이 제거되고, 그런 영적인 혼수상태에서 깨어나는 것이 아닌가? 만일 그렇다면 우리는 왜 예수 그리스도가 그랬던 것처럼 영의 새 생명으로 부활하지 않는가?

그러므로 여기서 부활을 체험해야 하는 이유는 분명하다. 그것은 결국 하나님 나라를 유업으로 받기 위해서다. 우리는 우리의 몸이 죽으면 영으로 부활할 것이다. 그 영으로의 부활은 영이 깨어나는 깨달음이 일어나는 것과 같다. 깨달음이 일어나야 자신의 본성을 찾게 되고, 영인 자신을 찾아야 영생을 선물로 받을 수 있다. 그런 이유에서 그 깨우침을 얻지 못하면 하나님의 나라를 유업으로 받지 못한다.

앞에서 말한 빌립복음 90장에는 다음과 같은 구절이 나온다. "자신들이 먼저 죽고 나서 부활할 것이라고 말하는 자들은 틀렸

그리스도를 깨달아

다. 만일 그들이 살아있는 동안 먼저 부활을 경험하지 못하면 그들은 죽어서 어떤 것도 받지 못할 것이다." 만일 부활이 몸이 죽고 다시 몸으로 부활하는 것이라면 몸이 먼저 죽어야 죽은 몸이 다시 살아날 수 있을 것이다. 그러나 부활이 영적으로 깨어나는 것이라면 부활이 몸의 죽음보다 먼저 있어야 영원한 영적 생명을 받을 수가 있다. 그러므로 부활은 몸이 살아서 경험해야 할 것이고, 살아서 먼저 그것을 경험해야 영생을 받게 된다.

사실 부활은 죽은 다음에만 경험하는 것이 아니다. 몸이 죽은 다음에 낙원이나 음부 같은 곳에 가서 기다리다가 예수 그리스도가 재림하여 심판할 때 갑자기 살아나는 것도 아니다. 그것이야말로 부활이 몸이 다시 살아나는 것이라고 믿는 사람들이 빠지는 인식의 오류일 뿐이다. 부활은 몸이 다시 살아남이 아니라 영으로 깨어남이기 때문에 그것은 이 땅에서 살아있을 때 먼저 경험해야 한다. 따라서 이 땅에서 부활을 경험하지 않으면 천국에는 결코 들어갈 수가 없다. 살아서 이 땅에서 부활을 경험하지 못하면 하나님의 나라를 유업으로 받을 수가 없다.

부활의 경험은 몸이 먼저 죽어야 맛볼 수 있다. 여기서 몸이 먼저 죽는다는 말은 물질인 몸이 먼저 죽는다는 뜻만이 아니다. 몸이 먼저 죽는다는 말은 몸성이 먼저 죽어야 한다는 의미다. 몸성은 몸을 가진 인간이 가지는 특성으로 탐욕과 무지와 이기가 대표적이다. 이것을 달리 자기 목숨 곧 자아라고 부른다. 곧 자기 목숨, 자아가 먼저 죽어야 본래의 생명인 영으로 살아난다. 만일 그 영을 경험하지 못한다면 그것은 육이 죽지 않아서다. 영으로 살아나지 못하는 이유는 자기 목숨을 죽이지 않은 채 영이 살기를 바라기 때문이다. 영성은 몸성이 죽어야 살아난다.

예수는 이 세상에 죽으러 왔다고 말했다. "내가 진정으로 진정으로 너희에게 말한다. 밀알 하나가 땅에 떨어져서 죽지 않으면 한 알 그대로 있고 죽으면 열매를 많이 맺는다. 자기의 목숨을 사랑하는 사람은 잃을 것이요, 이 세상에서 자기의 목숨을 미워하는 사람은 영생에 이르도록 그 목숨을 보존할 것이다(요 12:24~25)." 다시 말해 땅에 떨어진 씨앗이 죽지 않으면 새 생명이 움틀 수 없다. 씨앗은 껍질 속에 자신의 DNA를 담고 있다. 그런데 자기 몸의 목숨이 귀해서 죽이지 못하는 사람은 자신의 진짜 생명인 영의 목숨을 잃을 것이다. 그러나 이 세상에서 자기 목숨이 가짜 목숨인 것을 깨달은 사람은 자신의 본성인 영원한 영의 목숨을 얻을 것이다.

죽어야 다시 사는 것을 깨우치기 위해서 예수는 그가 십자가에서 죽고 무덤에 묻혔다가 사흘 만에 다시 살아날 것이라고 말했다. 그가 십자가에서 죽는다고 한 것이 인간의 몸성 즉 물성의 죽음을 보여주려는 것이었다면, 무덤에서 다시 살아난다고 한 것은 몸성이 죽어야 영성이 다시 사는 것을 깨닫게 하려는 것이었다. 그것을 몸이 자기라고 알던 사람들은 다시 사는 것이 몸이라고 잘못 알았다. 바로 자기라고 생각하는 몸이 먼저 죽어야 진짜 자기인 영으로 다시 살아난다. 그러려면 깨달아야 하는데 그 깨닫는 경험이 바로 부활 체험이다. 부활의 체험 곧 깨닫는 경험을 하게 되면 자기 목숨, 자아, 에고는 죽는다. 반대로 깨어나는 경험, 부활 체험이 없으면 우리의 자아, 에고는 죽지 않으며 그러면 영의 생명이 살아나지 않아 영생을 얻을 수가 없다.

일찍이 예수는 몸의 목숨이 죽는 것이 끝이 아니라 시작인 것을 알았다. 사람들은 이 세상이 목적인 줄 알지만, 이 세상은 단지 과정이고 수단일 뿐이다. 여기는 그저 지나가는 곳이고, 진짜 목적지는 하늘나라다. 마찬가지로 하나님의 의식인 하나님 나라가 목적이고, 육체는 그 의식을 만들기 위한 수단이고 거름(fertilizer)이다. 육체가 거름이 될 때 육체를 거름으로 삼아 의식이 살아난다. 그야말로 의식이 사는 것이 참으로, 진짜로 사는 것이다. 곧 의식이 깨어날 때 진짜 생명은 죽음부터라는 것을 깨닫는다. 죽음이야말로 생명이라는 고개를 넘어서는 일이다.

결론적으로 부활을 경험해야 깨어서 삶을 산다. 부활을 경험한 다음에야 진짜 생명이 무엇인지 알고 진짜 삶을 살 수 있다. 우리가 이 세상을 사는 것은 하룻밤 꿈을 꾸는 것과 같다. 이 괴롭고 걱정 많은 세상은 하룻밤 꿈을 꾸는 것이다. 그 꿈속에서 잘살아 보겠다고 애를 쓰다가 꿈을 깨면 비로소 그것이 꿈일 줄을 안다. 그것이 꿈인 줄을 몰라서 그렇지 깨닫고 나면 고통스러운 삶은 그대로 기쁜 것이다. 아니 깨닫고 나면 삶뿐만이 아니라 죽음마저도 그저 기쁘다.

3. 고향 가는 길

몸이 승천?

    지금 교회는 예수가 십자가에서 죽고 부활한 후 하늘로 올라갔다고 믿는다. 물론 이것은 신약성경이 말하는 진술들에 근거하여 형성한 믿음이다. 요한복음에 의하면 예수는 여러 번 자신의 승천을 예고하였다. 예수는 제자들에게 인자가 전에 있던 곳으로 올라갈 것이라고 말했다(요 6:62). 자신의 죽음을 예고하면서 예수는 그를 보내신 분에게로 간다고도 했다(요 16:5). 부활한 예수는 막달라 마리아에게 아직 아버지께 올라가지 않았으니 자신의 몸에 손을 대지 말라고 하면서, 제자들에게 가서 자신이 하나님께로 올라간다고 전하라고 했다(요 20:17).

    공관복음서는 예수의 승천에 대해 다양하게 적고 있다. 마가복음은 부활한 예수가 제자들을 세상에 파견하고 '하늘로 들어 올려져 하나님의 오른편에 앉으셨다'고 말한다(막 16:19). 마태복음은 마가복음의 기록을 인용하면서도 승천 부분을 삭제하고 그것에 대해서는 아무 말도 하지 않는다. 반면 누가복음은 부활한 예수가 제자들에게 성령을 약속하고, 그들을 베다니까지 데리고 나가서

그리스도를 깨달아

손을 들어 축복한 다음, 그들을 떠나 하늘로 올라갔다고 기록한다(눅 24:50~51).

신약성경의 다른 곳에서도 승천은 여러 차례 언급된다. 사도행전은 예수의 승천 장면을 더 분명하게 묘사한다. 예수는 부활 후 40일 동안 자주 나타나서 제자들을 격려하다가 예루살렘에서 그들이 지켜보는 가운데 하늘로 올라갔다(행 1:9~10). 디모데전서는 "그분은 영광에 싸여 들려 올라가셨다(딤전 3:16)"라고 기록한다. 또 히브리서는 '우리에게는 하늘에 올라가신 위대한 대제사장이신 하나님의 아들 예수가 계신다'고 말한다(히 4:14). 베드로전서는 "그리스도께서는 하늘로 가서서 하나님의 오른쪽에 계시니(벧전 3:22)"라고 한다. 그리고 유대인들에게 돌에 맞아 죽기 전 스데반은 '하늘에서 예수가 하나님 우편에 서신 것을 보았다'고 말하기도 한다(행 7:56).

이런 그의 승천은 기본적으로 예수가 하늘로 올라간 것을 말한다. 그가 하늘로 올라갔다고 해서 우주의 어느 한 공간으로 올라간 것은 아닐 것이다. 즉 그가 올라간 곳이 우리 태양계나 몇백 광년을 가야 하는 은하계의 어느 특정한 장소는 아닐 것이다. 여기서 만약 '하늘'이 하나님의 보좌이고 처소라면 예수는 하나님이 계시는 그곳으로 올라간 것이다. 분명 예수는 단순히 우주의 어떤 공간으로 이동한 것이 아니라 이 지상에서 하나님 아버지가 계시는 천상으로 이동한 것이다. 예수가 올라간 그 하늘은 영의 세계로 인간이 영생을 영위할 수 있는 곳이기도 하다. 그렇게 영원한 하나님이 계신 하늘로 오른 것이니 그것은 참으로 영광스러운 일이다.

기존의 정경과 그 해석에 의하면, 예수가 하늘에 오른 이유는 여러 가지다. 무엇보다 예수는 내려왔기 때문에 올라갔다. 예수는 육신을 입고 이 땅에 내려왔다. 즉 태초부터 있던 예수의 영은 육신을 입고 이 땅에 모습을 나타냈다. 그 후 그는 이 땅에서 수행해야 할 구원에 관한 일을 모두 마치고 이제 내려왔던 그곳으로 다시 올라갔다. '그분이 올라가셨다고 하는 것은 먼저 그분이 땅의 낮은 곳으로 내려오셨다는 것을 말하는 것이 아니고 무엇이겠는가? 내려오셨던 그분은 만물을 충만하게 하시려고 하늘의 가장 높은 데로 올라가신 바로 그분이다(엡 4:9~10).'

그리고 그가 승천한 것은 영원한 나라에 들어갈 첫 열매가 되기 위해서였다. 예수는 죽었다가 다시 살아난 부활의 첫 열매다. 마찬가지로 그는 영원한 나라, 천국에도 먼저 들어감으로써 다른 사람들이 천국에 들어가는 길을 열어놓았다. 그렇게 영원한 처소인 하늘나라에 먼저 들어가서 그를 믿는 사람들도 장차 천국에 들어갈 수 있음을 알려 주었다. 그는 아버지의 집에는 있을 곳이 많다고 하면서 그곳에 너희가 있을 곳을 마련하러 간다고 제자들에게 말했다(요 14:2). 가서 그들이 있을 곳을 마련하면 다시 와서 그들을 데려다가 그곳에 함께 있게 하겠다고 했다. 그런 의미에서 그가 하늘에 올라간 것은 천국에 들어갈 사람들에게 있을 곳을 마련하여 향후 그들이 천국에 들어갈 수 있게 하려는 것이었다.

그리스도를 깨달아

그가 만유의 주가 되심을 알리려는 것도 승천한 이유 중의 하나다. 성경은 그가 하늘에 올라가서 하나님의 우편에 앉아 있다고 말한다. 그것은 하늘에 올라간 예수가 하늘과 땅의 모든 권세를 받은 왕이 되었다는 뜻이다. 즉 '하나님 우편에 앉으셨다(막 16:19)' 라는 것은 부활한 예수가 하늘 보좌에 앉아 만물을 다스리는 통치권을 받아 행사하고 있음을 의미한다. 예수는 우리의 구원자일 뿐만 아니라 만물 위에서 만물을 다스리는 주 곧 왕이기도 하다. 그것은 예수가 하늘에 올라간 것이야말로 하나님이 예수를 높여서 왕이 되게 하였다는 것을 말한다.

또한 그가 하늘에 올라간 것은 구원을 완성하기 위해서다. 사도행전에 의하면, 예수는 제자들에게 성령이 임하면 어떤 일이 벌어질 것인가에 대한 말씀을 마친 후에 하늘에 올려졌다. 이것이 말하는 바는 예수의 승천이 성령의 임하심과 관련이 있다는 뜻이다. 다시 말해 예수가 승천한 이유는 성령을 보내기 위함인데, 그것은 예수가 먼저 하늘로 올라가야 그의 일을 대신 할 수 있는 성령을 보낼 수 있기 때문이다(요 7:39). "내가 너희에게 진실을 말하는데, 내가 떠나가는 것이 너희에게 유익하다. 내가 떠나가지 않으면, 보혜사가 너희에게 오시지 않을 것이다. 그러나 내가 가면, 보혜사를 너희에게 보내주겠다(요 16:7)." 말하자면 예수가 하늘로 올라간 것은 자신을 대신할 성령을 보내기 위해서 올라간 것이다. 그곳에서 그를 대신할 다른 보혜사 성령을 보내 줌으로써 이 땅의 사람들이 구원을 온전히 이룰 수 있도록 하려는 것이었다.

그렇다면 예수의 승천은 어떻게 이루어졌는가? 우선 그가 하늘에 올라간 승천은 많은 사람이 지켜보는 가운데 공개적으로 이루어졌다. 성경이 전하는 바에 따르면 예수가 승천하는 모습을 많은 제자가 함께 지켜보았다. 그는 그의 제자들이 함께 지켜보는 가운데 공개적으로 하늘로 올라갔다. 그야말로 예수의 승천은 비밀리에 이루어지지 않고 공개적으로 일어난 사건이었다. 그 광경은 지켜보는 사람들이 이제까지 전혀 경험하지 못한 영광스러운 모습이었고, 구름에 가려 그가 보이지 않을 때까지 일어난 모든 일을 생생하게 목격할 수 있었던 사건이었다.

승천을 다루는 성경의 여러 기록에 의하면 또 그 기록들이 함축하고 있는 의미들에 따르면, 예수는 몸을 가진 채 하늘로 올라갔다. 즉 예수는 십자가에서 죽었고, 죽은 후 3일 만에 몸으로 부활하여 제자들과 함께 이 땅에서 40일을 보냈다. 그런 다음 많은 사람이 지켜보는 가운데 이 땅에서 지녔던 그대로의 그의 몸을 가지고 하늘로 올라간 것이다. 그것은 분명 그가 십자가에서 그의 몸이 죽었고, 사흘 만에 눈에 보이는 몸으로 다시 살아났고, 그 몸으로 제자들과 함께 40일을 이 땅에 있다가 그 몸을 그대로 가지고 하늘에 올라갔음을 말한다. 다시 말해 그의 승천 역시 그의 몸을 지닌 채 이루어진 것이 틀림없음을 확인시켜 주는 것이라고 해야 한다.

몸을 입은 채 하늘에 오른 일은 예수 자신의 힘으로 이루어진 것이 아니었다. 승천을 말하는 사도행전 1장 9절의 맥락에서 '승천'

에 해당하는 동사는 '들려 올라갔다(ὑπελαβεν)'가 사용되었고, 그 원형은 휘포 람바노(ὑπο-λαμβάνω)다. 이것을 좀 더 정확하게 번역하면, 그것은 '위로 취하여졌다(was taken up)'로 문법적으로는 부정 과거 수동태 동사다. 고대 그리스어에서 부정과거는 과거에 일회적으로 일어난 것을 가리키고, 수동태는 주어가 어떤 동작의 대상이 되어 그 작용을 받을 때 취하는 동사 형태다. 즉 여기서 그의 승천에 수동태가 사용되었다는 것은 예수가 스스로 올라간 것이 아니라 다른 어떤 힘으로 위로 끌어올려졌음을 말한다.

그렇다면 무엇이 예수를 끌어올렸는가? 그것은 바로 하나님으로, 하나님이 예수를 끌어올려서 하늘로 올라갔다. 결국 그렇게 하늘로 끌어올려진 예수는 하늘로 올라간 모습 그대로 다시 올 것이다. 예수가 하늘로 올라가는 것을 바라보고 있던 제자들에게 흰 옷 입은 두 천사가 갑자기 나타나 말했다. "갈릴리 사람들아, 어찌하여 하늘을 쳐다보면서 서 있느냐? 너희를 떠나서 하늘로 올라가신 이 예수는 하늘로 올라가시는 것을 너희가 본 그대로 오실 것이다(행 1:11)." 그렇게 다시 와서 우주적 심판자의 역할을 수행할 것이며 또한 하나님의 나라를 세울 것이다.

영의 귀환

앞에서 살핀 대로 복음서 중에서 예수의 승천 사건을 구체적으로 언급한 것은 마가복음과 누가복음이다. 이들 복음서는 예수가 부활하고 얼마 있지 않아서 승천했다고 기록한다. 그런데 사도행전에는 부활한 예수가 40일 동안 제자들에게 자신을 나타내다가 승천하였다고 적혀있다. 이들 누가복음과 사도행전은 같은 저자 누가가 집필한 것으로 알려져 있다. 곧 누가는 누가복음에서 예수의 삶에 대해, 사도행전에서는 그의 뒤를 이은 제자들의 활동에 대해 기록하였다. 그 두 문서가 같은 저자의 기록인데도 이렇게 예수가 승천한 시간은 서로 일치하지 않는다.

그들 두 문서 사이에 서로 일치하지 않는 것은 시간뿐 아니라 장소도 마찬가지다. 예를 들어 누가복음에서 부활한 예수는 제자들에게 나타나 선교를 명하고 제자들을 베다니로 데리고 가서 그곳에서 승천하였다. 그런데 사도행전에서 예수는 부활 후 40일 동안 제자들에게 나타났고, 그들에게 성령이 임하면 내 증인이 되라는 명령을 한 후 예루살렘에서 승천하였다. 즉 누가복음에서 예수는 부활한 당일 승천하였고, 그 장소는 예루살렘 근처 베다니였다. 반면 사도행전에서 예수는 부활하고 40일이 지난 후, 베다니가 아닌 예루살렘에서 승천하였다.

다시 말해 같은 저자가 같은 사실 즉 예수의 승천에 대해 다른 기록을 남겼다. 이것이 말하는 바를 어떻게 이해해야 할까? 그것

그리스도를 깨달아

은 예수의 승천 사건에서 그것이 일어난 실제 일시나 장소는 그리 중요하지 않다는 점이다. 오히려 전하고자 하는 더 중요한 점은 예수의 승천이 가진 영적인 의미라고 보아야 한다. 아울러 여기서 우리는 성경을 어떻게 읽어야 하는지를 다시 질문해봐야 한다. 이를테면 성경을 문자적으로 읽어야 하는가? 아니면 문자가 의미하는 본뜻을 찾아서 읽어야 하는가? 이런 질문들로부터 우리는 성경을 문자적으로 읽기보다 본문이 전하는바, 그 문자 너머의 본래 의미를 파악해서 읽어야 한다는 것을 다시 한번 확인하게 된다.

그렇다면 예수 승천이 문자 너머 실제로 말하는 바는 과연 무엇인가? 예수는 자신의 승천을 하늘나라로 다시 돌아감으로 이해하였다. 요한복음을 보면, 예수는 이전에 있던 곳으로 올라간다고 하였으며(요 6:62), 또 '나는 아버지에게서 나와서 세상에 왔다가 세상을 떠나서 아버지께로 간다(요 16:28)'라고 했다. 그뿐만 아니라 '내가 나의 아버지 곧 너희의 아버지, 나의 하나님 곧 너희의 하나님께로 올라간다(요 20:17)'라고 말했다. 곧 예수에 의하면 그의 승천은 전에 있던 세계로 올라감이고, 본래의 근원인 아버지에게로 감이고, 세상을 떠나 하나님에게로 돌아감이다.

말하자면 원래 영이었던 예수는 그 영의 세계에서 영인 자신을 체험하기 위해 이 땅에 내려왔다. 즉 예수의 영은 물질을 경험하고 물질과 소통하고 그 세계에 적응하기 위해 육체를 입었다. 그렇게 육체를 입고 물질의 삶을 살면서 그는 자신의 본질이 영임을 깨달았다. 이제 자신이 무엇인지 깨달았으니 본래 자신의 고향인 영적 세계로 돌아가야 한다. 이렇게 예수에게 있어 승천은 몸을 벗고 영으로 돌아감이고(脫己靈復), 물질 세상을 떠나 자신의 본향으로 돌아가는 것이었다.

이것과 관련하여 사람의 일생은 태어났다가 죽는 것이 아니고 왔다가 가는 것이다. 태어났다가 죽는 것은 몸이 태어나고 죽는 것이지 진짜 나인 영이 태어나고 죽는 것이 아니기 때문이다. 본래 나는 영(spirit)인데 그 영은 절대 태어나지도 않고 죽지도 않는다. 영은 영원하기 때문에 거짓 나인 몸이 죽을 뿐 참된 나인 영은 영원히 살 뿐이다. 다만 그것을 깨달아서 자신이 영적 존재인 것을 알 때야 비로소 그 영의 나가 죽지 않는 것을 알게 되고 죽음에서 벗어나게 된다. 따라서 우리의 삶은 나왔다가 들어가고, 왔다가 돌아가는 것이지 나고 죽는 것이 아니다.

이처럼 예수가 하늘로 올라간 것은 그가 온 목적이 바로 그것이기 때문이다. 예수가 이 땅, 이 세상에 온 것은 이 땅, 이 세상이 목적이 아니었다. 그는 이 세상에서 물질을 소유하고, 자기의 명예를 드러내고, 자기주장을 위한 권력을 탐하려고 이 세상에 오지 않았다. 그는 인간이 이 세상에 온 진정한 이유가 그것들이 아님을 누구보다 잘 알았다. 예수는 자신이 온 목적이 참된 자신을 찾기 위한 것임을 분명하게 깨달았다. 그는 이 세상이라는 시험장에서 물질 체험을 하면서 자신이 하나님과 같은 영임을 깨닫고 하나님의 아들이 되었다. 그래서 그는 아버지 집 천국이 자신의 집임을 알았고, 그 하나님이 있는 집으로 돌아가기로 했다. 그러면 집

그리스도를 깨달아

나갔던 아들의 귀향을 기뻐한 아버지 하나님이 하늘 잔치를 벌이리라는 것도 너무나 잘 알았다.

하지만 사람들은 인생의 목적이 있는 줄도 모른다. 기껏해야 인생의 목적이 이 땅인 줄로만 안다. 인생의 참 목적이 있는 줄도 모르고 상대적인 이 땅의 목적에 목숨을 걸고 희로애락을 되풀이한다. 눈만 뜨면 이 땅의 욕구인 물질을 탐하고, 자기를 내세우며, 어리석은 삶을 계속해서 반복한다. 그야말로 이 모든 것들은 인생의 참 목적을 모르기 때문에 벌어지는 무의미한 일들이다. 그러다가 갑자기 몸이 죽으면 속절없이 삶을 끝낼 수밖에 없는 우리 모두의 인생은 허무하다.

모든 존재는 목적이 있어서 이 세상에 왔다가 간다. 우리는 '나'를 알고 하나님을 알기 위해서 이 세상에 왔다. 모든 것의 본질이 그렇듯이 인간의 본질은 영, 의식이고 의식의 본질은 알아차림이다. 인간의 본질이 알아차림이기 때문에 영적 존재인 인간은 무엇보다 자신이 무엇인지 알아야 한다. 내가 나를 아는 것이 바로 깨닫는 것이고, 알아차림인 내가 알아차림인 나를 아는 것이 깨달음이다. 대상을 단순히 아는 것이 지식이라면 대상의 참모습을 아는 것은 깨달음이다. 참된 나를 아는 깨달음은 내가 의식, 알아차림 자체라는 것을 바로 아는 것이다.

곧 나를 아는 것은 하나님을 아는 것이기도 하다. 그 알아차림 자체가 사실은 하나님이기 때문이다. 하나님은 영이고 의식이고 알아차림이다. 그래서 알아차림인 나를 아는 것은 알아차림 자체인 하나님을 아는 것이다. '나'를 통하지 않고는 하나님 아버지께로 갈 수 없다(요 14:6)! 이렇게 인간이 이 세상에 온 것은 자신을 알고 하나님을 알기 위해서다. 인간이 머리를 하늘로 향하고 있는 것은 식물의 해굽성(向日性)과 같이 하나님을 찾고 하나님에게 가야 하기 때문이다.

나를 알고 하나님을 알았으면 이제 거기로 돌아가야 한다. 내가 무엇인지 알기 위해서 이 세상에 왔고 그것을 알았으니 목적을 이룬 것이다. 달리 말해 자신을 알기 위한 씨앗을 뿌렸고, 그것이 발아하고 성장해서 열매를 맺은 것이다. 알아차림인 인간이 알아차림을 뿌렸고, 자신이 무엇인지를 알아차렸으면 그것은 씨앗이 발아하여 열매를 맺은 것이다. 알아차림이 발아하여 깨닫게 되었으면 그것은 열매가 맺힌 것이고, 열매를 맺었으면 마땅히 그것은 수확되어야 한다. '나는 무엇인가'를 알기 위해서 왔다가 이제 그것을 알았으니 돌아가는 것이 마땅하다. 그래서 승천은 목적을 달성했으니 원래 왔던 곳으로 돌아가는 것이고, 맺은 열매를 거둬들이는 것이다.

그런 의미에서 본래의 고향인 하늘에 올라가려면 깨달아야 한다. 사실 천국은 들어가는 것이라기보다 깨어나는 것이다. 영의 세계에서 깨어남이 세상에 온 것이고, 세상에서 다시 깨어남이 천국에 들어가는 것이다. 다시 말해 우리는 자신이 무엇인지 알기 위해 물질을 경험해야 한다는 깨달음의 결과로 육을 입고 이 세상에 온 것이다. 이 세상에서 사는 동안 자신이 영이고, 그 근원이 하나

그리스도를 깨달아

님임을 깨닫고, 그 원래 영의 세계 속으로 돌아가는 것이 다름 아닌 하늘로 올라감이다. 그야말로 영적 존재인 인간의 삶은 육체로 깨어나고 다시 영으로 깨어나는 과정이다.

즉 깨어나는 것은 '영'이 되는 것이다. 영이 된다는 말은 자신이 영이라는 것을 깨닫는다는 뜻이다. 자기 자신이 몸, 물질이 아니라 물질을 알아채는 의식임을 아는 것이다. 그것은 물질인 나로부터 영인 나로 다시 태어남이다. 그렇게 다시 태어나면 그 사람은 영의 존재가 되고 하나님과 같은 영이 된다. 하나님과 같은 영이 된 존재는 영인 하나님과 하나가 될 수밖에 없다. 영이 된 사람이 영인 하나님과 하나 되기 위해 돌아가는 것이 지금 살피고 있는 승천이다.

한편 자신이 영임을 깨달으려면 마음이 깨끗해야 한다. 예수는 마음이 깨끗한 사람이 복이 있다고 했다. 그들이 하나님을 볼 수 있기 때문이다(마 5:8). 여기서 마음이 깨끗하다는 것은 의식의 눈이 밝다는, 의식의 눈을 가리는 장애물이 없다는 말이다. 곧 마음이 깨끗하면 의식의 눈이 밝아 있는 그대로의 실상을 볼 수 있다. 반대로 마음이 깨끗하지 못하면 의식의 눈이 흐려서 있는 그대로의 실상을 보지 못한다. 다시 말해 마음이 깨끗한 사람만이 참 존재, 하나님을 볼 수 있듯이 자신의 본성을 알기 위해서도 역시 의식의 눈, 마음이 깨끗해야 한다. 그래야 몸의 감각기관이 아닌 마음의 눈으로만 볼 수 있는 자신의 실체를 알 수 있다. 그때에야 비로소 자기라는 존재가 눈에 보이는 몸이 아니라 마음으로만 보이는 영인 것을 알 수 있게 된다.

그렇게 자신의 실체를 보고 자신의 본성을 알아야만 이 땅에서의 삶이 완성된다. 우리가 이 세상에 온 것은 나와 하나님을 알려고 온 것이기 때문에 그것을 알아야만 이 땅에서의 삶이 마침내 완결된다. 보통 사람은 몸을 입고 이 땅에 와서 몸의 감각과 그것이 감지한 대상만을 알면서 산다. 그 과정에서 그렇게 하는 것이 마치 삶을 사는 목적의 전부인 양 착각한 채 희로애락을 겪으며 정신없이 살아간다. 정작 자신이 진정 무엇인지, 자신이 무엇을 위해 이 세상에 왔는지는 알지 못한 채 꿈과 같은 생을 마친다. 그러나 자신과 자신이 온 목적을 깨닫고 그것의 열매를 맺자는 것이 우리 인생의 존재 이유다. 그리고 그것을 온전히 달성했을 때 할 수 있는 말이 '다 이루었다!'이다. 또 만일 이 세상에 온 목적을 다 이루었다면 그 이후에는 본래 왔던 곳으로 돌아가는 것이 맞다. 그렇게 우리가 본향으로 돌아가는 것이야말로 영적 체험의 핵심이며, 우리 실존 목적 그 자체다.

'텅 빈 항아리'

이상과 같이 몸이 죽고 영으로 부활하여 하늘에 올라가는 것이 승천이다. 그 예수의 몸이 죽고 영으로 하늘에 올라가는 승천은 겉으로는 분명 한 사건에 대한 진술이다. 그런데 그 몸이 죽고 영

그리스도를 깨달아

으로 올라가는 승천은 그것 너머의 속뜻으로는 몸에서 영으로 상
승을 나타낸다. 마치 태초에 의식이 물질인 몸이 되었듯이 이제는
물질, 몸이 영, 의식의 상태로 올라감이다. 이 예수의 몸이 죽고 영
으로 하늘에 올라가는 승천은 물질, 몸에서 영, 의식으로 상승을
또한 나타낸다. 즉 예수의 승천은 바로 물질에서 의식으로, 몸에서
영으로 상승하는 것을 나타내 보여준다.

앞에서 우리는 승천하려면 깨달아야 한다고 말했다. 그리고 깨
닫기 위해서는 인식의 눈이 밝아져야 한다고도 했다. 그러면 어떻
게 해야 인식의 눈이 밝아질 수 있는가? 예수는 산상수훈에서 "어
찌하여 너는 남의 눈 속에 있는 티는 보면서, 네 눈 속에 있는 들
보는 깨닫지 못하느냐?(마 7:3)"라고 안타까워했다. 여기서 예수가
말하는 들보는 물론 기둥 사이를 가로지르는 크고 긴 나무막대가
아니고 인식의 눈을 가리는 커다란 장애물을 말한다. 자기 안의
인식의 장애물을 먼저 치우지 않으면 대상을 선명하게 제대로 볼
수 없음을 빗대서 말한 것이다(cf. 요 9:1~7).

이처럼 대상을 잘못 보고 잘 알지 못하게 하는 인식의 장애물
은 바로 자신의 마음이다. 사람의 감각기관인 눈을 가로막는 것이
물질적 장애물이라면, 대상을 알아차리는 인식의 눈을 가로막는
것은 역시 물질인 몸에서 기인하는 자아다. 여기서 자아라고 하
면 자기 몸에서 일어나는 생각, 자기 몸이 느끼는 감정, 자기 몸이
하고자 하는 의지를 모두 포함한다. 그래서 예수는 이것을 자기의
'살과 피'라는 다른 말로 빗대서 표현했다. 그것의 제거를 예수는

자기 살을 먹고 자기 피를 마셔야 한다는 식으로 설명했다. 즉 대상을 잘 보려면 자기 눈의 들보를 치워야 하듯이 잘 인식하려면 자기의 몸에서 비롯된 자아를 치워야 한다. 자신의 몸에서 기인하는 '자아'를 치워야 대상을 제대로 인식할 수 있고 실상을 제대로 알 수 있다. 반드시 자기 몸에서 비롯된 자아라는 장애물을 먼저 치워야 실상, 참모습을 볼 수 있고 진리를 맛볼 수 있다.

몸을 죽여야 의식이 살아나고, 몸을 없애야 영이 될 수 있고, 몸을 벗어나야 영으로 상승한다. 이것을 예수는 십자가 위에서 처참하게 죽는 것으로 밝히 보여주었다. 그것을 예수는 부활이라는 믿을 수 없는 기발한 방식으로 깨우쳤다. 이제는 자신의 승천을 보여줌으로써 몸이 죽고 영이 되어야 승천할 수 있음을 마지막까지 말해주고 떠났다. 참으로 몸이 죽어야 영으로 살아날 수 있고, 몸으로부터 벗어나야 영으로 초월할 수 있다. 그야말로 예수는 몸이 죽어야 영으로 살아나서 승천할 수 있음을 끝까지 보여주려고 십자가에서 죽고 부활하고 하늘로 올라갔다.

사실 기독교 성경 전체는 이 죽어야 살고 하늘에 오른다는 것을 말해준다. 몸이 죽어야 영으로 다시 살고 하늘에 올라간다는 진리를 말하는 경전이 이른바 구약성경과 신약성경이다. 구약성경에서 신약성경으로 이어지는 큰 줄기는 인간 의식의 상승 과정을 상징적으로 보여준다. 에덴동산은 분리와 상대가 생겨나기 이전의 하나인 상태를 나타낸다. 에덴동산의 아담은 아직 자아 또는 에고가 생겨나지 않은 원초적 인간을 상징한다. 자아 혹은 에고는 인간이

그리스도를 깨달아

태어날 때 가지고 오는 것이 아니라 살면서 만들어진다. 아담에게 그런 에고가 생겨나기 이전의 세상은 그야말로 낙원이다. 거기는 모든 것이 온전해서 고통도 죽음도 없는 기쁨과 평화의 상태다.

그러나 아담은 살면서 어쩔 수 없이 선과 악을 아는 열매를 따 먹게 된다. 설령 이브의 꼬임이 없었다 하더라도 아담은 선악과를 필히 먹어야 한다. 여기서 선악과는 옳은 것과 그른 것을 아는 분별 의식을 의미한다. 누구든지 삶을 살려면 대상을 인식해야 하고 대상을 인식하려면 나와 대상을 분리하고 나누어야 한다. 이런 인식 과정에서 가장 첫 번째 분별은 '나'와 '나 아닌 것'을 나누는 것이고, 여기서 바로 '나'라는 에고가 발생한다. 이 '나'라는 에고가 형성되기 이전의 사람에게는 '나'라는 생각도, 나와 대상이라는 경계도 있을 수 없다. 그래서 이 '나'라는 자아 또는 에고의 탄생은 분리 이전의 상태인 에덴동산에서, 낙원에서의 분리와 추방을 상징한다.

에덴에서 쫓겨난 에덴 동쪽에서의 삶은 당연히 고통스럽다. 각자에게 주어진 삶의 정황이 어떠하든, 인간은 에고를 자신으로 동일시하는 한 고통을 받을 수밖에 없기 때문이다. 따라서 만일 인간에게 원죄가 있다면 그것은 바로 인식 과정에서 생겨나는 에고와의 동일시를 뜻한다. 그런데도 낙원에서 추방된 아담, 인간은 낙원에서의 기쁘고 평화롭고 온전했던 기억을 간직하고 있다. 그런 이유에서 모든 아담은 그 상태를 몹시 그리워하고 그 상태로 다시 돌아가기를 항상 염원한다.

달리 말하자면 낙원에서 추방된 아담과 '사람의 아들' 예수는 사실 동일인이다. 아담의 추방을 말하는 구약성경이 원초적 인간이 낙원에서 추방되는 과정을 보여준다면, 예수의 승천을 말하는 신약성경은 인간이 다시 낙원으로 돌아가는 과정을 그리고 있다. 그러므로 구약의 중심인물 아담은 신약의 중심인물인 예수가 될 수밖에 없다. 예수가 스스로를 일컬을 때 사용한 '사람의 아들'은 사람의 몸을 지닌 의식, 에고를 가진 육화된 영(靈)으로서 자신을 가리킨다.

그런데 인간은 원죄를 짊어지고는 낙원으로 절대 돌아갈 수 없다. 즉 몸에서 기인한 에고를 짊어지고서는 다시 낙원으로 돌아갈 수가 없다. 그래서 예수는 십자가를 지고 죽을 필요가 있었다. 그가 십자가에서 죽은 것은 타인의 죄를 사함 받게 하려는 목적이 결코 아니었다. 십자가의 죽음은 자아 또는 에고를 십자가에 못 박는 것, 자아 또는 에고를 내려놓는 것을 상징한다. 사람의 아들 예수는 십자가의 죽음을 통해 그야말로 영의 사람, 그리스도로 거듭나게 되었다.

아담에서 출발한 인간 의식의 상승은 그리스도를 정점으로 하나의 과정을 완성한다. 자아를 가진 아담은 십자가에서 자기의식, 자아를 죽인 그리스도가 됨으로써 본래의 영으로 상승한다. 몸으로부터 만들어진 자아를 십자가에서 죽인 사람만이 영으로 부활하여 하늘로, 영의 세계로 올라갈 수 있다. 그렇게 자아의식을 가진 아담은 깨달은 의식, 그리스도가 됨으로써 다시 낙원으로 귀환

그리스도를 깨달아

하게 된다. 다시 말해 사람은 의식 상승, 깨달음을 통해 본래의 낙원으로 귀환한다.

도마복음 97장에는 텅 빈 항아리의 비유가 나온다. "예수께서 말씀하셨다. 아버지의 나라는 곡식가루(meal)가 가득 담긴 항아리를 이고 가는 한 여인과 같다. 먼 길을 걸어 집으로 가는 동안 항아리의 손잡이가 깨져 가루가 그녀 등 뒤로 길 위에 쏟아졌다. 하지만 그녀는 그것을 알지 못했다. 그녀가 집에 도착해 항아리를 내려놓고서야 비로소 항아리가 텅 비었음을 알았다."

과연 예수는 이 비유를 통해서 무엇을 말하고자 하는가? 여기서 '여인'은 집으로, 아버지 하나님의 나라로 돌아가고자 하는 모든 사람이다. '집으로 가는 먼 길'은 우리 본래의 집인 아버지 하나님의 나라로 가는 과정이다. 여인이 곡식가루가 가득 담긴 항아리를 머리에 이고 집으로 가는 길은 곧 깨달음을 향하는 과정을 상징한다. 그러면 '곡식가루가 가득 담긴 항아리'는 무엇을 가리키고 있을까? 여기서 항아리는 '마음'을, 곡식가루는 '생각과 관념'을 비유한다. 그래서 '가루가 가득 담긴 항아리'는 바로 '자기 생각과 관념으로 가득 찬 마음'을 나타낸다.

또한 '항아리의 손잡이'는 항아리를 들어 올리는데 가장 요긴한 것으로, 항아리가 마음을 비유한다고 할 때 손잡이는 에고를 상징한다. 그것은 에고에 의해서 생각, 감정, 의지가 일어나고 생겨나기 때문이다. 먼 길을 가는 동안 '항아리의 손잡이가 깨졌다'는 것은 에고가 내려놓아지는, 깨지는 과정을 비유적으로 표현한다. '가루가 그녀 등 뒤로 길 위에 쏟아졌다'는 것은 에고가 사라져 가면서 그것과 비례해서 에고의 생각과 관념이 점점 줄어 들어가는 것을 말한다.

　여인은 본래의 집인 아버지 나라에 도착해서 항아리를 내려놓았을 때, 항아리가 텅 비어 버린 것을 깨달았다. 인간은 이 세상을 사는 동안 형성한 자신의 자아를 모두 내려놓아야만 아버지의 집에 돌아갈 수 있다. 몸에서 비롯된 자아를 죽여야만 참나인 영 즉 참 생명을 얻을 수 있다. 자아를 온전히 내려놓고 본래의 집인 아버지의 나라에 돌아왔을 때 비로소 인간은 영원히 편히 쉴 수 있다. 제자들이 지켜보는 가운데 하늘로 올라갔다는 예수의 승천은 사실은 이것을 말하고 있다.

그리스도를 깨달아

4. 내가 다시 오겠다

임박한 재림?

기독교 신앙의 핵심에는 예수가 몸을 입고 다시 올 것이라는 믿음이 굳건히 자리한다. 예수의 재림에 대한 기대는 기독교가 시작된 이래 지금까지 줄곧 이어져 오고 있다. 전통적으로 정경으로 인정하는 27권의 신약성경 중에서 21권이 이 재림에 대해 말한다. 그래서 예수의 재림은 많은 기독교인이 암송하는 사도신경에도 포함되어 있다. 예수는 '하늘에 오르시어 전능하신 하나님 우편에 앉아 계시다가 그리로부터 산 자와 죽은 자를 심판하러 오시리라'는 것이다.

그의 재림은 하나님의 우편에 앉아 있던 예수가 영광중에 이 땅에 다시 온다는 것이다. 다시 와서 이제까지 살았던 모든 사람은 물론 그때까지 살아있는 사람들을 심판할 것이다. 그리고 그 예수는 이 세상을 끝내고 영원한 하나님의 나라를 확립할 것이다. 바꿔 말해서 예수의 재림은 우리가 흔히 말하는 세상의 종말(the end of the world)과 깊이 연관되어 있다.

기독교 초기부터 기독교인들은 예수의 재림이 자신들의 시대에 이루어질 것이라고 기대했다. 1세기 많은 기독교인은 자신의 세대 안에 예수가 재림할 것이라고 믿었다. 비록 시간이 지나면서 임박한 재림에 대한 믿음이 그들 사이에서 식어갔지만, 그 이후에도 그것은 시대를 달리해서 끊임없이 나타났다. 2세기 소아시아에서 일어난 몬타누스주의, 1,200년대 피오레의 요하킴(Joahchim of Fiore), 1500년대의 프로테스탄트 종교개혁, 1800년대에 일어난 수많은 종파의 출현은 모두 그런 기대를 반영하는 것이었다. 오늘날에도 많은 기독교인은 여전히 그런 기대를 갖고 있으며, 그것과 관련하여 소위 이단들이 꾸준히 생겨나서 활동하고 있다.

예수가 다시 올 것이라는 기대는 신약성경 안에 폭넓게 퍼져 있다. 신약의 매우 초기 문서로부터 후대의 문서에 이르기까지 예수가 다시 올 것이라는 언급은 수없이 나타난다. 그뿐만 아니라 많은 본문은 예수의 재림이 아주 가까운 미래에 일어날 것이라고 예상한다. 신약 중에서 가장 먼저 기록된 서신들을 쓴 사람은 다름 아닌 바울이다. 바울은 자신이 살아있는 동안 예수가 재림할 것이라고 생각하였다. 50년경, 북부 그리스에 있던 데살로니가 교회에 보낸 최초의 편지이며, 또한 신약성경 최초의 문서인 데살로니가전서에서 바울은 다음과 같이 썼다.

우리는 예수께서 죽으셨다가 살아나신 것을 믿습니다. 이와
같이 하나님께서 예수 안에서 잠든 사람들도 예수와 함께 데리
고 오실 것입니다. 우리는 주님의 말씀으로 여러분에게 이것을

그리스도를 깨달아

말합니다. 주님께서 오실 때까지 살아남아 있는 우리가, 이미 잠든 사람들보다 결코 앞서지 못할 것입니다. 주님께서 호령과 천사장의 소리와 하나님의 나팔 소리와 함께 친히 하늘로부터 내려오실 것이니, 그리스도 안에서 죽은 사람들이 먼저 일어나고, 그 다음에 살아남아 있는 우리가 그들과 함께 구름 속으로 이끌려 올라가서, 공중에서 주님을 영접할 것입니다. 이리하여 우리가 항상 주님과 함께 있을 것입니다(살전 4:14~17).

여기서 바울이 말하는 바는 이것이다. 하나님의 나팔 소리가 들리고 천사장의 외치는 소리와 함께 예수가 하늘로부터 내려올 것이다. 먼저 그리스도를 믿다가 죽은 사람들을 다시 살려내고 아직 살아있는 믿는 사람들을 불러 모을 것이다. 그런 다음 모두는 함께 구름 속으로 이끌려 올라가서 공중에서 주님을 만나게 될 것이다. 여기서 바울이 이미 죽은 사람들과 '살아남아 있는 우리들'을 구분한 것은 당시에 살아있던 믿는 사람들을 말한 것이라고 보아야 한다. 이렇게 바울은 분명히 당시 사람들이 살아있는 동안에 예수가 조만간 다시 올 것이라고 생각했다.

복음서들에서도 예수의 임박한 재림에 대한 기대는 찾아볼 수 있다. 그중에서도 최초의 복음서 마가복음 13장은 흔히 소묵시록(The Little Apocalypse)이라고 불리는데, 거기에는 마지막 때인 것을 보여주는 여러 징조와 인자, 곧 사람의 아들 예수가 오기 전에 나타날 표징들(signs)에 관해서 말한다.

그러나 그 환난이 지난 뒤에, 그 날에는 해가 어두워지고, 달이 빛을 내지 않고, 별들이 하늘에서 떨어지고, 하늘의 세력들이 흔들릴 것이다. 그 때에 사람들이 인자가 큰 권능과 영광에 싸여 구름을 타고 오는 것을 볼 것이다. 그 때에 그는 천사들을 보내어 땅 끝에서 하늘 끝까지 사방에서 선택된 사람들을 모을 것이다(막 13:24~27).

또한 몇 절 뒤에는 예수가 직접 한 또 다른 말들도 나온다. "내가 진정으로 너희에게 말한다. 이 세대가 끝나기 전에, 이 모든 일이 다 일어날 것이다(막 13:30)." 이것들을 보면 마가 역시 바울처럼 재림이 임박한 것으로 생각했던 것 같다. 마가복음 13장을 더욱 확장하여 사용한 마태도 "이 고을에서 너희를 박해하거든 저 고을로 피하여라. 내가 진정으로 너희에게 말한다. 너희가 이스라엘의 고을들을 다 돌기 전에 인자가 올 것이다(마 10:23)."라고 적고 있다. 누가 역시 "이 세대가 끝나기 전에 이 모든 일이 다 일어날 것(눅 21:32)"이라는 예수의 말을 공유한다.

예수의 재림이 자신의 세대에 있을 것이라고 기대한 것은 요한 계시록의 저자 역시 마찬가지다. 1세기가 끝나갈 무렵 소아시아의 일곱 교회에 보낸 이 묵시록에는 로마 제국의 멸망과 그리스도의 재림에 관한 상징적인 언어들로 가득하다. 이 환상들은 아마겟돈 전투, 전사 그리스도의 짐승 군대 격파, 사탄의 결박, 마지막 심

그리스도를 깨달아

판, 새 예루살렘의 하강 등에서 그 절정을 이룬다. 이 편지의 첫머리에서 저자는 이런 일들이 '곧 일어날 일들(계 1:1)'이며, '그 일들이 성취될 시각이 가까웠다(계 1:3).'라고 말한다. 또한 편지의 말미에는 그것을 확신시키는 부활한 예수의 말이 반복해서 나온다. "내가 곧 가겠다(계 22:12).", "내가 곧 가겠다(계 22:20)."

신약성경의 가장 나중 문서에서도 예수의 재림은 언급된다. 많은 학자는 베드로의 두 번째 편지가 신약의 가장 나중 문서라고 생각한다. 베드로후서는 예수의 재림이 기대했던 것처럼 빨리 일어나지 않았다는 사실을 인정한다. 일어나지 않는 재림을 비웃는 사람들은 예수의 재림에 대해 질문한다. 그리스도가 다시 온다는 약속은 어떻게 되었는가? 그 약속을 기다리던 우리의 앞선 세대들도 죽었고, 모든 것이 이 세상이 생겨난 이래 조금도 달라진 것이 없지 않은가? 이러한 의문에 대해 그 저자는 예수의 재림 시기를 무한대로 확대함으로써 재림에 대한 기대를 계속 유지하라고 종용한다. "사랑하는 여러분, 이 한 가지만은 잊지 마십시오. 주님께는 하루가 천 년 같고, 천 년이 하루 같습니다(벧후 3:8)." 이런 논리에 따르면, 재림이 다음 주 화요일에 일어난다고 말해도 실제로는 지금부터 4천년 후의 화요일에 일어난다고 말하는 셈이 된다. 이것은 예수가 많은 사람이 기대했던 것처럼 속히 재림하지 않았음을 분명하게 보여준다.

이처럼 재림이 늦어지자 그것을 믿으려는 사람들은 현실을 진지하게 받아들였다. 그들은 예수의 가르침을 자신들이 잘못 이해했을지도 모른다고 생각했다. 그래서 그들은 예수의 가르침을 재해석하여 원래의 메시지를 덜 구체적이면서도 쉽게 부인할 수 없는 것으로 바꾸었다. 다시 말해 이제 예수의 재림은 시대의 끝에 오는 것이 아니라 삶의 끝에 오는 것이 되었다. 이 시대의 끝이 아니라 죽은 다음에나 예수가 다시 와서 산 자와 죽은 자를 심판할 것이라고 바꾼 것이다. 이제 예수의 재림과 그것이 가져올 종말은 이 시대와 다음 시대의 문제가 아니라 이 세상과 저 세상의 문제, 이 땅 아래와 저 하늘 위의 문제가 되었다. 그래서 그것은 이 땅에서 이루어질 것이 아니라 죽은 다음에나 이루어질 것으로 정리되고 교리화 되어 오늘에까지 이르고 있다.

그리스도의 임재

초대교회가 그의 임박한 재림을 기대한 것은 분명 예수의 말들에 기초하였다. 그가 직접 말한 임박한 하나님 나라의 도래와 사람의 아들이 곧 올 것이라는 말씀에 근거하였다. '여기 서 있는 사람 중에는 죽기 전에 하나님 나라가 권능을 떨치며 오는 것을 볼 사람들도 있다(막 9:1).', '너희가 이스라엘의 동네들을 다 돌기 전에 사람의 아들이 올 것이다(마 10:23).' 즉 이런 예수의 말들에 의하면, 하나님의 나라가 오는 것과 사람의 아들이 오는 것은 모두 곧 이

그리스도를 깨달아

루어질 일이었다.

그런 그의 말씀을 초대교회는 부활절 경험을 통해 예수가 몸을 입고 이 땅에 다시 올 것이라고 해석했다. 그들의 사상적 배경이 된 유대교 안에서 부활은 종말 때에 일어날 일이었기 때문에 예수가 부활했다는 확신은 종말이 가까웠다고 믿게 했다. 즉 이 세상의 지배자들에 의해 처형된 그는 이 세상의 심판자로 다시 올 것이다. 또한 서기 70년, 예루살렘 성전의 파괴는 그들에게 더욱 종말이 가까웠다는 의식을 갖게 했을 것이다. 그런 것들이 합쳐져서 부활절 이후 그들은 예수가 사람의 아들로서 몸을 입고 곧 다시 올 것이라는 확신을 갖게 되었다고 할 수 있다.

그러나 이것은 어디까지나 초대교회 사람들이 예수의 말뜻을 오해한 것에 지나지 않는다. 그들은 그가 곧 다시 올 것이라는 시점만 잘못 알았던 것이 아니라 몸을 입고 온다는 내용도 잘못 알았다. 분명 그가 모든 사람이 볼 수 있게 재림하리라는 기대는 초대교회의 오해에서 비롯된 잘못된 믿음이었다. 예수는 분명 "번개가 동쪽에서 나서 서쪽에까지 번쩍이듯이 인자가 오는 것도 그러할 것이다."라고 했다(마 24:27, cf. 눅 17:24). 만일 그의 몸이 그렇게 오려면 그가 일정한 시간과 장소에 재림할 것이라고 예상해야 한다. 그렇지만 물리적으로 둥근 지구에 사는 우리는 그가 한 번에 지구 전체에 재림하는 것을 볼 것이라고 상상할 수는 없다.

따라서 예수가 다시 오겠다고 한 것은 그의 몸을 입고 다시 오겠다는 뜻이 아니었다. 내가 다시 오겠다고 한 그리스도의 재림은 그의 영, 의식이 다시 온다는 말이다. 그가 '나'라고 한 것은 그의 몸이 아니라 그의 영을 의미한다. 그 이유는 우리 모두의 본질이 육이 아니라 영이기 때문이다. 곧 내가 다시 온다는 말은 우리 안에서 부활한 예수의 영, 의식이 다시 인식된다는 뜻이다. 마치 초림 때에는 몸으로 온 그가, 재림 때에는 영으로 온 그가 알아차려지는 것과 같다. 다시 말해 그리스도의 재림은 각자의 내면에서 그의 의식(그리스도)이 순간 알아차려지고 느껴짐이다. 그것은 바로 우리 자신 안에서 깨달음이 일어난 것으로 그것이야말로 우리 본성이기도 하다. 그래서 그리스도의 재림은 이미 우리 안에 있는 참 자아, 본성을 깨닫는 것이기도 하다.

예수는 "조금 있으면 너희는 나를 보지 못할 것이다. 그러나 또 조금 있으면 나를 볼 것이다(요 16:16)."라고 했다. 도대체 어떻게 조금 있으면 보지 못하는데 조금 있으면 다시 보게 되는가? 그것은 조금 있으면 그가 죽을 것이기 때문에 그의 몸을 보지 못할 것이지만, 조금 있으면 영으로 부활한 그를 다시 볼 것이라는 말이다. 지금은 제자들이 성령을 받지 못해서 예수의 몸만 보지만 그들이 성령을 받아 깨달으면 나지도 않고 죽지도 않는 영원한 생명인 그의 영을 볼 것이다. 다시 말해 조금 있으면 눈에 보이는 몸의 예수는 보이지 않게 되고, 그동안 보이지 않던 영의 예수를 보게 된다는 말이다. 예수는 몸으로서 자신은 죽지만 의식, 영으로서 자신은 영원히 죽지 않는다고 말한 것이다. 영의 눈이 밝아지면 누구든지 그것을 보고 깨닫게 된다. 누구든지 깨달으면 진짜 예수는 몸

그리스도를 깨달아

의 예수가 아니라 영, 의식의 예수가 진짜 그인 줄을 알게 된다.

그의 몸이 죽고 영으로 다시 오는 것은 그래야 하는 이유가 반드시 있기 때문이다. 그는 처음 이 세상에 올 때도 여기에 와야 할 이유가 분명했다. 그는 갇힌 자들을 자유하게 하고, 눈먼 자들을 보게 하고, 억눌린 자들을 풀어주기 위해서 왔다고 했다. 보통 인간은 물질 체험을 위해 필히 입어야 하는 몸이 가져온 물성에 속절없이 갇혀 있다. 그것은 있는 그대로의 실상을 보지 못하게 하는 인식의 눈이 멀어 있기 때문이다. 그 결과 인간은 '자기'라는 의식에 억눌려 살아갈 뿐 거기에서 쉽게 나오지를 못한다. 그래서 사람들의 의식을 깨워 실상을 보게 함으로써 그들이 자신을 발견하고 본래의 자신으로 돌아오게 하려는 것이 그가 온 목적이었다.

그러므로 예수가 영, 의식으로 다시 오는 것은 단순히 산 자와 죽은 자를 심판하기 위해서가 아니다. 산 자와 죽은 자를 심판한다고 하면 흔히 그 사람의 삶을 판단하여 살 자와 죽을 자로 구분하는 것으로 생각하기 쉽다. 그러나 그것보다 더 중요한 것은 그 사람이 스스로 자신이 살거나 혹은 죽을 사람인지를 분명히 알게 하는 것이다(cf. 요 5:28~29). 어떻게 하면 자신이 살게 되고 어떻게 하면 자신이 죽게 되는지를 깨닫게 하는 것이 단순히 산 자와 죽은 자를 심판하는 것보다 우선한다. 그런 뜻에서 산 자와 죽은 자를 심판하는 것은 단지 삶의 결과에 대한 심판을 하는 것이기보다 어떻게 살아야 산 자와 죽은 자일지를 판단하게 하는 것이다.

산 자와 죽은 자는 단순히 몸이 살았거나 죽은 자를 말하지 않는다. 사람의 몸은 모두 죽기 때문에 지금 산 자는 반드시 나중에 죽은 자가 된다. 산 자는 죽은 자이기도 한 것이기 때문에 단순히 산 자와 죽은 자를 심판하는 것은 의미가 없다. 따라서 만일 산 자와 죽은 자를 심판한다면 그것은 영원히 살 자와 죽을 자를 심판하는 것이 타당하다. 도대체 어떤 사람이 영원히 살 자인가? 또는 어떤 사람이 영원히 죽을 자인가? 너무도 분명한 것은 육 즉 몸은 영원히 살 수 없다. 영원히 사는 것은 영뿐이라고 예수는 분명하게 말했다. "생명을 주는 것은 영이다. 육은 아무 데도 소용이 없다(요 6:63)." 따라서 영원히 살려면 반드시 영이 되어야 한다.

자신이 영이 되려면 무엇보다 자신이 영임을 깨달아야 한다. 여기서 영이 된다는 뜻은 문자적으로 육의 실체가 변하여 영의 실체가 된다는 말이 아니다. 육이 변하여 영이 되려면 자신이 육이 아니라 영임을 깨달으면 된다. 자신의 실체가 몸이 아니라 영임을 깨달으면 그 순간 그 사람의 정체성은 영이 된다. 자신이 몸이라고 알다가 자신이 영인 것을 아는 것이 깨달음이다. 그렇게 자기 안의 영, 그리스도를 깨닫는 순간이 바로 깨달은 의식, 그리스도의 재림이다! 따라서 여기서 말하는 산 자와 죽은 자는 몸이 살거나 죽은 것을 말하지 않고 깨달은 자와 깨닫지 못한 자를 말한다. 깨달은 자는 산 자이고 깨닫지 못한 자는 죽은 자다. 결국 산 자와 죽은 자를 심판하러 온다는 것은 스스로 깨달은 자인지 깨닫지 못한 자인지를 판단할 수 있게 깨우치려고 온다는 뜻이다.

다시 오는 자신의 모습에 대해 예수는 다음과 같이 설명하였

그리스도를 깨달아

다. "그들이 너희에게 보아라, 그리스도가 광야에 계신다하고 말하더라도 너희는 나가지 말고, 그리스도가 골방에 계신다 하더라도 너희는 믿지 말아라. 번개가 동쪽에서 나서 서쪽에까지 번쩍이듯이, 인자가 오는 것도 그러할 것이다(마 24:26~27)." 즉 만일 그가 다시 온다고 하였다고 예수의 몸이 다시 오는 것을 기대하는 사람들은 어느 장소에 눈에 보이게 오는 것을 상상할 것이다. 그래서 그가 광야에 혹은 골방에 나타났다고 하면 그것이 사실이라고 믿고 찾아다니거나 따라나서기도 할 것이다.

그러나 인자가 오는 것은 "번개가 동쪽에서 나서 서쪽에까지 번쩍이듯이" 올 것이다. 우선 번개가 치면 그것은 어떤 특정한 한 장소가 아닌 사방에서 관찰된다. 그것은 동서는 물론 남북까지도 일순간에 알려질 것이다. 그러한 방식은 몸 즉 물체로 올 경우에 가능한 방법이 결코 아니다. 장소와 상관없이, 어느 때와도 상관없이 일시에 모든 곳에 올 수 있는 방법은 물질이 아닌 영의 방법이어야 한다. 만일 부활한 그의 의식이, 그리스도의 의식이 그렇게 사람들에게 온다면 그것은 일순간에 모든 사람에게 임할 수 있다. 마치 번개가 번쩍이듯이 인자가 온다는 것은 사람들의 마음속에 부활한 그리스도의 의식이 순식간에 임재하는 방식을 빗댄 말이다.

예수는 자신의 마음속에서 하나님의 나라를 깨달았다. '하나님의 나라는 너희 안에 있다'고 한 것은 우리의 마음속에 하나님의 나라가 있다는 말이다. 달리 말해 그것은 예수가 자신의 마음속에 있는 하나님의 나라를 깨달았다는 뜻이다. 또한 예수는 그 자신 마음 안의 그것을 깨달은 체험까지도 말했다. 그것이 바로 번개가 동쪽에서 나서 서쪽에까지 번쩍인다고 말한 것이다. 그렇게 깨달음은 하늘에서 번개가 치듯이 일어나기 때문에 번개로 곧잘 비유된다. 번개는 순식간에, 사방에 똑같이, 너무도 밝게 비추는 성질 때문에 깨달음의 성격과 너무도 닮아있다.

불교 경전 중에는 금강경(金剛經)이 있다. 보통 금강석은 천연의 광물 중에서 제일 단단하고, 광택이 매우 아름다우며, 광선의 굴절률이 높아서 반짝거린다. 그것을 가공한 다이아몬드는 투명하고 예리하고 여러 측면에서도 빛난다. 곧 그와 같은 가르침이라는 의미에서 금강경이라고 하는데, 금강경은 산스크리트어로 바즈라 체디카(Vajra-Cchedikā)다. 바즈라는 '번개', 체디카는 '승리(cut through)'를 나타내는데, 번개같이 순식간에 어두움 즉 무지를 이기고 나타난 깨달음이라는 뜻이다. 선명한 알아차림이 순식간에 무지를 이기고 나타나는 것이 깨달음이기 때문이다. 하나님의 영이 사람의 마음에 번개처럼 스치면 깨달음이 번개처럼 순식간에 일어난다.

살아있을 때 내가 가는 것이 너희에게 유익하다고 말한 이가 바로 예수다. '내가 떠나가는 것이 너희에게 유익하다. 내가 떠나가지 않으면 보혜사가 너희에게 오시지 않을 것이다. 그러나 내가 가면 보혜사를 너희에게 보내주겠다(요 16:7).' 그리고 그 보혜사, 성령은 '너희에게 모든 것을 가르쳐 주실 것이며, 또 내가 너희에게 말한 모든 것을 생각나게 하실 것이다(요 14:26).' 즉 그들을 깨우쳐 주

그리스도를 깨달아

는 예수의 몸이 떠나가야 그들 스스로 깨닫도록 돕는 성령이 그들에게 오게 될 것이다.

또한 "그가 오시면, 죄와 의와 심판에 대하여 세상의 잘못을 깨우치실 것이다. 죄에 대하여 깨우친다고 함은 세상 사람들이 나를 믿지 않기 때문이요, 의에 대하여 깨우친다고 함은 내가 아버지께로 가고 너희가 나를 더 이상 못 볼 것이기 때문이요, 심판에 대하여 깨우친다고 함은 이 세상의 통치자가 심판을 받았기 때문이다 (요 16:8~11)." 다시 말해 성령이 오면 세상 사람들이 진정한 자신인 영을 믿지 않는 것이 죄임을 깨우칠 것이다. 또 모든 것은 본래대로 돌아가는 것이 의임을 깨우칠 것이다. 그리고 이 세상을 지배하는 정신 또는 의식이 잘못임을 알아챌 것이다.

곧 예수의 다시 오심은 그의 몸이 아닌 그의 의식이 사람들의 마음속에 옴이다. 그가 다시 오는 것은 사람들에게 자신들의 본성을 깨우쳐서 영원한 생명을 얻게 하고, 그들을 원래의 고향으로 인도하려는 것이다. 그러려면 깨달아야 하므로 성령처럼 돕는 의식으로 그의 의식은 또다시 임해야 한다. 그렇게 와서 영을 깨닫게 하고, 본래 의식으로 돌아가게 하고, 온 세상을 지배하는 의식이 거짓임을 깨우쳐야 한다. 그래서 그리스도의 의식은 오고 또다시 온다.

휴거의 비밀

    흔히 휴거는 예수가 재림할 때 그를 믿는 사람들이 공중으로 끌려 올라가 예수를 만나는 사건을 말한다. 더 자세히 말하면 재림하는 예수가 지상에 이르기 전 공중에 강림하였을 때, 죽은 성도들이 부활하고 살아있는 성도들이 변화하여 함께 공중으로 이끌려 올라가는 마지막 때의 사건이다. 그리고 지상에서 이른바 7년의 대 환난이 진행되는 동안 휴거된 성도들은 공중에서 그리스도와 함께 어린양 혼인 잔치를 벌인다는 내용과 관련된 것이다.

    1992년, 한국에서는 대표적 시한부 종말론 집단이던 다미선교회에 의해 휴거 사건이 벌어졌다. 그들은 같은 해 10월 28일 0시에 예수가 공중에 재림하고, 소위 성도들이 공중으로 들려 올라간다고 주장하여 한국 사회에 커다란 물의를 일으켰다. 그날 밤 그들은 천국행 티켓이라는 출입증을 목에 걸고, 하얀색 옷을 입고, 교회에 모여 이 땅에서 마지막 예배를 했다. 구경꾼과 경찰, 국내 TV 방송사와 CNN, 아사히TV 등이 지켜보는 가운데 자정이 지났지만 아무 일도 일어나지 않았다. 그러자 그들은 하나둘 주저앉아 통곡을 하거나 멍하니 천장을 바라보기도 했다.

    물론 그들은 "우리가 다 잠들 것이 아니라 다 변화할 터인데, 마지막 나팔이 울릴 때 눈 깜박할 사이에 홀연히 그렇게 될 것입니다. 나팔 소리가 나면 죽은 사람은 썩어 없어지지 않을 몸으로 살아나고 우리는 변화할 것입니다(고전 15:51~52)."라는 바울의 말을

        그리스도를 깨달아

문자 그대로 믿었다. 또한 "주님께서 호령과 천사장의 소리와 하나님의 나팔 소리와 함께 친히 하늘로부터 내려오실 것이니, 그리스도 안에서 죽은 사람들이 먼저 일어나고, 그다음에 살아남아 있는 우리가 그들과 함께 구름 속으로 이끌려 올라가서, 공중에서 주님을 영접할 것입니다. 이리하여 우리가 항상 주님과 함께 있을 것입니다(살전 4:16~17)."라는 말씀도 글자 그대로 충실히 믿었다.

그러나 앞에서 이미 밝혔듯이 바울이 말한 썩지 않을 몸으로 변한다는 것은 몸이 그런 상태로 변한다는 뜻이 아니다. 바울도 부활한 이후의 변화에 대한 예수의 가르침을 제대로 이해하지 못한 듯하다. 그래서 어느 때는 영으로 변한다고 하다가 어느 곳에서는 몸이 다시 산다고 말하기도 한다. 나팔 소리가 나면 죽은 자와 산 자가 함께 구름 속에 이끌려 올라가 주님을 만난다는 것도 마찬가지다. 사람의 몸이 다시 살아나 하늘로 들려 올라가는 것이 아님에도 마치 몸이 하늘로 올라가는 것으로 그리고 있기 때문이다. 만일 이처럼 그것이 의미하는 속뜻을 모른 채 문자 그대로 받아들이면 앞의 시한부 종말론자들처럼 황당한 오해를 할 수밖에 없다.

곧 하늘로 들려 올라간다는 휴거는 몸이 하늘로 올라가는 것을 말하지 않는다. 그것은 역시 의식의 상승을 빗대서 하는 말이다. 예수가 다시 오는 재림이 그리스도의 의식이 다시 오는 것이듯이, 흔히 생각하는 휴거 역시 몸이 하늘로 올라가는 것이 아니다. 몸에 머물던 인간의 의식이 상승하는 것을 몸이 올라가는 휴거의 모습으로 빗대어 말한 것이다. 예수가 이 땅에 와서 하려고 했던 것은 바로 사람들을 하나님의 나라에 들어가게 하는 것이었다. 잘 아는 대로 하나님의 나라는 장소도 아니고, 미래에 일어날 사건이나 역사도 아니고, 죽으면 들어가는 어떤 곳도 아니다. 그것은 하나님의 의식과 같은 영이 가득한 상태로 우리의 본성인 깨달은 상태다.

그러므로 거기에 들어가려면 반드시 의식이 상승해야 한다. 몸의 성향에 갇혀 있는 의식이 깨우침을 얻어 보다 높은 영의 차원으로 올라가야 한다. 즉 의식이 상승하려면 몸에 갇혀 있는 의식이 그것을 초월해야 한다. 몸에 갇혀 무지 상태에 있던 의식이 깨우치는 영의 임함으로 돌연 깨달음이 일어나야 한다. 그렇게 되면 그 의식은 순수한 알아차림인 하나님과 같은 영의 상태로 변하여 하나님의 알아차림 상태가 된다. 그것이 바로 하나님의 나라, 천국에 들어감이다.

성경에서 휴거는 항상 예수의 재림과 맞물려서 언급된다. 예수가 하늘에서 내려오는 것과 성도들이 하늘로 이끌려 올라가는 것이 늘 함께 말해진다. 그것은 깨달은 의식인 그리스도가 사람들 영혼 속에 임해야만 깨달음이 일어나고 그래야 사람들의 의식 상승이 일어나기 때문이다. 인간은 본래 그 본성이 알아차림인 영을 소유하고 있다. 그 영은 마음속에 있으면서 항상 알아차리기 때문에 사람은 하루하루를 살아갈 수 있다. 잘 알듯이 우리 안의 영, 의식은 대상을 만나면 발생한다. 그때 만약 깨달은 그리스도 의식

　　　　　　　　　　　　　그리스도를 깨달아

이 임하면 그 의식의 도움을 받아 우리 안의 영은 그 순간 깨어난다. 다시 말해 그리스도 의식의 임재와 우리 의식의 깨우침이 함께 연관되어 일어난다. 그것이 바로 그리스도의 임재와 성도들의 휴거가 동반해서 언급되는 이유다.

한편, 의식의 상승인 휴거가 일어나려면 무엇보다 '흰옷'을 입어야 한다. 흰옷을 입어야 한다고 해서 문자적으로 흰옷을 입어야 한다는 말이 아니다. 휴거 소동이 일어났을 때, 시한부 종말론자들이 입었던 것과 같은 흰색의 옷을 입는다고 하여 의식의 깨우침이 일어날 리가 없다. 요한계시록에서 말하듯이 흰옷은 성도들의 행위를 말한다. "기뻐하고 즐거워하며 하나님께 영광을 돌리자. 어린 양의 혼인날이 이르렀다. 그의 신부는 단장을 끝냈다. 신부에게 빛나고 깨끗한 모시옷을 입게 하셨다. 이 모시옷은 성도들의 의로운 행위다(계 19:7~8)." 즉 하늘에서 어린 양 혼인 잔치를 하려면 신부 곧 성도는 깨끗한 흰옷을 입어야 하고 그 흰옷이 바로 의로운 행위다.

여기서 의로운 행위가 왜 흰옷인가를 좀 더 살펴보자. 영의 세계인 하나님의 나라에 들어가려면 우리가 입는 것 같은 옷 즉 몸은 아무 소용이 없다. 진실로 영원한 하나님의 나라에 들어가려면 하나님과 같은 영 곧 의식이 준비되어야 한다. 그런데 의식은 행위를 통해서 형성된다. 우리의 의식은 대상을 만나면 일어나고 사라지고, 그 대상에 대한 느낌에 의해서 행위가 일어나기도 하고 일어나지 않기도 한다. 그렇게 한 행위는 우리 안에 의식으로 저장되고 저장된 의식은 다음 행위의 근거가 된다. 그래서 누군가가 하는 행위는 그 사람의 의식을 만드는 조건이다. 그것이 하나님이 인정하는 의로운 행위라면, 당연히 하나님과 같은 의식을 만들게 되고, 같은 의식인 하나님과 합일하게 된다. 말하자면 물질 체험을 하기 위해 이 땅에 올 때 육체의 옷을 입었듯이, 이제 하나님의 나라에 들어가기 위해서는 영의 옷, 의식의 옷을 입어야 하는 것이다.

그런 의식을 준비하는 것이 달리 말해 바로 옷을 빠는 행위다. 사람은 몸을 입고 이 세상에서 물질 체험을 하면서 만들어진 자기(self) 또는 자아(ego)라는 물성의 옷을 입고 있다. 그러나 그 자기 혹은 자아를 가지고는 하늘나라에 결코 들어갈 수 없기 때문에 일상의 삶을 통해 깨달음을 얻어 그 자아에서 벗어나야 한다. 그 자아의 때를 없애고, 자아의 색깔을 빼고, 순수한 영으로 변화하려면 자아를 끊임없이 부인하고 제거해야 한다. 다시 말해 자아의 옷을 빨아서 본래의 순수한 영으로 깨끗하게 만들어야 한다. 그렇게 깨끗해진 옷이 흰옷이고 그 흰옷을 입어야만 하늘나라에 들어갈 수 있다. "생명나무에 이르는 권리를 차지하려고, 그리고 성문으로 해서 도성에 들어가려고, 자기 겉옷을 깨끗이 빠는 사람은 복이 있다(계 22:14. cf. 계 16:15)."

하나님과 같은 영 또는 의식이 준비되면 영원한 하나님의 나라에 들어간다. 이렇게 하나님과 일치하는 의로운 행위를 통한 의식 또는 영이 준비되면 하나님의 나라에 들어가 하늘 잔치에 참석하게 된다. 그러기 위해서는 그리스도가 임재하여 믿는 자들의 의식

그리스도를 깨달아

을 깨워야 한다. 그것을 위해 그리스도는 지금 이 순간에도 오고
또 온다. 그렇게 계속 임재함으로 성도들의 의식이 상승하는 휴거
가 일어나야 하늘에서 잔치를 할 수 있다. 그것이 바로 하늘 혼인
잔치의 신비이고 또한 실상이다.

5. 매 순간의 심판

최후 심판?

대부분의 기독교인은 사람이 죽으면 심판을 받고 천국이나 지옥으로 간다고 믿는다. 그것을 말하는 성경에는 심판받고 간다는 그 천국과 지옥이 낙원과 천국, 음부와 지옥으로 혼재되어 나온다. 그것들의 개념이 분명치 않아 그 둘을 같은 것으로 보거나, 아니면 낙원과 음부를 천국과 지옥의 전 단계로 이해하기도 한다. 이렇게 성경에 흩어져 있는 정보를 모아보면 사람이 죽은 후에는 영혼과 육체가 분리된다. 이때 육체는 땅에 묻혀 썩게 되고, 예수를 믿은 사람의 영혼은 천국 혹은 낙원에 가고, 그를 믿지 않은 사람의 영혼은 지옥 혹은 음부로 간다.

그런 다음 예수가 재림할 때 그를 믿은 사람은 몸이 다시 살아나 심판을 받고 천국으로 간다. 그를 믿지 않은 사람도 역시 몸이 다시 살아나 영혼과 몸이 하나가 된 상태에서 최후 심판을 받고 지옥에 간다. 물론 이것은 예수가 직접 한 말들을 적어 놓은 다음과 같은 구절에 근거한다. "이 말에 놀라지 말아라. 무덤 속에 있는 사람들이 다 그의 음성을 들을 때가 온다. 선한 일을 한 사람

그리스도를 깨달아

들은 부활하여 생명을 얻고, 악한 일을 한 사람들은 부활하여 심판을 받는다(요 5:28~29)." 즉 이 구절은 사람이 죽어서 바로 천국이나 지옥에 가는 것이 아니라 예수가 재림하여 최후 심판을 받은 후에나 그런 곳에 갈 수 있다는 말로 이해된다. 만일 이러한 이해를 그대로 따른다면 낙원이나 음부는 죽은 자가 가는 최종 장소가 아니고 예수 재림 때까지 거주하는 임시 거처다.

그런데 이런 생각은 부활을 중요하게 다룬 바울에게도 서로 충돌하거나 혼재되어 나타난다. 바울에게는 두 개의 부활 사상이 나타난다. 그것 중 하나는 바울의 편지 고린도후서 5장 8절에 나오는데, 이것은 죽자마자 부활하여 천국에 간다는 뜻으로 해석할 수 있는 구절이다. "우리는 마음이 든든합니다. 우리는 차라리 몸을 떠나서 주님과 함께 살기를 바랍니다." 또한 바울이 직접 쓴 빌립보서에도 이것과 같은 내용의 구절이 보인다. "… 내가 원하는 것은 세상을 떠나서 그리스도와 함께 있는 것입니다. …(빌 1:23)." 이런 구절들은 모두 사람이 죽자마자 영혼이 부활하여 곧바로 하나님에게 간다고 언급하는 것으로 볼 수 있는 것들이다.

다른 하나는 종말에 모든 죽은 자들과 산 자들이 한꺼번에 부활한다는 사상이다. 그것은 역시 바울 서신 고린도전서 15장에 나오는데, 마지막 나팔이 울릴 때 죽은 사람들은 썩지 않을 몸으로 살아나고 살아있는 사람들도 그런 몸으로 변화한다고 한다. 또 바울의 최초 편지 데살로니가전서 4장은 주께서 하나님의 나팔 소리와 함께 하늘로부터 내려오고, 죽은 사람들이 먼저 일어나고, 살아남아 있는 사람들이 구름 속으로 이끌려 올라간다고 말한다. 그리고 고린도후서 5장 1~4절에는 '우리는 육체의 장막에 살면서 무거운 짐에 눌려 탄식하는데, 이 장막을 벗기보다는 오히려 그 위에 부활의 몸을 덧입기를 바란다'는 구절도 있다. 즉 이런 구절들은 다 같이 죽은 영혼이 잠들었다가 종말에 가서야 한꺼번에 일어나는 집단적인 부활을 이야기한다.

더 큰 문제는 같은 사람이 쓴 동일한 서신 안의 고린도후서 5장 8절과 고린도후서 5장 1~4절이 같은 것을 말하고 있느냐다. 왜냐하면 그것은 몸을 떠나서 주님과 함께 살기를 바라는 것이 현재의 죽음을 말한다면, 부활의 몸을 덧입기를 바라는 것은 미래의 죽음을 말하는 것이기 때문이다. 다시 말해, 같은 고린도후서 5장에서도 죽은 자가 곧바로 새 몸으로 부활하는 것과 미래에 이루어질 죽음 이후의 부활이 혼재되어 있다. 결국 바울은 사람이 죽자마자 부활한다고 말하는 동시에 종말 후에도 역시 부활한다고 주장하고 있다. 곧 그는 시기가 서로 다른 두 부활이 모두 다 일어난다고 모순되는 주장을 하는 것이다.

이런 서로 모순되는 주장들을 근거로 기독교인들이 선택한 것은 세상의 종말에 있을 집단적 부활이었다. 초창기 기독교인들은 언젠가 세상의 종말이 온다는 생각을 떨쳐버릴 수 없었다. 그래서 죽자마자 부활한다는 사상을 버리고 대신에 종말에 있을 부활을 선택하였다. 그렇게 되자 '그' 부활이 필요 없는 것이 되고 말았다. 그것은 죽은 사람이 이미 천국과 지옥에 가서 편안함과 고통을 겪게 되었고, 영혼이 천국과 지옥에 갔다는 것은 이미 심판을 받았다는 것을 의미하기 때문이다.

하지만 심판을 받지 않고 천국과 지옥을 간다는 것은 있을 수 없는 일이다. 그리고 종말에 부활해서 가는 곳이 원래 가 있던 장소라면 과연 그 부활이 무슨 소용이 있으며 그 심판이 무슨 소용이 있는가? 이는 심판을 다시 하는 이중 심판인데, 결과도 바뀌지 않는 심판을 또다시 하는 것은 쓸데없는 일이다. 그야말로 죽은 자가 영혼으로 천국과 지옥에서 존재할 수 있다면 그 부활이 필요 없고, 또 부활한다면 그 영혼의 존재는 필요 없는 것이 된다.

반면 예수는 이런 것과는 전혀 다른 이야기를 여러 번 하였다. 예수는 사두개인과 벌인 부활 논쟁에서 부활한 즉시 천국과 지옥에 들어간다고 분명하게 말했다. 부활을 믿지 않는 사두개인들이 '형제가 일곱인 사람이 모두 차례로 자식이 없이 죽었다면 일곱 형제의 부인으로 산 여자는 부활의 때에 누구의 아내가 되겠는가?'를 질문했다(막 12:18~27). 이에 대한 예수의 대답은 "사람이 죽은 사람들 가운데서 살아날 때에는 장가도 가지 않고 시집도 가지 않고 하늘에 있는 천사들과 같다(막 12:25)."였다.

그러면서 예수는 이어서 하나님이 모세에게 '나는 아브라함의 하나님이요, 이삭의 하나님이요, 야곱의 하나님'이라고 말한 것을 근거로 '하나님은 죽은 사람들의 하나님이 아니라 살아 있는 사람들의 하나님이다'라고 대답했다(막 12:26~27). 그가 한 이 말은 아브라함도 이삭도 야곱도 오래전에 육체로는 죽었지만, 영으로 부활하여 지금도 살아있기 때문에 하나님은 살아있는 사람들의 하나님이라고 말한 것이다. 즉 모든 죽은 사람이 이미 다 살아있다고 말함으로써 부활의 시기를 사람이 죽는 순간으로 확실하게 특정하고 있다.

부자와 거지 나사로의 이야기도 마찬가지다(눅 16:19~31). 이 문제와 관련해서 이 부자와 나사로 이야기의 논점은 지옥과 천국에 가 있는 부자와 거지 나사로의 상태가 아니다. 이 논점의 중심은 아직 세상에 종말이 오지 않았는데도 그들이 이미 천국과 지옥에 가 있다는 것이다. 즉 죽은 자들이 잠자다가 세상 종말 후에 부활이 있고, 그다음에 하나님의 심판대에서 심판받고, 천국과 지옥을 가는 것이 아니다. 죽자마자 모든 사람이 하나님의 심판대에서 심판받고 곧바로 천국과 지옥에 간다는 말이다. 여기서 말하는 바도 천국과 지옥은 사람이 최종적으로 가는 종착지이고, 그곳은 심판을 받고 가는 곳이지 심판을 받지도 않고 가는 곳이 아니라는 것이다.

변화산에 나타난 모세와 엘리야의 이야기도 역시 죽은 자들이 잠들어 있지 않고 살아있다는 것을 말해준다. 예컨대 모세는 시체를 남기고 죽었다. 엘리야는 죽어서 시체를 남기지 않고 불 병거를 타고 하늘로 올라갔다(왕하 2:11). 그런데 예수의 몸이 변한 그 변화산에 그 두 사람이 같이 나타났다. 이 이야기도 역시 세상의 종말 후에 있는 부활을 말하지 않는다. 이는 모든 죽은 사람들이 잠들어 있지 않고 살아서 활동하고 있다는 것을 분명하게 보여주는 사례다.

그리스도를 깨달아

정리하면, 대부분의 기독교인이 믿는 심판은 예수가 마지막 날에 재림주로 와서 행하는 최후의, 최종적인 사건이다. 이는 단회적인 사건으로서, 이때 산 자와 죽은 자는 모두 주의 심판대 앞에 서게 될 것이다. 그 시기는 분명 예수가 재림한 이후로 세상 종말의 때이고, 그때에야 비로소 마지막 심판이 이루어지고, 모든 영혼은 천국과 지옥으로 최종적으로 가게 된다.

그러나 이것은 세상의 종말 때에 이루어질 부활과 심판이라는 유대교적이거나 혹은 그를 따르던 그의 제자들의 이해일 뿐 예수 자신이 말한 것은 전혀 아니다. 즉 예수는 부활과 심판이 세상의 종말이 아닌 개인의 종말 때에 일어난다고 말했을 뿐이다. 예수는 결코 죽은 사람의 영혼이 임시로 어디에 가 있다가 부활하여 최후에 심판을 받고 천국이나 지옥에 간다고 말하지 않았다. 사실 이런 믿음은 훗날의 기독교인들이나 교회가 만들어낸 가공품에 불과하다.

세 개의 조약돌

기본적으로 심판은 잘잘못을 가려 결정을 내리는 일이다. 그렇게 잘잘못을 가려 결정을 내리는 일에는 여러 가지가 있을 수 있다. 거기에는 어떤 문제에 관련된 어떤 사람의 행동에 대해 잘잘못을 가려 결정하는 일이 포함될 것이다. 그런 의미에서 만일 하나님이 심판한다면 그것 역시 어떤 사람이 어떤 문제에 대해 어떻게 행동했느냐에 대한 심판일 것이다. 그렇다면 그분이 심판한다고 할 때 하나님은 과연 누구의 무엇을 어떻게 심판한다는 것일까?

그것을 알기 위해서 우리는 먼저 우리가 왜 이 세상에 왔는가를 살펴보아야 한다. 우리는 이 세상에 무엇 때문에 왔는가? 그것은 말할 것도 없이 나는 무엇인지를 알기 위해서 이 세상에 왔다. 내가 무엇인지를 알려면 우리가 물질을 입은 영적 존재이기 때문에 물질을 보는 눈으로는 그것을 알 수 없다. 대신 마음의 눈으로 보는 알아차림을 통해서만 각자의 본성이 무엇인지 알 수 있다. 우리는 우리가 마음의 눈으로 있는 그대로를 알아차리는 것을 깨닫는다고 한다. 즉 우리는 내가 무엇인지를 알아차리기 위해 이 세상에 왔고, 그것을 이루기 위한 과정이 우리의 일생이다. 그러므로 모든 사람은 자신이 무엇인지를 알아야 하고, 그것을 과연 이루었는지를 판단 받아야 한다. 따라서 무엇보다 심판은 나는 무엇인가를 깨달았는지에 관해 판단 받는 것이다.

우리는 영으로 와서 육신을 입고 이 세상을 산다. 영은 알아차림이기 때문에 영의 할 일은 알아차림이다. 자신의 본성이 알아차림이기 때문에 영인 인간이 할 일은 바로 알아차림이다. 알아차림인 자신의 본성대로 자신이 영임을, 자신이 알아차림임을 알아차리는 것이 이 세상에서 영인 우리가 이루어야 할 본질적인 일이다. 그러므로 만일 영인 알아차림이 자신을 알아차려 그것대로 살

그리스도를 깨달아

았다면 영인 알아차림이 이 세상에 와서 할 일을 다 한 것이다. 즉 심판은 이 세상에 온 사람이 과연 자신의 본성을 깨닫는 일을 잘 이루었는지에 대해 판단하고 결정하는 일이다.

심판과 관련하여 예수는 다음과 같이 말했다. "내가 진정으로 진정으로 너희에게 말한다. 내 말을 듣고 또 나를 보내신 분을 믿는 사람은, 영원한 생명을 가지고 있고 심판을 받지 않는다. 그는 죽음에서 생명으로 옮겨갔다(요 5:24)." 앞에서 이미 언급했듯이 이 것은 언뜻 예수를 보낸 하나님을 믿으면 영생을 얻기 때문에 심판을 받지 않는다는 말로 읽힌다. 사실 기독교는 지금까지 이 말씀을 그렇게 읽고 그렇게 해석해왔다. 하지만 여기서 '나 보내신 이 (개역)', '나를 보내신 분(공동, 가톨릭, 새번역)'이라고 옮긴 토 펨산티 메(τῳ πεμψαντί με)는 '내게 보내신 것(the one)'이라고 하는 것이 더 적절하다. 왜냐하면 그것은 하나님이 내(예수)게 보내신 것은 영 (πνεύμα)이고, 또 그 영을 믿으면, 즉 깨달아서 믿으면 영생을 얻을 수 있기 때문이다. 다시 말해 예수에게 그랬듯이 하나님이 각 자에게 보내주신 것이 영이고, 하나님과 같은 영이 우리의 본질인 것을 깨달으면 우리가 죽을 수밖에 없는 몸이 아닌 영원히 사는 영이 되어 죽음에서 생명으로 옮겨갔기 때문이다.

그러나 여기서 만약 '내게 보내신 것(τῳ πεμψαντί με)'을 '나 보내신 이' 또는 '나를 보내신 분'이라고 옮기면, 하나님이 내게 보내신 것이 하나님의 생명인 영이라는 의미가 잘 드러나지 않고 가려진다. 더군다나 아버지 하나님과 그분의 아들인 영으로서 '나'라는 의미가 명확하지 않게 된다. 따라서 예수가 여기서 말하려고 하는 것을 그대로 살려서 그 구절을 다시 적어 보면 다음과 같다. '정말, 정말 여러분에게 말합니다. 이 사람이 하는 말을 알아듣고서 (아버지께서) 내게 보내신 것(영, πνεύμα)을 (깨달아서) 믿는 사람은 영원한 생명을 얻어 심판에 이르지 않고 사망(죽는 생명, 몸의 나)에서 영원한 생명(영의 나)으로 옮겼습니다.'

그렇다면 이러한 심판을 왜 꼭 해야 하는가? 그것은 하나님의 뜻이 심는 대로 거두는 것이기 때문이다(마 5:26). "자기를 속이지 마십시오. 하나님은 조롱을 받으실 분이 아니십니다. 사람은 무엇을 심든지, 심은 대로 거둘 것입니다(갈 6:7)." 말하자면 하나님은 만물의 근원이고, 그렇기 때문에 만물의 이치 또는 만물의 원리이기도 하다. 그 하나님의 원리가 바로 심는 대로 거두는 것이고, 심는 대로 거두는 이치를 저버리면 그것은 바로 하나님을 속이는 것이 된다. 그리고 그 심는 대로 거둔다는 것을 달리 표현하면 원인이 있으면 반드시 결과가 있다는 말이다.

여기서 심는 대로 거둔다는 의미를 다른 식으로 좀 더 살펴보자. 우리가 아는 대로 만물은 진동한다. 진동은 양 끝점 사이를 왕복 운동하는 것이다. 그것을 진동한다고 하고 그것은 파동으로 나타난다. 그런데 모든 파동은 정보를 그대로 저장한다. 그것을 실제로 알아보려면 앞에서 이미 언급한 이차크 벤토프(Itzhak Bentov)가 소개한 다음과 같은 실험을 해보면 분명하게 확인할 수 있다. 우선 납작한 둥근 냄비에 물을 가득 채우고, 그 위에 조약돌

그리스도를 깨달아

3개를 동시에 떨어뜨리면, 냄비에 담긴 물 표면에 3개의 파문이 일어난다. 각각의 조약돌이 떨어져서 만들어낸 파문은 둥글게 퍼져나가 서로 엇갈리며 간섭무늬(interference pattern) 파동을 만든다. 그때 그 냄비의 물의 표면을 급속도로 냉동시키면 그 파문 모양의 얼음판을 얻을 수 있고, 그 얇은 모양의 얼음판을 들어내면 간섭무늬 그대로를 얻을 수 있다.

이제 그 냄비에서 들어낸 간섭무늬 얼음판에 동조성 빛(레이저)을 비추면 허공에 떠 있는 조약돌 3개가 선명하게 나타난다. 얼음의 표면이 굴절 렌즈 역할을 하여 애초에 조약돌이 떨어진 지점에 빛을 비추기 때문이다. 물론 이때 전체 얼음판이 아닌 그것에서 떼어낸 깨진 작은 얼음 조각 하나에다 동조성 빛을 비추어도 얼음판 전체에서 볼 수 있었던 3개의 조약돌 영상을 동일하게 볼 수 있다. 이것이 말하는 바는 매우 분명하다. 그것은 냄비 가장자리로 퍼져나간 파동들 속에 각각의 조약돌의 위치에 대한 정보가 담겨 있다는 뜻이다. 즉 파동은 정보를 그대로 저장하고, 파동으로 이루어진 이 세상의 모든 정보는 그런 방식으로 그대로 저장된다.

달리 말해, 이렇게 파동이 정보를 그대로 저장한다면 우리의 삶도 역시 그대로 저장된다는 말이다. 우리의 삶을 구성하는 중요한 요소들은 다름 아닌 우리의 생각과 말과 행동이다. 우리의 삶은 우리가 하는 생각과 말과 행동으로 이루어진다. 매 순간 무엇에 대해 생각하고, 생각한 것을 말하고, 생각하고 말한 것을 행동하는 것이 우리의 삶이기 때문이다. 그러므로 우리의 삶이 그대로 저장된다는 말은 바로 우리의 생각과 말과 행동이 그대로 저장된다는 뜻이다.

이를테면 우리의 삶을 구성하는 생각과 말과 행동은 모두 파동이다. 우리가 하는 생각은 기본적으로 전자기파다. 뇌세포에서 이루어지는 전기, 화학적 작용이 생각이기 때문이다. 요즈음에는 최첨단 영상 촬영 장치로 그런 뇌의 활동을 선명하게 찍을 수도 있다. 또 우리가 사용하는 말 역시 음파다. 음파가 귀속에 들어와서 귀 안의 섬모들을 자극하면 그것이 전기적 자극으로 바뀌면서 전두엽에서 의미가 전달된다. 마찬가지로 우리가 움직이는 행동 역시 중력파다. 중력파는 질량을 가진 물체가 가속운동을 할 때 생기는 중력의 변화가 시공간에 나타나는 파동(spacetime ripple)이다. 이처럼 우리의 삶을 구성하는 생각이나 말이나 행동은 모두 파동이어서 그것은 하나도 빠짐없이 우리 우주의 마음에 기록된다. 그 우주의 마음을 성경은 기록책(scroll of remembrance, 말 3:16) 혹은 생명책(book of life, 빌4:3, 계3:5 등)이라고 한다.

곧 그렇게 기록된 삶인 생각과 말과 행동을 판단하고 결산하는 것이 심판이다. 그것에 대한 판단과 결산은 하나님의 법정에서, 참된 원리와 이치에 비추어서 하나의 착오도 없이 철저하게 이루어진다. 어떤 사람이 일생을 어떻게 살았는지는 그 사람이 과연 깨어서 살았는가 즉 사랑했는가로 판가름 난다. 그야말로 깨어서 사는 방식이 사랑이고 사랑은 대상을 생각하고 느끼고 행하는 것이다. 그것은 예수가 비유하였듯이 마치 인자가 영광중에 와서 모든

그리스도를 깨달아

사람을 자기 앞에 불러 모아 양과 염소를 가르듯이 하는 것과 같다. 그때 그 양과 염소를 가르는 기준은 주린 자를 먹여 주고, 헐벗은 자를 입혀 주고, 나그네를 보살펴 주고, 병든 자를 돌보아 주었느냐다(마 25:31~46). 이같이 심판의 기준은 사랑했는지, 과연 대상을 생각하고 느끼고 주었는지 여부다.

우리는 흔히 빚진 죄인이라는 말을 하곤 한다. 빚지는 것은 죄 짓는 일이라는 뜻이다. 실제로 우리는 모두 온통 빚으로 이 세상에 태어났다. 나 자신은 나의 존재에 무엇 하나 보탠 것이 없다. 내가 사는 이 우주를 이루는데 나는 먼지 하나도 보탠 적이 없다. 그런데도 우리는 나 자신을 나의 것인 양 착각한다. 그러고도 이 우주를 내 것처럼 생각해서 다 차지하려고 한다. 우리는 우리가 이렇다는 사실조차 모르니 참으로 우스운 일이 아닐 수 없다.

그러나 하나님은, 모든 것의 참된 원리와 이치는 그렇게 어수룩하지 않다. 우리는 우리 몸의 목숨이 끝나는 순간 철저하게 계산하고 떠나야 한다. 그야말로 몽땅 빚을 내서 썼으니 모두 돌려주고 떠나는 것이 마땅하다. 고스란히 내어놓고 떠나야 하는 것이 우리의 인생이다. 우리가 왜 죽음을 그렇게 두려워하나? 그것은 한마디로 빚이 있어서 그렇다. 죽음은 우리가 마지막으로 아주 큰 빚을 갚는 일이다. 그 결산이 두렵고 싫기 때문에 죽음이 그렇게 두렵고 싫은 것이다. 빚투성이 몸은 땅에다 모두 돌려주고 하나님에게 받은 영은 하늘 아버지에게 돌려줘야 할 뿐이다. 원래 그것을 받았던 근원에게 고스란히 돌려줘야 하는데 그것이 그렇게 두려운 것이다.

따라서 흔히 말하는 문자 그대로의 예수가 재림하여 행하는 종말적 최후 심판은 없지만, 심판은 지금도 시시각각으로 이루어지고 있다. 마치 비행기의 운행 기록장치(블랙박스)처럼 내 영혼의 기억 속에서 나의 심판이 지금도 이루어진다. 지금 이 순간에도 나의 영혼의 법정에서는 매 순간 심판이 이루어지고 있다. 내가 무슨 생각을 하고, 내가 무슨 말을 하고, 내가 무슨 행동을 했는지는 내가 제일 잘 안다. 나의 의식으로 살았는지 아니면 하나님의 의식으로 살았는지는 나 자신이 더 잘 알기 때문이다. 물론 이때 내 영혼의 법정은 하나님의 법정이기도 하다. 내가 생각하고 말하고 행동하는 것은 나의 본성 즉 본래 의식인 하나님 안에서 이루어지기 때문이다. 그래서 하루하루가 심판이지 마지막에 있을 하나님의 심판을 굳이 기다릴 이유가 없다.

의식 만들기

생각해 보면 이 세상에는 두 종류의 사형수가 있다. 감옥 안의 사형수와 감옥 밖의 사형수가 그것이다. 그들 사형수 모두는 집행 날짜가 정해지지 않아서 언제 죽을지 모른다는 공통점을 가지고 있다. 즉 감옥 밖의 사형수도 오늘 죽을 수도 있고 내일 죽을 수도

그리스도를 깨달아

있다. 그러나 그들은 그것이 다 남의 일이라고 생각해서 자신은 영원히 살 것 같이 살아간다. 하지만 감옥 안의 사형수들은 그렇지 않다. 그들은 매 순간 극도의 긴장 상태로 언제 닥칠지 모르는 자신의 죽음을 의식하면서 살아간다. 그것이 바로 감옥 안의 사형수와 감옥 밖의 사형수의 다른 점이다.

사실을 직시하면 몸으로는 누구나 사형수다. 모두는 태어날 때부터 사형선고를 받았다. 그러므로 우리는 모든 사람이 전부 다 사형수라는 사실을 깨달아야 한다. 만약 이것을 깨닫지 못하면, 사는 동안 쓸데없는 집착에 시달리고, 욕망에 휘둘리고, 근거 없는 교만에 빠진다. 반면 참된 자신을 깨달은 사람은 몸으로 사는 삶이 잠깐의 거짓이고, 몸의 죽음도 역시 거짓임을 분명히 안다. 몸의 나가 참된 나가 아니듯이 몸이 죽는 죽음도 진짜 나의 죽음이 아니다!

그러므로 우리는 몸이 죽지 않겠다고 해서도 안 되고, 몸이 죽으면 끝이라고 해서도 안 된다. 몸의 나가 죽는다는 것을 확실하게 알고, 몸의 죽음이 끝이 아니라는 것을 분명히 깨달아야 한다. 그야말로 몸은 죽어도 우리의 영은 원래 근원인 하나님에게 돌아간다고 알아차리고 믿는 것이 참된 신앙이다. 틀림없이 몸은 어버이로부터 태어났으니 반드시 죽는 날이 있다. 그러나 영은 하나님으로부터 받은 하나님의 생명이어서 절대 나지도 않고 죽지도 않는 영원한 생명이다.

곧 몸이 사는 것이 사는 것도 아니고 몸이 죽는 것이 죽는 것도 아니다. 그런 의미에서 우리는 몸이 죽는 죽음을 멀리하거나 회피해서도 안 된다. 다시 말해 몸의 죽음을 두려워하거나 죽기 싫다고 야단을 쳐서도 안 된다. 오히려 죽을 수밖에 없는 이 몸을 벗어던지고 영원히 죽지 않을 영으로 부활해야 한다. 물질에서 온 몸은 이 땅에 남겨놓아야 하고 하늘에서 온 영은 들리어 하나님에게 올라가야 한다. 그것이 바로 예수가 보여준 죽음이고 부활이고 승천이다.

이 땅에서 죽음과 부활과 승천을 훈련하는 것이 다름 아닌 신앙생활이다. 신앙이란 어차피 죽는 몸의 생명을 부인하고 죽지 않는 영의 생명을 깨닫는 삶이다. 다른 식으로 말하면, 유한한 몸의 생명을 버리고 영원한 영의 생명을 만들고 기르는 행위다. 그래서 신앙생활은 바로 영이 되는 연습이고, 영을 만드는 실전이다. 음식을 먹어서 몸을 만들듯이 알아차림으로 의식(정신)을 만드는 것이 영을 만드는 일이다. 그렇게 영을 만드는 것이 몸의 생명이 죽고 영의 생명으로 부활하는 것이고, 몸인 물질의 세계에서 의식인 영의 세계로 승천하는 것이다.

예수는 제자들에게 자신의 죽음을 말하면서 그들이 있을 곳을 마련하러 간다고 했다. "내 아버지의 집에는 있을 곳이 많다. 그렇지 않다면 내가 너희가 있을 곳을 마련하러 간다고 너희에게 말했겠느냐? 나는 너희가 있을 곳을 마련하러 간다(요 14:2)." 이처럼 만일 그의 아버지 집에 있을 곳이 많다면 하늘나라에도 사람이 거처할 공간이 있다는 뜻인가? 그러나 하나님의 집은 물질의 세계가

그리스도를 깨달아

아니니 무슨 물질적 몸이 거처할 공간을 말하는 것은 분명 아닐 것이다.

도대체 아버지의 집에 있을 곳이란 무엇을 말하는 것일까? 아버지의 집 혹은 하나님의 집은 영의 집이고, 그 영의 집에서 있을 곳이란 그곳에 속하는 또는 들어맞는 의식 혹은 알아차림일 것이다. 즉 예수가 너희가 있을 곳을 마련하러 간다고 한 것은 제자들이 만들고 도달할 영, 의식을 준비시키러 간다는 뜻이다. 그야말로 그는 그의 죽음을 통해서조차 인간이 반드시 도달해야 할 영 또는 의식을 만들고자 했다. 그는 그의 일생을 통한 삶 즉 그의 생각과 말을 통해서 뿐만 아니라 마지막에는 그의 죽는 행위를 통해서도 그것을 깨닫고 만들어지기를 간절히 소망했다.

모든 사람은 이 세상에 와서 예외 없이 자신의 본래 의식을 찾고 만들어야 한다. 사람은 그것을 위해 이 세상에 왔고 그것을 이루었으면 그 의식으로 돌아가는 것이 맞다. 인간은 그것을 위해 이 세상에 왔고 그것을 이루기 위해 존재하기 때문이다. 그것은 자신이 무엇인지를 깨닫고, 그것을 실현하기 위한 삶을 사는 과정에서 이루어진다. 우리의 일생은 물질적인 의식에서 영적인 의식으로 상승하고, 자기의식으로부터 하나님 의식을 만드는 과정이다. 그런 뜻에서 죽음은 이 세상에서 만든 나름의 의식이 본래 자신의 자리를 찾아가는 것이라고 할 수 있다.

결국 이 땅에서 사는 동안 우리가 하는 생각과 말과 행동을 통해서 그 의식은 만들어진다. 분명 우리가 하는 생각과 말과 행동이 바로 우리의 의식을 만든다. 예수가 비유했듯이 양과 염소를 구분한다고 할 때, 그 양이 되고 염소가 되는 것은 우리가 어떤 생각과 말과 행동을 하느냐에 달려있다. 곧 양과 같이 생각하고 말하고 행동하면 그 사람은 양과 같은 의식을 갖게 된다. 대신 염소와 같이 생각하고 말하고 행동하면 그 사람은 염소의 의식을 만든다. 양과 같은 의식은 양과 같은 사람을 만들고, 염소와 같은 의식은 염소와 같은 사람을 만든다.

분명 지금 하고 있는 생각과 말과 행동은 다음 생의 의식을 만든다. 여기서 다음 생이라고 하면 물론 흔히 생각하는 대로 몸이 죽은 다음의 삶을 말한다. 아울러 다음 생이란 이 세상에서 다음 순간도 또한 포함한다. 그것은 지금 이 순간의 다음에 다가오는 삶이기 때문에 다음 생인 셈이다. 이렇게 그것이 이 세상에서의 다음 순간이든, 이 세상 다음의 저 세상의 삶이든 지금의 생각과 말과 행동은 예외 없이 다음 생을 만든다. 그야말로 오늘이 미래다. 앞에서 예로 들었듯이 급속히 얼린 물에서 얻어진 파동 무늬가 홀로그램(hologram)의 조약돌로 나타나듯이, 지금 이 순간의 삶은 나중의 의식이 되어 한 치의 오차도 없이 그대로 나타난다. 심는 대로 거두고 원인이 있으면 결과가 있는 것이 우리 하나님의 원리이고 하나님의 이치다.

예수는 산상수훈 말미에서 모든 이는 '집을 짓는 자'라고 말했다 (마 7:24~27). 누구는 모래 위에 짓기도 하고 누구는 반석 위에 짓기도 하지만 모든 이는 예외 없이 집을 짓는다. 집을 짓는다고 해서

　　　　　　　　　　　　　그리스도를 깨달아

예수처럼 목수가 되어 사는 집을 짓는다는 말은 물론 아니다. 이 세상에 태어나 이 세상을 사는 사람은 누구나 예외 없이 다음 세상에서 살아갈 의식의 집을 짓는다. 아버지의 집에서 거처를 마련하듯이 우리는 모두 이 세상에서 향후 저 세상에서 살아갈 의식의 집을 짓는다. 이 세상에서 지금 하는 생각으로, 말로, 행동으로 다음 생에 들어가 살 의식을 만든다.

가령 어떤 사람은 다음 생에서 아무 쓸모없는 의식을 만들기도 한다. 탐하고, 어리석고, 자기만을 위하는 생각과 말과 행동을 하는 것은 모래 위에 집을 짓는 것이다. 그런 사람이 짓는, 만드는 의식은 물질 세상이 속절없이 무너지고 영원히 계속될 다음 세상에서는 전혀 쓸모없는 헛된 의식일 뿐이다. 반면 어떤 사람은 지혜로워서 반석 위에 집을 짓는다. 그 반석은 튼튼해서 언제나 무너지거나 없어지지 않는다. 물질 세상 다음에도 영원히 계속될 그런 의식은 알고 느끼고 주는 것이다. 자기만 알아서 탐하는 것이 아닌 남을 알고 공감하고 주는 것이 바로 사랑이다. 사랑은 내가 아닌 남을 알고 느껴서 탐하지 않고 주는 것이다. 그것이 무엇이든 그렇게 하는 행위는 모두가 사랑이다. 지금 여기서 하는 사랑은 곧 다가올 이 세상에서의 다음 순간에도, 죽음 너머 다시 시작될 저 세상에서도 절대 허물어지지 않는 반석 위에 집을 짓는 일이다.

따라서 이 세상에서 마지막 의식이 저 세상에서 처음 의식이 된다. 이 세상에서 마지막까지 만든 의식이 다음 세상에서 처음부터 쓰일 의식이다. 여기 이 세상에서 맺은 열매는 거기 다음 세상에서 씨앗이다. 그것이 바로 오늘 이 순간 여기서 깨어서 살아야만 하는 절대적인 이유다. 바로 그런 이유에서 내가 무엇이고, 왜 살며, 어떻게 살아야 하는지를 알고 살아야 한다. 그런 것들을 아는 것을 깨닫는다고 하고, 그 여부를 물어서 판결하는 것을 심판이라고 한다. 그래서 심판은 누구도 피할 수 없는 것인 만큼이나 참으로 언제 어디서나 무서운 것이다.

그리스도를 깨달아

자각 신앙으로 깨어나야

지금은 깨어날 때

    지금까지 역사를 돌이켜보면 기독교는 너무 오랫동안 잠들어 있었다. 그것의 신앙과 관련해서 기독교는 지난 5백여 년 동안, 아니 지금까지 2천여 년을 잠들어 있었다고 말해야 한다. 좀 더 정확하게 말하면 그동안 깨어나고 잠들다가를 반복했다고 할 수는 있지만 깨어났을 때의 의식을 온전히 유지하지는 못했다. 아니 어쩌면 그동안 기독교는 꿈을 꾸고 있었는지도 모른다. 그 꿈이 너무나 생시 같아서 전혀 의심조차 하지 못하고 계속 그렇게 살아왔는지 모른다. 정말 그렇지도 않은 것을 진리인 줄 알고 그것을 소중히 여긴 채 그것을 줄곧 믿어왔으니 말이다.

    이제까지 기독교는 구원을 얻으려면 제의를 행하거나 또는 믿어야 한다고 여겨왔다. 예수는 우리의 모든 죄를 대신 사하려고 십자가에서 죽었고 사흘 만에 몸으로 부활하였다고 믿었다. 그야말로 그는 모든 이의 죄를 속하는 어린 양이고, 그의 피 값이 없이는 우리가 그 죄와 죽음에서 자유 할 수 없다고 굳게 믿어왔다. 그는 대속의 죽음을 죽기 위해 이 땅에 왔고, 그런 일을 위해 십자가에서 죽은 메시아이고, 그런 의미에서 그리스도라고 불려왔다.

그러나 이제는 놀라 깨어날 때다. 깨어난다는 것은 잠을 자다가 깨어난다는 말이다. 깨어난다는 말은 잃었던 의식이 돌아온다는 뜻이다. 잠을 자는 동안 의식이 없다가 이제 의식이 돌아와서 정신을 차린다는 의미다. 제정신이 돌아오면 그 순간 있는 그대로를 보고 그것을 알아차린다. 제정신이 돌아오면 즉시 실상에 대한 알아차림이 제대로 일어난다. 그렇게 의식이 돌아오면 알아차려야 할 것을 알아차리고, 실상과 허상을 구별하고, 참과 거짓을 밝혀낼 수 있다.

한편 잠에서 깨어난다는 말은 꿈에서 깨어난다는 말이기도 하다. 혹시 잠을 자기는 했어도 꿈을 꾸고 있었다면 잠에서 깨어나는 것은 그 꿈에서도 깨어나는 것이다. 그렇게 꿈에서 깨어나면 꿈에 나타났던 것들이 모두 실상이 아닌 허상이었음을 즉시 알아차린다. 그 꿈이 너무나 생생해서 때로는 울고 웃으며 헛소리까지 하면서 그것에 흠뻑 빠지곤 한다. 그러나 그 꿈에서 깨어나는 순간 거기에 나타났던 모든 것들이 현실이 아닌 꿈이었음을 즉시 알아차릴 수 있다.

그 때문에 그대로의 실상을 보기 위해서 지금은 깨어나야 한다. 이제 더 이상 허상을 보면서 그것이 실상이라고 속지 않으려면 지금이라도 빨리 깨어나지 않으면 안 된다. 그야말로 잠이 든 상태에서는 실상을 절대로 볼 수도 없고, 혹시 꿈속에서 본다고 하더라도 있는 것 같은 허상을 겨우 볼 뿐이다. 허상을 보고 그것이 실

그리스도를 깨달아

상이라고 착각하거나 아니면 거짓을 보고 진실이라고 여기게 된다. 다시 말해 이제라도 깨어나야 실제 있는 그대로를 볼 수도 있고, 실제 있는 그대로를 봐야 깨달을 수도 있다. 어쩌면 늦었다고 여기는 때가 가장 빠른 때일 수 있다.

우리는 지금까지 예수를 그리스도라고 불러왔다. 그 예수가 그리스도라는 의미도 깨어나서 살펴봐야 그것의 실상이 제대로 보인다. 지금까지와 같이 의심 없이 여겨온 그리스도란 의미는 이 땅에 하나님의 나라를 직접 가져오는 현실적 메시아라는 말이 아니다. 또 그가 그런 메시아라는 사실을 반드시 믿어야만 하늘나라에 들어가고 구원을 얻는 것도 아니다. 그리스도는 더 이상 무엇인가를 이 땅에 우리 대신 가져오는 왕 같은, 제사장 같은, 예언자 같은 직분의 사람을 일컫는 말이 아니다. 사실 그 그리스도라는 말은 깨달은 자, 깨어난 자라는 뜻이다.

그렇다면 예수를 그리스도라고 고백하는 의미도 전혀 다른 것이 된다. 예수가 그리스도라는 고백은 더 이상 그분을 메시아로 믿어서 그분의 피의 공로로 구원을 얻는 것을 말하지 않는다. 그 고백은 오히려 그분처럼 깨달아서 하늘나라에 들어가고 구원을 얻어야 한다는 인식이고 행위다. 그동안 기독교는 줄곧 예수를 믿음의 대상으로만 여겨왔다. 그러나 이제 깨어서 보면 예수는 스스로 깨달아서 생명의 길을 갈 수 있도록 모든 이를 깨우친 그리스도다. 그는 진리를 깨달아서 그 깨달음으로 죽음에서 영생에 이르는 길을 사람들에게 깨우쳐준 구원자다.

그러면 지금 우리는 어떻게 해야 그 그리스도처럼 깨어날 수 있을까? 그것은 역시 우리도 정신을 차려서 실상을 지켜봄으로써 가능하다. 당시 예수가 있는 그대로의 실상을 지켜보고 스스로 깨어났듯이 지금 있는 그대로의 실상을 지켜보면 우리도 깨어날 수 있다. 지금 여기저기서 우리의 의식을 흔들어 깨우는 현실의 모습이 확연하게 나타나고 있다. 그것이 바로 기독교가, 그리스도인이, 우리가 깨어날 때라는 놓칠 수 없는 분명한 신호다. 그것들이야말로 지금이 바로 우리가 눈을 뜰 시간이고 깨어나야 할 순간임을 보여주는 확실한 증표들이다.

지금이 깨어날 때임을 보여주는 확실한 증표는 많다. 그런 증표들은 기독교 안팎에서 다양하게 관찰되고 있다. 그것은 성격상 지금까지의 신앙의 틀(paradigm)이 더 이상 유효하지 않다는 방증이다. 기존 신앙의 틀은 지금까지 나름 잘 작동해 왔고 그 기능을 나름 훌륭하게 수행해 왔다. 그러나 그것의 효력이 이미 다했음을 그 증표들은 분명하게 보여주고 있다. 그것은 더 이상 예전의 생명력을 발휘하지 못하고 여러 병리 현상만을 노출할 뿐이다. 그렇게 그 신앙의 틀이 더 이상 잘 작동하지 않을 때가 바로 그 신앙의 틀의 실체를 알아차려야 할 때다.

이제 기존 신앙의 틀은 이 시대의 영적 욕구를 충족하기 어렵다. 영성체 같은 제의를 행하는 것은 물론이고 예수를 믿어야 구원을 얻는다고 믿어 온 사람들은 그것이 과연 그러한지 의구심을 갖는다. 예수를 믿기만 하면 삶의 고통과 죽음에서 건져진다는 그 실효성에 대해 좌절감과 공허를 느낀다. 그런 믿음을 통해 하나님을 직접 체험하고 삶이 실제로 변화되는 것을 경험하지 못한다. 그래서 지금의 기독교에 실망한 사람들은 명상과 같은 대안적인 영성에 이끌리거나, 다른 종교나 영적 전통을 기웃거리거나, 교회에 나가지 않거나 아예 교회를 떠나기도 한다.

또 기존의 기독교 신앙의 틀은 이른바 다양한 이단 종파의 출현을 끊임없이 양산해 낸다. 대속 신앙과 육체적 부활, 세상 종말과 몸을 입고 오는 메시아 재림에 대한 기존 믿음은 그것들의 사상적 토대가 되어 지금도 꾸준하게 소위 이단들의 발호를 부추기고 양산해 내고 있다. 얼마 전 세월호 사건을 계기로 알려지게 된 '구원파'나 이번 코로나-19 사태로 부각된 '신천지'는 그런 많은 이단 중에서 대표적인 예일 뿐이다. 기존의 기독교 교리나 믿음의 체계 안에서는 이러한 이단 사상이나 세력의 출현과 활동을 어쩔 수 없이 용인할 수밖에 없다.

무엇보다 기존의 복음으로는 기독교가 이 세상의 빛이 되지 못한다. 예수는 말하기를 '너희는 세상의 빛'이라고 했다. 그는 분명히 그를 따르는 사람들이 세상의 빛이라고 했지만 지금 예수를 믿는 사람들은 전혀 세상의 빛이 되지 못한다. 예수가 너희는 빛이라고 한 그 빛은 환하게 알아차린 깨달음의 상태를 말한다. 분명 예수는 진리를 깨달으라고 말했으나 오히려 그를 믿어야 한다고 이해한 기독교는 빛이 아닌 어두움의 상태에 있다. 무엇보다 지금의 기독교 복음으로는 탐욕과 무지와 이기에서 벗어날 수 없다. 구체적으로 2020년 이후 코로나 사태는 지금의 기독교가 탐하고 어리석고 이기적이라는 것을 그대로 보여주었다. 그야말로 지금의 기독교 복음으로는 탐욕과 무지와 이기가 야기한 고통과 죽음으로부터 구원을 결코 이룰 수가 없다. 기독교 복음 자체가 빛인데도 깨달음인 빛이 없어 무지하고 어리석은 상태 가운데 있기 때문이다.

지금의 기독교는 이제라도 화들짝 깨어나야 한다. 그렇게 지금의 기독교가 눈을 떠서 있는 그대로를 환히 볼 수 있을 때 그동안 보이지 않던 것들이 보이고, 부분만 보이던 것들이 전체적으로 보여 실상 곧 진리를 알아차리게 될 것이다. 그러면 있는 그대로의 진리가 확연히 드러나서 깨달음이 일시에 일어날 것이다. 그런 깨달음이 온통 세상에 편만하여 저항할 수 없는 현실이 될 때 깨달음의 시대는 필히 도래할 것이다. 지금이야말로 바로 그렇게 깨어날 때다.

그리스도를 깨달아

기복에서 자각으로

그처럼 깨어나서 보면 지금의 기독교가 복을 비는 종교임을 알 수 있다. 지금의 기독교는 자신보다 우월한 존재를 믿고 그 대상에게 빌어서 보상을 얻어내는 신앙 체계다. 즉 자신이 할 수 없는 것을 할 수 있다고 여겨지는 신적 존재를 신앙하는 믿음의 방식이다. 그런 존재를 믿으면 그 존재가 자신이 원하는 것을 이뤄 줄 뿐 아니라 자신을 죽음에서 건져내서 영원한 생명으로 옮겨준다고 믿는 것이다. 기독교가 보여주는 현실적 모습은 지금 그렇다고 해야 한다.

보통 복을 비는 신앙인들은 복을 빌되 남의 복을 빌지 않고 자신의 복만을 빈다. 이렇게 말하면 아마 다음과 같이 말할 것이다. '무슨 소리냐? 나는 내 자식들과 내 부모와 내 아내나 남편의 복까지 빈다. 또 나라와 민족을 위해서도 빈다!' 물론 그럴 것이다. 만일 나 아닌 다른 사람의 복까지 빈다면 아마 딱 거기까지일 것이다. 그러나 부모와 자식과 배우자는 여기서 말하는 남이 아니라 자기 자신의 연장일 뿐이고, 나라와 민족이라는 것도 나 자신의 확장일 뿐이다. 마치 옛날 이스라엘 사람들이 자기 민족을 위해 빌고 다른 민족에 대해서는 적대하고 죽이기까지 한 것처럼. 즉 자신의 마음속에 들어있는 나 또는 자기라는 의식의 범위가 바로 거기까지라는 말이다. 그들을 위하여 복을 비는 것은 자기를 위해서 복을 비는 것과 절대 다르지 않다.

만일 기독교인이 이 세상의 빛이 되지 못한다면 그것은 그들의 탐욕과 무지와 이기 때문일 것이다. 지금의 기독교인들이 세상 사람들의 손가락질을 받고 지탄의 대상이 되는 근본적인 이유는 그들의 탐욕과 어리석음과 이기심 때문이다. 기독교인들은 예수를 믿는다고 하면서도 믿지 않는 사람들처럼 탐욕적이다. 그들은 세상 사람들 못지않게 물질을 탐하고 육체의 욕망을 추구한다. 물질을 탐하고 자신의 몸과 마음만을 위해 그것을 자연스레 추구한다. 아니 어쩌면 그런 욕망을 추구하는 데 도움이 되기 때문에 하나님을 믿고 예수를 믿는지도 모른다.

그들은 자신들의 신앙이 탐욕적이고 이기적이라는 사실조차도 모른다. 적어도 예수를 믿는다면 탐욕에서 해방되고 나 아닌 대상을 생각해야 하는데 대개의 기독교인은 그렇지 못하다. 그것을 세상 사람들도 잘 아는데 막상 기독교인들은 오히려 모른다. 예수를 믿으면 자기를 십자가에 못 박아서 물질과 자기 욕심에서 자유하게 되는데 어떻게 예수를 믿는다면서 자기만을 아는 이기심에서 벗어나지 못할까? 예수를 믿으면 탐욕과 이기심에서 벗어나게 되는 것을 세상 사람들은 다 아는데 어떻게 기독교인들만 그렇게 모를 수가 있는가? 이처럼 알아야 할 것을 알지 못하고, 깨달아야 할 것을 깨닫지 못하고 행동하니 당연히 그들은 어리석을 수밖에 없다.

게다가 예수를 믿는 이유가 오히려 탐욕과 이기를 달성할 수 있기 때문이라고 생각한다. 그들은 예수를 전하면서 예수 믿고 천국 가고, 예수 믿고 복 받으라고 한다. 누군가가 예수를 믿어야 한

그리스도를 깨달아

다면 그 이유가 바로 내세의 천국에 가고 현세의 복을 받기 위해 서다. 그런데 역설적이게도 그렇게 세상적인 복을 추구하는 의식 으로는 결코 천국에 들어갈 수 없다는 사실이다. 천국은 하나님의 나라 곧 하나님의 의식 상태인데, 그런 의식 상태에 도달하려면 탐 욕에서 건져져야 하고 그것으로부터 벗어나야 한다. 다시 말해 천 국에 가려면 적어도 세속적인 복을 받기 위해 예수를 믿어서는 안 된다. 그럴 정도로 지금 기독교인들은 진리에 대한 의식이 깨어있 지 못하다.

기독교인들이 기복 신앙에 젖어 있는 근본적인 이유는 무엇보 다 그들의 대속 신앙 때문이다. 예수를 믿어서 구원을 얻는다는 논리는 자신의 목적을 위해 예수가 동원되는 기복 신앙에 불과하 다. 일찍부터 인류는 대상과 좋은 관계를 맺거나 화해하는 방법을 알고 있었다. 상대방과 더 좋은 관계를 맺거나, 아니면 관계가 뒤 틀렸을 때 관계를 회복하려면 어떻게 해야 한다는 것을 일찍부터 터득했다. 그것은 바로 상대방에게 선물 또는 자신에게 소중한 것 을 주는 방법이다.

유대 민족 역시 그것을 잘 알았다. 하나님은 유대민족의 조상 아브라함에게 외아들 이삭을 번제물로 바치라고 했다. 아브라함은 하나님과의 좋은 관계를 위해 자신의 하나밖에 없는 아들을 제물 로 바치려 했다. 그러나 이삭을 잡아 제물로 바치려 했던 아브라 함은 결국 수풀에 뿔이 걸려 있던 숫양을 대신 잡아 제물로 드렸 다. 그 이후 유대 민족은 양이나 동물들을 제물로 삼아 제사를 드렸다. 즉 자신들이 하나님과의 관계를 회복하기 위해 동물을 대신 잡아 제물로 드렸다. 그때 드려지는 제물은 희생양이었고, 제물 자신 때문이 아니라 사람을 대신해서 죽었다.

예수를 믿기 시작한 초기 그리스도인 중 일부는 동물을 잡아 희생 제물을 드리는 조상들의 전통에서 문득 예수의 죽음을 보았다. 아무 죄도 없이 의롭지만 비참하게 죽은 예수는 어쩔 수 없이 죄를 짓고 죽을 수밖에 없는 자신들의 죄를 사하기 위해 희생당한 희생양이었다. 그래서 그들은 예수가 자신들 뿐 아니라 모든 인간의 죄를 사함 받게 하려고 십자가에서 죽은 대속 제물이라고 여겼다. 그렇게 죄와 죽음에서 모든 인간을 건지기 위해 예수가 죽었고, 그것을 믿으면 영원히 구원을 얻는다는 그런 대속 신앙이 이후 기독교 주류의 정통 신앙이 되었다.

그러나 그런 대속 신앙은 그들의 해석이었을 뿐 예수의 가르침이 아니었다. 예수는 자기 십자가를 지고 나를 따르라고 하였지, 십자가를 대신 졌으니 나를 믿으라고 말한 적이 없다. 그가 자신의 죽음을 통해서 말하려고 한 것은 몸이 죽어야 영으로 살 수 있다고 한 것이었다. 즉 누구든 자신의 몸과 마음이 죽어야 또는 없어져야 자신의 본성인 영으로 태어날 수 있음을 말한 것이다. 자기 자신이 몸이라는 의식이 죽어야 몸이 아닌 영이 자신이라는 의식이 살아날 수 있기 때문이다. 자신이 몸이 아니라 영임을 깨닫게 될 때야 비로소 죽을 수밖에 없는 몸의 존재에서 죽지 않고 영원히 사는 영의 존재가 될 수 있다. 그래서 그는 믿음을 넘어 깨닫기를 바랐다.

예수는 자신이 다른 사람의 죄를 대신해서 죽는다는 생각이나 말을 한 적이 없다. 그는 대신 죽은 메시아를 믿어 구원을 얻을 수 있다는 타율신앙을 말한 적이 없다. 그는 짐승을 잡아 자신의 죄를 대신 속하는 제사를 한 번도 드린 적이 없다. 그런 것을 명령했다는 야훼 신에 대해서 언급한 사실조차 없다. 오직 성령의 직접 조명(照明)을 받아 자신의 몸과 마음(ego)이 죽고, 자신이 영임을 깨달아 스스로가 천국에 이르고 구원받는 자율신앙을 말했을 뿐이다. 예수는 성령을 받아 깨달으라고 계속해서 말했다. "누구든지 말로 인자를 거역하면 사하심을 얻되 누구든지 말로 성령을 거역하면 이 세상과 오는 세상에서도 사하심을 얻지 못하리라(마 12:32)." 부활하여 나타나서도 "그들에게 숨을 불어넣으시고 말씀하셨다. 성령을 받아라(요 20:22)."

신앙이 바로 되려면 자신의 몸과 마음을 위하는 기복 신앙을 극복하고 하나님이 주신 영의 나를 깨닫는 자각 신앙을 해야 한다. 우리가 기복 신앙을 극복해야 하는 이유는 영원한 생명인 영의 나를 깨닫기 위해서다. 몸의 나가 아닌 영의 나를 깨닫기 위해서는 몸의 나를 위해 비는 기복 신앙을 버리는 것이 전제이고 필수 조건이다. 내 몸이나 마음을 보존하려고 다른 존재를 계속 의존한다면 진정한 나 자신을 발견할 수 있는 가능성은 아예 사라진다. 내 몸이나 내 마음을 위해 누구의 혹은 어떤 대상의 희생이나 도움을 계속 필요로 한다면 진정한 자신인 영의 나가 찾아지지 않는다. 그래서 "중재자가 필요한 자들에게 화가 있다(야고보서 13)."

그런데도 과연 그렇게 자신의 몸과 마음을 위해 계속해서 비는 결과는 무엇인가? 혹시 그렇게 염원하는 영원한 생명을 얻기라도 하는가? 절대 그렇지 않다. 모두 송장이 되어 흙으로 돌아갈 뿐이다. 자기를 구하기 위해 누가 대신 죽었다 하더라도 그것은 마음의 위안은 될 수 있어도 실제로 몸이 죽고 영이 살아나는 구원은 일어나지 않는다. 결국에는 반드시 멸망할 몸에 집착하여 영원한 생명인 영을 놓치고 말 뿐이다. 그야말로 그것처럼 어리석은 노릇이 없다.

따라서 구원이 실제로 일어나려면 오직 자신이 생명의 진리를 깨닫는 방법밖에 없다. 그 구원은 몸이 죽고 영으로 살아나야 하는데, 어떻게 몸이 죽고 영으로 살아날 수 있는가? 그것은 진정한 자기가 몸이 아니라 영이라는 것을 스스로 깨달아야 한다. 그렇게 죽을 수밖에 없는 몸이 내가 아니라 영원히 사는 영이 나라는 것을 깨닫는 순간 곧바로 죽음에서 생명으로 옮겨진다. 이처럼 핵심은 자신이 영이 되어야 영생을 얻게 되는데, 자신이 영이 될 수 있는 방법이 바로 깨달음이고, 그 깨달음이 구원을 얻는 방법이다. 지금까지 기독교의 구원 방법이 종교개혁 이전까지 믿음의 행위인 제의를 통해서였다면, 종교 개혁 이후에는 오직 예수를 믿어서였다면, 이제는 순수한 알아차림인 성령을 통한 자기 스스로의 깨달음이어야 한다.

그리스도를 깨달아

자각 신앙의 이정표

이미 6세 때 공자의 사상에 의문을 제기했다는 명나라 사상가 탁오(卓吾) 이지(李贄, 1527~1602)는 이런 말을 했다고 한다. '오십 이전의 나는 한 마리 개에 지나지 않았다. 앞에 있는 개가 자기 그림자를 보고 짖으면 따라서 짖었다. 만약 누군가 내게 짖는 까닭을 물어오면 그저 벙어리처럼 쑥스럽게 웃기나 할 따름이었다.' 이 말들을 제대로 이해하려면 먼저 그 배경을 알아야 한다. 그가 살았던 한(漢)족 명나라는 역사적으로 북방 몽골족이 세운 직전 왕조 원나라에 대한 반발로, 주자의 유교 경전에 대한 해석인 성리학을 국가 이념으로 삼고, 공자를 최고 성인으로 떠받들었다. 그렇지만 이지는 다른 이들처럼 그런 교조화된 공자와 주자의 권위를 그대로 인정하지 않았다.

자신의 삶을 성찰한 탁오 이지의 고백은 곧 나의 고백이기도 하다. 나 역시 그동안 전통 기독교 신앙에 대해 오랫동안 공부를 해왔다. 이른바 국내외의 이름 있는 신학교에서 기독교 학문을 배웠다. 그 학문을 하는 동안 수많은 책을 읽고 깊이 연구하고 많은 가르침을 전수하기도 했다. 그래서 그때까지 들은 남들의 이야기를 진리라고 여겼고, 나도 그들처럼 그것들에 대해 같은 말을 하였다. 그리고 누군가가 그것들에 대해 물어오면 너무도 당연한 것을 묻는다고 생각하거나, 그것들을 힘주어 말하거나, 사실 그것들을 잘 알지 못해서 그저 웃기만 했다. 그렇게 그릇된 식견을 가지고 산

세월이 오래 지났고, 그렇게 인생을 허무하게 끝낼 뻔했다.

어느 때부터인가 당연하게 여겨온 진리들에 대해 의문이 생겨났다. 그동안 굳게 믿어왔던 기독교 복음에 대한 의문들이 특히 그랬다. 개신교 전통에서 성장한 터라 가톨릭 신앙에 대해서는 이미 크게 문제가 되지 않았다. 그러나 종교개혁 전통에서 비롯된 온갖 믿음의 내용들은 여전히 끊이지 않고 의문을 제기했다. 아무리 생각해도 지금까지 믿어온 것들은 이치에 맞지 않았다! 과연 그러한 신앙의 틀들이 구원을 가져올지에 대한 확신도 들지 않았다. 그런데도 그것들은 나의 삶을 만들고 있었을 뿐 아니라 모든 이의 궁극적인 삶에 영향을 미칠 터였다.

과연 예수를 믿으면 구원을 얻는가? 예수를 믿지 않는 사람들은 절대로 구원을 얻지 못하는가? 그를 믿어서 얻게 되는 구원은 어떻게 이루어지는가? 그 구원이 최종적으로 이루어지려면 그가 재림하여 산 자와 죽은 자를 심판하기 위한 부활이 이루어져야 하는데 그것은 도대체 언제 일어나는가? 죽으면 그런 일이 일어날 것이라고 믿으며 사람들은 살다가 죽어 가는데 그 일은 왜 지금까지 일어나지 않는가? 또 예수를 믿고 구원을 얻었다면 왜 지옥과 같은 삶을 계속 사는 것일까? 왜 구원을 얻었는데 탐욕과 어리석음과 이기심에서 벗어나지 못할까? 정말 구원을 얻었다는데 영적 삶의 방식이 아니라 여전히 육적 삶의 방식으로 사는 것은 또 무엇인가?

이러한 의문들은 곧바로 예수는 누구인가와 연결되었다. 과연 예수는 하나님이 인간의 모습으로 이 땅에 온 존재인가? 그는 인간 아버지를 통하지 않고 전능한 하나님의 영으로 잉태되고 탄생했는가? 그는 하나님의 하나밖에 없는 아들이고, 사람들의 죄를 사함 받게 하려고 십자가 위에서 죽었나? 그는 그렇게 죽을 것이기 때문에 오직 자신을 믿어야만 영생을 얻을 것이라고 말했나? 과연 예수는 십자가 위에서 죽고 사흘 만에 몸으로 다시 살아났는가? 그는 다시 온다고 하였는데 몸을 입고 모든 이들이 보는 가운데 재림하는 것인가? 그때에야 비로소 죽은 자와 산 자는 구원을 받는가? 이런 의문들은 그야말로 꼬리에 꼬리를 물고 끝도 없이 이어졌다.

끝없이 이어지는 의문들은 당연히 성경에 대해서도 묻게 되었다. 전통적으로 성경은 하나님의 말씀이라고 하는데 그것의 정확한 의미는 무엇인가? 그것은 하나님의 영감으로 쓰였기 때문에 일점일획도 틀림이 없다는 것일까? 그것의 원본은 전하지 않고 수많은 사본에 기초하여 후대에 형성된 지금 정경의 권위를 어디까지 인정해야 하는가? 그 사본들에는 실수로 혹은 고의로 누락이나 첨부, 수정 같은 변개가 많은데 그것들 너머 진의를 어떻게 알 수 있는가? 특히 그것 너머의 진의를 정확히 알려면 도대체 성경을 어떻게 보고 어떻게 해석해야 하는가?

또한 지금 우리가 전해 받아 사용하는 정경조차 사실(fact)에 대한 기록자들의 다양한 해석의 산물일 뿐이다. 기록자들은 단순히 듣거나 전해 받은 것들만을 기록한 것이 아니라 자신들의 해석에 의해 그것들을 편집하고 기록하였다. 그들이 기록한 복음서들은 예수가 고난받는 메시야였다는 그들의 해석에 따라 그의 태어남과 삶과 죽음을 구성하여 집필하였다. 그들은 이사야 53장 같은 예언에 기초하여 예수는 다른 사람들을 대신해서 고난을 받아 십자가에서 죽었고, 부자가 제공한 무덤에 매장되었으나(사 53:9) 부활하여 하늘로 승천하였다고 적었을 터다.

그뿐만 아니라 4세기 말, 지금의 신약 정경을 최종적으로 결정하고 선택한 사람들 역시 일정한 관점을 가지고 그것에 맞는 것들만 정경에 포함했다. 그 밖의 다양한 경전들이 실제로 다양한 공동체에 의해 읽히고 믿어졌다는 강력한 증거가 바로 나그함마디를 비롯한 여러 곳에서 발견된 기독교 문서다. 그야말로 성경이 이렇게 인간의 다양한 해석과 전승 과정을 거쳐 형성되었으나 보통 그것은 결코 틀릴 수 없는 하나님의 말씀으로 믿어지고 읽히는 것이 아닌가?

결국 이러한 의문들이 갈급하게 10년을 넘기는 동안 성령의 역사로 문득 깨달음을 얻었다. 즉 만물은 진동하고 그 진동의 실체가 영이다. 그 태초의 영이 하나님이고, 만물은 그 영으로부터 왔고, 인간 또한 그 영의 소산이다. 하나님과 같이 본질이 영인 인간이 이 세상에 온 이유는 진짜 자신(I AM)을 깨달아 하나님과 그 나라로 돌아가기 위해서다. 바로 그것을 깨달은 존재가 예수다. 그런 깨달음을 삶으로 살았던 그는 이 땅에서 그것을 전하다가 다시 그 영의 세계로 돌아간 깨달은 의식, 그리스도다. 진실로 그는 하나님

그리스도를 깨달아

을 가리키는 손가락이었다!

일찍이 그가 깨달은 인간은 선악과를 따먹은 죄인이기보다 선악을 알아차리는 신인(神人, human like God)이다. 원래가 하나님의 자녀인 인간은 알아차림인 영을 사용하여 삶을 살아야 하는 하나님처럼 알아차리는 신적 존재다. 그러므로 인간은 신과의 분리를 회복하기 위해 자신의 죄를 사해 줄 수 있는 누군가 혹은 무엇이 필요한 것이 아니라 자신이 스스로 알아차려서 하나님과 하나가 되어야 한다. 그런 구원을 이루기 위해 인간은 제의를 행하거나 누구 또는 무엇을 믿기보다 진리를 앎으로, 참을 알아차림으로, 깨달음으로 하나님과 하나님의 나라에 도달한다.

곧 하나님의 나라, 천국은 우리의 본성으로 지금 여기 깨어 있는 의식상태다. 그런 하나님의 나라, 천국에 이르는 길이 바로 깨달음(메타노에오)이고, 그 깨달음을 얻기 위한 기본적인 방법이 기도다. 또 그 기도를 통해 얻은 참을 섬기는 행위가 예배이고, 그런 예배가 삶으로 나타나는 것이 사랑이다. 즉 이런 삶의 행위들은 모두가 참을 알아차리는 깨달음의 길들이고, 그러한 삶을 통해 들어가는 기쁨과 평화의 상태가 천국이다. 또 그렇게 깨달음을 통해 본래의 자신으로, 자신의 본성으로 돌아가는 것이 바로 천국에 들어감이다.

따라서 우리가 예수를 믿고 따르는 것은 예수처럼 깨닫기 위해서다. 우리가 예수를 통해서 깨달아야 할 것은 우리도 영이고 영으로 살다가 영으로 돌아가는 것이다. 우리의 구원은 단순히 그를 믿어서가 아니라 우리 스스로가 하나님의 뜻을 깨달아 그것을 행함으로 이루어진다(마 7:21). 즉 우리가 예수를 믿고 따르면 우리도 예수처럼 깨달음을 얻어 그 깨달음을 가지고 이 세상을 살다가 온전한 깨달음의 본래 세계로 돌아가게 된다. 그 본래의 의식 세계가 하나님의 나라이고, 그 하나님의 나라는 오직 깨달음을 통해서 들어갈 수 있다. 그런 의미에서 나는 어디서 왔고, 무엇이고, 왜 살며, 어떻게 살고, 어디로 가는지를 깨닫고, 깨우친 존재가 예수다. 그리고 그것을 모두가 알 수 있도록 그의 탄생과 삶과 죽음으로 가르쳐준 방법이 깨달음이다.

과연 그렇게 깨달음을 얻으면 어떻게 되는가? 한마디로 고통과 죽음에서 자유하게 된다. 진리를 아는 것이 깨달음이고, 깨달아서 참을 알아차리면 그 알아차림이 우리를 모든 고통과 죽음에서 자유하게 한다(요 8:32). 항상 알아차림으로써 알아차리지 못해 생겨나는 고통과 그리고 알아차리지 못하는 것 자체인 죽음에서 자유로운 삶을 살게 된다. 그렇게 항상 깨어서 생각하고 느끼고 행하는 삶의 방식이 사랑이고, 그렇게 항상 깨어서 에고를 내려놓고 참나(I AM)를 따라 사는 방식이 나 자신으로 사는 것이다. 그렇게 예수처럼 항상 깨어서 참나의 삶을 살아가면, 누구든지 매 순간 고통에서 벗어나고 죽음에서 건져져서 결국에는 천국에 이른다.

그렇게 되면 기독교는 더 이상 민중의 아편일 수 없다. 만일 제의를 행하거나 예수를 믿으면 고통과 죽음에서 건져질 수 있다고 잠시 마음의 평안이나 준다면 그것은 민중의 아편이 맞다. 하지만

그리스도를 깨달아

예수를 따라 잠자는 의식을 깨워 현실이 실제로 그렇게 살아진다면 그것은 결코 아편일 수 없다. 또한 그렇게 살면 기독교가 노예의 도덕일 수는 없다. 누군가가 말한 것을 타율적으로 행하거나 믿으라는 것을 그저 믿고 행하는 것이라면 그것은 분명 자유인이 아닌 노예의 도덕일 수밖에 없다. 그러나 예수의 가르침은 처음부터 스스로가 깨닫고 행하는 깨달음의 신앙이다.

이제 새 시대가 열린다. 그 시대는 스스로 깨달은 사람들에 의해 열리는 새 세상으로 기존의 세계를 온통 대체할 것이다. 그런 의미에서 예수의 깨달음을 말하는 이것이야말로 앞으로 펼쳐나갈 자각 신앙의 이정표가 될 것이다. 그리고 만약 지금까지의 제의 신앙이나 믿음 신앙을 넘어서는 자각 신앙을 하는 신앙인을 '콘셔스(Conscious)'라고 부른다면, 이것은 역시 자각 신앙인(信仰人) 콘셔스의 이정표일 것이다. 그리스도를 깨달아 생명이 있다(Sentire christum vita est)!